KB156097

비상과 환상

김소영 영화평론집

비상과 환상

세계의 경계에 선 영화

현실문화

차 례

2장 영화의 예지

3장 내가 여자가 된 날

일러두기

이 책은 저자가 《씨네21》, 《한겨레신문》, 《경향신문》, 《교수신문》, '민주화를 위한 교수협의회'(민교협) 웹진, 《넥스트플러스》, 《키노》 등에 연재한 글을 모은 것이다.

프롤로그

영화, 세상을 예지하고 치유하다

영화의 예지력

영화에는 어떤 예지가 있다. 기상 캐스터처럼 동시대와 미래의 수상한 기류를 스크린에 포착해내는 힘이다. 그것은 영화의 카메라가 부지불식간에 일상, 건축물, 풍경의 어떤 인덱스를 필름 안에 각인하기 때문인데, 영화를 보는 관객들 역시 무심결에 그것을 읽어낼 수 있다. 영화는 증거하고 예지한다.

예컨대 〈본 아이덴티티〉 시리즈의 경우, 런던의 요소요소에 숨어 있는 카메라들이 급박하게 잡아내는 영상들을 보면서, 또 그 영상들이 영화를 끌고 가는 요소가 되는 것을 보면서 관객들은 이런 카메라 감시 체제가 우리의 제2의 환경을 구성하고 있음을 새삼 깨닫게 된다.

반면 2012년 가장 용감한 다큐멘터리 중의 하나인 〈두개의 문〉의 경우 인터넷 TV나 경찰 기록 영상들을 재편집하고 해석해 용산참사의 원인을 되묻고 있는데, 마지막 이 모든 죽음, 죽임 이후 무용지물로 서 있는 남일당 건물이라는 인덱스는 사람의 목숨보다 개발이 먼저인 이 시대를 허망하게 증거하게 된다.

007 시리즈 〈스카이폴〉을 보자. 영화의 초반부 제임스 본드(다니엘

크레이그)는 이스탄불의 그랜드 바자 위의 지붕을 적을 잡기 위해 바이크로 질주하는데, 그랜드 바자의 모자이크 타일로 장식된 아름다운 내부까지 파괴하게 된다. 이슬람에 대한 정치적 적대가 공간적으로 표현되는 순간이다.

영화평은 문화기술적이면서, 공간적이고 정치적인 이런 영화적 순간들에 대한 분석적, 정서적 지각, 공감을 언어화하는 작업이다.

영화평론

내게 영화평론이란? 사실 처음부터 나쁘지 않았다. 오히려 길조처럼 날아들었다. 임권택 감독의 〈안개마을〉에 대한 평을 쓴 것이 대학 4학년 때인데 그 평 덕분에(당돌한 여대생으로 간주되어), 〈별들의 고향〉 등의 제작사인 화천공사에서 기획 일을 제안받았다. 그 제안을 받아들이진 못했지만 영화평이 영화계와 나를 이어주는 실마리가 되었다.

이후 한국영화아카데미 1기로 들어가 영화 연출을 배우고, 감독이 되고 싶어 시나리오도 쓰고, 영화 현장에도 나갔다. 방송작가로 일을 하며 약간의 돈을 모아 오정희 작가의 단편 「완구점 여인」을 〈푸른 진혼곡〉이라는 이름의 단편영화로 만들기도 했다. 그러나 감독으로서의 길은 보이지 않았다. 작은 길들은 오히려 영화평을 기고하는 곳에서 열렸다. 《스크린》이라는 당시의 신간 영화 잡지, 대학 신문 등에 영화평을 쓰게 되었다. 당시 내가 쓴 소박한 영화평에 대한 가장 가슴 벅찬 평은 고 김근태 선생님으로부터 들었다. 감옥에 있을 때 《스크린》에 실린 내 영화평을 읽었는데 자유에 대한 열망이 느껴져 좋았다는 이야기를 마치 신부님처럼 맑고 빛나는 표정으로 전해주셨다. 정지영 감독의 〈남영동 1985〉의 개봉을 기다리던 시점에는 마음이 무거웠다.

1980년대 후반 독립영화 쪽에서 변영주 감독과 함께 여성 영상집단 '바리터'를 만들어 연출가로 활동하기도 했지만 1993년부터는 평론이나 학술 활동, 그리고 서울여성영화제, 전주국제영화제의 초대 프로그래머로 일했다. 2000년 변영주 감독이 있던 '보임'에서 제작을 담당한 장편 다큐멘터리 〈거류〉를 연출하고 2001년 제3회 서울여성영화제 개막작으로 상영했다. 이어 여성의 눈으로 보는 한국 영화사 〈황홀경〉, 신여성에 관한 다큐멘터리 〈원래 여성은 태양이었다〉를 만들었다. 이 세 개의 다큐멘터리가 여성사 3부작을 구성하게 된다. 2010년에는 장편 극영화 〈경〉을 '김정'이라는 감독명으로 개봉했다.

평론이나 학술 활동을 하면서도, 20대 중반에 영화 만들기를 익혀서인지 내겐 늘 현장으로 돌아가고 싶어 하는 욕망이 있다. 그러나 관객이 많지 않은 내 영화의 특성상, 사람들과 소통하고 치유를 주고받은 곳은 아무래도 영화평론의 장이다. 영화의 예지력을 언어화할 수 있는 평론이나 논문, 그리고 그것에 화답하는 영화를 내가 감독으로 만들 수 있기를 바라는 그 긴장 속에 내가 서 있다. 그 공간으로 좀 더 많은 사람들이 들어와주었으면 좋겠다고 바란다.

1장 카타스트로프: 위태로운 희망 정치

21세기 영화가 디지털에 대응/조응하는 방식
: 〈두 개의 문〉

다큐멘터리의 재구성

2012년 6월 14일, 〈두 개의 문〉 배급위원회를 위한 시사회장. 만석이었다. 맨 앞자리에 겨우 앉았다. 다큐의 끝부분, 내 뒷자리에서 울음소리가 들렸다. 다큐 속 절규와의 공명이었다. "이건 재판이 아니야. 이런 재판이 어디 있어?" 법원에서의 1심 공판이 끝난 후 유족으로 보이는 아주머니의 절박한 외침이다. 공판의 내용은 화염병을 던지는 '행위'를 해 경찰을 죽게 한 철거 농성자 6명에게 징역 5~6년의 중형을 내리는 것이다. 철거민은 5명이 죽었고 경찰은 1명이 죽었다. 이 장면에서 사람들의 울음이 터지는 이유는 기가 막혀서다. 빼앗기고 죽은 것도 억울한데, 살인자라는 누명까지 뒤집어 쓴 상황에 대한 분노.

〈두 개의 문〉이라는 다큐멘터리는 이런 절박한 상황을 법원 현장에 가서 기록한 것과 또 다른 재료들을 혼합해 절묘하게 활용한다. 당시 현장에 가 있었던 칼라TV, 사자후TV와 같은 인터넷 TV의 기록물과 공중파 TV 화면, 신문, 그리고 경찰 채증 영상이 그것이다.

물론 다른 다큐들도 자료 영상을 사용하지만, 〈두 개의 문〉은 이 자료들을 전면적으로 배치한다. 극한의 이미지가 극화된 시대에 다큐멘터리 만들기의 방법으로 차용된 전략이다. 알다시피 이미지는 스펙터클이고 페티시이고 상품이고 폭력이 되었다. 현장 폭행에 그치지 않고,

폭행 장면을 인터넷에 올려 2차 폭력이 이루어지는 시대다.

다큐, 기록영화가 더욱 더 중요한 시대가 되었다. 여타 기록들이 힘을 잃어가고 있기 때문이다. 기록을 구성하고 해체하는 특정한 방법론을 택하는 기록영화가 진실 증명에 나서야 할 때다. 기록이 그 진가를 잃어 기록영화가 중요해지는 이 역설은 국가권력과 자본의 치정 어린 결속, 그 추문으로부터도 나온다. 기록을 하고 그것을 증거로 제시한다 해도 법적 정의는 도래하지 않는다. 그래서 기록영화, 다큐멘터리가 개입할 지점이 늘어간다. 호소하라. 기억하라. 정의가 이곳에 도착하리라.

다큐가 중요해진 것은 또한 여타 기록물들 때문이기도 하다. CCTV에 24시간 기록된 영상이 넘치고, 리얼리티 TV가 리얼리티를 독점하고, 스마트폰에 영상이 저장되고, 유튜브는 이미지와 사운드의 거대한 기록소가 되었다. 기록과 진실의 관계는 점점 더 미궁으로 빠져든다. 기록의 과잉 속에 독립 다큐멘터리는 위의 미디어들이 할 수 있는 것을 선용하면서 필연코 넘어서야 하는 시점에 와 있다. 횡단해야 한다. 현실을 디지털 시그널로 단순히 변환하는 것이 아니라 트랜스 미디어적으로 재구성한다.

동시에 그 모든 근원으로 돌아가 무빙 이미지와 스틸 이미지 그리고 사운드와 노이즈, 기록, 목격, 증언의 관계를 다듬고, 이들과 진실, 사회적 정의와의 배열을 급진화해야 할 때다.

나는 〈두 개의 문〉이 바로 이 두 가지를 향해 열려 있다고 생각한다. 트랜스 미디어, 급진적 다큐로서의 〈두 개의 문〉.

트랜스 미디어 다큐

물론 〈두 개의 문〉이 갑자기 솟아오른 것은 아니다. "산업안전보건법에 근거하여 이루어지는 현장보건관리를 1년여간 촬영한 기록물에서 출발"한 〈보라〉(2011)라는 다큐멘터리도 기록을 '재기록화', '재구성화' 한 것이다.

얼핏 트랜스 미디어 다큐라는 이런 새로운 범주는 의심할 수 없는 다큐의 역사적 원리 중 하나인 필름과 현실의 순수한 조응, 현실에 대한 인덱스적 기능, 유토피아적 열망과 모순되는 것으로 보인다. 그러나 이 모순은 디지털 이미지로 뒤엉킨 매체 환경에 대응하는 데서 출현하는 필연적 부분이다. 이 복합적 모순 속에서 순수한 응시와 기록이란 순진한 오해다. 트랜스 미디어 다큐는 현장과 더불어 기타 발견된 이미지/사운드를 자신의 재료로 삼는다. 발견된 필름, 영상(found footage)을 자신의 재료로 삼은 여타 실험 픽션 영화들이 밟는 경로와 크게 다르지 않기도 하지만, 트랜스 미디어 다큐는 실험 내러티브 영화들보다 현실성과의 긴장의 강도를 높이 유지하려는 경향이 있다. 또한 메타 다큐 혹은 자기 성찰 다큐와 비교해 매체의 매체성 자체를 질의하는 데 많은 에너지를 쏟지는 않는다.

감독 김일란과 홍지유는 감독과의 대화 시간, 칼라TV에서 기록한 현장 장면과, 경찰 채증 영상이 시점의 측면에서 크게 다르지 않은 것을 발견하고 놀랐다고 이야기했다. 5월, 〈두 개의 문〉을 트랜스 아카데미 '비판적 시네마' 영화제에서 상영했을 때의 일이다. 이것은 물론 당시 현장의 급박함과도 관련이 있다. 〈두 개의 문〉의 트랜스 미디어적 면모는 현장에 관한 각종 기록들을 재구성하는 데 있지 메타적 언급을 하는 데 있지 않다. 당시 관련되었던 변호사(권용국, 김형태), 용산참사 범국민대책위원회 박진 활동가 등의 해석은 이 다큐의 중요한 단락들이다.

〈두 개의 문〉이 편집을 통해 타 기록들을 텍스트 안으로 끌어들이는 데에는 분명한 이유가 있다. 현장은 불타고 남일당 건물은 철거되고 증인들은 죽거나 투옥되고 시신은 부검되었다. 당시 정병두 서울중앙지검 검사는 유족에게 동의도 구하지 않고 사건 당일 6구의 시신을 국립과학수사연구소로 보낸 데 대한 항의가 이어지자 현장 인터뷰를 하면서 사망 경위는 시신이 '완전히 해체'된 후 알 수 있을 것이라고 말한다. 또한 검찰은 과잉 진압에 심증을 두고 진행했던 초반 수사 기록 3000쪽을 공개하지 않았다.

예컨대 이 다큐는 현장 직접 촬영이나 피해자들에 대한 인터뷰를 하는 대신 기존의 영상물을 해석, 재해석, 해체, 편집, 재구성하고 문자, 자막, 화면 노이즈를 통해 선행된 주장을 '부정'하고, 사라진 수사 기록 3000쪽의 부재의 이유를 추론하게 한다. 이 영화의 감독들은 그래서 기존의 다큐 연출가의 특성과 함께 스릴러 속 사설 탐정의 면모를 보여준다. 2009년 1월 20일, 무슨 일이 벌어진 것인가?

국가 폭력을 다루는 급진적 다큐

트랜스 미디어로서의 〈두 개의 문〉은 위와 같은 질문을 던졌다. 그리고 편집실에서 많은 시간을 보내며 타 매체 기록물들을 선별, 단락, 편집한다. 이 다큐에서 놀라운 전환은 가해자와 피해자의 문제다.

원한 서려 돌아온 귀신마저 통곡하게 할 포스트 용산 참사(피해자들이 가해자로 살인자로 감금되어 있는)의 되감기로서의 이 작품은 왜 이 가해자와 피해자의 위치가 검찰에 의해 바뀌게 되었는가에 대한 해명도 하지만, 그런 뒤바뀜을 다시 한 번 전복시킨다. 철거민들에게 폭력을 행사하게 한 공권력은, 바로 그 공권력의 대행자인 특공대원들과 경찰들에게도 폭력을 무참하게 행사한 것으로 보이는데, 그 단서는 두 개의 문에 있다. 가해자가 또한 피해자로 위치 바꿈을 하는 순간이다.

옥상에 있는 두 개의 문 중 어느 것이 창고로 가는 것인지, 옥상으로 바로 갈 수 있는 출입구인지에 대한 정보조차 주어지지 않은 채 특공대는 급하게 투입되었고, 출동하기 전 보여준 남일당 건물 주변을 찍은 한 시간 정도의 동영상이 작전 지역에 대한 정보였다. 특공대도 긴급하게 영상 리터러시와 인지력을 요구받은 것인데, 칼라TV와 사자후TV, 경찰 채증 등에 기록된 영상을 보면 그 효과는 의심스럽다. 또한 법정에서 설전이 벌어진 컨테이너 문제만 해도, 2개의 컨테이너가 옥상에 투입될 예정이었으나 크레인 기사가 잠적하는 바람에 1개밖에 사용하지 못했다는 상황 진술은 일종의 그로테스크한 소극이다. 블록버스터 영화의 제작 진행보다 못한 미숙함이다. 그로테스크한 이유는 이 진압 작전의 스케일과 관계가 있다. 사람들이 망루에 올라간 지 불과 25시간 만에 테러범 소탕을 전문 영역으로 하는 경찰 특공대가 투입되나 양자의 안전을 위한 정보마저 충분히 주어지지 않고, 이 작전이 급하게 이루어지면서 크레인, 컨테이너마저도 적정 개수를 확보하지 못한 것이다.

남일당 건물 대치 상황은 화염, 유독가스로 뒤덮인 생지옥이 된다. 경찰 특공대나 철거 농성자들을 생지옥으로 밀어 넣은 것은 두말할 것 없이 국가 폭력이다. 이 다큐는 역전에 역전을 거듭해 하나의 새로운 매듭을 묶는다. 박진 활동가가 말한다. 철거민들에게 가해자, 살인자라는 누명을 씌워 진리를 봉쇄해버린 이 사건의 숨구멍이 트이는 날은, 진실이 드러나는 순간은 당시 진압에 나섰던 경찰들이 외상후 스트레스 장애로 고통받다 치유를 위해 이야기하는 때가 아닐까 하고. 그렇다고 해서 이 다큐가 가해자와 피해자의 경계를 흐릿하게 하는 것은 아니다. 상위의 더 큰 가해자로서의 국가 폭력이라는 지옥의 형상을 가리키고 나서 공권력의 하위 대행자들 역시 그 지옥문 사자들의 조련사가 아닌 피해자였음을 밝히고 있는 것이다.

농성을 시작한 지 불과 25시간 만에 6명의 희생자가 나온 것을 두고 '과연 이들은 자신들의 운명을 알고 있었을까?'라는 탄식도 있고, 경찰은 왜 그 자리에서 철거민들과의 어떤 협상도 도모하지 않았는지에 대한 변호사의 지적이 나온다. 경찰은 협상의 가능성 자체를 배제하는 대답을 한다. 예컨대 협상이 시도될 수도 있었던 자리에 마치 테러 상황, 전시 상황과 같은 '비상사태'가 연출되고, 그 연출된 '비상사태'에 맞는 방식으로 철거민들을 도발하고, 그 사고의 책임이 거꾸로 철거민들에게 부과된 것이다. 이것은 사실 국가 폭력이 행사되는 상례적 방식이다.

〈두 개의 문〉은 이 비상과 상례. 그 분할의 빗장을 잡고 흔든다. 자본, 국가 폭력이 파놓은 생지옥의 입구를 보여준다. 그리고 다큐로서 가장 해체적 발언을 한다. 그것은 현장을 지키며 기록했던 인터넷 방송 칼라TV의 박성훈으로부터 나온다. 과연 결정적 장면을 담은 관련 테이프가 있느냐 없느냐는 중요하지 않다는 것이다. 문제는 국민들이 권리 요구를 하고 있는데 과잉 진압이 이루어졌고, 만일 국민들의 요구가 무리한 것이었다고 해도 국가가 그 부분을 해결하는 방식이 잘못되었다는 것이다.

편집의 묘가 돋보인다. 이 다큐는 기존의 '테이프'들을 1차 자료로 해서 진실 증명을 하고 있었는데, 마지막에 테이프조차도 사실 필요 없다는 박성훈의 말, 이 발본적 부정은 이 용산 사건의 불 보듯 명확한 진실을 정공법으로 언어화한다. 국가/지식/권력/법/자본의 폭력적 행위를 직시하게 한다. 그러나 물론 다큐 속 이전까지의 치밀한 재구성 작업이 있었기에 이 진술은 힘을 받는다. 이런 부정을 통해 〈두 개의 문〉은 열쇠를 이제 관객에게 넘긴다. 당신들이 '명줄'을 쥐고 있다고.

국가 폭력에 대한 영화적 성찰
: 〈지슬〉과 〈비념〉

올해(2013년) 제주 4·3항쟁 65주기를 맞는다. 〈지슬―끝나지 않은 세월 2〉과 〈비념〉은 각각 픽션과 다큐로 제주 4·3을 다룬다. 관광지화 된 제주의 아름다운 풍광을 다루기 위해, 혹은 그것에 맞서기 위해 두 영화는 각각 다른 방식의 색의 미학을 선택한다. 〈지슬〉이 흑백이라면 〈비념〉은 색채를 극대화한다. 두 감독 모두 미술을 전공했다. 제주 말로 대사가 쓰인 〈지슬〉에는 표준어 자막이 있다. 오멸 감독의 전작인 〈어이 그 저 귓것〉에서도 자막을 보고, 표준말 독점 한국 영화계에 진정한 지역 영화가 탄생했다고 느꼈던 적이 있다. 제주 출신의 오멸 감독이 다루는 〈지슬〉은 항쟁이나 이념보다는 한 마을 사람들이 동굴로 도피하고, 생활하고 집단 죽음을 맞는 과정을 통해 국가 폭력의 어이없는 행사를 드러낸다.

1943년 11월, 해안선 5km 밖 모든 사람을 폭도로 여긴다는 소문이 돌자 임산부와 아이들을 데리고 동굴로 피했던 마을 사람들은 근심스 럽고 갑갑해 하면서도 지슬(감자)로 연명하면서 이야기를 나눈다. 일제 때 부역한 것에 대한 언급부터 소소한 일까지 동굴 속 마을 사람들의 이야기는 정겹다. 동굴은 실제 피난 장소를 넘어 마치 60여 년 전 억울 하게 간 영혼들이 돌아온 듯 웅성거린다.

그러나 동굴 밖은 잔혹하다. 어린 군인은 민간인을 죽이지 못했다 고 엄동설한에 발가벗겨진 채 벌을 서고, 아들을 동굴로 보내고 남은 할머니는 학살당하며, 말처럼 잘 뛰던 토박이 청년은 토방에 갇힌 뒤 밀고자가 된다.

동굴로 가지 못한 순덕은 군인들에게 잡혀 집단 강간을 당한다. 〈지슬〉은 다른 폭력이나 살상은 사실적 재현을 피하는 대신 그 결과를 보여주거나 암시하는 데 반해, 성폭력에 대해서는 순덕의 벗겨진 가슴을 드러낼 뿐 아니라 그 과정을 보여주고 그녀의 육체에 관한 여러 차례의 언급이 행사되는 등 다른 폭력 묘사에 비해 대안적 재현 방식을 찾지 못한다. 이 영화에서 벌거벗은 생명은 어린 군인, 순덕 그리고 돼지다.

이런 한계에도 불구하고 〈지슬〉은 감싸안는 듯 아름다우면서도 혹독한 제주의 자연과 역사의 잔혹함을 절묘하게 겹쳐낸다. 집단 학살당한 뒤 냉전 때문에 오랫동안 정치적으로 상징적 학살 상태에 있었던 사람들을 현재로 불러내 이야기를 나누게 하고, 부조리한 민간인 '폭도' 사냥을 보여준다. 이라크 전쟁 이후 전쟁영화를 게임 장르로 축소시켜 민간인마저 스펙터클하게 살해하는 〈모던 워페어〉(Modern Warfare) 같은 게임이 산업적으로 대세인 지금 〈지슬〉은 비상, 위기 시 공동체의 정과 웃음, 그리고 이 모든 것을 무너뜨리는 국가 폭력을 바라본다.

임흥순 감독의 〈비념〉은 사려 깊은 영화다. 이 다큐에는 두 겹의 시선이 있다. 관광객의 시선으로 보는 제주도, 그리고 문득 그 시선의 소유자인 관광객마저도 부지불식간에 눈치 채게 되는 제주의 과거, 4·3. 그래서 두 번째 발견의 시선은 첫 번째 시선 위에 그 겹 공간을 짓는다. 4·3을 잘 모르는 현재의 관객들에게 효과적인 호소 방식이 될 수 있다.

이 영화의 프로듀서의 할머니인 강상희 씨는 4·3으로 남편을 잃었고 〈비념〉은 이 할머니와 오사카로 떠나야 했던 4·3의 피해자들, 그리고 오늘의 강정 해군기지 사건을 영화적 공간 위에 함께 불러 모은다. 집단 학살과 상징적 학살을 거친 4·3 민중항쟁의 피해자들에게 이 영화가 증여하고자 하는 것은 비념이다. 〈비념〉은 현재 시간에서 이미지와 사운드를 통해 과거를 새롭게 생성시킨다. 비념의 공명 속에 4·3은 망각과 기억의 변증법을 잠시 유예시킨다. 마을의 집단 제사를 넘어서는 애도와 추모와 해원의 시간이 필요한 것이다.

2012 부산국제영화제: 귀요미 사회주의 리얼리즘

〈김동무는 하늘을 난다〉

부산국제영화제에서 본 영화에 대해 이야기하려고 한다. 2012년 10월 4일부터 13일까지 영화제에서는 총 304편이 상영되었다. 올해 부산영화제에서 나의 발견은 단연 〈김동무는 하늘을 난다〉. 북한과 벨기에, 영국의 합작영화다. 탄광 광부의 딸 김영미(한종심)가 평양 교예단의 공중 곡예사로 재탄생하는 서사다. 소녀의 성장 이야기이며, 지역에서 도시로 이주한 시골 처녀가 도시 청년과 다른 세계를 만나는 멜로드라마다.

배우들 각자가 자신이 맡은 역할에 가져오는 에너지가 놀랍다. 처음에는 반목하다가 공중 곡예 파트너이자 연인으로 변해가는 남녀 주인공들은 말할 것도 없고, 교예단 문지기 아저씨부터 탄광, 공사장의 노동자, 교예단 단원들까지 전형적 인물들을 구현하면서도 그 배역을 초과하는 기운들을 뿜어낸다. 엔딩 자막을 보고 중요한 역할을 하는 사람들이 대부분 공훈배우인 것을 알았다. 문지기 아저씨의 무서운 표정이 슬며시 풀어지는 것을 지켜보는 것도 재미있다. 사회주의 리얼리즘을 사회주의 '귀요미' 리얼리즘으로 풀어낸 이 합작영화는 북한 영화와 사회에 접근할 수 있는 명랑하고 맹랑한 창이 될 수 있을 듯하다.

주인공 여배우 한종심을 비롯해 다른 '전형' 배우들이 주는 터질 것 같은 생의 약동성이 북한 사회의 여러 면모를 얼마나 전달하고 포착하고 있는지는 상당한 분석과 비판을 거쳐야만 어느 정도 이해할 수 있을 것이다. 간단명료하게나마 이야기하자면 성형수술을 하지 않은(혹은 티 나지 않게 한) 배우들이 주는 신선함이 이 영화 매력의 절반이다. 성형 미인의 '전형'적인 얼굴에 너무 지친 나에게는 〈김동무는 하늘을 난다〉의 계급과 성을 재료로 삼아 구워내는 해묵은 '전형성'이 오히려 신선하다.

이렇듯 영화는 계급, 젠더, 지역적 적대를 서사의 추동력으로 삼고 있으나 희극적 요소와 교예단 단원들의 다이내믹한 몸의 움직임, 남녀 간의 사랑, 노동에 대한 적극적 찬미로 결국 이런 갈등을 속 시원히 해소한다. 마지막, 변방의 여성 노동자는 드디어 예술가로 하늘을 날게 된다. 또한 애니메이션과 실사 등을 솜씨 있게 섞어 탄광에서 평양의 교예단원으로 비상하는 이 젊은 여성의 꿈 같은 진행과 진로를 때로는 마술로, 더러는 땀방울로 표현해낸다.

일견 이런 갈등들이 너무 매끄럽게 마무리되는 것 같기도 하다. 하지만 영화에서 문제의 핵을 이루는 중앙/지역의 간극, 남녀 차이, 노동자와 예술가, 그리고 관료들 사이의 위계, 이와 같은 난제가 북한 사회에 존속하지 않는다면 이런 영화를 왜 생산하겠는가 하는 관점에서 보자면, 그런 봉합은 사실 문제가 있음을 직시한 후에야 이루어질 수 있는 것이다. 공동 감독 중 한 사람인 니콜라스 본너는 시네마테크 등에서도 상영된 바 있는 〈푸른 눈의 평양 시민〉(2006)이라는 다큐멘터리를 만든 사람이기도 하다.

3·11 이후 일본 사람들에게 무슨 일이 일어나고 있는 것인가?

또 다른 주목할 만한 영화는 부산국제영화제 아시아 시네마 펀드의 지원을 받아 완성된 후나하시 아츠시의 〈만개한 벚꽃 나무 아래서〉라는 일본 영화다. 3·11 쓰나미와 원전 사고 이후 한 지역의 작은 공장, 숙련 노동자들의 일상적·심리적 붕괴와 회복이 천천히 드러난다. 영화의 후반부는 가해자와 피해자 사이의 이해하기 힘든 용서의 멜로드라마로 볼 수도 있으나, 전반부의 상황 설정은 뛰어나다. 하이브리드 부속품을 만들 수 있는 공장이 처한 위기는 일본의 자본주의와 사회관계가 어떤 가치들을 생산하면서 유지되어왔는지 매우 정확하게 보여준다. 영화에서 일본의 전통적 윤리라고 하는 의리 등의 가치가 사실은 근현대 일본의 자본주의와 산업, 사회적 관계를 유착시켜온 것이라는 점이다. 대재앙 이후 소위 '전통적' 가치는 무너지고, 생산과 재생산을 위한 사회관계는 이 영화 후반에서 심리극이라는 가면을 쓰고 진행되는 억지 화해와 용서, 유사 사랑을 통해서만 간신히 지속될 수 있는 듯이 보인다. 즉 재앙 이후 자각된, 미래라는 시제의 불가능성. 하지만 영화는 후반부 멜로드라마의 어법을 빌려와 다시 시작하는 것이 가능한 듯 그 불가능성을 괄호 속에 넣는다. 그 어법 속에 재앙 이후의 진정한 그로테스크 증후가 자리 잡고 있다. 사고이긴 하지만 자신의 남편을 죽인 직장 동료와 친밀한 남녀관계를 맺을 수 있을까 망설이는 여자 주인공 시오리의 심리를 지배하는 것은 개인적인 것이라기보다는 지극히 사회적인 것이다. 멜로드라마의 애련한 주인공처럼 보이는 시오리는 그래서 일본국, 일본 사회의 복화술사의 역할을 하고 있다. 시오리의 이런 선택은 영화의 첫 장면에서 제기한 질문 "도대체 (3·11) 이후 일본 사람들에게 무슨 일이 일어나고 있는 것인가?"에 대한 모호하나 수용 가능해야 할 대답인 것이다. 자본, 사회관계, 가치, 재앙의 연쇄에 대한 냉철한 전반부 분석과, 그 분석을 '인간화'하는 후반부의 멜로드라마가 기묘한 조합을 이루고 있는 재앙 이후의 영화다.

위태로운 희망의 정치학: 〈플랫폼〉

겨울, 〈플랫폼〉에서 그려지는 중국 샨시 성 펜양의 이른 새벽 푸른 빛은 아찔하고 음울하고 아득하다. 문화선봉대원들을 실은 트럭이 동트는 아침 속으로 떠날 때, 어둑한 푸른 들판에 붉은 모닥불이 지펴질 때, 그 푸른색은 쉽게 지우지 못할 잔영을 남긴다. 감독 지아장커와 촬영감독 유릭와이가 만들어낸 중국의 추운 겨울 벌판의 색감이다.

반면, 차이나 블루는 제국의 시대, 유럽에서 상해로 들어가는 항로에서 만나게 되는 바닷빛에 붙여진 이름이었다. 중국 5세대 감독 장이머우의 〈붉은 수수밭〉의 자기 오리엔탈화하기 과정에서 나타나는 홍고량의 붉은색은 예의 차이나 블루와 역사적 보색 관계를 이룬다. 오리엔탈리즘의 양면인 것이다. 〈플랫폼〉의 청색 기조는 제5세대의 민속지적 화려한 색깔과 확연히 구분된다. 차이나 블루도 아니고 붉은 수수밭도 아닌 그 푸른색은 중국 당대 젊은이들의 멜랑콜리와 그 안에서 막 잉태되려 하는 힘겹고 위태한 희망의 정치, 그것의 빛깔이다.

〈소무〉와 〈플랫폼〉의 주 촬영 장소이기도 한 샨시 성 펜양에서 태어난 지아장커가 북경전영학원 문학과를 졸업한 후, 1997년 27살의 나이에 〈소무〉를 들고 유럽과 부산영화제를 찾았을 때 사람들은 중국 영화에 일어난 변화를 순식간에 감지했다. 〈소무〉는 자신의 전 세대인 5세대 감독들의 영화들과 결별하고 오히려 〈첩혈쌍웅〉이나 허우샤오시엔을 인용하고 있었다. 또한 북경과 상해가 아닌 작은 도시를 파고든 개방 이후의 중국 사회를 다루고 있었다. 검은 테 안경을 눌러 쓴 소매치기 샤오우가 건설 작업이 한창인 작은 도시를 배회하는 모습은 자본주의 체제를 받아들인 사회주의 국가 중국이라는 규율적이고 생산적인 국가 이미지와는 한참 동떨어진 모습이다. 샤오우는 경찰의 규제를 받지만 대수롭지 않게 생각하며, 또 아무것도 생산하지 않는다. 하릴없이 시간을 때우고 있을 뿐이다.

〈플랫폼〉은 중국 지하전영 제작 방식의 한 특징을 따라 프랑스, 일본, 홍콩 3개국 합작으로 제작되었다. 1979년에서 1989년까지 중국에 일어난 급격한 변화를 느릿느릿 롱 테이크로, 그리고 대부분 원 씬 원 숏으로 따라간다. 그 10년 동안 문화선봉대원들인 루이지앤과 추이밍량, 장쥔, 중핑 4명이 겪는 변화는 사실 극심하나, 영화는 아주 침착하고 섬세하게 그들의 마음의 풍경과 외부 경관을 담아낸다. 처음에는 이념을 위해 공연을 하던 사람들이 국가의 지원이 끊기자 서서히 무너져 내리면서 다른 무엇으로 변화되거나 변화하지 못하는 모습이 3시간이라는 긴 영화적 시간 속에서 펼쳐진다.

영화가 시작되면 공연을 끝낸 단원들이 버스에 타고 단장이 단원들의 이름을 부르지만 이후 5분 동안 관객은 누가 누구인지 전혀 알 수가 없다. 감독은 바로 이 장면이 3시간 길이의 영화에서 일어나고 있는 집단에서 개인으로의 변화를 압축적으로 보여준다고 말한다.

이렇게 꼼꼼하게 계산된 압축성에다 〈플랫폼〉이 영화적 전율을 주는 순간은 일상적 순간을 대담하게 무엇인가 다른 차원으로 변환해버리는 때다. 사회주의 리얼리즘이 슬며시 마술적 리얼리즘의 광휘 속으로 걸어 들어가는 순간이다. 네 명의 주요 등장인물 중 하나인 루이지앤이 음악에 맞춰 춤을 추다가 갑자기 유니폼을 입은 채 오토바이를 타고 도시의 골목을 지난다거나, 평범한 시골의 풍경이 롱 테이크로 보여지다가 불시에 편집을 통해 도시 거리와 몽타주되어 영화의 전반적 기조와는 다른 비약이 일어난다거나 하는 것이 그 예다. 그리고 한 장면 안에서 현실과 그 현실을 초과하는 예감이나 전조가 현실적인 사운드와 동작을 통해 표현되기도 한다. 영화의 마지막 장면. 이제 결혼한 추이밍량과 루이지앤의 집. 추이밍량은 잠이 들어 있고 루이지앤은 아이를 안고 있다. 주전자에서 물이 끓음을 알리는 소리가 귀를 찢을 듯 울리고 루이지앤은 아이에게 위태로운 장난을 건다. 끓는 주전자 앞에서 포르트다(fort-da) 놀이를 하듯 아이를 앞뒤로 흔든다. 지아장커의 영화가 매개 없는 현실의 재현을 추구하는 다이렉트 시네마 혹은 다큐멘터리와 거리를 두는 장면이며, 현실에 예지적, 심리적 긴장을 부여하는 순간이다. 이렇게 해서 아슬아슬한 희망의 정치학을 말하는 젊은 감독의 〈플랫폼〉은 우리 시대의 걸작이 되어버린 것이다.

(참고 서적: 지아장커, 『지아장커, 중국 영화의 미래』, 현실문화연구, 2002.)

디아스포라의 출현과 실종의 시대: 〈예언자〉

〈예언자〉가 프랑스 사회의 인종적 타자, 아랍인을 다루는 방식은 대 담하다. 대담하다는 표현은 물론 양가적이다. "더러운 아랍 놈들"과 같 은 인종차별과 증오에 가득 찬 언어들이 영화 속에 횡행한다. 동시에 아랍계 청년의 감옥에서의 삶을 통해 프랑스 사회의 인종 문제를 축약 해 보여주는 것처럼 보인다. 감독 자크 오디아르는 자신의 이미지가 없 는 아랍인들을 위해 이미지를 만들어주고 싶었다고 말한다. 발언 자체 는 문제가 있다. 자신이 속하지 않는 어떤 그룹을 재현하고 대변하려는 욕구는 오만하거나 생색내는 방향으로 흐르기 쉽다. 그래서 이런 식의 자신감보다는 윤리적 주저함이 중요하다. 미국의 인권운동가 두보이스 (W. E. B. Du Bois)는 세계와 유색의 베일을 쓰고 살아가는 사람들 사 이에 있는 장벽인 '물어보지 않은 질문'에 대해 언급한다. 그 질문은 '문 제로 살아가는 기분이 어떤가?'라는 것이다. 유색인종이 문제라는 생 각은 인종차별적 사고의 핵심이다.

직설법의 〈예언자〉가 지닌 허장성세

〈예언자〉는 정확히 아랍 청년을 '문제'로 보고 출발한다. 19살, 막 성 년이 된 말리크(타하 라힘)는 6년형을 선고받고 감옥에 들어간다. 그러 나 그가 정확히 어떤 '문제'를 저질렀는지는 밝혀지지 않는다. 감금의 과정을 자세히 보여줄 뿐이다. 문맹에 가까운 이슬람 청년 말리크는 감옥에서 코르시카 출신의 갱의 명령을 받고 같은 아랍계 사람을 청부 살인한 뒤 코르시카 갱들의 잔심부름을 하며 잔재주를 익힌다.

〈예언자〉는 프랑스를 배경으로 전개되고 있다. 그러나 현재 다문화 사회로 접어들었다는 한국도 직면하고 있는 인종적 타자라는 이슈를 홍콩, 마카오를 경유해 좀 글로벌한 맥락에서 보고, 다시 〈예언자〉로 되돌아오려고 한다. 2009년 칸 영화제 경쟁 부분에 올랐던 〈예언자〉와 두기봉의 〈복수〉 중 내게 단연 놀라운 영화는 수상작인 〈예언자〉가 아닌 〈복수〉였다.

〈예언자〉는 말리크가 감옥에서 성장 아닌 성장을 하는 과정을, 플래시 포워드나 유령의 출현을 제외하면 '리얼'하게 그려내고 있다. 프랑스의 인종 문제를 다룬다는 직설법을 구사하고 있는 것이다. 〈복수〉는 명백하게 장르적 관행을 따른다. 〈복수〉에는 복수를 위해 홍콩 마카오에 도착한 프랑스인(조니 할리데이)이 등장한다. 그것이 특별히 인종적 차이로 플롯에 포함되지는 않는다. 〈복수〉는 홍콩을 정주의 장소가 아니라 '통과'(트랜짓)의 공간으로 전제하고 있다. 직설어법의 〈예언자〉보다 오히려 〈복수〉가 글로벌한 단위에서의 이주와 이동, 이민 문제, 식민의 기억, 사고에 가까운 결속, 형제애와 같은 시대적 징후와 기미를 영화적으로 사유하고 있다고 생각한다. 굳이 〈복수〉를 비교의 근거로 삼는 것은 〈예언자〉의 허장성세를 보았기 때문일 게다. 〈예언자〉는 인종적 '문제'를 기획한다. 그러나 말리크는 아랍인으로 설정되어 있지만 인종차별적 호명들을 제외하면 '아랍인'으로서의 정체성은 거의 형성되어 있지 않다. 부모, 친척, 친구 없는 혈혈단신으로 등장한다. 아랍계로서의 자원은 거의 전무한 상태에서 시작해 그는 코르시카계, 아랍계, 집시 등과 어울리고 싸운다. 19살의 남자를 거의 사회적 유아에 가까운 제로 상태로 설정했다가 감옥에서 6년간 '성장'하는 과정을 '현실적'으로 묘사하는 것은 영화 텍스트를 구성하는 방식이지 인종차별을 다루는 방식은 아니다. 그것 자체가 안 될 것은 없으나 이 영화가 예민한 부분을 다루고 있어 지적하는 것이다. 반면 〈복수〉는 스스로를 사회적 문제로 제시하지 않는다. 정의 없는 사회, 불법이 법이며 명령인 사회에서 개인 간의 윤리는 낭비이며 저주이며 폐기물이다. 황추생이 이끄는 〈복수〉의 청부업자들은 누구보다도 그것을 잘 알고 있는 사람들이다. 그럼에도 계약을 파기하는 대신 쓰레기 처리장에서 자신의 목숨을 버린다. 더구나 딸의 죽음에 대한 복수를 해달라고 청부한 조니 할리데이는 머리에 박힌 총알 때문에 기억을 잃어가고 있고 왜, 누구에게 복수를 해야 하는지 망각한 상태라 '복수'의 기원도 도달점도 무의미해진 상태다. 원인도 효과도 사라진 상태에서 청부업자들은 자신들이 사라지는 길을 택한다.

실종에 관한 〈복수〉와 출현에 관한 〈예언자〉

이 영화의 배경이 홍콩이고 마카오라는 것은 절대적으로 중요하다. 누가 홍콩인이고 프랑스인인가 하는 점도 물론 중요하지만 이 영화의 공간만큼 의미심장한 건 아니다. 아크바 압바스가 『홍콩: 문화와 실종의 정치』(Hong Kong: Culture and the Politics of Disappearance)를 낸 것이 1997년으로, 홍콩 반환 시점과 일치한다. 그의 통찰은 홍콩은 중국과 영국이라는 두 식민 권력 사이에 포획된 유례없는 역사적 상황 속에 있으며, 바로 이 실종의 공간에서 영화는 정체성의 이미지를 포착하려 한다는 것이었다.

당시에도 왕가위의 영화를 장소나 정체성의 실종, 사라짐을 표현하는 것으로 읽는 데 공감이 갔다. 〈복수〉의 명장면이 펼쳐지는 쓰레기 처리장이나 기억을 잃어가는 조니 할리데이가 폴라로이드 사진을 든 채 빗속에서 황추생 일행을 찾아내는 장면은 바로 압바스가 이야기하는 '사라짐', '실종'의 미학, 그리고 그 윤리의 정점으로 보인다. 근래에 본 영화 중 진정 최고다. 장소도 공간도 정체성도, 그리고 기억마저 사라져가고 있는 곳에서 망각에 빠진 생존자 프랑스인 조니 할리데이의 웃는 얼굴로 끝나는 마지막 장면은 어떤 통탄할 만한 불가능성, 카타스트로프를 역설적으로 전한다. 사라지는 홍콩에 남은 프랑스인. 영화는 필사적으로 이 사라져가는 것들을 미적으로 되살려낸다. 〈복수〉가 믿는 유일한 것이 있다면 그것은 장르영화의 치열한 영화적 완성도다. 영화는 이 사라짐을 기록하고 포스트 셀룰로이드 아카이브에 저장한다. 다음 영화에서 이 사라진 사람들은 다시 배우로 등장해 또 다른 실종을 재현할 것이다.

마음 같아선 〈복수〉에 매달리고 싶지만 〈예언자〉와 비교하기 위해 등장시킨 작품이기 때문에 다시 〈예언자〉로 돌아가보기로 한다. 〈복수〉가 실종에 연루된다면 〈예언자〉는 출현의 이야기다. 뱅상 카셀, 마티외 카소비츠 같은 배우들을 기용했던 프랑스 감독 자크 오디아르의 영화에 아랍계 배우가 출연한다. 인종적 타자인 배우의 출현. 감옥에는 마약을 취급하는 집시들과 아랍계 갱도 있어 말리크는 코르시카 갱들로부터 배운 아랍계 하이브리드 갱으로 재출현한다. 영화는 예언이라기보다는 어떤 환영들을 적절하게 출현시키는데 그것은 불가지이며 영화에 통합하지 못하고 떠돈다. 영상으로서 걸출한 장면은 이 환영 속에 등장한다. 말리크는 헤드라이트 불빛에 도망가는 사슴들과 사슴 출현 경고 사인보드를 본다. 이 환영이 현실에서 유사하게 구현된다. 제목은 마호메트를 가리키는 〈예언자〉이나 시선을 끄는 이 장면은 예언과는 관계가 별로 없고 무언가를 시사하거나 제시하는 것도 아니다. 이런 간극 속에서, 리얼리즘적 법칙도 아니고 판타스틱하지도 않은 애매함 속

34

에서, 코르시카 대부를 공격하는 말리크의 변모를 극적으로 과장해나
간다. 처음에는 말리크를 텅 빈 '문제'로 설정하고, 나중에는 해결사로
변모시켰다가, 출옥해선 병으로 죽은 자신의 공범자인 아랍계 남자의
가족과 함께 살게 한다.

디아스포라의 출현과 실종의 시대

〈복수〉의 사라짐, 실종이 오히려 철저하게 역사화된 공간에서 나오
는 것이라면 〈예언자〉는 감옥이라는 세트장에서 구성된다. 여기는 프
랑스이기는 한 것인가? 영화는 아랍계 청년을 영화적으로 조련해 어떤
하이브리드적 정체성을 가진 갱으로 내부화시킨다. 악화된 순화다. 뭐
관용, 톨레랑스라면 톨레랑스일 테고……. 이것을 프랑스식 인종 문제
의 해법이라고 부르는 것은 과장일 수 있으나, 프랑스 예술영화의 해법
이라고 이해할 수는 있다. 그야말로 글로벌하고 트랜스내셔널할 영화
생산과 확산의 시대. 프랑스 남자는 홍콩에서 살인 청부를 지시하고,
아랍계 남자는 프랑스에서 살인 청부를 지시받는다. 디아스포라의 출
현과 실종의 시대. 예언자는 어디에서 무엇을 말하고 있는가?

대재앙 이후를 영화적으로 목격하는
일의 두려움: 〈더 로드〉

대재앙 이후, 포스트 아포칼립스를 상상하는 것이 어렵지 않은 시대를 살고 있다. 아이티 지진 뒤 100만 가구의 이재민이 발생하고, 환경 재해로 인한 지구온난화를 근심하는 사이 올해 겨울 북반구에 폭설 등 이상기후가 창궐한다. 그리고 미니 빙하기가 왔다는 예보가 터져나온다. 지구가 막바지에 이르렀는데도 자본의 공격적이고 '암울한 축적'은 멈출 줄 모른다. 4대강을 파헤치고, 원전 수출을 찬양한다. 생태 파괴가 모든 사람, 그 몸과 목의 가늘고 가는 핏줄과 힘줄 들을 조이고 막고 끊어놓을 때까지, 이 음울한 자본의 광란은 지속될 것인가?

〈아바타〉와 극복할 수 없는 간극을 이루다

시대가 수상하고 기괴하며 위협적이어서 대안적 미래를 상상하고 계획하는 예술작품이 절절히 필요하다. 케인스의 말대로 자본의 암울한 축적에 대항하는 예술, 아름다움, 우정, 와인이 요구된다. 한 존경할 만한 친구는 우리가 자본이 요구하는 바와 다른 방식으로 행복해져야 한다고 신년부터 주장하고 있는 중이다.

2009년 서울환경영화제에서 대상을 받은 〈재앙을 위한 레시피〉는 일상적 차원에서 플라스틱 사용을 줄이고 그런 에너지를 사용하는 레시피를 제공하는 착하고 도움이 되는 유용한 영화다. 〈아바타〉 역시 이 대재앙의 시대에 판도라와 같은 유토피아 행성의 존재를 3D로 보여준다. SF의 미래 디스토피아에 우리가 고착된 순간 뛰쳐나온 패럴랙스 뷰(parallax view, 시차적 관점)인 것이다. "시차(패럴랙스)는 두 층위 사이에 어떤 공통언어나 공유된 기반도 존재하지 않기 때문에 결코 고차원적인 종합을 향해 변증법적으로 '매개/지양'될 수 없는 근본적인 이율배반을 뜻하는 것이 아닌가?"라고 지젝은 묻는다. 반면 입체 연출의 기술 영역에서 입체의 물리적인 양을 패럴랙스라고 부른다고 최양현은 《씨네21》에서 설명하고 있다. 거기에 정성일은 〈아바타〉와 같은 3D 영화 논쟁에서의 핵심은 0점 지점을 한 숏들의 패럴랙스 미장센 디자인을 설명하는 것이라고 지적한다. 이렇게 두고 보면 기술 영역에서 사용하고 있는 패럴랙스라는 용어에 패러독스가 보이지 않아 좀 어리둥절하긴 하지만, 3D 영화와 우리의 미래를 두고 보더라도 양자물리학의 시차와 정치적 시차, 패럴랙스를 한동안 끌어안고 사유해야 할 것 같다.

이 〈아바타〉와 극복할 수 없는 간극을 이루고 있는 영화가 현재 한국에서 비슷한 시기에 상영 중인, 그러나 박스오피스의 간극은 크기만 한 〈더 로드〉다. 〈아바타〉가 컬러와 입체로 질주하고 있다면 〈더 로드〉는 망한 세계에 관한 모노톤의 플랫 스크린이다.

코맥 매카시의 원작 소설 『더 로드』는 바이오스피어가 사라진 지구 위 생존의 양태를 담아냄으로써 가장 강력하게 환경 문제를 제기하는 작품이라고 평가된다. 소설 『더 로드』를 현대의 성서라고 말하는 사람도 있고 작가를 당대의 헤밍웨이로 비유하기도 한다. 굳이 반대 의사를 표명할 이유를 느끼지 않는다.

좀비 공포영화보다 무서울 수밖에

〈노인을 위한 나라는 없다〉의 원작자로 알려진 코맥 매카시의 문학적 비전과 글쓰기 스타일은 독보적이다. 오프라 윈프리와의 인터뷰에서 그는 자신이 평서문을 선호한다고 하면서 대문자, 마침표, 쉼표, 그리고 설명구를 위해 구두점의 콜론을 사용하지만 절대 세미콜론은 넣지 않는다고 말한다. 세미콜론은 마침표보다는 가볍고 쉼표보다는 무거운 구두점이다. 경중의 사이, 사이 공간은 쓰지 않겠다는 것인가? 예컨대 죽음과 탄생을 제외한 일상의 수많은 경계들은 다루지 않겠다는 말? 인물들의 대화에도 인용부호가 빠져 있다. 세미콜론이 없는 영화 언어란 어떻게 만들 수 있는 걸까?

세미콜론과 대화의 인용부호가 배제된 그의 문학에서 영화로의 이동은 호주 웨스턴 영화 〈프로포지션〉의 감독인 존 힐코트가 연출을 맡았고 아버지 역을 비고 모텐슨이 맡았다. 이 작품은 소설과 영화의 우위를 비교한다거나 하지 않고 서로가 서로에게 말을 거는 방식으로 읽는 편이 좋을 것 같다. 〈더 로드〉가 정면으로 대결하고 있는 설정 중 하나는 식인 문제다. 인간의 육체, 살점만이 유일한 자원이며 먹을거리가 되고 인간 사냥꾼이 횡행하는 사회.

식인 행위 자체는 이제 이것이 원시부족 사회의 신화가 아니라 오히려 근현대사의 잔혹한 장면으로 부각되었다. 하라 가쓰오의 다큐멘터리 〈유키 유키테 신군, 천황의 벌거벗은 군대가 행군한다〉(1987)는 제2차 세계대전 당시 뉴기니에서 일본군 병사들이 병사들을 취한 점을 추적하고 있다. 미국 PBS에서 방영된 다큐멘터리에서는 1846년에서 1847년 사이 시에라네바다에 폭설로 갇힌 도너 가족의 식인을 다루었다. 이것은 미 서구 개척사의 충격적 사건이며 수치로 남아 있다.

〈더 로드〉에서 대재앙 이후 나무나 풀은 사라지고 동물도 보이지 않는다. 대지는 지진으로 시도 때도 없이 흔들린다. 비가 오고 겨울은 다가온다. 모든 생기와 활기가 사라진 자리. 여기서 유일하게 남아 있는 자원은 예의 인간의 몸이다. 그래서 인간이 먹이사슬의 최고점이자 최저점이 된다. 타자들이 친밀성을 잃고 적대적 타자로 거리를 배회하고 당신의 몸을 먹이로 취하고자 할 때 바로 이것이 〈더 로드〉의 아버지와 아들이 처해 있는 국면이다. 아버지와 아들 쌍은 그러나 이 영화에서는 강자 쪽에 든다. 아이와 함께 남겨진 여자, 모자는 한 무리의 남자들에게 추격당해 도망치다가 잡혀 먹잇감이 된다. 이런 장면들은 좀비들이 수백만 등장하는 어떤 공포영화보다도 무섭다. 소수자가 물리적으로, 육체적으로 폭력을 감당하지 못할 사회의 도래에 대한 절대적 공포를 일견하게 하기 때문이다.

비고 모텐슨은 〈반지의 제왕〉의 아라곤과는 전혀 다른 역을 수행한다. 창백하고 병들어 죽어가면서 아들을 지킨다. 하지만 일촉즉발 다음 상황을 예견하지 못하는 지구 최후의 생존자 중 한 사람을 연기한다. 또 이들이 길을 걷는 도중 만나게 되는, 시력을 상실해가는 한 노인은 로버트 듀발이 연기한다. 그도 한때 〈지옥의 묵시록〉에서 바그너의 〈발퀴레〉에 맞춰 포탄을 퍼붓는 전쟁광 킬고어 대령 역을 맡은 바 있어 아이러니는 증폭된다. 그는 말한다. 이런 일이 일어날 줄 알았다. 많은 예고들이 있었다고.

어떤 식으로든, 이 재앙은 일어날 것이다

그러나 영화는 〈2012〉나 〈터미네이터〉 같은 다른 재앙영화와는 달리 왜 이런 일이 일어났는지 정확히 말하지 않는다. 우리 모두가 그 원인에 대해 너무나도 잘 알고 있다고 전제하는 것이다. 우리가 다른 것을 선택하지 않는 이상 이런 일이 일어나는 것이 정확히 예측된다는 전제다.

대재앙과 함께 태어나 인간 문명의 가까운 과거도 전혀 알지 못하는 아이(코디 스미스 맥피)의 등장이 흥미롭다. 자신을 낳고 자살을 선택한 어머니나 문명에 대한 어떤 참조점도 없는 아이는 아버지와 길을 걸으며 마주치는 세상에서 모든 것을 익힌다. 아버지가 요행히 찾아낸 코카콜라를 처음으로 마셔보는 장면은 미묘하다. 우리가 아는 톡 쏘는 맛. 아이는 대번에 이 맛을 좋아한다. 아이가 길 위에서 보는 것이라곤 조각난 인간의 살점이나 흩뿌려진 피, 사냥당하는 사람들, 다음 먹이로 지하실에 갇혀 있는 마르고 무기력한 육체들이기 때문에 이 톡 쏘는 맛이 영화에 돌연히 삽입되는 순간은 이질적이다. 그러나 영화에는 이런 이질적인 순간이 많지 않다. 번역이란 근본적으로 배신 행위이기 때문에 문학 원전에 대한 충실한 해석을 시도하는 영화란 시차적 관점을 만들어내지 못함으로써 좀 맹맹해진다. 그런데도 나에게는 이 리뷰를 쓰는 것이 매우 어렵게 느껴진다. 어머니는 자살하고 여자와 아이들은 사냥당하는 포스트 인간 사회를 영화적으로 목격하는 것은 참혹하다. 작금 우리는 현실의 재앙과 영화 속 재앙들에 포위되어 있다. 사람 살려!

재앙이 재앙 장르를 먹는 방법
: 다리나 몸통 없이 이제 머리뿐인가

뱀이 자기 꼬리를 먹어 들어가 포식자와 피식자가 오직 치켜든 머리 하나로 남듯, 자신이 딛고 선 지반을 허물어 그 흙으로 집을 짓듯, 파괴의 과정이 생산의 기반이 되는 영화를 카타스트로프, 곧 '재앙'영화라고 하자. 예컨대 이런 악순환을 오히려 자신의 자양분으로 삼는 영화들 말이다. 〈2012〉는 영화 관객, 자신의 관객 자체가 급격히 줄어들 그날을 D-Day로 삼아 달려간다. 두말할 것도 없이 20세기 이후는 인간이 발생시킨 대규모 재앙, 카타스트로프의 시대다. 두 차례에 걸친 세계대전과 수많은 대량 살상이 가능한 국지전, 그리고 미래를 위협하는 환경 재앙 등.

〈2012〉, 자연만이 문제라고?

어떻게 롤랜드 에머리히 감독은 인류의 멸망을 다루는 〈인디펜던스 데이〉나 〈투모로우〉, 그리고 〈2012〉 같은 일련의 영화를 만드는 것을 커리어의 특장점으로 삼았을까? 재앙영화 전문 감독이라는 직업은 특이한 시대적 이력이다.

〈2012〉는 착한 블록버스터다. '도의적'으로 여러 사람의 이야기를 빠짐없이 담느라 2시간 30분의 상영 시간을 준수한다. 〈닌자 어쌔신〉은 그것이 문제라고 생각은 안 하지만, 뭐, 특별히 이야기랄 것이 없다.

98분이다. 〈2012〉에서 유난히 어리둥절한 점은 지구 종말이 인재가 아닌 자연재해만으로 온다는 것이다. 지구온난화의 주범이 되는 가스 배출 등에 대한 불안이나 경고는 완벽히 부재한 채 마야 문명이 예고한 대로 2012년 태양 중성자의 작용에 의한 지구 중핵의 가열과 그 결과에 따른 대륙판 이동과 쓰나미 등이 대재앙의 원인이 된다(이렇게 그린피스 활동에 무심해도 되는 건가?).

영화의 VFX(시각적 특수효과)의 포뮬라를 보면 리얼 액션을 충분히 살리면서 CGI를 사용하는 것이 감독의 뜻이어서, 스튜디오 자체가 요동하고 사람들은 흔들리며 크레인으로 집어올린 차들이 도로나 주차장에 내팽개쳐진다. 이 영화의 중요한 숨겨진 전략 중 하나는 도로와 집, 산과 들의 대규모적 파괴는 보여주면서도 사람들의 죽음은 될 수 있으면 보여주지 않는 것이다. 인공 혈액이 그다지 필요하지 않은 연출 기법이다. 그래서 북미, 남미와 아시아 대륙 등이 천지개벽을 할 뿐 사람들이 어디서 어떻게 죽어가는지는 생략된다. 영화에 가족주의는 있지만 뼈저리고 피흘리는 고통은 없다.

주인공 잭슨(존 쿠색)은 밤에는 소설을 쓰고 낮에는 리무진 운전사를 하는 피곤한 작가이자 이혼 뒤 전 부인(아만다 피트)과 함께 사는 아이들의 신뢰를 회복하려는 아버지다. 나쁘지 않은 역이다.

혈흔과 상흔 없이 살아남은 사람들

영화는 미국을 중심으로 정렬된 다국적 인물들(미국, 러시아, 티베트, 인도, 유럽, 일본, 중국)과 다국적 로케이션을 시도한다. 미국에서 출발해 중국까지 이르는 게 주요 여정이고, 마지막엔 대륙판 이동으로 세상에서 가장 높은 고도를 갖는 대륙이 된 남아프리카로 향한다. 미국의 옐로스톤과 히말라야, 티베트에서 일어나는 화산 폭발과 쓰나미에 영화의 CGI 효과가 전면 동원된다.

영화에서 깜찍한 미끼는 잭슨이 필사적으로 가족들을 데리고 도착해 이용하려고 하는 것이 지구 탈출용 우주선이 아니라는 것이다. 어리둥절해 하는 아들에게 그는 친절하게 설명한다. 지구 대륙의 대부분이 날아가고 사람들이 몰살되는 위기를 통해 복원되는 것은 잭슨의 가족애이고 남아프리카의 케이프 오브 굿 호프, 희망봉의 의미가 새삼스레 확인되는 것이다.

긴 영화가 끝이 나면 영화에 파도나 쓰나미는 넘쳐나지만 혈흔과 상흔은 없으며, 살아남은 자들이 죽어간 태반의 인류에 대해 애도의 시선을 보내지 않는 것이 의아하다. 이 두 가지의 부재(피, 몸, 피부, 땀 등으로 이루어진 인간의 몸과 죽음 이후의 제의)를 결핍으로 생각하지 않는 〈2012〉는 CGI로 이루어진 영화 장르 자체를 포스트 휴먼, 사이보그 시대에 회고적으로 돌아본 인간의 마지막 엑소더스 게임처럼 보이게 한다. 영화에서 땀이 흐르는 장면이 나오는 것은 단 한 번, 도입부의 인도 에피소드가 유일하다.

한국 영화의 비동시적 동시성
: 〈올드보이〉와 〈지구를 지켜라〉

해체적 영화 만들기

〈올드보이〉에는 의미화 과정을 붕괴시키는 전략들이 있다. 서사적 시퀀스, 비주얼을 끊임없이 자체 훼손시켜, 방금 단단해지려고 했던 영화의 진정성, 숭고함 내지 그럴듯함을 해체시키는 것이다. 대수(최민식)가 내뱉는 문어체 말투, 때 아닌 농담, 벽지와 머리 모양, 감금된 건물 복도에서의 전자 게임 같은 액션 시퀀스 등이 보여주는 과잉 스타일. 돌연히 끼어드는 환상과 망상. 지하철에서 미도(강혜정)는 큰 개미를 보고 대수는 팔에서 기어 나오는 그것을 본다. 이렇게, '모든 단단한 것이 산화되어 대기 속에 녹아드는' 그것을 다시 조물해내는 영화적 전략이 가리키는 것은 두말할 필요 없이 재현의 권위에 대한 불신이며 조롱이다. 그러나 이보다 더 흥미로운 것은 생각의 방식이다. 모든 것을 대충 수습하며 기껏해야 하루를 시간의 단위로 살던 대수는 15년을 영문 모른 채 감금당한 후 마침내 쇠젓가락으로 판 탈출구를 만든다. 바로 그 순간 마술사 보조가 들어갈 것 같은 상자에 담겨 다시 외부로 풀려나온다. 또한 가까스로 과거의 수수께끼를 풀었다고 생각하는 그 '영웅적' 순간, 자신의 감금자인 우진(유지태)에게 "재미없다"라는 평가를 받는다(영화평론으로 치자면 별표 1개, 혹은 Thumbs down, 돼먹지 않았어!). 또한 대수는 우진에게 질문의 방식을 바꾸라는 충고까지 듣는다. 즉, 왜 15년간을 감금했는가보다는 왜 15년 만에 풀어주었는가? 결국 대수는 자신이 자유의지로 쓰고 해결했다고 생각한 부분마저 우진이 쓴 시나리오였음을 알게 된다. 우진의 복수극은 대수로 하여금 자신과 유사한 트라우마를 경험하게 하는 것이다. 우진이 연출한 드라마에 한 번도 아니고 두 번, 세 번씩 꼼짝없이 걸려들었음을 알아채는 순간, 대수는 혀를 자르고 말 그대로 주인에게 꼬리치는 개가된다. 자유의지 자체가 무위함은 물론, 하위 인간으로 떨어지는 것이다. 대수의 15년의 생활은 우진이 꾸는 복수의 판타지를 그대로 실현하는 것이다. 박찬욱 감독의 1992년 전작의 제목 "달은 해가 꾸는 꿈"을 빌려 말하자면 '나는 네가 꾸는 꿈, 너는 내가 꾸는 꿈'이다. 그 자기결정성 없는 비주체화 혹은 비천한 하위주체로의 주체화 과정의 확인, 악몽 중의 악몽인 것이다.

영화는 물론 잘 알려진 것처럼, 일본의 원작 만화를 바탕 화면으로 사용하고 있지만, 아버지와 딸 사이의 근친상간에 대한 한국의 전설을 연상시킨다. 아버지가 딸을 탐하자 딸은 아버지에게 인두겁(사람의 탈이나 겉모양)을 쓰고는 차마 하지 못할 일이니 소의 껍질을 쓰고 음매음매 소 울음소리를 내며 산을 기어오르라고 한다. 아버지는 딸이 불가능하다고 생각했던 시나리오를 그대로 행동으로 옮겨 산을 기어오른다. 딸은 절벽에서 뛰어내리고 아버지는 소로 변한다. 〈올드보이〉에선 아버지 대수가 개처럼 땅을 기며, 꼬리를 흔들게 한다. 오이디푸스건 인두겁에서 소로 변한 아버지건 〈올드보이〉는 신화적 판타지 근친상간을 우리 모두가 문명의 억압 때문에 꾸게 되는 꿈, 즉 오히려 권력이 우리에게 명령해 꾸는 꿈으로 보여준다. 피식민자는 식민자의 꿈을 복제하고 반복하는 것이다. 대수는 우진과 그 누나와의 근친상간 관계를 자신의 딸과의 관계에서 복제하고 반복한다.

이제 〈지구를 지켜라〉를 보자. 이 영화에서 병구(신하균)는 안드로메다 외계인으로부터 지구를 지키지 못하면, 지구가 멸망할 것이라 생각한다. 병구의 이런 믿음에 처음부터 공감할 관객은 물론 아무도 없다. 병구의 가공할 고문 도구, 신신물파스 하며 그의 정신병력 경력까지. 심지어 병구의 젤소미나(극중 이름 '순이')도 병구를 믿지 않고 떠나는 마당에야. 영화는 스릴러이자 코미디이자 순이 주연의 멜로드라마다. 게다가 다큐멘터리 풍의 장면들까지 동원해 홀로 지구 수비대를 자청한 병구의 이야기를 한편으로는 한국 근대사의 열악한 노동 조건과 교육의 희생자라는 역사적 맥락 속에서 이해하게 하고, 다른 한편으로는 바로 그것에 기인한 광증으로 환원하게 한다.

이 영화는 다른 영화들처럼 관객들이 영화적 개연성을 받아들여, 불신을 유예시킴으로써 진행되는 것이 아니라, 주인공에 대한 불신의 지속이 영화를 연속하게 한다. 그러나 악덕 기업주 강 사장이 실제 안드로메다인 꾸오아아떼꾹임이 밝혀지며 지구 폭발이 일어나는 마지막 순간, 관객들은 지구의 인간을 뛰어넘는 창조자 강 사장/외계인의 의지가 지구 문명의 시작이요 끝임을 알게 된다. 관객들이 병구의 말을 믿었건 믿지 않았건, 영화의 결말은 인간의 의지와는 상관없다. 병구의 개인적 고통, 말하자면 광산 사고로 죽은 아버지, 노동쟁의 도중 맞아 죽은 여자 친구, 화학 공장에서 일하다 꾸오아아떼꾹에 의해 유전자 실험을 당하고 식물인간이 된 어머니, 이 모든 비극도 지구인 병구의 전면적 저항의 힘이 되지 못한다. 지구의 완전한 파국을 막지 못하는 것이다. 영화 형식으로 보면, 〈올드보이〉와 마찬가지로 이 비극적 에피소드들은 어처구니없는 상황 코미디 속에 기회를 틈타, 함부로 들어가버린다. 말하자면 이렇게 진지하고 엄숙하게 뜻풀이를 하며 쓰는 순간, 사실 파안대소까지는 아니더라도 〈지구를 지켜라〉의 웃을 때와 유사하게 근육을 찌그러뜨리게 하는 다사다난한 유머를 나는 전달하지 못하고 있다. 영화를 말로 풀어내야 하는 평론의 운명이란.

평론가의 고통에는 사실 아무도 관심이 없으니 일단 접어두고, 지구 문명이 외계인의 어처구니없는 목표 설정에 의해 시작된다는 플롯은 사실 커트 보네거트의 유명한 1959년 소설 『타이탄의 사이렌』에 의해 사려 깊게 제기되었다. 빛나는 경구 같은 문장으로 가득 찬 이 소설은 지구의 모든 문명은 살로라는 드라파마도리안 외계인의 우주선에 부품을 전달하기 위해 건설되었다고 주장하고 있다. 즉 살로에게 그 부품을 전달하게 위해 우주공학을 꽃피울 요량으로 인간은 수학과 물리, 철학을 하고 근대화, 산업화를 감행해 공장을 돌린 것이다. 제2차 세계대전 시 작가의 참전 경험이 모태가 된 이 소설은 그러나 견딜 수 없는 패배론적 회의로 끝나는 것이 아니라 인간의 자만심에 대한 경고로 끝난다. 즉 어떻게 우주의 목적에 부합할 수 있을 것인가를 걱정할 것이 아니라 어떻게 인간 서로에게 친절하게 대할 것인가를 걱정하라는 것이다. 즉 우주, 그 외부로 탐사를 떠날 것이 아니라 내부의 외부, 그 타자성을 보라는 것이다.

〈지구를 지켜라〉에 대해 약간 유보적 입장을 갖는 이유는 그 우주적인 막다른 골목에서의 재앙, 지구 파괴가 우주적 규모의 역설로 보이기보다는, 사유의 한계로 보이기 때문이다. 각종 장르적 장치와 한국 현대사, 가족사의 구체성, 그리고 외계의 개입까지 동원해 재현의 한계까지 밀어붙인 것은 물론 감탄할 만하다. 그러나 그것을 되감아 내부의 외부성을 탐사하는 것이 아니라 외부를 상정해 내부를 폭파하는 것은 용감무쌍하긴 하지만 윤리적인 사유는 아니다. 그야말로 사유의 막다른 골목, 일방통행로인 것이다. 파국이 파멸로 전화되지 않게 하기 위해서는 그 파국이 전환의 계기가 되어야 한다.

〈올드보이〉에서 드러나는 자기의지를 삭제해가는 정교한 함정, 나는 결국 네가 꾸는 꿈, 혹은 네가 명령하는 것을 내가 자기의지로 생각하고 행동한다는 것, 또 그 안에서 인간은 신화적 원형을 반복한다는 것. 그리고 〈지구를 지켜라〉에서 외계인에 의해 결정되는 지구와 지구인의 운명. 두 영화 모두 재현적 공간 위에서 보면 절절한 남한의 역사와 현재, 그리고 그 구체성을 담고 있지만, 넓게 볼 때 〈매트릭스〉 식의 사고를 크게 벗어나 있지 않다. 잘 알려진 영화이지만 두 영화와 비교하기 위해 다시 도입하자면 〈매트릭스〉는 인간을 살아 있게 하기 위해 만들어진 컴퓨터 프로그램이다. 말하자면 인간이 태양을 파괴했기 때문에 기계는 태양 에너지 대신 인간의 몸에서 에너지를 취하는데, 문제는 인간농장의 액체 속에 잠겨 있는 인간은 진짜 같은 가상현실이라도 주지 않으면 금방 목숨을 잃기 때문에 에너지로서 쓸모가 없다는 것이다. 그래서 인간의 뒷머리에 14센티미터가 조금 넘는 튜브를 끼워 매트릭스와 연결시킨다. 매트릭스는 거대한 컴퓨터 프로그램의 시각적인 재현인데, 이것이 너무 리얼해 인간은 삶을 지속하며, 기계에 에너지를 공급하게 된다. 매트릭스에 저항하는 인간들은 바이러스들이다. 그리고 바로 그 저항의 드라마의 영구회귀가 매트릭스에 보다 안정적인 에너지를 제공하는 것이다. 〈올드보이〉에서 대수를 15년간 죽지 않고 견디게 하는 것은 복수에의 의지다. 그러나 실은 대수의 생존은 우진의 존재를 위한 것이다. 〈지구를 지켜라〉에서 병구 역시 복수 혈전에 불탄다. 그러나 병구만이 아니라 인간과 지구 자체의 운명이 외계인의 손끝 하나에 달려 있다. 저항에 불타는 자유의지가 있을 수는 있으나, 우주라는 더 큰 프로그램을 움직이는 외계인을 당해내지 못한다.

자, 이제 내가 말하려는 것이 무엇일까? 2003년 한국 영화의 경향에 대해 패배주의적 진단을 하려는 것일까? 아니면 전 지구적인 동시적 사유, 포스트휴먼적인 경향에 대해 말하려는 것인가? 그렇기도 하고 아니기도 하다. 아니, 아닌 것에 더 가깝게 쓰려 한다. 한국 영화의 경향은 분명 특수성을 갖고 있지만, 세계 영화사가 축적해온, 그리고 동시다발적으로 펼치고 있는 관행, 장르, 양식, 사고의 진행 방향과 비동시적 동시성을 가지고 있다. 한국 영화 점유율이 50%가 넘었다고 우리가 '순수한' 한국 영화를 보는 것은 아니다. 그리고 '한국적'으로 사고하게 되는 것 또한 아니다. 앞서 이야기했듯 피식민은 탈식민적 전화의 과정으로 틈입하지 않고서는 식민을 복제하고 재생산하면서 그것이 자신의 것, 자신의 성취라 상상하기 때문이다. 세계사적으로 비서구, 비헤게모니 국가로서의 '한국적' 영화 사유란 바로 이 사슬, 이 매듭을 단절시킬 때 혹은 왜 단절시킬 수 없는지를 재현하는 순간에 출현한다.

이렇게 한편으로 매트릭스적 사유에 포획되어 있지만 다른 한편으로는 남한 사회의 지정학적, 역사적 구체성을 통해 이 두 영화는 시공간적 구체성이 전혀 등장하지 않는 기계와 인간의 대립이라는 〈매트릭스〉의 초역사적 단순 구도를 넘어선다. 특히 〈지구를 지켜라〉의 이중 약호화 과정, 즉 광산촌, 노동쟁의, 교육 실태, 화학 중독 등의 남한 현대사의 재앙을 다루면서 그 희생자를 외계인이 DNA 실험 대상으로 삼는 이중의 의미화 과정은 남한 사회 현대사의 지역적 특수성을 감싸안는 것이다. 다만 파국을 파멸로 이끌지 않고, 그 파국을 인식과 삶을 전화하는 계기로 삼는 '호랑이의 공중 도약'과 같은 사유가 더 필요하다고 느낀다. 2003년 〈올드보이〉와 한국 영화는 고정된 의미를 끊임없이 회의하며 그로부터 미끄러져버리고 자체 훼손시키고 붕괴시키는 해체적 영화 만들기의 장도에 올랐으나, 새로운 사회, 역사에 대한 비전과 자기성찰에는 못 미친다.

'나는 네가 꾸는 꿈'이라는 것을 발견하는 순간, 그 매트릭스로 이어지는 14센티미터의 튜브를 발견하는 순간이 영화에서 전복의 계기를 제공할 수 있었으면 하고 바란다. 역사적으로 돌이켜보아도 그것이 계급투쟁이나 반제투쟁 그리고 여성운동과 신사회운동, 생태계운동 등을 불러일으킨 계기였던 것이다.

여성 감독들의 영화

2003년에는 〈질투는 나의 힘〉의 박찬옥 감독, 〈4인용 식탁〉의 이수연 감독, 〈여우계단〉의 윤재연 감독, 〈...ing〉의 이언희 감독, 그리고 극장 개봉은 더 늦게 했지만 〈미소〉의 박경희 감독, 〈그 집 앞〉의 김진아 감독 등 여성 감독이 많이 등장했다. 그러나 페미니즘적 시각으로 이들의 작품을 분석하는 관점은 아직 충분히 등장하지 않았다. 비평 담론이 구성되지 않으면 작품의 사후의 삶이 누리는 생의 시간은 짧아질 수밖에 없다. 이 중 〈4인용 식탁〉은 특히 그에 걸맞은 충분한 주목을 받지 못했다. 그것은 유아 살해라는 극한의 상태를 출산과 양육에 요구되는 모성과 동시적으로 출현하는 극심한 우울증, 가난이라는 양축에 놓고, 보이지 않는 것을 볼 수 있는 여자 연(전지현)과 남자 정원(박신양)이 봐야만 하는 세계를 다룬다. 무엇보다 극한의 문제를 신중하고 다면적으로 처리해내는 것이 놀랍다. 그러나 특히 뛰어난 것은 아파트, 지하철을 비롯한 도시 공간의 미로인 듯도 폐허인 듯도 한, 서로 관계되어 있으면서 철저히 고립된 주거공간들, 그 사이를 잇거나 끊어내는 길들을 한 숏 안에서, 그리고 컷과 컷의 연결 속에서 노련하게 재현하고 있는 점이다. 그 냉담한 공간에서 무방비로 의식을 잃고 쓰러져버리는 연의 모습은 이루 형용하지 못할 안타까움을 자아낼 수도 있었다.

조용규의 촬영은 이수연 감독의 연출과 편집에 맞물려 일상의 공간들을 정확하고 섬뜩하게 잡아내며, 아파트의 외부에서 실내를 들여다보는 시점 시퀀스, 빗물처럼 떨어지는 사람들의 칼라 처리 등은 조금 오버되긴 했지만 매우 인상적이다. 〈4인용 식탁〉은 도시 공간의 정치학이라는 면에서 〈캔디맨〉에서 다루어지던 시카고라는 도시 공간의 역사적 정치학, 아프리칸 아메리카인들이 살고 있는 게토 지역을 재개발하면서 벌어지는 부패와 그 공간에서 출몰하는 과거의 유령을 상기시킨다. 또, 동시에 양더창의 〈타이페이 스토리〉에서 타이베이라는 현대 도시 공간에서 평행적, 비평행적으로 일어나는 미스터리와 살인, 범죄, 불륜 등을 연상하게 한다. 〈4인용 식탁〉에는 그러나 〈캔디맨〉의 온 도시를 불태울 것 같은 과거에서 현재를 건너온 증오와, 〈타이페이 스토리〉의 대만 동시대를 분석적으로 진단하는 냉철함은 없다. 〈4인용 식탁〉은 극한의 주제를 공간적 탐사와 재배치를 통해 정교하게 풀어내는 것에 비해 끝으로 갈수록 이상하리만치 에너지가 약해진다. 연의 히스테리와 비전은 자신을 파괴하는 것으로 끝나버린다.

김진아 감독의 〈그 집 앞〉은 가인과 도희라는 두 여자의 엇갈리고 맞물린 삶의 조각들을 다룬다. 집안에 갇혀 섭식장애에 고통받는 가인, 그리고 아이를 임신한 채 미국의 집을 떠나 한국으로 돌아온 길 위의 여자 도희에 대한 여성주의적 작품이다. 가인이 수영장에서 헤엄치는 장면을 편집에서 뒤집어 그녀의 가녀린 몸을 은빛 생선처럼 포착한 장면이나, 임신중절 결정을 할 것인가 말 것인가를 주저하면서 끊임없이 담배를 피우고 마스터베이션을 하는 도희의 몸을 롱 테이크로 잡은 마지막은 김진아의 다음 작품에 기대를 갖게 만든다. 여성주의적 문제 틀을 제시하고, 이리저리 얽혀 있는 여성의 욕망을 정면으로 마주한다는 의미에서 그녀는 진정으로 오랜만에 등장한 페미니스트 감독이다.

마지막으로 박경희 감독의 〈미소〉는 정말 미소 같은 영화다. 비상의 별처럼 빛나는 순간이 없는 것도 아니나, 그 비상은 약간의 상처를 남긴 채 일상으로 착륙한다. 카메라를 든 여주인공(추상미)이 경비행기를 타고 서투르게 하늘을 나는 장면은 참 좋다. 그리고 난파된 비행기 위에서 추위에 떨며 오지 않는 구조대를 기다리는 장면도 마음에 닿는다.

그러니 어쩌겠는가? 남들이 보지 못하는 것을 보고 은빛 생선마냥 헤엄치거나 길 없는 길을 나서고 서툴게 경비행기를 운전하는 그녀들과 함께 2003년을 떠나 2004년을 바라볼 수밖에!

파편과 잉여: 〈밀양〉

부스스한 머리의 미친 여자

사실 이 영화는 좀 엉망이다. 아귀가 안 맞는 구석이 있다. 오히려 그래서 〈밀양〉에 마음이 간다. 감독의 전작들 〈초록 물고기〉, 〈박하사탕〉, 〈오아시스〉보다 좋다. 예의 작품들은 좀 지나치게 딱딱 들어맞는다는 느낌이 강했다. 〈초록 물고기〉에서 초록 물고기라는 유년의 행복을 함의하는 이미지가 제시되고 그것은 텍스트 안에서 메아리나 공명의 도를 넘어, 완벽하게 아귀를 채우는 식으로 간다. 거기다 미애(심혜진)의 붉은색 스카프까지 다가갈 수 없는 연모의 상징물로 등장한다. 아이구나! 붉은색 스카프가 아니라 장밋빛이라는 주장도 있다. 〈박하사탕〉이나 〈오아시스〉도 마찬가지다. 영화가 워낙 시각적 제국 안에서 군림하는 만큼 〈박하사탕〉이나 〈초록 물고기〉, 그리고 〈오아시스〉와 같이 쉽게 시각화해 상징화할 수 있는 것들은 오히려 상상력의 폭을 좁혀버린다. 영화를 공부하는 사람이 제일 먼저 접하는 의문 가운데 하나인 영화가 언어인가 아닌가라는 질문과 더불어 등장하는 "장미여, 장미여, 붉은 장미여"라는 싯구가 제공하는 상상의 공간과 영화 숏이라는 공간 안에 포착된 장미의 예를 에둘러 생각해보면 된다. 예컨대 전편들은 정보적 층위는 간단하고 상징적 층위는 강했으나 롤랑 바르트가 이야기하는 무딘 의미, 어떤 환원적인 체계에도 필사적으로 저항하는 둔각의 의미는 별로 없었던 셈이다.

상징과 알레고리가 매우 과해 이리로 맞추어도 저리로 틀어도 들어맞는 퍼즐조각처럼 돌아가던 말끔한 전편들에 비해, 이 영화는 다소 부스스하다. 전도연이 연기한 신애의 머리카락이 선뜻선뜻 날리는 집 뜰 구석에 카메라가 멈추면서 영화는 끝나는데, 그 조금 전에 보인 신애의 모습도 역시 부스스했다. 그 이전 장면에서 신애는 이웃집 양품점 아주머니와 대화를 주고받은 바 있다.

아주머니는 말한다. "왜 미친 사람처럼 머리를 그렇게 한 거야?" 그리고 곧 깨닫는다. 신애가 막 정신병원에서 나오는 길임을. 아주머니가 당황해하자 신애는 웃기 시작하고 곧 둘이는 상당히 호방한 웃음을 나눈다. 난 신애가 밀양에 와 이렇게 진심으로 종교의 장 밖에서 웃는 것이 처음이 아닌가 생각한다.

무딘 구석, 그래서 좀 부스스하고 아귀가 잘 맞지 않고 심지어 엉망으로 보이는 측면들은 이 영화의 여주인공 신애의 세계와 썩 어울리는 점이기도 하다. 연기를 할 때 한 사람에게 눈길을 집중적으로 주기보다는 늘 다수의 사람들에게 은근한 동의를 구하는 듯, 확인의 눈짓을 잘 보내는 배우 전도연은 이 영화에서 평범하면서도 독특한 다채로운 성격의 신애 역을 아슬아슬하게 잘 해낸다. 그녀는 메소드 액팅과 그것을 벗어난 연기를 애처롭게 줄다리기하듯 하고 있다.

영화 〈밀양〉의 중심축은 원전인 이청준의 『벌레 이야기』가 차지하고 있다. 나는 그 잊을 수 없이 강렬한 단편소설을 읽은 후의 감흥이 계속 떠올라 한동안은 영화에 집중하기가 어려웠다. 1985년 발표된 이 문제작에서 하나의 정점은 용서를 둘러 싼 신과 인간이 경합하는 영토에서 발생한다. 서울에서 약국을 경영하면서 살아가고 있던 가족이 초등학교 4학년인 아이를 유괴당해 잃는다. 고통 끝에 유괴범인 사형수를 용서하러 교도소를 찾아가지만, 그는 이미 주님을 만나 다 용서를 받았다고 고백한다. 아이를 잃고 용서할 기회마저 빼앗긴 아이의 엄마는 신이 자신의 용서의 몫을 가져갔다고 절망적으로 탄식한다.

〈밀양〉은 위의 몫의 이야기를 가져오지만 거기에 30대 즈음 여자의 모성과 더불어 정확히 형언하기 어려운 그녀의 감성들을 함께 풀어놓는다. 그래서 여자 신애가 아, 이런 사람이구나, 라고 단언해내는 것은 영화 내내 그리고 영화가 끝나도 쉽지 않다. 그런 의미에서 영화 속 신애는 지속적으로 동기 부여된 습성을 보이는 일반적인 캐릭터가 아니며, 또 전도연은 캐릭터 배우로 연기하는 것이 아니다.

〈밀양〉은 한마디로 정의내리기 어려운 이런 비/캐릭터를 복합적이나 종합해내지 않고 파편적, 해체적으로 주의 깊게 배열한 한국 영화의 드문 예다. 그래서 짐짓 엉망인 것처럼 보이나 사실은 매우 잘 구성된 부분들이 있다. 그러나 이를 다시 헤쳐 놓아 영화의 미묘함이 높아진다.

영화의 주 서사는 아이와 남편을 잃은 그녀를 처벌하거나 질책하지 않지만, 몇 개의 에피소드들은 은연중 그녀의 책임을 묻는 방향으로 간다. 우선 밀양에 내려온 일. 이사 갈 집을 알아보지도 않고 어린 아이를 차에 태워 밀양으로 가다가 차 고장으로 레커 차에 끌려가면서 종찬(송강호)에게 비로소 묻는다. 밀양은 어떤 곳이냐고? 이후 종찬은 가게가 달린 집을 찾는 신애의 청을 받아 부지런히 부동산에 전화를 넣는 등의 일을 하며 후원자로 나선다. 곧 밝혀지기를, 밀양은 교통사고로 죽은 그녀 남편의 고향이었고 남편은 밀양에 가서 살고 싶다고, 사람은 땅에서 살아야 한다고 말했다. 그러나 다시 밝혀지기를, 사실 신애의 남편은 바람을 피웠고, 신애는 그 사실을 부인하고 있다. 말하자면 그녀는 일종의 이중의 외상 후 스트레스 장애에 놓여 있을 수 있다. 여기까지는 부인, 부정이지만, 나중에 땅을 사겠다고 나서고 또 그것이 다른 비극을 가져오는 동기로 작용했다는 것이 밝혀지는 시점에서 신애는 스스로 어떤 부분을 거짓말했다고 토로하게 된다. 신애는 비극의 희생자이지만 이와 같은 부인과 거짓이 내비치는 조짐들은 그녀가 그 비극에서 하고 있는 역할을 일별하게 한다. 또 그렇게 함으로써 우리에게 우연처럼 불확정적으로 떨어지는 듯이 보이는 비극의 필연적 플랫폼을 떠올리게 만든다.

비밀이라는 둔한 의미

예기치 않은 사고와 사건으로 점철된, 어찌할 도리 없는 이 비극적인 세계에서 한 가닥 희망은 그야말로 '밀양'이다. 신애는 밀양의 한자 표기가 비밀스런 햇살이라고 종찬에게 말한다. 『벌레 이야기』에서 '비밀스런 햇살'로의 변화는 그렇지 않아도 깊이 있는 원작에 어떤 비밀스러움을 더한다. 남편이 바람을 피웠고, 그러다가 갑작스런 사고를 당했고 등등의 저간의 사정을 헤아려보면 신애를 밀양으로 이끌었던 것은 밀양이라는 이름, 한자 뜻풀이였던 셈이다. 밀양에서는 그 뜻으로 헤아린 비밀스런 햇살을 만날 수도 있겠다. 바로 이렇게 해석해나가는 것이 〈밀양〉을 전작들의 상징과 알레고리 작동 방식에 정확히 겹쳐놓고 읽는 방법일 것이다. 그러나 〈초록 물고기〉와 〈박하사탕〉이 과거의 어떤 순간을 특화하는 대상들이고, 〈오아시스〉가 현재의 것이라고 한다면, 〈밀양〉의 비밀스런 햇살은 앞으로 내비칠지도 모를 어떤 것이다. 즉 전작들은 플래시백이나 현재형에 매몰되거나 머물고 있다. 반면 〈밀양〉은 외상 후 스트레스라고 짐작할 만한 증후를 갖고 있는 주인공이 나오지만, 그녀의 시제는 미래다.

영화는 마치 장 뤽 고다르의 열정처럼 하늘의 구름과 햇살로부터 시작한다. 나는 이런 오지 않을 수도 또 지각하지 못한 채 올 수도 있는 미래시제의 햇살이 〈밀양〉을 이전 작품들의 거북이 껍데기 같은 상징과 알레고리로부터 구원해내는 장치라고 생각한다. 미래를 향해 있기 때문에 영화는 과거나 현재에 대한 전지전능한 지식의 형상이나 전체적 형상을 띠지 않고 파편적이며 미완이다. 그녀에겐 역사가 있지만, 관객들이 알아차리게 되는 것은 그 역사, 과거에 대한 진실 주장이 픽션이라는 점이다. 그리고 그것을 바로 픽션으로 간주하기 때문에 그녀에겐 앞으로의 역사를 다시 쓸 수 있는 행위성이 어느 정도 주어지는 것이다. 영화의 마지막, 자신의 가해자와 연루된 사람을 뒤에 두고 온 그녀가 가위를 들어 자신의 머리를 자를 때, 카메라는 그야말로 '밀양', 비밀스러운 햇살의 유희를 보여준다. 그러나 이 비밀스러운 햇살을 보게 되는 것은 카메라(따라서 관객)이지 신애가 아니다. '밀양'은 관객과 감독의 것으로 남는다. 신애는 미친 사람처럼 보이는 머리를 다듬고 있고, 종찬은 그런 신애를 흡족하게 바라본다.

'밀양'을 볼 수 없어 신애는 부스스하다. 이는 사실 점잖은 표현이고 신애는 광기를 일상에 품고 살아가야 한다. 그러나 그녀가 〈박하사탕〉의 주인공 김영호(설경구)와 다른 것은 그녀는 자해 후 사람들에게 살려달라고 구원을 요청하고, 남을 해치기에는 마음이 모질지 못하며 다른 사람(종찬)의 사랑을 내치기에도 약하다는 점이다. 그녀는 복수하려는 악한 마음을 끝까지 가져가지 못한다. 광기가 일상이 되고 신 때문에 사람을 용서할 기회도 빼앗긴 신애는 '밀양'이 옆에서 빛나든 말든 자신의 머리를 자른다. 신애와 종찬이 알아채지 못한 채 옆에서 햇살이 비치고, 그 햇살은 이제 미스터리 혹은 무딘 의미나 둔각의 의미에 가깝다. 비극도 종교도 정신병원도 이 영화의 핵을 다 채우지는 못하고 무엇으로 환원 불가능한 삶의 잉여이자 허기가 남아 있다. 그래서 아귀가 제대로 맞지 않는 이 영화, 그 틈새로 햇빛이 스며들어가고 녹아들어가고 사라지고 불현듯 나타난다.

스릴러에서 공포 그리고 초현실주의로: 〈살인의 추억〉

스릴러에서 공포로

어떤 영화를 보고 장르를 달리해 만들고 싶은 충동을 느끼는 경우가 있다. 〈살인의 추억〉이 그랬다. 스릴러를 공포 장르로 바꾸고 싶었다. 성폭행을 당한 채 사체로 발견되는 여자들이 복수를 위해 벌떡 일어나는. 막상 극장에서 집으로 돌아오기까지는 별 문제가 없었다. 그러나 잠들 무렵, 악몽을 꿀 것 같은 강력한 예감을 잠재우느라 온몸에 달라붙는 이미지들을 진혼하기 시작했다. 영화에서 말 못하고 죽어간 혹은 미쳐버린 여자들의 언어가 웅성거렸다. 영화에서 끝내 나오는 길을 찾지 못한 여성들의 '정동'(affect)의 언어가 나를 사로잡았다. 그러나 말해지지 않은 것에 사로잡히기보다는 표면화된 것에 대한 분석을 통해 〈살인의 추억〉에 잠재된 공포의 기원으로 돌아가고자 한다.

문제는 화성의 논, 배수관 속에 죽어 있는 여자의 시체다. 그리고 그것을 들여다보는 박두만(송강호)의 시선이었다. 영화의 초반부에 각인된 이 시퀀스는 마지막에 다시 재연된다. 이제 형사직을 그만둔 박두만이 다시 배수관을 들여다본다. 동네의 소녀는 말한다. 얼마 전 어떤 사람이 와 그 배수관을 들여다보았다고. 박두만은 순간적으로 범인이 현장을 다시 찾아왔음을 간파한다.

배수관에 놓인 '여자' 시체의 존재와 부재, 그리고 이를 발견하는 시선은 〈살인의 추억〉의 전후반을 가로지르는 구조적 핵이다. 축축하고 어두운 공간인 배수관의 이미지는 영화 후반부의 터널과도 물론 반향을 일으킨다. 1979년에서 현재까지 한국사회의 트라우마를 다루었던 〈박하사탕〉에서도 터널은 말 그대로 시대의 암흑이다. 〈공동경비구역 JSA〉와 〈쉬리〉가 냉전의 트라우마를 다루었다면 〈박하사탕〉과 〈살인의 추억〉은 냉전체제와 군사독재 정권이라는 장치 속에서 형성된 군인과 형사라는 남성 정체성의 불가피한 트라우마를 다룬다. 〈살인의 추억〉의 헤드 카피인 "미치도록 잡고 싶었다"가 암시하는 소망 충족이나 실행 가능성의 불가능은 한편으로는 광기에 접해 있고 또 한편으로는 행위의 좌절에 근접해 있다. 헤드 카피는 영화가 하나의 담론으로 소통되는 방식을 결정하는 주요한 서사 장치다. 이 문장에서 생략된 주어와 목적어 혹은 대상의 자명성, 또 그 자명성이 배제하는 것은 〈살인의 추억〉에 관계된 젠더 정치학의 문제를 암시한다. 일차적 주어는 두 명의 형사들이며 대상은 연쇄살인범이다. 그리고 그 과정에 동일화하는 관객들이 2차적으로 주어의 자리에 들어선다. 이 문장에서 부재하는 것은 사실 상실된 대상이다. 형사들이 미치도록 잡고 싶은 연쇄살인범은 10명의 여자를 죽였다. 그 여자들은 이 헤드 카피의 주어의 자리에도 대상의 자리에도 없다. 실제로 화성 살인 사건에서 미치거나 죽어나간 것은 여자들이다.

영화 속에서도 그녀들은 시신으로 침묵하거나 광기의 상태에서 증언한다. 죽은 그녀들은 말이 없고, 그 분노와 한을 대변하도록 되어 있는 것은 형사들이다. 그러나 그들은 그녀들의 대변자가 아니다. 그들의 악몽은 그녀들의 침묵에서 비롯되지 않는다. 잡히지 않는 범인으로부터, 그리고 풀리지 않는 사건으로부터 비롯된다. 이것은 남자들의 실패, 불능의 이야기가 된다. 그래서 흥미로운 것은 상대적인 '구출 판타지'의 부재. 영화의 많은 부분이 여자 희생자들을 구출하는 데 집중되어 있다기보다는, 사건 발생 후에 집중되어 있다. 여자를 구출하는 것을 통해 남자의 힘을 증명하기보다, 영화는 그 남성적 힘의 실패를 다룬다. 이때 그 실패가 광기나 죽음으로 미끄러지는 것을 막는 것은 첫 번째로는 그 실패담의 주인공들이 직접적인 가해자나 피해자가 아니라는 것이다. 〈박하사탕〉은 주인공을 가해자이면서 피해자인 인물로 설정해 역설로 가득 찬 상처를 다루었다. 그리고 그 인물은 자살한다.

반면, 〈살인의 추억〉은 가해자도 피해자도 아닌 인물이 어떻게 시대적 상흔을 풀어나가는가, 또 자신의 내면 안으로 통합하는가 혹은 하지 못하는가를 다룬다. 여자들은 죽고 범인은 잡히지 않으며 형사들은 일상으로 복귀한다. 그리고 그것은 이제 마치 추억처럼 〈살인의 추억〉이라는 영화로 회귀한다. 분명 1980년대 억압된 것의 동시대로의 회귀이지만 칼날은 번뜩이지 않는다. 오히려 실패의 재확인 같은 것. 그러나 그 어처구니없는 실패의 과정을 다루면서 영화가 성찰적으로 드러내는 것은 바로 그 부조리, 어처구니없음이다. 1980년대 후반, 하나씩 공장이 들어서고 외부 사람이 유입되는 과정에서 발생하는 화성 농촌 지대의 연쇄살인 사건은 도시형 범죄와는 다른 배경에서 발생하지만, 그 유형은 유사하다. 문제는 (이웃집 숟가락 숫자까지 알고 있는) 농촌 공동체의 친밀성은 와해되고, 따라서 그것이 제공할 수 있는 상식에 가까운 지식은 손에 잡히지 않는 반면, 농촌도 도시도 아닌 잡종 공간에서 발생하는 엽기적 사건을 풀 수 있는 추리력이나 도구는 박두만에게도 서태윤(김상경)에게도 주어지지 않는다. 이들을 결정적으로 도와줄 수 있는 유일한 장치는 미국에서 날아든 DNA 감식 보고서이지만 결과는 재앙적이다. 이런 실패가 낳을 수 있는 자살이나 광기와 같은 파괴적 결과는 영화에 빈번히 삽입되는 블랙코미디 같은 상황과 대사, 또 보다 결정적으로 실패의 진정한 책임은 '등화관제'라는 시대의 어둠 속에 있다는 것, 그리고 그에 대한 오늘날 관객들의 이해와 연민을 끌어내어 연루되게 함으로써 미연에 방지된다. 아이러니와 희극적 측면은 〈살인의 추억〉에 비평적 거리를 주어, 〈박하사탕〉과 같은 파괴적 자기애로 치닫는 것을 막는 요소다. 그러나 불능은 여전히 모든 것을 압도한다. 결과적으로 범인은 잡히지 않았으며 형사들은 일상으로 돌아간다. 그렇다면 죽은 여자들은?

〈살인의 추억〉의 진정한 공포는 사라진 그녀들의 목소리와 이미지가 텍스트 안에 부재한 데 있다. 스릴러인 이 영화에는 여귀들의 여곡성도 피 흘리는 입술에 물린 칼날도 없다. 초기 범죄의 희생자인 미친 여자(언덕녀)만이 잠깐 모습을 드러내 범인의 손이 여자 손처럼 부드러웠다고 증언한다. 가해자의 이런 '여성화'된 특성은, 사실 너무나 자명해 한 번도 질문되지 않은, 즉 범인이 정말 남자일까? 하는 던져지지 않은 질문을 생각하게도 한다. 이 질문에 담긴 젠더에 대한 전도된 집착을 뒤로하고 이제 다시 처음으로 돌아가 정말로 질문해보자. 이 영화의 기원인 배수로에 던져진 여자의 사체와 그녀를 보는 박두만의 시선, 그 장면이 다르게 쓰여질 수 있는 방식은 무엇일까? 영화가 마지막 시퀀스에서 다시 쓴 방식은 이렇다. 박두만이 배수로를 바라본다. 배수로는 비어 있다. 그러나 그 배수로를 얼마 전에 방문했던 시선이 있다. 바로 범인의 시선이다. 기억의 장은 비어 있으나 박두만과 범인의 시선의 방문은, 관객들에게 그 기억의 장에서 사라진 대상을 기억하게 한다. 이런 다시 쓰기의 방식이 일으키는 반향은 사실 어스레한 비관주의다. 비어 있는 자리에 놓여 있던 대상은 노스탤지아의 대상이 아니다.

여기서 나는 이와 유사한 다리 벌리고 죽은 채 누워 있는 대상을 중심으로 미장센을 구성했던 초현실주의자의 일련의 작품과 신디 셔먼의 재작업, 그리고 그에 대한 해석을 불러오려고 한다.

초현실주의의 상상력

초현실주의자 한스 벨머의 1938년 실버 젤라틴 프린트 작품 〈인형〉은 육체와 유사한 대상을 보여준다. 그것은 배와 다리를 꼰 자세로 마른 풀 위에 펼쳐져 있다. 오른쪽 다리 부근의 피 같은 붉은색은 성적 삽입 때문에 흘리는 피를 암시한다. 오른쪽 위 다리에는 하얀 양말과 여학생용 신발이 신겨져 있다. 이런 물건들은 여학생의 것으로 보이지만 팔과 머리가 없기 때문에 이 대상을 인간으로 보기는 불가능하다. 충격적인 이 대상은 죽어 있는 육체이면서 인형이고, 또 동시에 여학생을 환기시키며, 또 상처 난 몸이다. 이 대상은 관람자를 불안하게 한다. 이 오브제의 저자인 한스 벨머는 나치 독일 치하에 있던 1933년부터 이런 인형들을 만들어 사진 작업을 했다. 한스 벨머의 전기의 저자들은 이 인형들의 반나치주의적 특성을 지적해왔다. 벨머는 반나치주의자였으며 그가 증오했던 횡포한 아버지는 나치당의 일원이었다. 비평가 할 포스터는 인형은 "갑옷으로서의 남성의 몸"이라는 파시스트적 이상에 대한 반응으로 읽을 수 있다고 지적한다. 벨머의 인형은 파시스트 주체가 혐오하고 경멸하는 모든 것을 대변한다. 즉 "파편적이고 액체화되어 있고 분산되고 방탕한…… 여성적인 것."

그러나 벨머의 파시즘에 대한 공격과 더불어 이 〈인형〉에 드러난 것은 벨머 자신의 가학 충동이며 소녀들에 대한 판타지다. 예컨대 벨머 자신의 사디즘과 나치의 사디즘은 어떻게 다른가? 그 양자 모두 '여성적'인 것에 대한 공격을 담고 있다. 할 포스터는 벨머의 작품들이 "여성 혐오적인 효과들을 불러일으키는 것을 부정할 수는 없지만 또한 그것으로 더욱 더 나치의 여성혐오증을 공격하고 있다"라고 주장한다.

로절린드 크라우스는 벨머의 인형 작업들이 실제 몸이 아니라 인형들이며 또 거기서 가장 중요한 의미 작용은 그 다리들이 독일 나치당의 상징인 스와스티카를 가리킨다고 보면서 이 인형을 성폭행의 희생자가 아닌 파시즘에 대한 비판으로 읽을 것을 주장한다. 수전 루빈 술레이만은 크라우스의 소박한 비판을 다시 비판하면서 벨머 자신이 기표의 미끄러짐에 늘 주의를 환기시킴을 지적한다. 즉 사진은 발기된 엿보는 자(voyeur)와 성난 페미니스트 사이의 독해를 다 가능하게 한다는 것이다.

신디 셔먼의 작업 〈무제 263〉은 '섹스 픽쳐스'(Sex Pictures)라는 시리즈 중 하나로 벨머의 '인형' 시리즈와 연계성을 가지고 작업된 것이다. 벨머의 인형 작업과 마찬가지로 셔먼의 작업 역시 몸은 절단되어 있다. 다리와 페니스의 끝이 절단되어 있다. 이 불가능한 몸의 양측에는 절단된 머리들이 놓여 있는데, 그중 하나는 '파시스트 영웅'의 것으로 그는 팔과 머리를 잃었다. 셔먼의 인형은 여자나 미성년으로 코드화되어 있지 않다. 탐폰의 끈과 음모는 성숙한 여자의 몸을 의미한다. 그러나 인형은 여성이 아니라 양성이다. 셔먼의 절단된, 그리고 패러디적으로 양성적인 인형은 삽입이나 환상이 투사된 소유를 거부한다. 한스 벨머의 작업을 재작업한 신디 셔먼의 작업처럼 나는 〈살인의 추억〉의 원초적 장면의 광학적 무의식을 다시 쓰고 싶다. 가학적이지 않은 분석을 통해. "미치도록 잡고 싶었다"는 과거의 시제가 아닌 "미치도록 피해자인 여성의 시선으로 다시 쓰고 싶다"라는 현실 수정적이고 미래지향적인 에너지를 통해. 스릴러가 아닌 공포로, 그리고 초현실주의로 움직이면서. 그 안에서 배수로의 여자는 벌떡 일어설 것이며 그녀를 바라보는 시선에 일타를 가할 것이다. 그녀의 복수가 돌아올 때, 그녀가 메두사처럼 시선을 되돌려줄 때, 시대의 광학적 무의식은 공범자의 그것에서 벗어나 불안정하고 양가적인, 그러나 다른 미래를 플래시 포워드하는 시네마라는 창을 갖게 될 것이다.

(한스 벨머와 신디 셔먼의 작업에 대한 논평은 Susan Rubin Suleiman 의 "Dialogue and Double Allegiance: Some Contemporary Women Artists and the Historical Avant-Garde"라는 논문을 *Mirror Images*, ed. by Whitney Chadwick, Dawn Ades, MIT Press, 1998에서 인용한 것이다.)

봉준호 감독, 영화평론가 김소영과의 대담

27일 개봉을 앞둔 〈괴물〉은 지금까지 대규모 예산으로 만들어진 한
국 영화 가운데 가장 호평을 받고 있다. 본격적인 괴수 장르영화라는
점 등 여러 면에서 화제를 모으고 있는 이 영화를 품평하기 위해 영화
평론가 김소영 교수가 봉준호 감독을 지난 7일 삼청동에서 만났다. 한
국영화아카데미 선후배 사이이기도 한 두 사람은 〈괴물〉이 지닌 정치
적 함의와, 엇박자 유머, 한국에서 괴물 영화 만들기의 지난함에 대해
2시간 동안 이야기를 나눴다.

김소영(이하 '김'): 영화의 첫 부분이 굉장히 좋았다. 특히 한강의 심연을
보여주는 방식이나 강이 폭포처럼 올라온다든가 하는 장면들이 인상적
이었다. 이런 장면들은 컴퓨터 그래픽으로 만든 건가?
　봉준호(이하 '봉'): 괴물 장면 말고는 사실상 컴퓨터 그래픽이 거의 없
　었다. 맨 마지막, 한강에 눈이 오는 장면과 프롤로그에서 투신하는
　남자와 그 뒤로 63빌딩이 보이는 장면을 찍을 때 하늘이 맑아서 찍고
　난 다음에 컴퓨터 그래픽으로 회색 구름을 깐 정도를 제외하고는.

김: 기대가 매우 커서 처음 한강 다리 나오는데 가슴이 두근대더라.
　봉: 기대치가 너무 높아서 걱정이다. 그런데 만드는 과정에서는 수모,

편견, 멸시, 구박, 우려가 장난 아니었다. 괴물 영화 만든다니까 영화인들부터 친구들까지 너 미쳤냐, 영화 한 편 잘 되더니 정신 못 차리고 자만에 빠졌다, 이무기 영화 만든다며? 잘해봐라 등등 냉소적인 반응 일색이었다. 그래서 학교에서 머리 깎으라고 하면 빡빡 미는 애들의 오기 같은 심정으로 제목도 〈괴물〉이라고 붙였다. 그래도 사람들은 설마 진짜 괴물은 안 나오죠? 송강호의 인격이 괴물이라면서요 이렇게 반응하더라. (웃음)

김: 처음 영안실의 투샷은 마치 텔레비전 드라마 시리즈처럼 평이하게 시작한다. 그러다가 한강의 다양한 스펙터클을 보여주면서 블록버스터 규모로 진행되는데 참조 영화가 많을 것 같다. 이를테면 〈우주전쟁〉 같은.
봉: 제작비 규모도 그렇지만 보여주려는 의도나 방식도 전혀 다르다. 보통 할리우드 블록버스터처럼 스펙터클에 대한 집착이 크지도 않았고. 굳이 외국 영화와 비교한다면 같은 외계인의 침입을 다루지만 〈인디펜던스 데이〉가 아니라 가족의 이야기에 집중한 〈싸인〉을 좋게 봤다는 정도?

김: 할리우드와 비교하면 제작비가 독립영화 수준이지만 어쨌든 한국에서는 100억 원 정도 제작비 규모면 블록버스터다. (투자·제작사와) 조정과정이 흥미로울 것 같다. 요즘 제작 투자받는 과정에서 엔딩이나 스펙터클을 포함해 요구가 많지 않나. 해피엔딩까지는 아니어도 어느 정도 받아들일 수 있는 엔딩이어야 한다거나. 그런데 이 영화는 해피엔딩과 거리가 멀다.
봉: 정말 전 과정을 통틀어 아무런 간섭을 받지 않았다. 하도 말들을 안 해서 오히려 내가 붙잡고 물어볼 지경이었다. 결말만 보자면 디즈니풍 해피엔딩이 아니어서 오히려 좋다, 아니다는 반응이 절반 정도 됐던

것 같다.

김: 〈살인의 추억〉 이후 작품성과 흥행성을 두루 만족시키는 호감도 100% 영화를 만들었다는 게 자유로운 창작 환경을 만들었을 수도 있을 것 같다. 어떻게 보면 한국 영화 산업의 특수한 상황인 것도 같고.

봉: 대신 그 상황에서 잘 해야겠다. 14개월 촬영하고 이렇게 돼버리면 안되니까, 나나 프로듀서나 최대한 효율적으로 진행하려고 준비를 많이 했기 때문에 자신은 있었다.

'너 미쳤냐' '잘해봐라' 찍기 전 냉소

김: 〈고질라〉나 〈대괴수 용가리〉처럼 괴수 영화를 정치적으로 읽는 독해 방식에 대해 의견을 나눠보자. 〈고질라〉는 피폭에 대한 영화적 반응이라는 점에서 일본과 미국과의 관계에서 탄생했다. 〈용가리〉는 삼팔선 DMZ에서 남대문 쪽으로 온다는 점에서 한미 관계가 이야기 아래 깔린다. 〈괴물〉도 〈고질라〉나 〈용가리〉처럼, 미국이 개입한 전쟁과 연관돼 있다. 사실은 이 영화가 가지고 있는 구조적 특징은 비극적인 장면, 정치적인 비관과 블랙코미디가 서로 약간씩 부정합, 엇박자를 만들면서 간다는 점이다. 그렇게 봤을 때, 포름알데히드가 한강으로 흘러나오는 건 우리가 알고 있는 용산 기지 독극물 무단 방류 사건을 연상케 하고, 영화는 이런 식으로 미국이 한국 주권을 담보하고 있다는 걸 암시한다. 이렇게 정치성을 가지고 있는 상태에서 "한강이 넓으니까 넓은 마음 가져라" 식의 대사가 튀지 않도록 완급 조절을 어떻게 했는지 궁금하다.

봉: 칸 영화제에서도 코미디나 정치적 비극이 잘 뒤섞여서 굴러간다, 어떻게 배합했냐는 질문을 받았는데 여러 요소를 별도로 놓고 배합

한 건 아니다. 나한테는 하나의 단일한 상황으로 인식됐고 그걸 직관적으로 풀어나갔다. 기존 장르 카테고리에 맞춰서 보려고 하니까 여기서는 코미디네, 정치 풍자네, 서스펜스네 하지만, 개인적으로는 가장 편한 방식으로 풀어간 것이다. 길을 걸을 때 왼발이 나가니까 오른손이 나가야지 하고 걷지 않듯, 그냥 걷는 리듬으로 시나리오 쓰고 찍고 편집했다.

김: 〈플란다스의 개〉에도 그런 엇박자의 유머가 있었다. 〈괴물〉의 엇박자도 유형적으로 비슷하지만, 한 가지가 더 있다. 확인할 수 있는 공포다. 이걸 자기 리듬으로 갖고 있다는 건 재능인 것 같다.

봉: 보는 사람의 취향에 따라 여러 가지 반응이 나올 수 있다.

김: "한강 넓으니까 맘 넓게 가져라"라는 식의 엇박자 유머가 어색하지 않게 들리다가 강두 아버지가 강두의 어린 시절을 이야기하는 가운데 유기농 운운하며 유머를 섞을 때는 불편하더라. 웃는 게 무감각하게 느껴지고. 소녀가 납치된 이후에 나오는 웃음도 그랬다. 그 상황에서 사람들이 웃을 구석 찾고 있다는 게 불편했다.

미군 독극물 무단 방류 사건을 보고 내 영화를 위한 사건이구나,
내 작품 세 편 중 재미에 가장 집착한 영화

봉: 〈살인의 추억〉도 엄청 무서운 연쇄살인을 다루는데 포복절도할 웃음이 나왔다. 왜 그렇게 될까 생각해봤다. 내가 기본적으로 시나리오의 구조나 설정을 짤 때 그렇게 될 가능성이 농후한 것 같다. 일단 못난 인물이 나온다. 〈플란더스의 개〉의 이성재, 배두나도 그렇고 〈살

인의 추억〉의 한심스러운 형사들도 그렇다. 〈괴물〉도 평범 수준을 밑도는 가족이 나와서 자신들이 감당 안 되는 상황이나 사건에 노출된다. 연쇄살인이라는 현대 범죄에 적응 안 된 형사들처럼, 〈괴물〉의 주인공들도 마찬가지다. 수퍼 히어로가 이런 상황에 처하면 웃음이 유발될 가능성이 떨어지는데 그들이니까 가능해진다. 상황은 심각한데 스크린 밖에서 볼 때는 웃긴 상황이 되는 것이다.

김: 〈플란다스의 개〉에는 지하실의 보일러 김씨가 등장하고 〈살인의 추억〉에는 수로에서 시체가 발견된다. 〈괴물〉도 마찬가지고 습지, 물기, 수로, 지하실 등 봉 감독의 영화에는 이런 공간이 일관되게 등장한다. 흔히 젖줄이라는 표현으로 여성화되는 한강이 영화에서 미군의 포르말린으로 더럽혀지고 그 어머니가 낳은 아이가 괴물이 된다. 근데 괴물에 성별이 있나?

봉: 괴물 크리에이터인 장희철 씨와 추측을 많이 했다. 여잘까 남잘까. 장씨는 자웅동체가 아니겠느냐. 입을 활짝 벌렸을 땐 여성스런 느낌도 있고, 밖에 나왔을 땐 남근처럼 보이긴 하고. 한강도 여성적인 상징이나 한강의 기적처럼 국가적, 역사적 상징을 배제하고 일상적인 공간으로 보여주고 싶었다. 이를테면 백두산 천지의 반댓말이라고 해야 할까? 백두산 천지는 일상과 동떨어진 신비롭고 안개 잔뜩 낀 공간이지 않나. 영화에서 한강은 그런 것의 반대다. 유람선, 자전거, 인라인 타는 곳에서 괴물이 나온다. 이런 충돌을 통해서 낯선 공간이된다. 괴물도 보통의 괴물영화에서는 조금씩 보여주면서 괴물의 미스터리, 괴물을 어떻게 죽일까에 집착하는데 이 영화에서는 괴물이 초반에 나오고 거기서 이야기를 바이러스설, 가족 납치극 등으로 확장시켰다. 오히려 괴물은 생물체로서 그 자체로만 남는 거고, 상징이 집약되기보다는 거기서 파생된 의미가 확장되는 것 같다.

김: 자웅동체가 맞는 것 같다. 그런데 괴물의 입이 연꽃을 연상시키기도 한다.

봉: 연꽃은 의도한 것이다. 괴물 비주얼에서 입이 포인트가 될 수밖에 없었다. 어류에 기반한 디자인인데 어류는 모습이 단순하니까. 또 영화에서 사람과 마주섰을 때 정면에는 입이 보일 수밖에 없는 데다가 사람을 삼켰다 뱉는 게 반복적으로 나오니까 입 모양이 매우 중요했다. 괴물이 풀들 사이에서 입을 쫙 벌리고 비를 받아 먹는 것이나, 클라이맥스에서 휘발유 받아먹을 때도 연꽃을 떠올리게 한다. 하지만 습관적으로 상징으로 발전되는 걸 좋아하지 않기 때문에 연꽃 모양에서 다른 의미가 붙여지는 것을 바란 것은 아니다.

김: 크기가 문제되는 괴물이 아니고, 괴물 그 자체로 미스테리라거나 알레고리로 파고들지 않게 했던 건 좋은 설정이었던 것 같다.

봉: 배설에 대한 모티브는 있었다. 처음에 독극물을 쏟아붓고 괴물도 사람 뼈를 뱉어내고 나중에 에이전트 옐로우가 가스 배출하는 것까지 먹고 뱉는 모티브를 반복한다. 그러나 더 중요한 건 누군가가 먹힌다는 거였다. 마지막 장면에서 송강호가 밥상 차리는 것도 그렇고, 강두 딸 현서는 지옥 같은 지하에서 자기보다 더 작은 아이를 보호하려 사투한다. 이게 이 영화의 가장 중요한 모티브였다.

김: 강두 딸 현서는 엄마가 없고, 궁수인 고모는 모성보다는 전사의 느낌이다. 여기서 돌보는 역할, 먹이는 역할은 할아버지, 강두가 한다. 그래서 나쁘게 읽으면 엄마가 없는 아이가 처하는 비극이라는 게 여성 친화적인 영화로 보긴 힘들다. 이 영화의 비극성에는 대체되기 어려운 모성의 부재라는 게 있지 않나.

약자조차 약자를 보호한다는 모티브

봉: 무려 두 세대에 거쳐 엄마가 없는 거다. 시나리오 쓸 때 처음엔 의식하진 않았지만 의도적으로 그렇게 된 것 같다. 엄마들이 적재적소에 있으면 가족들이 덜 불안정해 보인다. 나에게 엄마 또는 여자들은 현실적으로 현명한 존재고 남자는 폼만 잡는 이미지다. 두 세대 엄마가 없으니 더 우왕좌왕 불안해 보인다. 가장 중요했던 건 모든 가족이 현서를 구하려 사투를 벌이는데, 현서는 그 안에서 더 작은 아이를 구하려 사투하는 것이다. 현서, 강두 같은 부족한 사람조차도 더 약한 사람을 보호하려고, 먹이려고 한다는 개념이 제일 좋았다. 또 이 사람들은 시스템으로부터 소외되고, 도움은커녕 방해만 받지만 아무도 시스템 탓 안 하고 자기들끼리 보듬으며 재앙을 개인화한다. 우리나라 사람들이 그렇지 않나. 예를 들어 대구 지하철 참사도 구조적 모순을 탓하기보다 '내가 돈 잘 벌었으면, 대학에 입학했을 때 차 사줬으면, 안 당했을 변을 당했다'는 식의 반응이 많았다. 이런 게 한국적이고 사실적이다. 재앙은 훨씬 더 구조적인 것에서 온 건데, 〈괴물〉의 식구들도 마찬가지다.

김: 합동분향소 장면에서 현서 고모 역의 배두나가 눈물 젖은 채로 등장하는 게 인상적이었다. 그런데 그의 궁수라는 직업이 〈반지의 제왕〉에서 레골라스 같은 행동을 기대하게 하는데 중간에는 별로 힘을 못쓴다. 이런 게 그 가족의 특징이기도 하고. 배두나 역을 왜 궁수로 설정했나.
봉: 장르적인 걸 한국적인 걸로 치환하면 어떨까 하는 생각에서였다. 다시 말해 〈반지의 제왕〉의 레골라스를 한국적으로 끌어내린 거다. 한국 영화에서 난데없이 활 잘 쏘는 인물이 등장하면 받아들이기 힘드니까 양궁 선수로 설정한 거다. 또 양궁 중계방송은 올림픽 때마다

익숙하게 보는 것이니까. 그런 이미지로 출발시켜 놓으면 뒤에서 레골라스같이 다가가도 관객이 받아들일 수 있을 것이라 생각했다. 또 영화상에서 강두는 계속 삑사리 나고 강두 남동생은 말이 너무 많으니까 누군가 한 명은 조용해야 할 듯해서 말 없는 인물로 만들었다. 만약 배두나의 캐릭터가 없었다면 너무 뻑뻑했을 거다. 야채 없이 고기만 차려진 밥상 같은. 결과적으로 배두나는 상대적으로 적은 장면에 비해 결정적인 역할을 하는 저비용 고효율 캐릭터였다.

김: 세트로 만든 매점에 물건이 포화 상태다. 훔쳐가도 꽉 차 있고.
　봉: 실제 한강 둔치 매점을 가보면 그렇다. 특히 사람들이 가장 많이 모이는 여의도에 가보면 더 그렇다. 영화에서 매점은 중요한 공간이다. 바이러스 선포 뒤 둔치는 사막화되고, 매점은 오아시스화된다. 매점은 단순하지만 영화에서 유일하게 평화로운 공간이다. 현서는 매점 문 열고 나가는 순간 변을 당하고 가족은 현서를 찾다가 지치면 매점에 모인다.

김: 〈교〉(다리)라는 제목의 시나리오를 구상 중이었는데, 한강 다리, 특히 원효대교 돌아가는 모습 같은 데서 매혹적인 느낌을 받았기 때문이다. 한강 다리들은 바로크적이기도 하고 그로테스크하며 또 무식하게 막지었지만 기하학적인 아름다움이 느껴진다. 하여튼 그러다가 봉준호가 괴물영화를 한강 다리 배경으로 만든다고 해서 슬프게도 창작을 중단했다. (웃음)
　봉: 한강다리가 이상하다. 무식하고 말도 안 되는데 굉장히 압도적이고 초현실적인 느낌도 있다. 괴물로 말하자면 과학자가 나와서 괴물에 대해 설명하는 다른 괴물 영화와 달리 우리 괴물은 설명할 길이 없어 안타까웠다. (웃음) 시나리오를 쓰면서 구상했던 전개는 있다.

이 괴물이 2000년 6월 탄생해서 물고기만 먹으면서 크다가 처음 맛본 인육이 영화 초반 한강 다리에서 투신자살하는 인물이 아닐까 생각했다. 그때 처음 인육을 맛보고 세상에 이런 맛이 있다니, 한강 똥물의 물고기와 비교할 바가 아니다. 그래서 정신없이 둔치로 올라와서 사람 먹은 거지. 아나콘다처럼 엄청난 양의 사람을 먹고 오랫동안 소화시킨 뒤에 뼈를 뱉어내는 거다. 자세히 보면, 1차 습격 뒤로 괴물이 사람을 쌓아만 두고 안 먹는데 포만감 상태에서 음식물을 쟁여두는 것과 같은 이치다. 그렇게 처음 먹었던 대량의 뼈를 토한 다음 쌓아두었던 사람들을 먹고 가둬둔 현서도 괴롭히는 거다. 그러고 나서 한참 뒤 비상사태 선포로 텅 비었던 한강에 사람들이 모이니까 오랜만에 진수성찬을 향해 달려가면서 클라이맥스가 된다. 이런 괴물의 시점 이야기를 누가 영화에서 설명해줬으면 좋았을텐데. (웃음)

김: 이 영화에서 보면 제일 철 든 사람은 강두의 아버지인데 중간에 죽어버린다.

봉: 강두 아버지가 그렇게 되면서 가족이 흩어진다. 〈반지의 제왕〉에서 간달프가 죽을 때를 떠올리며 그랬다. 거기서도 간달프가 어둠 속으로 떨어지고 나서 원정대가 뿔뿔이 흩어진다. 이 영화는 거기서부터 2막이 시작되는 셈이다. 그렇게 흩어진 가족들이 마지막에 원효대교 쪽으로 집결하게 되는 거고.

김: 특별한 함의가 있다기보다는 서사적인 장치인가.

봉: 그렇다. 그 캐릭터는 그 세대의 전형적인 아버지다. 변희봉 선생이 그동안 그로테스크한 역을 많이 해서 오히려 평범한 역할을 하는 게 배우와 캐릭터 사이의 긴장감을 유지하는 데 좋을 것 같았다. 준비하지는 않았던 거지만 유언일 수 있는 말을 할 때 자식들은 얘기

안 듣고 다 자고, 본인은 고생하면서 자식을 키웠지만 아래 세대가 안 들어주는 거다.

김: 이런 비교를 안 좋아하지만, 현서 역의 고아성은 〈장화, 홍련〉에서 문근영이 등장할 때 느낌, 스타 탄생 같은 느낌이 있었다.

봉: 시각 효과의 짐이 너무 무거워서 10톤짜리 트럭 1천 대를 이빨로 끌고 가는 느낌이었다. (웃음) 배우마저 커뮤니케이션이 안 되면 거의 자살하지 않을까 싶어 잘 아는 배우들을 캐스팅했는데 현서는 너무 중요한 역할이라 뉴페이스가 필요했다. 오디션을 많이 했다. 오디션 할 때보다 촬영 때 많이 자라서 당황하긴 했는데 기가 세서 변희봉, 송강호 사이에서도 전혀 밀리는 게 없더라. 이 친구가 촬영할 때 중1이었는데, 매점 안에서 노닥거리는 장면에서 송강호가 애드립도 많이 하는데 다 받아치더라.

김: 관객에게 정독을 요구하면서 또 봉 감독 식의 엇박자 리듬도 타게 한다는 게 쉬운 영화 보기가 아닐 수 있다.

봉: 내가 그렇게 난해한 영화를 찍었단 말인가? 여름방학 어린이 관객 겨냥 영화로 만든 건데, 문득 공포가 밀려온다. (웃음)

김: 용가리나 왕마귀 영화는 아닌 것 같다. (웃음) 특히 상업 영화의 관습적 결말과 다르게 중요 인물을 결말에서 처리하는 방식이 허탈하고 공정하지 않다는 느낌까지 든다.

봉: 처음 시나리오가 나왔을 때 회사 직원들 사이에서 찬반이 반으로 나뉘었지만 결말이 바뀌진 않았다. 그 부분의 딜레마는 없었고, 죽음이 의미가 있는가, 그 죽음이 헛되지 않는가가 중요했다. 물론 비극이긴 하지만 마지막 장면이 관객에게 위로를 준다고 생각했다. 〈친구〉나

〈공동경비구역 JSA〉처럼 오히려 비극적 엔딩이 한국에서는 상업적 감각처럼 받아들여지는 측면도 있었던 것 같다.

김: 대부분의 블록버스터 영화들이 관객을 조종하려는 경향이 있는데 〈괴물〉에는 그게 안 보이고 한강의 기적이나 성수대교 참사 같은 알레고리를 억지로 끌어오려는 노력을 하지 않은 게 좋아보였다. 괴물의 크기가 너무 크지 않았던 것도 그렇고.

봉: 나로서는 지금까지 만든 세 편 가운데 영화적 재미에 가장 집착했던 작품이다. 장르적 관습을 깨면서도 그 클리셰를 따라가는 장면도 많고. 괴물영화 장르에 본래 유치한 풍자적 기능이 있는데 〈괴물〉에서 굳이 풍자를 위해 독극물 방류 사건을 만든 게 아니라 2000년 주한 미군 독극물 무단 방류 사건을 보면서 아전인수 격으로 내 영화를 위한 사건이다, 생각했다. 한강에서 괴물이 나온다는 오래 전 구상에 괴물의 기원은 이거다라고 붙은 거다. 그러다가 자연 다큐멘터리에서 펠리컨이 물고기를 운반하는 걸 보고서 죽이는 게 아니라 납치하는 괴물이라고 발상을 발전시킨 것이다.

김: 지금까지 컴퓨터 그래픽을 많이 활용했던 한국 영화는 대체로 실패했는데 이 영화에서는 그래픽이 깔끔하게 딱 떨어진다. 한정된 예산에서 포기해야 했다거나 아쉬웠던 점은 없나.

봉: 어차피 한정된 예산이라 차라리 그 제약을 즐기면서 하려고 했다. 할리우드 대작 영화는 컴퓨터 그래픽 한 숏 만드는 데만도 1억 원이 넘게 드는데, 그렇게 비교하면 이 영화의 괴물 숏에만 120억 원이 들어가야 하는 거다. 예를 들어 〈죠스〉를 찍다가 모형 상어가 고장났을 때 스필버그가 그 유명한 죠스의 시점 숏을 연출해서 문제를 해결했던 것처럼 괴물이 죽어가는 모습을 직접 보여주는 대신, 괴물을 찌

른 작대기가 부르르 떠는 걸 보여주는 식으로 최대한 효율적으로 하기 위해 애를 썼다. 오히려 연출의 재미를 더 느낄 수 있었던 셈이다. 그러나 괴물의 실체 없이 촬영을 하는 건 쉽지 않았다. 아무것도 없는 한강에서 배우들을 비명지르며 뛰어다니게 하는 것도 민망하고, 스태프들까지 찍은 필름을 보면서 이게 뭐예요 그러니까 편집할 때까지 무척 힘들었다. 한마디로 할 짓이 아니었다.

김: 다음 작품 계획은 뭔가.

봉: 두 번 다신 괴물영화는 안 할 거다. 컴퓨터 근처에 가는 영화도 안 할 거다. 스태프들도 하도 고생을 해서 한강 쪽으로 오줌도 안 눈다더라. 차기작은 엄마와 아들 이야기인데 그래픽 같은 곳에 에너지 빼앗기지 않고 연출에만 집중하는 무척 아날로그적인 영화가 될 거다. 그다음 작품으로 〈설국열차〉라는 제목의 프랑스 만화를 판권 계약했다. 그건 규모도 좀 크고 SF적인 성격도 있어 준비 기간이 꽤 필요한데 판권 만료가 2011년이라 부지런히 두 작품을 만들어야 할 것 같다.

청춘이라는 미지의 경로: 〈내 청춘에게 고함〉

장마다. 많은 비가 여러 날에 걸쳐 오고 있다. 길지 않은 영화 세 편이 장편영화 형식에 함께 걸려 있다. 옴니버스형 〈내 청춘에게 고함〉이다. 많은 수재를 낸 이번 장마 기간 중, 이 영화를 강변 CGV의 독립영화관에서 보았다. 비가 떨어지는데도 몇몇 사람들은 강으로 나 있는 옥상 위에서 황토가 뒤섞인 어두운 녹색의 강을 물끄러미 쳐다보고 있었다. 밑으로는 전자제품을 거래하는 테크노마트의 가게들이 즐비하고 극장 밖으로는 강이 펼쳐진 이 강변 CGV는 오늘만큼은 매우 특별하고 미묘하다.

〈내 청춘에게 고함〉도 마찬가지다. 할리우드, 한국형 블록버스터들이 폭주하는 7월, 한반도에 고하노라! 돌아온 슈퍼맨이 고함! 역시 돌아온 엑스맨이 고하건대…… 등등의 고성이 난무하는 가운데 이 영화는 청춘에게 고한단다. 청춘도 그렇고 고하는 것도 그렇고 제목 어투는 다소 고전적이다.

영화가 시작하면 정희(김혜나)가 소개된다. 옥상에서 하는 그녀의 행동은 성마르고 빠르다. 참을성 없고 운율감도 없다. 옥탑방 남자 친구의 방에 자물쇠가 걸려 있고, 그 자물쇠가 두어 번 시도에도 열리지 않자 벽돌을 들어 창을 깨버린다. 이렇게 관객은 전혀 이해할 준비가 되어 있지 않은 상황에서, 불쾌한 행동을 하는 주인공을 불현듯 소개하는 것은 사실 비주류 영화의 특권이기도 하다. 그래서 나도 불현듯 궁금했다. 그녀가 급하게 캔 맥주를 따다가 손톱이 좀 부러진 듯 보이고, 연이어 벽돌을 던지고, 왜 좀 더 기다리지 않았느냐고 옥상 밑으로 소리를 지르는 행동들이 캐릭터 연기의 일부인지, 아니면 연기 리듬을 놓치고 삼분의 일 박자 빠르게 움직이는 것인지……. 이 아슬아슬함 혹은 긴장감은 이 영화 전체를 흐르는 리듬이기도 하다.

곧 밝혀지기를, 사실 위와 같은 행동을 한 정희는 남자 친구의 의향을 오해한 것이다. 그리고 남자 친구는 깨진 유리창을 보곤 도둑이 들었다가 아무것도 가져가지 않은 것으로 오해하고 있다. 이것이 오해든 이해든 정희에게 그것이 크게 중요하지 않은 이유는, 자신과 남자 친구의 관계는 섹스에 기반하고 있다고 의심하고 있기 때문이다. 또 21살의 그녀는 자신이 새로 맡게 될 역할 '에비타'가 요구할 탱고 춤과 그에 어울릴 정체성을 자신의 정희와 바꿀 참이다. 그 와중에 교회 성가대에서 활동하는 정희의 참한 친언니가 오랫동안 보지 못한, 원망 대상인 아버지를 데리고 오자 그 신원 개조 욕망은 잠시 과거와 마주한다. 그러나 아버지에게 조금이라도 괜찮은 상태의 집을 보여주고자 언니가 무리한 대출까지 해 구한 전셋집 중개인이 사기꾼이라는 사실이 드러난다. 이후 정희는 정처 없이 가방을 끌고 이곳저곳을 헤맨다. 중간에 가방을 버려버리는 것이 좋다. 그러나 돌연히 그녀가 파출소에서 여관방에 불을 내고, 콘돔과 함께 발견되고(경찰은 성매매가 이뤄졌다고 추정한다), 또 그에 대해 진실은 그것이 아니라고 항변할 때, 나는 이 비약의 함의를 이해할 수 없었다. 영화는 남은 에피소드에서 이 돌발 사건을 옴니버스 영화 서사의 부분적 일관성을 위해 다시 도입하지만 그보다는 이것은 도시에 편재한 우연성 노출 장치에 더 가까운 것 같다.

두 번째 에피소드는 근우(이상우)의 이야기다. 직장에서는 비정규직 노동 문제가 불거져 파업이 진행 중이지만 근우는 관심이 없다. 그러나 본인도 해고 통지서를 받게 된다. 배우가 되려는 직장 선배(배윤범)는 연기 훈련을 한다며, 경찰로 가장하고 모텔을 급습해 불륜남녀를 협박한다. 근우는 그 불륜 남녀, 한 커플의 대화를 도청하면서 분홍 옷에 살구색 신발을 신은 여자(양은용)에게 사랑을 느낀다고 믿는다. 비정규직 문제와 파업, 불륜과 도청 등이 뒤섞인 가운데, 분홍 옷의 여자와 해고 통지를 받은 남자는 설왕설래한다.

세 번째는 초록이 눈부신 길을 걷는 군인의 모습으로 시작한다. 결혼하고 서른이 넘어 군대에 들어와 제대를 열흘 앞두고 휴가를 맞은 인호 역을 맡은 것은 김태우다. 그는 나른하고 시니컬하나 제대를 앞두고 작은 변화를 만들려고 하는 30대 남자의 역할을 대단히 신빙성 있게 과장하지 않고 잘해낸다. 이 에피소드에 끼어드는 돌출 사건들은 결혼한 상태로 군대에 들어온 상병 동료의 집을 인호가 우정 방문했다가, 이후 그의 아내의 병원 출산을 돕는 것 등이다. 한편, 인호의 아내는 놀래줄 요량으로 편지만 띄우고 집에 돌아온 인호의 편지를 뜯어보지도 않은 상태로 우편함에 놓아둔 채 집에 돌아오지 않는다. 인호는 아내 없는 집 안에 들어가 남자가 사용한 상태로 놓여져 있는 변기 뚜껑도 살펴보고, 걸려오는 전화도 의심한다. 그러면서도 친구도 만나고, 예의 친구 아내의 출산을 위해 급히 병원을 찾아가며, 게다가 원 나잇 스탠드도 하게 된다. 여기서 인호에게 작동하는 흥미로운 심리적 기재는 자신의 원 나잇 스탠드 경험을 아내의 고백을 이끌어내기 위한 자신의 고백의 재료로 사용한다는 것이다. 그러나 고백이든 대화든 전화 통화든 이해나 소통으로 이어지는 것은 물론 하나도 없다. 에피소드 1에서 한강에서 투신 자살한 아버지의 시신을 확인한 후 정희는 그 한강 어디쯤에가 자신의 핸드폰을 떨어뜨려버린다. 에피소드 2에서 전화 수리공인 근우는 도청하다가 전화선을 끊어버린다. 에피소드 3에서 군인인 관계로 휴대폰이 없는 인호가 여러 번 사용하는 공중전화는 대화 도중 끊어져버린다.

영화의 마지막, 인호의 아내는 새로 찾은 남자 친구와 함께 정읍으로 여행을 떠나고, 바로 그 열차 칸에 인호와 그가 원 나잇 스탠드를 했던 여자가 함께 탄다. 좀 떨어져 앉아 있던 인호네는 아내와 그 동행의 바로 뒷자리로 옮겨 앉고 그것을 알아챈 아내는 불안한 표정을 짓는다.

처음에 제목 〈내 청춘에게 고함〉이 고전적이라고 중얼거린 바 있는데 실제로 이 영화는 이상하리만큼 동시대 청춘들의 휴대폰 중심적이며 지향적인 소통과 단절을 피해간다. 정희가 휴대폰을 '자살'시키는 것은 말할 것도 없고, 근우는 직업상 전봇대에 매달려 비상용 전화로 도청을 하고 있으며, 군인 인호는 시종일관 공중전화나 집 전화를 이용하고 있다. 이런 비동시대적 소통 채널 속에서 정희는 철로에 귀를 대면 기차의 소리를 들으려 하고, 근우는 다른 사람을 사랑하는 여자의 고백을 도청하다 사랑에 빠진다. 인호는 한 번도 아내와 통화하지 못한다. 반면 우연히 밤을 함께 보낸 여자로부터 걸려온 전화는 집에서 받게 된다.

각각으로 보아서는 단편이나 전체로 보아서는 장편영화를 구성하게 되는 위 세 에피소드의 인물들이 다른 에피소드의 인물과 맺고 있는 관계는 영화 속에서는 거의 없다. 뉴스를 통해서나 우연적 언급을 통해서만 이들이 동질적인 시간대와 공간을 살고 있고, 통과하고 있다는 것이 밝혀진다. 예컨대 정희가 여관방에 화재를 낸 사건은 근우가 집착하는 분홍 옷의 여자에게 유부남이 모종의 말을 건넬 수 있는 기회를 놓치게 만들었다. 또 근우의 노래방 폭행 사건은 희한한 뉴스거리가 되어 인호에게 전해진다.

핸드폰 소통을 피해나가는 영화적 장치와 더불어, 김보연의 잊혀지지 않는 진정한 사랑을 노래하는 김보연의 〈생각〉은 지속되는 사랑의 관계가 없는 이 영화에 역설적인 반응을 촉발하는 음악이다. 〈생각〉은 1979년에 나온 노래다. 1970년대 청춘영화 〈여고얄개〉의 하이틴 스타

김보연의 1979년의 노래를 2006년 청춘영화에서 듣는다는 것이 당혹스럽기는 하다. 그러나 이 영화의 공공연한 우회, 즉 빛나는 청춘이 아닌 주변적 청춘 혹은 청춘을 지나쳐버린, 늦된 청춘으로 보려는 시각에서 보자면 이해가 가지 않는 것은 아니다. 이 영화에서 가장 공들인 장면은 각각의 에피소드가 시작하는 첫 장면들이다. 처음 우리는 골목을 걸어가는 정희의 뒷모습을 보며, 두 번째는 아슬아슬하게 외줄 타듯 발걸음을 옮기고 있는 근우를 보며, 세 번째는 전혀 군인 같지 않은 흐트러진 걸음의 인호를 본다.

처음 장편영화를 찍은 감독 김영남은 청춘이라는 미지의 경로를 어색하고 어눌하게 통과해가는 젊은이들을 비주류적 코드로 담아냈다. 이제 청춘영화를 막 통과한 그의 다음 영화가 궁금하다.

무장한 미국 가족: 〈미션 임파서블 3〉

엔터테인먼트

물론, 엔터테인먼트의 영역은 무한 확장되고 있다. 교육에서 에듀테인먼트라는 표현이 쓰이기 시작한 것도 상당한 시간이 흘렀고, 뉴스도 자신이 엔터테인먼트라는 사실을 스타일리시한 앵커를 통해 알리고 싶어 안달이다. 인터넷 사이트의 뉴스 구성은 정보와 가십을 서로 긴밀하게 링크하고 있다. 정치가들도 대중을 즐겁게 하기 위한 엔터테인먼트를 구상하는 듯한 제스처를 자주 취한다. 할리우드 블록버스터 중 특히 연작으로 제작되는 시리즈물들은 자기갱신을 위해 동시대 엔터테인먼트가 포괄하려는 모든 영역, 정치적인 발언까지 싸잡아 넣으려고 시도한다. 두말할 필요 없이 엔터테인먼트는 이제 삶의 모든 영역에 걸쳐 있다. 그러나 소위 상식적인 선의 정치적 진실이 엔터테인먼트의 형식에 놓일 때 양자는 종종 서로를 상쇄시킨다. 즉, 진실이 엔터테인먼트를 얼어붙게 하고, 엔터테인먼트는 진실 자체를 맥거핀(줄거리엔 별 영향을 주지 않지만, 관객들에게 혼란과 서스펜스를 주는 장치)화한다.

〈미션 임파서블 3〉에서 무기 밀거래상 오웬 데비언(필립 세이모어 호프만)은 미국에 위치한 정보기관의 이단 헌트(톰 크루즈)가 발본색원하려는 대상이다. 그는 거의 세계적 절대악으로 그려진다. 북한에도 무기를 공급한다고 나온다. 더구나 영화의 도입부, '토끼발'인지 뭔지 하는 무기를 내놓으라고 이단 헌트를 윽박지르면서 그의 아내를 눈앞에서 살해한다. 아니 살해한 것처럼 보인다. 그러나 나중에 정보기관의 팀장은 이 절대악을 '잡초'라고 표현한다. 오웬 데비언 같은 국제적으로 암약하는 무기상이 소위 미국의 적인 중동에 무기를 팔면, 중동에서 내전이 일어난다. 그와 동시에 미국이 군대를 이끌고 들어가 싹 쓸어버리고 인프라를 설치해준다고 그쪽 정부와 비싼 계약을 체결한다는 것이다. 그러니 절대악은 미국의 국익에 결과적으로 도움이 된다는 것이다.

아니, 미국의 세계적 정치 게임을 할리우드 블록버스터에서 고스란히 털어놓다니! 그러나 이런 허심탄회함에 대한 감탄도 잠시, 이 대사를 외우는 정보부 팀장이 주인공 이단 헌트의 편이 아니라는 것이 밝혀지면서 그가 토해낸 진실은 악의 편의 것으로 다시 분류된다. 엔터테인먼트가 뉴스를 재맥락화하는 놀라운 힘이다.

이단 헌트가 이 3편에서 가져온 '미션 임파서블' 시리즈로 보자면 새로운 점은 그가 가정을 꾸리려는 남자라는 것이다. 즉 첩보 액션 현장에서는 일단 은퇴해 교관으로 지내다가 줄리아(미셸 모나한)와 약혼한다. 그러나 그가 가르쳐서 실전에 내보냈던 첫 번째 수련생인 린지 요원을 구하기 위해 현장으로 복귀하라는 임무 수행을 받아들인다. 린지를 훈련시키고 그녀를 현장에 내보내고 하는 장면은 플래시백으로 즐거움과 축복의 장면으로 보여진다. 이와 관련해 이단 헌트의 동료가 나중에 린지와 특별한 관계냐고 묻자 이단은 그녀가 여동생 같다고 말한다. 영화의 마지막, 이단은 이제 아내가 된 줄리아에게 베레트 92F를 장전하는 법을 가르치고 그녀는 순식간에 명사수가 된다.

〈미션 임파서블 3〉에 대한 평에서 많은 사람들이 이단 헌트가 결국은 아내를 지키기 위해 불가능한 미션을 가능하게 만드는 것을 두고 시시하다는 지적을 한다(물론 시시하다). 하지만 이 영화에서 흥미로운 점은 여동생 같은 린지만이 아니라 간호사 아내를 중국 상해에서 킬러로 변화시킨다는 데 있다. 그리고 그녀는 처음으로 사람을 죽였는데도 눈

하나 깜짝하지 않는다. 전 가족이 무기를 사용할 수 있게 하는 무장화, 그리고 군사화. 이것이 〈미션 임파서블 3〉가 업그레이드하려는 미국 가정의 임무 수행 능력이다.

로케이션

영화는 독일 베를린과 로마 바티칸, 중국 상해 그리고 미국 버지니아 주의 체서피크 만 다리 등에서 주요 로케이션이 이루어지는데, 가장 대규모 파괴가 일어나는 곳은 독일 베를린이다. 재앙 액션, 스파이, 전쟁 등 포스트 영화에서의 파괴 양상에 대해 폴 윌먼은 「액션 시네마, 노동력 그리고 비디오 마켓」(*Hong Kong Connections: Transnational Imagination in Action Cinema*, Duke UP, 2005 수록)이라는 글에서 탈산업화하려는 금융자본이 이전 산업 기지들에 대한 대규모 폭발의 근간을 이루는 판타지라고 지적한다. 즉 서구 중심부에 위치한 더 이상 모바일하지 않은 대규모의 공장 지대들은 글로벌화에 따른 저임금 지대로 이동한 효율적인 생산 공장에 밀려 무용지물인 괴물이 된다. 금융자본의 입장에서는 이 공장들이 파괴되는 것을 보는 것이 속 시원한 판타지가 된다는 것이다. 이 영화에 등장하는 베를린 지역의 공장들이 하이테크 폭탄들에 의해 파괴되는 것은 사실 이런 글로벌 금융자본의 판타지를 배경으로 하고 있다. 반면 이단 헌트가 오웬 데비언으로 변장하고 그를 납치하는 로마 바티칸은 그런 무기상들이 대낮에 버젓이 활약할 수 있는 공공장소라는 의미에서 노골적인 부패의 상징 공간으로 제시된다.

위의 베를린과 비교해 상해의 도심에서는 주로 엄청난 묘기 대행진, 액션 스턴트만 일어나고 거의 아무것도 심각하게 파괴되지 않는다. 현재 글로벌화의 성공적인 사례로서 상해의 상징인 동방명주를 비롯한 마천루가 즐비하고 새로 단장한 와이탄 조차(租借) 지역이 반짝거리고 있다. 그리고 맥거핀인 래빗 풋이 숨겨져 있는 곳도 이곳이다. 그리고 미국 내에서도 체서피크 만 다리는 부분적으로 쉽게 복구 가능할 정도로만 파괴될 뿐 재앙은 주로 베를린에서 대규모로 일어난다.

〈미션 임파서블 3〉의 지정학적 지도 그리기로 보자면 미국의 대중적 상상력은 중국에 대해서는 감탄과 의혹이라는 양가성을 보이고 로마 바티칸은 화려한 부패의 상징이며 독일의 산업지대는 〈로보캅〉의 무대인 피츠버그와 같은 전형적 산업도시들처럼 철저히 파괴된다.

48시간이라는 제한이 주어지지 않는 것은 아니나, 이 영화의 강박은 시간적인 것보다는 훨씬 더 공간의 장악에 놓여 있다. IMF 팀은 위성추적 장치로 상해의 골목골목에서의 동선을 정확히 지시한다.

이 영화의 요원들이 미션 임파서블 포스에 속해 있기 때문에 약자로 영화에서 IMF로 불리는데 IMF 위기를 겪었던 한국에서 그 호명을 들으면 사실 매 순간 기분이 좋지 않다. 두 개의 IMF — 국제금융기관과 미국 정보기관 — 가 협박을 하고 있는 것처럼 느껴지기 때문이다.

화학약품과 신체, 그리고 랜드 워리어

영화에서 가장 놀라운 것은 화학약품과 요원들의 하드 바디와의 결합이다. 우선 베를린에서 오웬 데비언에게 억류된 린지 요원을 발견한 이단 헌트는 아드레날린 주사를 놓는다. 고문으로 기진맥진해 있던 린지는 금방 게임에 나오는 전투병처럼 공격 및 방어 태세를 취한다. 그래서 일단 공격과 방어에 훌륭하게 성공하지만 그녀의 머리에 시한폭탄이 장치된 것이 밝혀진다. 컴퓨터 그래픽이 발달하면서 인간의 육체를 내부에서부터 산산이 부순 후 오히려 생생한 살과 피 대신 몸을 구성하는 요소들이 재로 변해서 날아가는 것이 뱀파이어 영화들의 관행이 되어가는데 〈미션 임파서블 3〉에서는 그야말로 죽어야 산다라는 새로운 포뮬라를 만들어내고 있다. 즉 나이트로글리세린 성분의 시한폭탄이 머리에 장착되어 있기 때문에 일단 심장박동기로 충격을 주어 그 도화선을 끊어내고 그 충격에 의해 심장이 멎지만, 다시 응급처치를 해 심장을 뛰게 만드는 것이다. 도박이 심한데, 도대체 다음 편에서는 어디까지 가려고 그러나?

〈무인 곽원갑〉에서 오랜 훈련을 쌓은 무협의 세계에서 길러진 무사의 몸의 전통성이 있다면 〈사생결단〉의 경찰과 마약 딜러와의 힘을 겨루는 막싸움으로 재현되는 그야말로 생활의 때가 묻은 몸이 나온다. 〈미션 임파서블 3〉에서는 훈련으로 유연해진 몸, 잘 뛰고 기어오르고, 힘이 있는 것도 중요하지만, 무엇보다도 고도의 테크놀로지를 다룰 수 있고 이해할 수 있는 하이테크 신체와 머리가 중요하다. 이라크와 아프가니스탄에서 비디오 모니터가 장착된 디지털 가제트 형 총을 들고, 소위 혁신적 체계라는 랜드 워리어의 일부가 되어 움직이는 미군 병사들의 모습과 일치하는 재현이다. 한 병사당 1만 불의 장비 구입비가 든다는 랜드 워리어 체계의 목표는 불멸의 용사를 만드는 것이라고 한다. 소형 마이크와 귀에 부착된 무전기, 그리고 가슴에 대고 사용하는 마우스, 신용카드 크기의 디스크를 사용하는 컴퓨터, 열상 장비 등이 그 일만 불에 해당하는 장치들이다. 〈미션 임파서블 3〉는 그랜드 워리어 군사체계를 대규모로 디스플레이하는 블록버스터 필름이다. 톰 크루즈가 아내를 찾는다고 미국 정보부의 GPS 장치의 도움을 받아 핸드폰으로 안내를 받으며 사력을 다해 상해의 골목을 누빌 때, 그리고 이전 중국군 게릴라들이었다는 경비원들을 동방명주 빌딩이 보이는 시내 한가운데서 따돌릴 때 우리는 블록버스터의 원래 의미가 제2차 세계대전 당시 한 구역을 쓸어버릴 수 있는 대폭탄이었음을 우연찮게 기억한다.

생태적 사회와 재앙 사회
: 〈반지의 제왕 3〉

    1975년 이후의 할리우드를 1940년 초반까지의 고전 시대와 비교해 뉴 할리우드라 부른다. 뉴 할리우드는 3H, 즉 고비용(high cost), 고도의 기술(high tech), 큰 도박(high stakes)인 블록버스터로 요약된다. 영화 〈죠스〉는 바로 이 뉴 할리우드의 상징이었다. 이 삼위일체 방식은 이제 새로운 전략을 택하고 있다. 흥행의 결과에 따른 속편 제작이라는 관행을 벗어나 처음부터 삼부작, 혹은 시리즈물로 기획해 예의 3H를 거의 폭발 지경까지 끌어올리는 것이다. 그리하여 〈매트릭스〉, 〈해리포터〉, 〈반지의 제왕〉은 전 세계 관객들을 영화 연속극 안으로 불러 모아, 디지털 기술이 없었다면 불가능한 이미지의 형상과 속도를 구현하고 있다. 디지털 시대의 판타스틱 장르인 것이다. 〈해리포터〉가 영국 귀족 기숙사 문화를 디지털 마술로 재연하는 노스탤지어라면, 〈매트릭스〉와 〈반지의 제왕〉은 각각 인간의 시대 이후와 그 이전에 대한 디지털적 상상이다. 〈매트릭스〉의 사이버 세계는 스미스 요원과 같이 수천, 수만으로 복제 가능한 포스트휴먼으로 붐비고, 〈반지의 제왕〉의 중간계는 소인족인 호빗, 요정, 골룸, 엔트(나무)족, 그리고 호빗이 "큰 사람들"이라고 부르는 인간들과 같은 별난 종족들로 채워져 있다.

    알려져 있다시피 톨킨의 원작(『반지전쟁』으로 번역됨)은 컬트다. 1965년 무렵 미국에서 해적판 페이퍼백이 나왔을 때, 영국에 살고 있던 톨킨은 미국에서 시도 때도 없이 걸려오는 독자들의 전화에 시달려야 했다. 때는 히피의 시대, 독자들은 LSD와 『반지의 제왕』을 동시에 흡입하며 '반지전쟁'의 대안적 사회에 열광했다. 호빗이 살고 있는 샤이어가 생태적 사회라면 악의 군주 사우론의 모르도르는 현대 재앙 사회의 축소판으로 받아들여졌다. 남아프리카에서 태어난 톨킨의 비인간과 인간이 공존하는 세계지도는 뉴질랜드 출신의 감독 피터 잭슨이 영화화함으로써 할리우드 중심주의를 적어도 기술적인 면에서 벗어날 수 있는 기회를 얻는다. 〈반지의 제왕 3〉에서 무려 20만 명의 디지털 캐릭터를 만들어내 경탄을 자아낸 웨타 디지털은 조지 루카스의 ILM을 비껴나 뉴질랜드의 웰링턴을 새로운 디지털 프로덕션 기지로 만들어낼 잠재력을 가지고 있다.

〈반지의 제왕 3〉은 골룸이 되기 이전 스미골이 절대반지를 발견하는 그 순간으로부터 시작된다. 컴퓨터 그래픽으로 만들어진 골룸은 아마도 디지털 형상 중 가장 복잡한 내면 세계를 가진 피조물 중 하나일 것이다. 원작에 스미골은 호기심 많은 소인족 스투어족으로 등장한다. 특히 그는 물의 근원과 뿌리에 관심이 많아서 깊은 강 속으로 다이빙하거나 자라나는 풀과 나무 밑을 파보기도 한다. 호빗족이며 프로도의 숙부인 빌보에게 반지를 빼앗긴 그는 사실 프로도와 함께 가장 운명적인 인물이며 프로도의 더블이다. 프로도 역시 '불확실함과 경이로움에 가득 찬' 호빗족의 특성을 가진 인물로 절대반지 원정대의 일원이 되기 이전부터 한 번도 가본 적이 없는 이상한 산의 환상을 보곤 했기 때문이다.

피터 잭슨은 3시간 20분에 달하는 러닝 타임의 마지막을 이 스미골과 프로도에게 섬세하고 지루하게 바치는데, 그 지루함이 정치적 올바름의 결과를 낳기는 한다. 귀환한 왕 아라곤(비고 모텐슨)의 영화적 승리로 마감할 수 있는 펠렌노르와 모란논의 전투 장면 후 이 둘에게 바쳐지는 영화적 시간은 실제로 〈반지의 제왕〉 시리즈를 영웅주의에서 구출해 예사롭지 않은 동시대의 신화로 등극시킨다. 톨킨이 그린 중간계의 지도를 뉴 할리우드/뉴질랜드로 옮겨 그린 피터 잭슨의 영화는 전 세계 아이들이 세상을 바라보는 방식을 당분간 바꾸어낼 것이다. 그러나 여전히 유럽/미국 중심의 신화인 〈반지의 제왕〉을 탈피할 수 있는 아시아의 신화가 디지털 판타스틱 장르로 부활하기를 바란다. 예컨대, 절대반지가 불타버리지 않았는가?

감시 사회에 대한 흥미로운 실패작: 〈썸〉

예컨대, 비 오는 날 마포대교 북단 어디쯤에서 자동차의 브러시를 튼 채 서울의 교통지옥을 맞는다고 하자. 새삼스러울 리 없는 그 경험에, 도심 무한 질주의 판타지가 더해지면 영화 〈썸〉이 탄생한다. 영화의 중요 소도구는 이미 대부분의 사람들이 가지고 있는 것들이다.

디지털 카메라와 핸드폰, 그리고 자동차. 교통방송 리포터인 서유진(송지효)은 하루 종일 서울의 교통 흐름을 폐쇄회로 텔레비전(CCTV)을 통해 보고 있다. 반면, 강남경찰서의 강성주(고수)는 그 교통지옥 속을 용케도 질주하는 마약 밀수단을 잡아야 한다. 디카와 감시 카메라, 그리고 핸드폰이 매개하는 관계를 지배하는 것은 그러나 프로이트가 말한 바 있는 언캐니, 즉 친숙한 낯섦, 낯선 친숙함이라는 기시감이다. 또한 그 언캐니에 동반되는 초자연적 예정설, 운명설과 그 운명을 바꾸려는 헛된 의지 등이 이 영화의 기조를 이룬다. 주로 서울 도시 근교에서 촬영된 영화는 서울이라는 도시의 일촉즉발의 위험과 그것을 누그러뜨리는 사랑과 같은 정감의 교환, 피어싱족이나 디카족과 같은 동아리 구성 등을 동적 이미지와 정적 이미지 교환을 통해 표현하려고 한다. 그런데도 신참 배우들은 늘 초조하기만 한 표정이고, 정적 이미지는 자동차 광고를 위탁받은 광고회사에서 환영할 모습을 하고 있다.

그러나 사실 〈접속〉과 〈텔 미 썸딩〉에서 보여준 장윤현 감독의 테크노 문화에 대한 민감한 강박과 도시의 위험지대에 대한 예민한 지정학적 촉수를 존중하는 나는 사실 〈썸〉을 그것을 완성시키는 길로 가고 있는 흥미로운 실패작으로 보고 싶다. 하위문화에 젖은 20대가 이 영화를 본다면 수백 개의 시나리오가 나올 수 있을 것이다.

말이 나왔으니 말이지만 저 시나리오로 어떻게 자본을 끌어들여 영화를 제작했을까, 라는 꼭 자본가의 편에서 던지는 것만은 아닌 질문을 하게 만드는 영화들이 가끔 있다. 〈21그램〉이 그렇다. 이 영화는 심리적으로는 잔인하고 상황적으로는 비관적이다. 남편과 두 딸을 교통사고로 잃고, 남편의 심장을 기증받은 남자 폴 리버스(숀 펜)와 관계하는 크리스티나 펙(나오미 와츠)의 이야기는 영혼의 무게라는 21그램을 짜내기 위해 가학적으로 만들어진 것같이 보인다. 그리고 촬영은 대부분의 장면에 푸른 필터를 끼워 영화 전체를 흐려놓아, 이 영화에서 중요하게 작동할 수도 있을 법한 계급적 코드를 뭉개놓았다. 편집 역시 미국식 리얼리즘의 구태의연함을 걷어낸다고 시간을 뒤섞어놓고, 다음 장면이 늘 앞선 장면을 충격 속에서 잊혀지게 하는 기법을 사용하고 있다. 정말 영혼 21그램의 무게를 지닌 채 살아가야 하는 많은 관객들을 심리적으로 착취하는 방식이다. 아마도 숀 펜의 출연 승낙과 멕시코 영화 〈아모레스 페로스〉로 글로벌한 히트를 친 감독 알레한드로 곤잘레스 이냐리투에 대한 기대가 이 영화를 탄생시키고, 부시 집권하에 지친 관객들의 자학적인 마음이 〈21그램〉을 시장에서도 비교적 성공적인 영화로 만든 것 같다. 그래도 역시 불가사의는 불가사의다.

예외 상태, 〈터미네이터: 미래 전쟁의 시작〉

〈터미네이터〉, 그러니까 이제는 1편, 그 영화가 나왔을 때 사라 오코너(린다 해밀턴)의 묵시록으로의 여행에 매혹을 느꼈다. 1984년 미래의 '영웅'을 잉태한 그녀는 CG 먹구름이 몰려오는 지평선으로 차를 몰아간다.

물론 영화의 시작도 인상적이다. 조슈아 트리가 있는 사막으로 도착하는 미래. 이후 터미네이터 시퀄이 나오면서 터미네이터는 새로운 CG를 실험하는 장이 된다. 금속 액체 터미네이터가 등장하던 2편 심판의 날의 금속 변형 액체 CG는 광고 영상의 애호물로 자리 잡는다. 이 영화가 제시하는 시간 여행은 평행 우주에 대한 사고에 엔터테인먼트의 당의정을 입힌다. 또한 '터미네이터'라는 말은 우리에게도 일상적 통용어가 되어버렸다. 당시 비디오 복제를 막는 코드를 푸는 기계를 주문했더니 이름이 터미네이터였고, 문제 해결사도 터미네이터, 개미 퇴치제도 터미네이터였다. 아, 터미네이터의 세상!

〈터미네이터 4〉에 해당하는 '미래 전쟁의 시작' 편은 인간과 기계의 융합을 흥미롭게 생각한다. 그리고 그 차이를 서사와 구경거리의 근간으로 삼는다. 2018년, 지금으로부터 멀지 않은 미래다. 예의 터미네이터의 시퀄이자 프리퀄인 영화에서 우리는 1편, 2편의 모델 T-800 Model 101 터미네이터 제조 과정을 보게 된다. 약간 덜 만들어져 덜 떨어진 아놀드 슈워제네거도 등장한다.

이번 4편에는 다른 영화로부터 차용해 기시감을 주는 장면들이 많다. 〈매트릭스〉나 〈에일리언〉, 심지어 터미네이터 바이크는 애니메이션 〈볼트〉와 유사하다. 창의성이 다소 떨어지는 4편에서 방위 프로그램으로 고안되었던 스카이넷은 인간과의 전쟁에서 승리한 후 남아 있는 인간들을 포획해 감옥에 가두고 생체 실험을 가한 후 기계와의 융합을 시도한다.

이렇게 해서 스카이넷 감옥에 잡혀 들어간 인물이 카일 리스(안톤 옐친), 그리고 몇백 명의 사람들이다. 카일 리스가 누군가? 〈터미네이터 1〉의 미래에서 온 저항군이며 존 코너의 아버지다. 카일 리스가 스카이넷에 포로로 잡혀 있다는 것을 알고 있는 존 코너는 필사적으로 이들을 구하려고 한다. 그러나 잠수정 본부에서는 사람들을 구하지 말고 스카이넷을 폭파하라는 명령을 내린다. 존 코너는 이에 불복한다. 이때 사령관이 하는 말이 "지금은 전쟁 상황이야"다. 전쟁, 예외, 비상 상황이니 사람들의 목숨을 희생할 수 있다는 말이다. 존 코너는 바로 여기서 인간이 기계와 다른 점이 무엇인지 설명한다. 뭐, 새로울 것은 없지만 맞는 이야기다.

내가 궁금한 것은 이것이다. "지금은 전쟁 상황"을 다루는 〈터미네이터: 미래 전쟁의 시작〉과 같은 전쟁영화들은 우리의 일상과 어떻게 교전하는 것인가? '터미네이터' 시리즈만이 아니라 현재 상영되고 있는 〈스타 트렉: 더 비기닝〉 등을 포함해서 말이다. 존 코너에게 보내는 사령관의 말을 다시 풀어보자. 전쟁, 예외, 비상 상황. 전쟁영화의 범주나 그것이 차용하는 관행 등은 다양하지만 기본적으로 전쟁영화는 이런 비상사태를 자신의 동력으로, 핵으로 삼는다. 즉 법의 지배 외부, 치외법권지대, 혹은 내부의 잔여물, 잉여들을 자신의 무기로 삼는다. 즉 예외를 자신의 상례로 삼는 것이 전쟁영화의 논리다. 발터 벤야민의 이야기를 들어보자.

억압받는 자들의 전통은 우리가 그 속에서 살고 있는 '비상사태' (Ausnahmezustand, 예외 상태)가 상례임을 가르쳐준다. 우리는 이에 상응하는 역사의 개념에 도달하지 않으면 안된다. 그렇게 되면 진정한 비상사태를 도래시키는 것이 우리의 과제로 떠오를 것이다. 그리고 그로써 파시즘에 대항한 투쟁에서 우리의 입지가 개선될 것이다.

이런 비상사태의 상례화를 적극적으로 실현하는 국가들은 상당히 많다. 우선 미국은 테러리즘의 위협이라는 국제적인 문제와 관련해서는 영구적 비상사태를, 거기에다 돼지 독감 발생에 따른 비상사태를 선포하고 있다. 이스라엘은 1948년, 이집트는 1967년 6월, 전쟁 이후 비상사태를 유지해왔다. 시리아는 1963년부터, 그리고 알제리는 1992년부터 비상사태다. 태국, 슬로바키아, 방글라데시, 몽고, 파키스탄, 그리스, 필리핀 등이 과거 비상사태를 선포한 적이 있다. 한국도 1975년 박정희의 긴급조치 9호, 1980년 5월 17일 전두환의 계엄령 등의 비상사태 국면이 있었고, 시위 시 군인과 민간인이 매일 대치하는 전·의경 동원제도를 예를 들어 한국은 여전히 계엄 상태라는 의견도 있다. 위의 예들을 얼핏 보아도 근대 국가, 현대 국가 특히 미국과 이스라엘, 이집트, 알제리는 비상, 예외를 상례로 삼아왔다. 물론 대표적인 과거의 예는 12년 동안 비상체제를 유지한 나치 치하의 독일이다.

나치 시대 정치이론가 칼 슈미트는 계엄을 선포하는 권력이 주권 자체의 성격을 규정한다고 정의했으며, 조르조 아감벤은 비상사태는 시민권을 박탈해 호모 사케르, 벌거벗은 생명을 낳는다고 비판한다. 그리고 비상사태(예외 상황)가 우리 시대의 근본적 정치 구조로 점점 더 전면에 부각되고 결국 스스로 법칙이 되려는 경향을 보인다고 말한다. 나는 이런 근현대의 예외 상황의 상례화와 '터미네이터' 시리즈와 같은 전쟁 SF영화, 인류와 기계의 최후의 전쟁이라고 명명된 심판의 날 이후 살아남은 인간들과 기계의 전쟁을 다루는 종말 이후를 상상하는 영화들이 어떻게 서로 얽혀드는지 궁금하다. 〈터미네이터〉와 같은 영화는 일단 심판의 날이라는 최종 종말, 카타스트로프를 상정하고 그 이후를 다룬다는 의미에서 재앙영화이기도 하고 포스트 재앙영화이기도 하다. 시퀄들을 포괄해 하는 말이다. 흥미로운 것은 이런 시간 여행을 다루는 영화들은, 텍스트 안에서 시간의 가역적 흐름이나 정지도 다루지만 장르적으로 보면 시퀄 이후 프리퀄을 만들어 장르적 탄생, 근원의 시간을 시리즈 생산 주기에 포함시킨다.

지금의 한국사회처럼 일상에서 미디어를 통해 끊임없이 비상한 상황을 접하는—대통령의 서거(근조, 애도합니다) 후 북한 핵폭발 시험이 동시 다발적으로 뉴스를 통해 보도되는—국면에서 예외 상황을 다루는 전쟁영화들을 과연 우리는 어떻게 보는가? 장르영화로서의 전쟁영화는 리얼리스틱한 액션 장면을 선호하는 경우가 많다. 물론 이때의 리얼리스틱하다는 것은 일종의 증강현실(augmentation) 효과에 가까운 것으로 최근 캐슬린 비글로우가 만든 〈허트 로커〉(Hurt Locker)가 대표적인 것이다. 폭탄 제거, 실패 시 폭탄이 터지면서 만들어지는 대지 흙 위의 진동, 파장의 극사실 묘사가 그렇다.

SF 전쟁영화는 증강현실적인 것보다는 판타스틱과 카타스트로프를 충돌시키는 경우가 더 많다. '터미네이터' 시리즈로 보면 모델 T-800이나 다른 진화 모델들이 판타지 구성의 소도구들이며 이런 판타지는 카타스트로프의 미장센으로 기능하는 한편, 또 다른 면으로는 카타스트로프의 장면들을 판타스틱한 스펙터클로 끌어올린다.

전쟁도 그냥 전쟁이 아니라 인류 종말 이후 새롭게 시작되는 전쟁, 최종적 종말, 재앙 이후의 비상 상황을 과거와 현재, 미래의 시간성을 넘나들며 다룬다는 의미에서 예외의 예외, 이중적 예외를 다루는 〈터미네이터〉는 예의 비상체제가 규범이 된 우리의 일상을 그저 상례로 보게 한다. 물론 이런 생각을 꺼내게 할 수는 있는 영화다.

저주받은 대지: 〈알 포인트〉

1972년 베트남전 당시 한국 군인들의 실종을 다룬 〈알 포인트〉에 주목하는 것은, 이 영화가 피해자(냉전 시대, 미국의 용병)이면서 동시에 가해자인 한국의 베트남에 대한 역사적 부채 의식이 어떻게 다루어지는가를 볼 수 있는 드문 기회를 제공할 수 있기 때문이다. 예컨대, 한국 근대사가 허용하는 가장 일반화된 시선은 피해자의 것이다. 일본의 식민지로, 미국의 신식민지로, 분단국가로, 그리고 내부 군사독재 등으로 한국 근대사에 대한 재현에서 한국 피지배 계층의 삶은 희생과 피해의 역사로 그려진다. 여러 평자들이 정확히 지적한 것처럼 〈실미도〉, 〈태극기 휘날리며〉, 〈살인의 추억〉, 〈효자동 이발소〉 등 최근 실화에 가깝다고 주장하는 영화들은 바로 이런 근대사의 희생자인 한국 내 피해자들의 시점을 취하고 있다. 그러나 역시 실화에 바탕을 두었다고 자기 설명하는 〈알 포인트〉가 위와 유사한 피해자의 시점을 갖는 것은 애시당초 불가능하다(혹은 불가능해야 한다). 지난 몇 년간 '베트남전 진실위원회'나 '베트남 양민학살 대책위', '한겨레21 베트남 캠페인'에서 드러났듯이, 베트남전에 참전한 한국을 미국 지배하의 냉전의 피해자로만 놓고 보는 것이 이젠 역사적으로 허용되기 어렵기 때문이다. 〈알 포인트〉는 희생자로서의 한국인의 정체성이 아닌 가해자 겸 희생자라는 이중 정체성에서 배태되는 자기성찰성, 바로 그 진동을 가늠할 수 있는 예민한 실험의 장이 될 수 있다.

〈알 포인트〉에서 가장 탁월한 점은 공간을 역사화한 후 유령의 출몰을 중첩시킨 것이다. 이 영화에서 알 포인트라는 지대는 전투 공간에 각인된 폭력의 흔적이라는 구체성을 지시하지만 동시에 역사적 화해가 이루어지지 않은 어떤 불분명한 공간을 가리킨다. 그 공간을 지배하는 것은 산 자가 아니다. 죽은 자가 현장 보존을 원하기 때문이다. 그래서 공간은 산자의 우위에 선다. 보이지 않는 자가 보이는 공간에 대한 소유를 주장할 때, 귀신 들린 장소는 불현성의 감염을 확산시킨다. 영화 속의 인물들과 관객들이 그 대상들이다.

제목 '알 포인트'는 로미오 포인트. 영화사 보도자료에 의하면 로미오 포인트는 극비 진행되는 실종자 구조 작전을 뜻하는 로미오 프로젝트가 진행되는 지역이다. 이 군사 용어는 줄리엣이 로미오를 은밀히 만나러 가는 데서 빌려온 것이라고 한다. 알 포인트는 호치민 시 서남부 150km, 캄보디아 접경에 있는 섬으로 프랑스군이 휴양지와 군 병원을 설립했던 곳으로, 1949년 호치민의 게릴라군과 교전 중이던 프랑스군 소대 12명이 원인 없이 실종되었다. 이후 1972년 한국 맹호부대 소속 소대원 9명이 실종되어 그 후 6개월간 사단 본부로 구조 요청 무전이 왔다고 한다. 더구나 이곳은 베트남전 이전에도 중국군이 베트남인들을 학살한 현장이기도 하다. 이 알 포인트에 서 있는 프랑스 식민지 시대 풍의 퇴락한 건물은 최태인 중위(감우성)와 함께 이 영화의 주인공 중의 하나다.

이렇게 놓고 보면 알 포인트의 역사적 상흔은 남한의 거울 이미지이기도 하다. 알 포인트에서 발생했던 중국인에 의한 베트남인 학살 사건, 그리고 그 지대를 배회하는 미군 유령을 보고 있으면 베트남과 한국이 공유하고 있는 근대사의 장면들이 당연히 이중 노출된다. 영화 주인공 중 하나인 프랑스 식민지 풍 건물은 무의식중에 폐허화된 철원의 노동당사 건물(서태지 3집 《발해를 꿈꾸며》로 유명해진)에 이중 인화된다. 그러나 이런 부지불식간의 역사적 이중 인화를 결정적으로 훼손하는 것은 물론 베트남에 파병된 한국 군인들의 존재다.

이들이 베트남과 접촉하는 방식은 크게 두 가지다. 정식 명칭으로는 남베트남해방민족전선인 베트콩 게릴라와의 교전이 그 하나이며, 베트남 여성과의 성 접촉(매매춘)이 그 나머지 하나다. 영화의 도입부 최태인 중위는 베트남 여성과 성관계를 하다가 총소리를 듣게 되고, 복도에서 마주친 말끔한 복장을 한 다른 베트남 여성에게 총격을 가하게 된다. 그녀의 청소용 도구 사이에서 총이 발견됨으로써 오발이 아니었다는 것은 밝혀지지만, 이 두 개의 시퀀스를 통해 드러나는 것은 한국 군인이 베트남을 여성으로 젠더화해 접촉한다는 것이다. 여성화된 베트남은 언제 어느 곳에서든 무엇으로 변장해 불현듯 목숨을 노릴 수 있는 게릴라이며, 창녀다. 여기에 덧붙여지는 것이 이들의 공모에 의해 희생된 전우의 시신을 최태인 중위가 목격하게 되는 것이다. 이렇게 영화 전반부에 쾌락과 적대와 죄의식이 중첩된 일종의 크리스털 이미지가 하나의 타래로 구성되고, 이후는 이런 이미지의 결정체를 환유 작업, 즉 치환 작용을 통해 보다 정교한 과정으로 풀어내는 것이다. 그리고 이쯤에서 공포영화의 관행이 본격적으로 등장한다. 우선 귀신 들린 집을 포함하는 장소의 유령적 공간화, 귀신의 형상화, 그들의 등장에 따른 서사 공간의 분열, 또 그 서사 공간으로 난입하는 귀속처가 불분명한 음향들이 그것이다. 폐허와 폐가만큼이나 이 영화에서 중요한 것은 무전 라디오에서 흘러나오는 죽은 군인들이 보내오는 구원 요청으로, 이미 죽은 부대원들이 전송하는 음향이 영화의 시작을 알리고, 그리고 진행되는 과정에선 죽어간 부대원들이 보내는 것이 영화를 종결한다. 〈알 포인트〉에서 사용되는 이런 음향효과는 여자 귀신들이 등장하는 한국 공포영화의 관행에 작용하는 젠더 장치를 뒤집어 사용한 것이다. 여귀곡성이 남귀곡성으로 바뀐 것이고, 맥락상으로는 가부장제가 낳은 여자의 한으로부터 냉전체제가 낳은 남자들의 한으로 변환된 것이다.

여기서 또 한 번의 꼬임은 위에서 언급된 크리스털 이미지인 게릴라이며 창녀인 베트남 여성이 귀신의 형상으로 최종적 치환을 겪는다는 것이다. 이런 진행 구도에서 보자면 이 영화는 하위장르적 관행으로는 한국의 여귀영화에 볼모로 잡히고, 정치적으로는 베트남의 여귀에 의해 신체가 파괴되는 한국 군인들의 이중 처벌 과정을 보여주고 있다. 이라크 파병 문제가 중대 현안으로 제기되고, 베트남전을 냉전의 구도 속에서 세계사적으로 바라볼 수 있는 틀이 사용 가능한 당대의 자기 성찰로서는 구시대적 상상력, 재현의 방식인 셈이다.

결국 영화는 중국군에 의해 몰살당한 베트남인과, 바로 원귀화한 그들이 프랑스군, 미국군, 그리고 한국군 모두를 비명횡사하게 만들고 알 포인트에 출몰시키지만, 영화가 이들을 정치적으로 포지셔닝하는 방식은 매우 모호하다. 즉, 이 모든 원귀들을 비차별적으로 동정해야 하는 것인지, 한국군에만 연민의 시선을 보내야 하는 것인지, 아니면 가장 큰 피해자인 베트남인들에게 우리의 자성을 바쳐야 하는 것인지(물론 그렇다!). 결국, 알 포인트라는 저주받은 대지는 저주를 풀지 못하고 있고, 우리들의 성찰의 타래도 풀리지 않는다.

인간의 메모리는 몇 기가바이트?: 〈이프 온리〉

인간이 자신의 종을 재설계할 수 있다는 게놈 프로젝트의 시대, 대중문화인 영화는 생체공학이 재생산하기 어려운 영역, 즉 기억이나 영감을 탐사하면서 국가와 기업이 주도하는 생물학적 권능으로부터 비켜갈 수 있는 인간 고유의 능력, 예컨대 사랑에 더욱 특별한 관심을 보인다. 또한 리모컨이나 컴퓨터 문화가 확산시킨 되감기와 재생 기능, 그리고 메모리 기능 등은 '인간은 자신이 발을 담근 물에 다시 그 발을 담글 수 없다'는 시간의 불가역성에 대한 감각을 급격히 바꾸고 있다. 현재 개봉 중인 영화만 보아도 〈이프 온리〉, 〈내 머리 속의 지우개〉, 〈나비효과〉 등이 바로 이런 문제에 집착하고 있으며, 이번 주 개봉작인 〈포가튼〉 역시 그러하다. 〈메멘토〉와 〈식스 센스〉 등도 기억의 재구성과 인간의 신원 문제를 영화의 선형적 구조를 해체시키며 다룬 영화들이었다.

〈이프 온리〉라는 영화의 배경은 런던이다. 일 중독에 빠진 노동계급 출신의 경영인 이안(폴 니콜스)과 미국 오하이오에서 런던으로 유학온 바이올린을 전공하는 여자 사만다(제니퍼 러브 휴잇) 사이의 그렇고 그런 사랑과 구원에 대한 이야기다. 예컨대 영화 초반부 둘 사이에 불거진 차이라고 해봐야 미국식 영어를 하는 사만다는 영국에서 즐겨 쓰이는 욕(bloody와 bugger)을 배우면서 영국의 '문화'를 익히고, 돈 버는 일에 빠져있는 이안은 곧 결혼할 사만다가 오하이오 출신인지 인디애나 출신인지 통 모르고 있다는 사실 정도다.

그런데 이 시시한 이야기 중 흥미로운 점은 남자 주인공 이안이 고

액으로 팔려고 하는 것이 게놈 프로젝트라는 것이고, 그 와중에 그가 데자뷔(기시감)를 경험한다는 것이다. 이안은 사업 설명회에서 이 프로젝트를 사는 것이 '시간'을 사는 것이라고 말한다. 반면, 그에게는 앞으로 펼쳐질 하루의 시간이 기억이라는 콘텐츠로 이미 저장되어 있다. 영화에서의 가정은 과거가 기억 속에 있는 것이 아니라 미래가 기억되고, 그것을 코드 변경함으로써 미래가 수정될 수 있다는 것이다. 이안의 진짜 과거는 직장을 잃고 알코올 중독에 빠진 노동자 아버지와 연결되어 있는데, 그것을 부정, 망각함으로써 그는 런던의 성공한 프로페셔널이 된다. 이렇게 과거를 망각하고 미래를 기억하는 와중에, 이안의 미래 변경의 의지는 사랑의 재발견에서 나온다. 일 중독이라는 명목으로 기업에 종속되어 있던 이안은, 사만다의 죽음을 예지하면서 자신의 삶의 스케줄을 재조정하고 시간을 개인화시킨다. 그러나 이안의 그런 시간의 개인화, 시간의 소유는 아침에서 밤 11시까지로 채 하루가 허락되지 않는다.

인간의 정체성과 기억, 그리고 시간을 둘러싼 기업과 개인 간의 이런 힘겨루기는 〈포가튼〉에 와서는 외계와 국가, 그리고 개인 간의 대결로 바뀐다. 이 영화가 일으키는 막연한 공포의 근원은 물론 불가지의 외계적 권능이지만, 구체적인 공포는 무능하면서도 대담무쌍한 미국 정부의 권력이다. 그리고 이 모든 공포에서 인간을 구원하는 것은 모성이다. 돈으로 몇 기가 바이트의 메모리를 살 수 있는 시대, 기억장치에 희생적인 사랑과 모성이라는 정동(情動)을 힘겹게 부여하고 나서야 그것은 비로소 '인간'의 메모리가 되는 것이다.

세트를 세우듯 과거를 다시 일으켜 세우다?
: 〈효자동 이발사〉

지금, 한국 영화는 세트 짓는 일에 빠져 있다. 〈효자동 이발소〉에서 1960~1980년대에 걸맞게 만들어진 이발소와 그 주변 거리를 재현한 세트장은 영화의 주역 중 하나다. 근래의 주목받은 영화들인 〈취화선〉, 〈스캔들〉, 〈살인의 추억〉, 〈태극기 휘날리며〉 등도 가버린 시대를 세트로 불러온다. 세트가 주인공처럼 보이는 영화가 동시대 한국 영화의 특징이 된 것이다. 세트가 하는 기능은 여러 가지다. 향수를 불러오고 신빙성을 불어넣는다. 최근 한국 영화가 보이는 세트 제작 열풍에 드러나는 집착은, 과거를 정교하게 다시 구성하려는 욕망이다. 세트를 세우듯 과거를 다시 세울 수 있고, 그 안에서 역사에 대한 서사 구성, 이야기하기가 가능하리라는 집단적 소망의 투사 같은 것이다. 영화가 끝나면 곧 부서질 것이지만, 영화 안에서 버티고 선 세트는 기억 속의 대상들보다 현상적으로 훨씬 더 강렬하다. 특히 독재정권의 폭압으로 이야기다운 이야기 자체가 불가능하던 1960~1980년대가 세트로 재구성될 때, 역사의 서사 가능성에 대한 기대는 최대치로 올라간다. 세트야 돈 있고 기술 있으면 지을 수 있지만(현재 금융자본화된 영화산업이 과시하는 것이기도 하다), 어떻게 역사를 제대로 말할 수 있을 것인가?

〈효자동 이발사〉에서 주인공 성한모(송강호)는 마침 이발소를 차린 동네가 청와대 이웃인지라, 뜻밖의 이웃을 손님으로 맞이하게 된다. 훗날 버려지라는 예명 혹은 '비가 오면 생각나는 그때 그 사람' 중 하나로 남게 될 경호실장인데, 그 덕에 성한모는 덜컥 대통령의 이발사가 된다. 그래서 이발사 성한모와 고만고만한 효자동 이웃의 눈으로 당시가 재현되는데, 이들의 눈엔 '나라가 하는 일은 모두 옳다'라는 콩깍지가 씌어 있다. 어찌된 판인지 사사오입 개헌과 4·19혁명이 바로 자신의 동네에서 일어나도 성한모와 그의 이웃들은 '나라주의'에서 헤어나올 줄 모른다. 그러나 성한모의 어린 아들 성낙원과 그 나랏말씀을 믿는 이웃은 김신조 일당 사건 이후 어처구니없게도 간첩과 접선해 설사병에 걸렸다는 이유로 죽도록 고문당한다. 놀라운 건 이 영화가 시종일관 그 '나라주의' 콩깍지를 벗겨내는 데 별 관심이 없다는 것이다. 더욱 놀라운 것은 영화의 서사적 장치가 그것을 할 수 있는 방식으로 구성되어 있는데도 하지 않는다는 것이다. 영화는 배우 송강호가 구현하는 대통령의 이발사 성한모를 중심에 두는 듯하지만, 사실 구조적으로는 그의 아들 성낙원의 서술로 구성되어 있다. 〈양철북〉의 이야기 양식처럼, 성낙원은 자신이 태어나기 전인 부모들의 만남부터 자신의 탄생 그리고 그 이후를 관객들에게 말해주는 특별한 이야기꾼이다. 그는 1960년에 태어나 1980년대 이후를 생존하는 캐릭터이기 때문에 독재정권에 비자발적으로 연루된 아버지 세대와는 다르게 그 시대를 재구성해낼 수 있는 위치에 있는데도 그러지 않는다. 그저 아버지와 다름없는 매우 순박한 태도로 지난 시절을 회고할 뿐이다. 거기엔 지독한 역설도 악취도 구토도 저항도 없다. 하위주체가 권력에 종속되는 과정에서 받게 되는 비가시적 여러 폭력, 고문이 그야말로 제 발로 걷지 못하는 순종적 육체들을 만들어낸 셈이다. 열 살 어린이 성낙원은 어이없는 전기 고문의 결과, 다리를 못 쓰게 되는데 영화는 그 어린 몸에 가해진 폭력을 일종의 감염주술적 설정을 통해 회복시켜버린다. 어느 도인의 예언을 따라 성한모는 아들에게 죽은 '용' 박정희 초상의 '용안'을 긁어 국화꽃과 함께 다려 마시게 하는 것이다. 아들은 걷기 시작하고, 영화는 끝난다.

잘못된 모든 책임은 버러지 경호실장에게 맡겨지고, 모든 사람들이 측은한 역사의 희생자로 남는다. 결과적으로 온정은 넘쳐나지만, 다시 쓴 역사는 영화 세트를 지나쳐 하수구로 빠져버린다.

1978년 〈가을의 독일〉에서 베르너 파스빈더 감독은 자신의 어머니를 심문한다. 히틀러의 동조자가 아니었느냐고! 어머니는 긍정한다. 뼈 아픈 대면이지만 진실의 순간이다. 〈효자동 이발사〉에 부재하는 것이 바로 그것이다.

컴퓨터 대신 마술을 배우는 호그와트
: 〈해리 포터와 아즈카반의 죄수〉

뉴질랜드를 할리우드 영화산업의 대안적 거점으로 활용한 〈반지의 제왕〉과 견주자면, '해리 포터' 시리즈는 영국의 사립학교 기숙사 문화를 판타지의 핵으로 사용하고 있다. 소위 영어권 국가들의 자연 풍광 및 비교적 저렴한 비용의 디지털 기술, 그리고 상징적 자원들을 할리우드가 적극적으로 인수하고 있는 셈이다. 〈스타워즈〉가 미국 주도의 우주공학을 기반으로 미래를 상상하는 시리즈물이라면, 〈반지의 제왕〉과 〈해리 포터〉는 앵글로색슨 문화의 유산들에서 판타지의 광맥을 캐내고 있는 것이다.

해리 포터를 비롯한 어린 마술사들의 호그와트 기숙사 생활은 여느 청소년들과 유사한 활동들로 채워진다. 수업을 듣고 어울려 다니는 친구들이 있는 반면 때려주고 싶은 경쟁자들이 있다. 기숙사의 빗장 쳐진 방들에 대한 호기심에 젖어들기도 하고(《해리 포터와 비밀의 방》), 선생님에 대한 애증에 빠지기도 한다(《해리 포터와 아즈카반의 죄수》). 그러나 호그와트와 다른 학교와의 결정적 차이는 마법을 가르친다는 것이다.

호그와트를 제외한 전 세계 학교들이 컴퓨터 교육에 몰두하고 있을 때, 해리 포터와 그의 친구들은 컵에 남은 커피 자국으로 미래 읽기, 괴물 쫓아내는 주문 외우기 등 전근대적 마법 학습에 매료되어 있다. 물론 이들이 벌이는 스펙터클한 마술은 디지털 영상화 과정을 통해 관객에게 제공된다. 예컨대 〈해리 포터와 아즈카반의 죄수〉의 새와 말이 혼성된 히포그리프, 학교를 맴도는 유령들, 늑대 인간, 그리고 빠른 속도의 부감 숏들은 컴퓨터에서 발생하는 이미지들이다.

여하간, "흠…… 컴퓨터는 왜 안 배우나"라고 우리가 중얼거릴 때쯤, 13세의 해리 포터는 마법학교 호그와트로 돌아온다. 그간 배운 마법으로 비극적 죽음을 맞은 자신의 부모들을 험담하던 친척 아줌마를 풍선처럼 부풀려 하늘로 날려 보낸 직후다. 한편, 해리 포터가 알게 되는 작금의 마법 세계 최고의 스캔들은 아즈카반 형무소를 탈출한 시리우스 블랙(게리 올드만)의 행방이다. 또 그를 쫓고 있는 간수 디멘터들이 배회하는 모습이 해리 포터와 그의 친구들을 무서움과 근심에 떨게 한다. 디멘터는 사람의 기억에서 최악의 것을 추출해, 포획된 자를 죽음에 이르게 하는 공포의 그림자 형상을 하고 있다.

'해리 포터' 시리즈의 핵심 중 하나는 죽은 부모에 대한 해리 포터의 복수극인데, 시리우스 블랙도 바로 그의 부모를 살해한 용의자다. 전편과 비교하자면, 〈해리포터와 아즈카반의 죄수〉에서 가장 창의적인 부분은 시간 여행 장면으로, 부모의 문제와 복잡하게 얽혀드는 〈백 투 더 퓨처〉 등과 달리, 이 영화는 소년이 친구의 도움을 빌어 자력으로 문제를 해결하는 과정을 보여준다.

〈이투마마〉로 알려진 멕시코 감독 알폰소 쿠아론은 〈크로노스〉의 작가이며 〈블레이드 2〉로 알려진 또 다른 멕시코 감독 기예르모 델 토로와 더불어 할리우드 블록버스터 시리즈물을 강도 있는 흑암의 스펙터클로 변모시키고 있다. 〈해리 포터와 아즈카반의 죄수〉는 이전 크리스 콜럼버스가 감독했던 두 편의 영화들보다 훨씬 더 어둡다. 카메라는 종횡무진 움직이며 누구의 시점인지 알 수 없어, 보이지 않는 제3자를 의식하게 하는 공포영화의 관행 속에서 자연의 거친 풍광과 중세풍의 성을 포착한다.

막 시작된 청소년기의 어떤 우울과 회의, 그리고 세상을 향한 호기심과 그에 따르는 활기를 보통 소년들보다 초자연적 힘을 발휘할 수 있는 소년 마법사들을 통해 풀어나가는 '해리 포터' 시리즈에는, 판타지와 리얼리티의 절묘한 결합이 이어진다. 그러나 〈해리 포터〉를 볼수록 영미 문화권의 것이 아닌 동아시아 문화 서사에 기반한 소녀, 소년들의 판타지 영화의 출현을 갈망하게 된다.

구로사와 기요시 회고전
: 〈도레미파 소녀의 피가 끓는다〉

일본 감독인 구로사와 기요시의 회고전이 아트선재센터에서 3월 9일부터 3월 19일까지 열리고 있다. 1983년작인 〈간다천 음란전쟁〉부터 2003년 〈도플 갱어〉까지 21편의 영화가 상영된다. 생각해보면 무엇에 대한 '회고' 모드로 접어들기에 지난 주말은 최악이었다.

찬성 193명, 반대 2명이라는 탄핵 결과가 나왔고, 차마 말로 표현하기 어려운 이 재앙에 대해 홍일선 시인은 "탄핵! 이거 공상소설인가? 소설가 밥줄 끊지 말라"고 일갈했다. 그렇지 않아도 3월의 하늘은 황사로 뒤덮여, 그야말로 SF소설이나 영화의 완벽한 배경이 되고 있다.

디스토피아적 상황임이 틀림없으니, 계속 SF적으로 말하자면 이 193명의 '어둠의 무리들'에 대적하는 빛은 13일의 토요일, 광화문에서 타올랐던 7~8만여 개의 촛불이다. 그리하여 우린 SF에 등장하는 예언자처럼 말하고 싶을 것이다. 축복 있으라, 촛불을 들었던 모든 사람들에게! 또한 저주 있으라, 파국을 초래한 그들에게! 그러나 광기에 광기로 싸울 수는 없는 법. 이성적 언어를 구사하기 위해 다시 영화 비평의 장으로 돌아가서 생각해보면 구로사와 기요시의 영화들은 이 재앙 상황을 상당히 잘 설명해줄 수 있다. 과거형의 회고가 아니라 현재형으로 생각할 수 있는 계기들을 제공할 수 있다는 것이다. 그렇지 않아도 《씨네21》과의 인터뷰에서 구로사와 기요시 감독은 "사회나 시스템을 뒤집어엎어 불태운 다음 그다음에 희망이 올 것이라고 생각한다"라고 말한 바 있다.

표면적으로 구로사와 기요시는 일본의 정치 상황에 대해 직접적으로 언급하지는 않는다. 어렸을 때부터 8mm 영화를 찍었던 그의 영화들에서 즉각적으로 관객들에게 튀어 올라오는 것은 포르노와 공포영화와 같은 장르적 관행에서 인용된 뒤틀려진 형상들이다. 〈간다천 음란전쟁〉(1983)이나 〈도레미파 소녀의 피가 끓는다〉(1985)가 전자에 해당된다면, 〈큐어〉(1997)나 〈도플갱어〉(2003)가 후자의 예다. 또 그의 영화들은 역시 1980년대 영화를 시작한 〈레닌그라드 카우보이 미국에 가다〉의 아키 카우리스마키나 〈천국보다 낯선〉의 짐 자무시처럼 고다르나 파스빈더 이후의 영화 언어를 창안하고 있다. 포스트 68의 정치적 열정과 좌절이 사라진 시대, 그들은 아무 일도 일어나지 않는 가운데 일어나는 사건들을 무표정한 얼굴로 다룬다. 그러나 특히 구로사와 기요시 영화의 그 무표정 속에는 숨겨지고 체화된 역사적 정서에 대한 비판이 있다.

구로사와 기요시의 영화로 들어가는 문은 많겠지만, 내가 특별히 흥미롭게 생각하는 것은 수치심의 문제다. 〈도레미파 소녀의 피가 끓는다〉에서는 여자의 수치심을 기계를 통해 측정하려는 실험까지 등장한다. 전후 일본을 '수치심의 문화'로 불렀던 인류학자는 루스 베네딕트다. 이때 수치심은 다른 사람들의 비판, 시선에 대한 반응이다. 이는 서구의 '죄의식의 문화'와 짝을 이루게 된다. 그녀의 이런 본질적 이원론은 비판을 받았지만, 일본 학자 우카이 사토시는 제2차 세계대전 이후 일본인들만이 아니라 다른 비서구인들도 바로 이런 미국적 헤게모니가 낳은 문화적 이원론을 (비)자발적으로 받아들여 수치심의 문화라는 범주를 통해 자신을 보게 되었다고 지적한다. 그 결과 타자의 시선 앞에서 수치심을 전혀 느끼지 않거나 수치심의 문화 자체를 수치스럽게 생각하게 되었다는 것이다. 이번 탄핵 사건을 구로사와 감독의 어법으로 이야기하자면 그것은 소위 수치심 부재의 '국회 음란전쟁'이다. 탄핵을 다수당의 횡포라고 생각하는 시민들의 시선을 전혀 의식하지 않는 수치심 없는 행동이다. 결과는? 도레미파 시민들의 피가 끓는다!

시각장의 소음: 시미즈 히로시의 〈경성〉

　시미즈 히로시는 소위 '어린이' 영화로 잘 알려진 일본 감독이다. 1937년에 만든 〈바람의 아이들〉이 어린이 영화의 대표작으로 알려져 있다. 1903년 오즈 야스지로와 같은 해에 태어난 시미즈 히로시는 사실상 오즈의 그늘에 가려져 있던 감독이지만 최근 홍콩 국제영화제에서 회고전이 열리고 쇼치쿠에서 만든 시미즈의 무성영화 5편이 DVD로 출시되는 등 다시 조명되고 있다. DVD 전집에는 〈Seven Seas〉(1941), 〈항구의 일본 소녀들〉(1933), 〈보스의 아들이 대학에 가다〉(1933), 〈일식〉(1934), 그리고 〈동경의 영웅〉(1935)이다.

　오즈의 명성에 가려져 있었지만 오즈 자신은 "난 시미즈처럼 영화를 찍지 못해"라고 했고, 미조구치 겐지는 "오즈나 나와 같은 사람들은 노력을 기울여 영화를 만들지만 시미즈는 천재다"라고 말했다. 그러나 시미즈가 소개된 방식은 그의 어린이 영화의 명랑, 쾌활성을 중심으로 이루어졌기 때문에 심도 깊은 비평적 논의가 일어났던 것은 아니다. 그러나 그의 어린이 영화들도 어린이의 순수함이나 존재 자체를 경축하는 영화는 아니었다. 그의 고아들은 종종 부모를 사랑하지 않거나 혹은 부모가 그들을 사랑하지 않으며, 고아이거나 불량배이고 친구들의 사랑을 얻지 못한다(Alexander Jacoby, "Hiroshi Shimizu: A Hero of His Time," *Senses of Cinema*, July 2004. http://sensesofcinema.com/2004/feature-articles/hiroshi_shimizu/).

　시미즈 히로시 감독이 한국 영화, 조선 영화 문화의 장으로 깊숙이

들어온 적이 있었다. 2006년 9월 13~15일까지 한국영상자료원에서 열린 '기록 영상으로 보는 근대의 풍경'이라는 기획 프로그램에는 초창기 조선 영화의 문화를 보여주는 뉴스릴과 여행기, 그리고 〈어화〉(1939)와 〈심청전〉(1937) 같은 극영화들이 섞여 있었는데, 그중 가장 완성도가 뛰어난 것이 〈경성〉(1940)이다. 〈경성〉은 모스크바를 그린 지가 베르토프의 〈카메라를 든 사나이〉(1929)나 발터 루트만의 〈베를린: 도시의 교향악〉(1927) 등과 함께 근대도시에 대한 매혹을 다룬 도시 다큐멘터리다.

총독부 철도국이 선전영화로 제작한 탓에 영화 초반부는 새벽의 명동성당과 경성역으로 들어서는 기차 등 근대화의 상징으로 활기차다. 그러다가 카메라는 미쓰코시 백화점(현재 신세계백화점), 조선저축은행, 다카세 합명회사 그리고 조선은행 쪽으로 움직인다. 경이로운 것은 이 장면을 트래킹으로 찍으면서 솟구치는 분수 주위를 회전하듯이 찍으면서 얻어낸 식민 도시 경성의 활기찬 리듬이다. 1937년의 중일전쟁과 1941년 태평양전쟁 사이에 찍은 이 영화는 한편으로는 경성제국대학의 학병 훈련 모습을 보여주면서도, 자본과 소비의 상징인 백화점과 은행을 재현하는 순간에는 전쟁과 무관한 경탄을 전한다.

〈경성〉에서 가장 흥미롭게 생각하는 것은 이 영화가 자의식으로 구성해내는 시각장의 소음과 닫힘이다. 계몽과 선전이라는 프로파간다의 선명성과는 동떨어진 의미화로 〈경성〉은 돌풍이 갑작스레 일으킨 먼지로 프레임을 채우고 숏을 끝낸다. 돌담길을 걸어오던 두 사람이 카메라 앞으로 다가오면서 일어나는 일이다. 또 〈카메라를 든 사나이〉에서는 커튼이 닫히듯 한 장면은 위에서 아래로 암전 처리 된다. 지속적으로 양가성을 견지하는 회의에 빠진 프로파간다 영화로서 〈경성〉은 바로 이때 비판적이며 자기반영적인 측면을 무심결에 드러내게 된다. 심금을 울리지 않을 수 없다.

이스라엘-팔레스타인, 그리고 망명
: 아모스 기타이

이스라엘-팔레스타인 그리고 망명

1999년 칸 영화제 시사회장, 경쟁 부분에 오른 아모스 기타이의 영화 〈카도쉬, 성스러움〉의 상영을 기다리는 자리였다. 주요 영화제의 프로그래머들은 물론 영화 저널의 편집장들, 신문사 기자들, 영화 관계자들이 서로에게 조용한 눈인사를 나누고 있었다. 이스라엘 영화가 경쟁 부분에 오른 것은 25년 만에 처음 있는 일이었다. 또 칸 영화제가 아니더라도 수십 편의 다큐멘터리로 이스라엘-팔레스타인의 극도로 예민한 정치적, 종교적 문제를 다루어온 아모스 기타이 감독의 극영화는 물론 많은 사람들의 열정적인 관심을 받을 만하다. 그때 칸 영화제의 상영을 두고 아모스 기타이는 다음과 같이 말했다.

칸에서 〈카도쉬〉가 상영될 때 매우 상징적인 두 번의 순간이 있었다. 유세프 샤히닌(이집트 감독)이 그의 〈타자〉(역시 그해 칸에서 상영)라는 영화의 출연진과 함께 영화를 보러 왔다. 아랍의 근본주의자들 문제를 다루어온 그 용감한 사람을 관객 속에서 발견한 것은 매우 감동적이었다. 그러고 나서 2500명의 관객들은 영화가 끝난 뒤 다른 약속 때문에 뛰어나가기 전 오랫동안 침묵을 지킨 채 남아 있었다. 나는 이 침묵에 큰 의미를 둔다.

〈카도쉬〉 이후 2000년에는 〈키푸르〉, 그리고 올해의 〈이든〉으로 아모스 기타이는 칸에서 3회 연속 영화를 상영하게 되었다. 1972년 빛에 관한, 〈흑백〉이라는 슈퍼 8mm 실험영화로부터 시작한 40여 년 가까운 영화감독의 삶을 여전히 치열하고 열정적으로 이어가고 있는 것이다. 그리고 유럽과 미국의 아트하우스 극장과 유럽 방송국에서 그의 영화들dmf 집중적으로 선보이면서 대중적 관심 또한 높아가고 있다. 2001년 부산영화제에서 그의 최근작 〈이든〉이 상영되면서 제1회 전주영화제에서는 〈카도쉬〉와 다큐멘터리 〈필드 다이어리〉가 상영되기도 했다. 그리고 2001년 11월 도쿄에서는 아모스 기타이 회고전이 열린다. 미국의 아프가니스탄 공습으로 팔레스타인과 이스라엘의 문제가 세계적 관심으로 떠오르고 있을 때 아모스 기타이의 영화들이 세계 영화지도 위에 중요한 지점으로 부상하는 것은 매우 의미 있는 일이다. 지금은 다시 이스라엘로 돌아가 작업하지만 아모스 기타이는 이스라엘 군부 지도자들과 유대 근본주의자들에 대한 지속적인 비판으로 오래동안 망명 생활을 하기도 했다.

아모스 기타이

아모스 기타이는 1950년 10월 11일 하이파에서 태어났다. 그의 아버지는 우크라이나 생으로 바우하우스에서 공부했으며 1933년 나치에 의해 체포될 때까지 베를린에서 일했다. 이후 그는 나치 수용소를 탈출한 후 팔레스타인으로 갔다. 아모스 기타이는 이스라엘 하이파에서 아버지와 마찬가지로 건축학을 공부했으며 슈퍼 8mm로 실험영화들을 만들었다. 그의 삶에서 원형적인 상처로 남는 사건은 1973년 욤 키푸르 전쟁(중동전쟁) 당시에 일어났다. 그는 다른 이스라엘 남자들과 마찬가지로 군에 징집되었고 주어진 임무는 헬리콥터로 부상자를 수송하는 일이었다. 그런데 바로 그 수송기가 폭격을 당했고 자신의 동료의 머리가 부서져 기내에 구르는 것을 지켜보아야 했다.

기타이는 기적적으로 살아남았지만 이 참혹한 경험은 〈이후〉(Ahare, 1974), 〈전쟁의 기억들〉(War Memories, 1994), 〈키푸르〉(Kippur, 2000)와 같은 다큐멘터리와 극영화에 반복해서 등장한다. 특히 〈키푸르〉에서 죽은 동료를 부둥켜안은 채 진흙탕 속에서 뒹구는 병사의 모습은 1973년 전쟁의 그 사고 현장과 중첩된다.

기타이는 1976년 버클리대학에서 프랑크푸르트 학파의 사학자인 레오 뢰벤탈 등과 같은 진보적 철학자들을 사사했고 1977년 도시 공동체들에 대한 논문으로 건축학 박사학위를 받았다. 1977년 이스라엘 텔레비전에서 일했으나 〈집〉이라는 작품이 친팔레스타인적 내용 때문에 방영이 금지되었고 키부츠 등에서의 개별 상영에서 많은 논란을 일으켰다. 기타이는 이후 영화 제작을 더욱 더 심각하게 받아들였다고 말한다. 건축을 전공하면서 몇 개의 영화들을 만들었는데 그중 하나가 〈전쟁일지〉(1982)로 레바논 침공 몇 개월 전에 완성되었다. 이스라엘로 돌아온 후 처음 만든 〈전쟁일지〉는 유럽 전역에 방영되고 여러 영화제들에서 상영되었고 국제적 명성을 얻었다. 그러나 영화의 반군사적 성격 때문에 이스라엘에서는 상영되지 못했다.

세계 전역에서 여러 편의 다큐멘터리를 만든 후 그는 1985년에 〈에스더〉라는 첫 번째 극영화를 만들었고 〈베를린-예루살렘〉과 〈골렘-망명의 혼〉 등을 만들었다. 1985년 BFI(British Film Institute)에서 아모스 기타이 회고전이 열렸고, 유럽, 시드니(1986), 그리고 미국(1986)에서도 그의 회고전이 열렸다. 1992년 〈유태인 전쟁(기독교 시대의 첫 세기)〉이라는 서사극을 무대에 올렸으며 이것은 1993년 베니스 비엔날레의 개막작으로 다시 공연되기도 했다. 그와 동시에 기타이는 레닌그라드가 페테르부르크로 귀환하던 시점에 장편을 찍었고 반유태적 범죄가 일어난 후 독일 부버탈에서 다큐멘터리 〈부퍼탈 계곡에서〉를 찍었다(변영주 감독은 이 작품을 자신의 다큐멘터리 베스트 10에 꼽곤 한다). 유럽에서 다시 파시즘이 발흥하는 것을 기록한 두 편의 다큐멘터리는 브레히트가 경고했듯이 '야수'가 여전히 수태한 채 유럽을 어슬렁거리고 있는 것을 잘 보여주고 있다(《총통의 이름으로》, 〈퀸 메리 제니비에〉).

1993년, 다시 이스라엘로 돌아와 1994년 '도시 3부작'을 시작했는데 야코브 샵타이(Yaakov Shabtai)의 소설 『데바림』에 등장하는 텔아비브가 무대다. 그 후 〈욤욤〉(하이파, 1995), 그리고 〈카도쉬〉(예루살렘, 1999)을 만들었다. 〈카도쉬〉가 칸 경쟁 부분에서 상영된 후 광범위하게 상업적으로 배급되었고, 〈키푸르〉(2000)를 연출했다. 이스라엘로 돌아온 후 한편으로는 유태인과 이스라엘, 또 다른 한편으로는 개인적 기억이라는 역사적 시간-공간의 교차는 그의 작품의 뚜렷한 특징이 되었다. 그의 첫 번째 코미디 영화인 〈비술의 전쟁과 평화〉(War and Peace in Vesoul)에는 팔레스타인의 영화제작자인 엘리아 술레이만과 함께 출연하기도 했다. 그리고 〈전쟁의 기억들〉(War Memories)이라는 일련의 프로젝트는 〈키푸르〉에서 완성된다. 1999년 그는 바르셀로나의 건축 전시 초청을 받아 〈매스 퍼블릭 하우징〉이라고 이름 붙은 10개의 비디오 모니터 설치 작업을 하기도 했다.

아모스 기타이의 영화 건축, 그리고 〈이든〉

요리스 이벤스와 프레드릭 와이즈만, 그리고 샹탈 에커만, 그리고 크리스 마커의 다큐멘터리들이 그렇듯 아모스 기타이의 일련의 다큐멘터리들은 기존 다큐의 안과 밖을 해체하면서 동시에 그 장을 확장하는 것이다. 그가 다큐멘터리에서 가장 강렬하다고 생각하는 것은 오히려 침묵과 동작 그리고 시선이다.

이렇게 비다큐적인 것이라고 간주되던 요소들을 적극적으로 끌어 안으면서, 좌파로서 아모스 기타이는 필름 압수, 상영 금지, 망명 등을 거치면서도 이스라엘 사회에 대한 비판의 수위를 낮추지 않는다. 팔레 스타인 문제와 또 유태인 내부의 인종차별과 성차별 등이 그의 작품 속에는 복합적이고 심층적인 양상으로 드러난다. 말하자면 이스라엘 에서 서유럽과 미국계 유태인들이 동유럽이나 아프리카계 유태인들을 2류 시민으로 취급하는 것이라든지 유태 근본주의자들의 여성에 대한 억압 등이 그것이다.

아모스 기타이는 유태 사회의 전통과 자신에 대해 이렇게 말한다.

> 나는 이스라엘 사회의 다른 얼굴을 보여주고 싶었다. 말하자면 종교와 그 모순을. 세속적인 국가와 근본주의자들 간의 관계가 어떤 것인지……. 종교 집단들은 시민사회를 위협하고 있다. 이 스라엘은 민주적인 정신을 견지하면서 중동에 대한 보다 이성적 인 태도를 보여야 한다……. 내가 유태의 전통에 충실한 방식은 그에 대해 비판적인 위치를 견지하는 것이다. 그 전통에 대한 존 경이 바로 나로 하여금 비판적이게 되도록 하는 것이다. 나의 유 태교는 무정부주의적이고 탈중심적인 것으로 종교적인 국가와 정반대의 것이다.

국가와 종교라는 제도에 종속되지 않고 바로 비판적으로 현실에 개 입함으로써 유태의 전통에 충실할 수 있다는 아모스 기타이의 영화 작 업은 대단히 헌신적인 지식인-예술가의 한 전형을 보여주고 있다. 아 버지가 바우하우스의 계승자이며 자신 역시 건축학으로 박사학위를 받은 경력이 보여주듯 아모스 기타이의 영화에서 집, 땅, 공간, 공동체는 핵심적인 재료다. 그리고 이것은 땅을 둘러싼 분쟁으로 점철된 이스라엘-팔레스타인 문제를 보는 데 매우 효과적인 통찰을 제공한다.

〈집〉(Bait, 이스라엘 16mm, 51분)이라는 1980년 작품에서 그는 이스라엘에게 집을 빼앗긴 팔레스타인의 그 집 하나에 대한 기억과 집착, 권리 문제를 다룬다. 여기서 집 자체가 영화의 주인공이 된다.

〈필드 다이어리〉에서도 오래된 올리브 나무들이 무성한 땅의 상실을 탄식하는 팔레스타인 사람들이 나온다. 또 1979년에 팔레스타인인들이 살던 지역에 이주한 북아프리카의 유태인들의 폭동을 다룬 〈와디 살립 폭동〉(Meoraot Wadi Salib)을 만들었고, 또 1991년에는 〈와디 (1981~1991)—10년 후〉라는 하이파의 와디 루시미아 지역에 살고 있는 아랍인들과 유태인들을 다룬 다큐멘터리를 제작했다.

이외에도 그는 '도시 3부작'이라는 시리즈물을 만드는데, 하이파, 텔아비브 그리고 예루살렘, 그 세 도시를 차례로 찾아간다. 〈카도쉬〉는 바로 기타이의 도시 3부작의 세 번째 작품으로, 예루살렘을 배경으로 한다. 종교적으로 강요된 가부장적 압제와, 그에 따른 여성들의 수난을 다루고 있는데 이 영화를 촬영한 곳은 오소독스(orthodox)한 종교 공동체가 거주하는 지역이라 주민들에게 피해를 주지 않기 위해 이른 아침에만 촬영했다고 한다.

이 영화의 가편집본을 보고 나서 이스라엘의 '좋은 영화 장려 기금'은 "우리는 처음으로 만장일치로, 바로 예술적인 이유에서 이 영화를 지원하지 않기로 결정했다"고 선언했다. 그러나 이 영화가 칸 경쟁 부분에 선정되었을 때 그 결정은 물론 전적으로 취소되어야만 했다.

〈이든〉(Eden, 이스라엘, 2001)은 아서 밀러의 소설을 각색한 것으로 1939년과 오늘날의 뉴욕을 배경으로 하고 있는 소설을 아서 밀러의 동의를 얻어(그는 샘의 아버지 역으로 직접 출연한다), 1940년과 1946년 영국령 아래의 팔레스타인으로 옮긴다. 영화는 미국에서 팔레스타인으로 이주한 시온주의의 신봉자이자 코뮤니스트 건축가 도브가 짓고 있는 건물에 벽돌들이 올라가는 것으로 시작한다. 이상주의자인 그는 유태계만이 아니라 아랍계 노동자들에게도 건축 기술을 가르쳐 새로운 나라를 만드는 꿈에 부풀어 있다. 한편 그의 부인인 샘(사만다)은 그런 운동에 동참하면서도 남편이 자신을 등한시하는 것이 불만이다. 그녀는 빈에서 온 유태인 칼코프스키와 사랑에 빠진다. 한편 칼코프스키의 아내는 그 당시 점령군인 영국에 대항해 지하운동을 벌이다가 체포된다. 그 후 자신의 부모들이 나치 수용소에 감금된 사실을 알게 된 칼코프스키는 목매달아 자살한다. 전쟁에 징집되어 갔다가 독일 여성을 강간하고 돌아온 코뮤니스트 남편에게 결별을 선언한 샘은 칼코프스키의 시신을 본 후 충격에 빠진 채 거리를 배회한다. 팔레스타인 건설 현장에서 유토피아적 시선으로 단정하고 희망차게 출발한 영화는 차츰 나치와 전쟁이라는 역사의 악몽, 그리고 사적 관계의 헌신성의 문제와 얽혀들면서 비극적으로 끝난다. 아모스 기타이 영화의 특징은 바로 가장 미니멀하게 출발해 그것을 역사적, 정치적, 성적 차이의 힘들이 작용하는 복잡한 장치로 폭발시키는 데 있다. 〈카도쉬〉와 마찬가지로 여주인공은 이 장치의 모순들을 읽고 끌어내는 가장 예리한 관찰자이며 피해자다.

(아모스 기타이에 대한 부분은 2002년 파리에서 간행될 *Amos Gitai*, ed. by Serge Toubiana and Paul Willemen, Editions de l'Etoile, 2002의 내용을 저자의 허락을 얻어 부분적으로 번역한 것임)

'카페 싱가포르': 허우샤오시엔의
영화, 역사, 그리고 문화

흰개미와 허우샤오시엔의 관계

4월 29일 싱가포르. 역사박물관으로 올라가는 계단에서 신선한 맥주 향이 난다. 1층 반짝이는 스틸 맥주 양조통에서 제조되는 냄새다. 창밖으론 화려하게 채색된 집들이 강가에 늘어서 있다. 박물관은 뜻밖의 손님을 맞을 채비를 하고 있다. 곧 허우샤오시엔이 "아시아의 후 시아오시엔: 영화, 역사 그리고 문화"라는 학술 심포지엄에서 기조 연설을 할 것이다. 대만, 홍콩, 호주, 중국, 영국, 일본, 인도의 영화학자들과 싱가포르국립대 교수들이 그의 도착을 기다리고 있다. 가벼운 티셔츠 차림의 허우샤오시엔이 들어선다. 학술회의를 조직한 첸쾅신 교수의 소개로 그는 참석자들과 인사를 나눈다. 내겐 "안녕하세요?"라고 한국말로 정겹게 인사한다. 웃음이 장난스럽고 진솔하다.

허우샤오시엔은 자신의 삶의 여정을 들려준다. 〈펑꾸이에서 온 소년〉(1983)처럼 그는 동네 건달이어서 이런저런 일로 패싸움을 일삼았고, 〈동년왕사〉(1985)의 가족 배경과 유사하게 아버지가 친구의 호의를 받아들여 중국에서 대만으로 이주했다. 아버지가 일찍 돌아가시고 어머니는 허우 감독에게 특별한 권위를 행사하는 분이 아니어서 그는 극장과 거리에서 시간을 보내며 비교적 제멋대로 살았다. 이런 성장기 회고담부터 천수이벤의 민주진보당을 지지했으나 현재는 비판적이라는 정치적 이야기까지 허우샤오시엔은 나는 '아시아의 후 시아오시엔'이라며 이번 학술회의 제목을 유쾌하게 자기희화적으로 인용하면서 일대기를 이야기했다. 그리고 자신이 친구들의 청을 절대 거절하지 못하는 성격이라 곤경에 빠진 적이 많다고 웃으며 푸념한다. 첸쾅신 교수와는 정치 집회 등을 통해 알게 된 친구이기 때문에, 현재 영화 편집 중인데도 이번 초청을 거절할 수 없었다는 것이다. 그리고 바로 이런 점 때문에 정치적 야심이 없는 허우 감독은 여러 정치 단체에서 상징적 역할을 하고 있기도 하다.

이어 일본 동경대 시게히코 하스미 교수가 '과묵의 유려함'이라는 제목으로 후 감독의 전작을 '기차의 도착'이라는 주제로 살펴보는 에세이를 발표했다. 그는 〈연연풍진〉(1985)을 고고학적 영화적 황홀경이라고 부르면서, 거기서 기차가 터널을 지나 나무 드리워진 기차길을 지나는 장면이 뤼미에르 형제가 1898년 찍은 "기차 앞에서 철도 터널을 지나는 여정"을 연상시킨다고 말한다. 그의 영화들이 거리감, 지속성 그리고 부동성을 사용함으로써 드라마적 요소들을 삭제하는 것, 사건에 개입하는 것을 회피하는 것을 동아시아적 태도로 볼 수도 있겠지만, 이런 장치들은 관객들을 영화라는 매체가 새롭고 신선했던 시대로 이끌고 간다고 지적한다. 그런 의미에서 허우샤오시엔은 당대의 프랑스 감독보다 더 시네마토그래프의 계승자로 볼 만하다.

이어 오후 패널에서 북경 대학의 다이진후아 교수는 "고향의 흙: 가-국-세계"라는 제목의 발표문에서 허우샤오시엔 감독의 영화를 작가주의나 스타일상으로 읽는 방식도 매력적이지만 냉전과 세계화라는 구도 속에서 읽자고 제안했다. 한편 웬티엔칭 대만 평론가는 "과연 대만 영화를 죽인 것이 허우샤오시엔인가?"라는 도발적인 질문을 던진 후 물론 대답은 '아니다'로 끝나지만 후 허우샤오시엔이 대만 영화를 측정하는 잣대인 것만은 틀림없다고 진단한다.

싱가포르국립대학이 주최한 이번 행사에서 진행상의 묘로 돋보인 것은 청중의 질문 시간. 한국이건 어디건 내가 가본 대부분의 학술회의에서는 막상 청중의 질문 시간이 되면 시간이 없다고 형식적으로 질문 한두 개를 받고 끝내는데 비해, 이곳에서는 발표자들이 시간을 정확하게 지키게 하고, 청중의 질문을 30분에서 1시간가량 받았다. 싱가포르 학계의 관행인가? 하고 묻자, 그렇다는 대답이 돌아왔다. 청중 친화적 진행, 마음에 들었다. 청중은 허우샤오시엔 영화의 대만에서의 수용 현황을 묻기도 하고, 이 학술회의와 함께 진행 중인 회고전에서 본 영화에 대해서도 이야기하면서, 조용한 가운데 진지하게 참여했다.

첫날 마지막 패널에선 홍콩 필름아카이브의 웡아인링이 허우샤오시엔 감독의 영화에 나타나는 꿈의 서사와 중국 전통 서사와의 관계에 대해 분석하고, 대만 국립중앙대학의 린웬치 교수가 허우샤오시엔 영화의 알레고리적 요소를 지적했다. 다소 짐작 가능하고 예측 가능한 분석틀이라는 생각을 하고 있는 사이 아드리안 마틴은 "도대체 무슨 일이 일어나고 있는 거야? 허우샤오시엔의 내러티브, 미장센, 그리고 사운드 디자인에 대한 접근"을 발표했다. 호주의 저명한 평론가이며 시네필인 아드리안 마틴은 허우샤오시엔 감독의 영화에서 발견되는 생산적 혼란에 주목하며, 그의 영화를 보는 대부분의 관객이 부딪히는 질문 "도대체 무슨 일이 일어나고 있는 거야?"를 비평적 딜레마이자 돌파구로 사용하고 있다.

〈호남호녀〉(1995), 〈남국재견〉(1996), 〈밀레니엄 맘보〉(2001) 등에서 특히 서구의 관객들은 다음과 같은 생각을 하기 마련이다. "내가 뭔가 중요한 서사 정보를 놓쳤나 보지. 자막이 좀 부실하니까." "집중을 못 해서 캐릭터들을 분간 못 한 거야." 그 결과 사람들은 예를 들면 〈호남호녀〉의 경우 미국판 DVD 해설을 읽고, 영화 속에서 개인들이 자신의 주관적 시점으로 모든 것을 기억하고 투사하고 연결하는 것으로 생각하려 한다. 그러나 허우샤오시엔 감독의 영화는 꿈인지 현실인지, 플래시백인지 플래시 포워드인지를 분간하기 어렵게 처리되어 있고, 이 모호함이 바로 영화의 핵심이 된다. 이런 점을 이해하기 위해 아드리안 마틴은 뒷이야기(back story)라는 시나리오 구성에 꼭 필요한 요소를 끌어오는데, 백스토리란 영화가 시작되기 전에 일어났던 이야기를 지칭한다.

허우샤오시엔 감독의 영화에서 이 백스토리는 개인사, 가족사에 한정되지 않는다. 대만의 현대사 전체가 하나의 백스토리로 작용한다. 그래서 로베르 브레송이나 칼 드라이어의 영화들처럼 허우샤오시엔 감독 영화의 질문은 하나의 이야기가 어떻게 변화와 전환의 순간을 끌어안을 것인가 하는 것으로 향하게 된다. 이때 그 변화와 전환의 순간은 개인적인 것이기도 하지만 세계와 역사 속에서 발생하는 것이다. 또한 어떻게 영화라는 장치가 그 변화의 순간, 조건들을 생성하고 탐구할 것인가를 포함한다. 예컨대 브레송의 〈소매치기〉(1959)라는 영화는 궁극적 '구원'의 순간에 도착하는데, 소매치기와 같은 비밀스런 범죄 행동을 통해 어떻게 그런 순간에 도달했는지는 여전히 미스터리로 남는다. 반면, 반복 충동이 지속되는 〈밀레니엄 맘보〉와 〈남국재견〉의 마지막인 길에서 벗어난 자동차 장면에서 발견할 수 있는 것은 바로 그 변화와 전환의 어려움이다. 또한 허우 감독의 장면은 마치 '흰개미(termite) 예술'처럼 일련의 매혹적이고 중요한 세부사항들이 재현되어가면서 그것이 주 플롯을 흰개미처럼 갉아먹는 양태를 띄게 된다(이것은 아마도 홍상수 감독의 영화에도 해당될 것이다).

오후 패널이 끝난 후 감독이 동참한 가운데 우리는 중국 음식점에서 함께 저녁을 먹었다. 중국, 홍콩, 대만, 그리고 싱가포르의 중국어권 참여자들은 한 테이블에 둘러앉아 감독과 중국어로 담소를 주고받고, 비중국어권 사람들은 또 다른 테이블에 둘러앉아 이야기를 나누었다. 대화의 주제는 어떤 술을 마실 것인가? 녹색 장식이 수상하게 보이는 팥빙수 디저트를 먹을 것인가 말 것인가, 오늘 패널에 대한 평가 등이었다. 여하간 우리는 맥주와 포도주를 나눠 마시고, 나는 꺼림칙하게 녹색 팥빙수를 바라보는 유럽 참가자들에게 맛있으니 먹으라고 강요하면서 첫날 저녁은 끝났다.

둘째 날: 치킨라이스와 탈식민 역사기술.

오늘 있을 내 발표 때문에 걱정이 되어 일찍 일어났다. 싱가포르 차이나타운에 위치한 푸라마 호텔 창밖 오른쪽으로 바다가 보이고, 푸른 새벽빛에 잠긴 시내에선 어떤 소요도 감정도 묻어나오지 않았다. 하이테크 싱가포르 시의 비감성적 과묵함이다. 대만, 타이베이의 시적 과묵함과는 상당히 다르다. 이튿날, 역시 감독이 심포지엄에 참석한 가운데 대만 국립예술대의 첸루슈 로버트가 최근작 〈카페 뤼미에르〉(2003)와 〈비정성시〉(1989)를 '사이'(in-between)라는 개념으로 사유하는 글을 발표했다. 〈카페 뤼미에르〉에서 기차가 교차되는 장면은 일본과 대만 사이의 문화적 차이, 번역과 협상, 세대적·젠더적 차이들, 시간과 공간, 기억과 회상의 사이 공간, 그 교차와 연관된다는 것이다. 이어, 유럽에서의 허우 감독의 수용 현황과, 그가 대만 영화를 어떻게 바꾸어 냈는가라는 대만 관계자의 발표가 있었다.

점심. 주최 측에서 예약한 식당에서 밥을 먹고 있는데, 싱가포르의 유명 음식이 치킨라이스라며, 싱가포르대학 추아벵후아 교수가 포장된 치킨라이스 2개를 사들고 왔다. 고소한 닭기름에 볶은 밥을 먹은 후 오후 내 발표는 "마치 삶과 같이: 탈식민 역사 기술"이라는 제목으로 〈희몽인생〉을 탈식민 역사 기술 방식으로 읽는 것이었다. 대만에서 온 학자 중 한 사람이 내 발표 내용을 비판하다가 내 역비판을 받았다.

그리고 나서 새삼 생각해보니 이제까지 아시아의 내셔널 시네마를 그 로컬에서 읽거나 서구 비평가가 읽어내는 관행은 많지만, 아시아 사람들끼리 서로의 텍스트를 읽어낸 경우는 그 지역학 전공자를 제외하곤 그리 많지 않은 것 같다.

이어 홍콩과 대만의 학자가 공동으로 〈호남호녀〉와 안 후이의 〈보통영웅〉을 비교하면서, 대만의 영화가 억압된 것의 귀환과 기억과의 화해를 다루고 있다면 홍콩 영화는 기억상실증과 잃어버린 기억의 회복을 다루며 특히 왕가위의 영화는 기억의 지속을 다룬다고 설명했다. 특히 젠더 정치학에서 보자면 허우 감독의 영화에서 여성이 내레이션을 할 때 그것은 공식 역사 기술의 단일성을 수정하는 대안이 된다는 중요한 지적이 따랐다. 이어 인도 영화학자인 아시시 라자디약사는 올리비에 아사이야스가 1997년 만든 허우 감독에 대한 다큐에서 허우 감독이 인터뷰 도중 잊어버린 것—그 다큐에서 허우 감독이 말하기를 "동동의 여름방학에는 3개의 시점이 있어요. 감독의 시선, 그리고 배우들의 시선이 있지요. 어 근데 이렇게 2개뿐이네. 3개가 아니고. (웃음)"—즉, 제3의 관객의 시선이 어떻게 그의 영화에 등장하는지를 분석했고, 마지막으로 영화학자 폴 윌먼 교수는 〈카페 뤼미에르〉에서 이제까지 허우 감독의 영화에서 등장하는 선형적 레일을 따라 달리는 기차가 아닌 복합적으로 교차하는 기차가 나오는 것을 지적한 다음 그의 영화의 전환, 변화를 예고했다.

학술회의가 끝난 후 우리는 추아벵후아 교수의 집에 가 저녁을 먹고 아내와 함께 그 자리에 온 허우 감독과 간간이 대화를 나누며 둘째 날 밤을 보냈다. 싱가포르의 이상기후는 밤까지 이어져, 늦은 밤도 무더웠다. 자신이 만든 영화 이야기를 나누기 위해 세계 각지에서 날아와 차와 술을 마시고 있는 사람들을 보며 허우 감독은 또 다른 영화를 상상했을까? 예컨대 '카페 싱가포르'?

차이밍량이여, 울음을 그쳐라
: 2003 대만 영화 국제심포지엄을 가다

허우샤오시엔의 리듬을 느끼다

몇 년 전 처음 타이베이를 방문했을 때, 대만국립대학의 캠퍼스를 혼자 걷게 되었다. 밤이었다. 낮의 뜨거운 지열이 아직 남아 있었다. 잠깐 바람이 불었고 하늘을 쳐다보자 엄청난 키의 종려나무들이 보였다. 옆으로 자전거를 탄 학생들이 드문드문 지나가고 나는 그들보다 느리게 앞으로 나아가고 있었다. 그 순간, 어떤 기시감, 데자뷰의 감각이 느껴졌다. 그건 허우샤오시엔 영화의 리듬이었다. 〈호남호녀〉가 아마도 가장 가까울 것이다. 나는 꿈결 같은 그러나 슬픈 그 리듬감을 몸에 새기고 한국에 돌아왔던 것 같다.

지난 몇 년을 돌아보면 내가 은밀히 가장 많이 마음을 빼앗겼던 것은 대만 영화였다. 차이밍량, 허우샤오시엔, 에드워드 양만이 아니다. 로테르담영화제에서 장초치 감독의 〈흑암지광〉을 보고는 지나치게 흥분해 남아 있는 다른 영화들을 보지 못한 적도 있었다.

사실 비평이나 이론을 하게 되면 머리가 분석적으로 그리고 가학적으로 회전하게 된다. 황홀경 상태에서 영화를 보는 지고지순한 쾌락을 뒤로 하고 관련 책들을 찾아 읽고 역사적, 문화적, 정치적 맥락을 생각하게 된다(또 그래야 된다고 믿는다). 그래서 나는 내가 가끔 '사무치게' 좋아하는 차이밍량의 영화에 대해서는 〈애정만세〉에 대한 짧은 평을 제외하고는 긴 논문을 쓴 적이 없다. 하지만 아뿔싸! 선택을 해야 하는 시점이 왔으니 바로 이번 학술회의가 그랬다. 대만 영화에 대한 국제심 포지엄을 하는데 참석하겠냐는 대만 영화학자 로버트 첸의 연락을 받고 한편으로는 예의 황홀경을 지켜야겠다는 생각을 했으나, 다른 쪽에선 대만 영화에 대한 이야기를 듣고 싶어!라는 강렬한 바람이 생겨났다. 이럴 때는 욕망이 이기는 법! 더구나 차이밍량이 참석할 것이고, 허우샤오시엔이 경영하는 서점 겸 시네마테크에서 만찬을 한다고 하지 않는가. 나는 두말하지 않고 가겠노라고 답장을 했다.

폐허의 미학: 조리개와 스크린으로서의 대만

2003년 11월 28일부터 11월 30일까지 대만 국립대학에서 열린 학술회의는 그야말로 당신이 대만 영화에 대해 알고 싶어하는 두세 가지 것들을 넘어 거의 전부를 알려주려는 기획 의도를 갖고 있음이 분명했다. 대만의 루페이, 린웬치, 펑핀치아 등의 영화학자 등과 더들리 앤드루, 지나 마르체티, 크리스 베리, 데이비드 보드웰 같은 외국 학자들이 참석해 대만의 뉴웨이브와 그 이전의 역사, 하위 장르, 대만 영화사, 그리고 새롭게 등장한 장초치와 대만의 흥행작 〈더블비전〉, 그리고 리안의 〈헐크〉에 이르는 영화들을 분석하고 토론했다.

첫날 기조 연설은 더들리 앤드루 교수로부터 시작했다. 한국에도 번역된 『영화이론의 개념들』(1984)의 저자인 그는 1981년 폴 앤드루와 공저한 〈미조구치 겐지〉라는 개론서로 일찌감치 아시아 영화에 대한 관심을 보인 적이 있다. 이번 발표문은 '조리개로서의 대만, 스크린으로서의 대만'이라는 제목이다. 그는 홍콩의 '실종의 미학'에 대비, 대만을 '폐허의 미학'이라 부르면서 허우샤오시엔의 역사를 향한 조리개가 불안을 반영하는 스크린으로 나간다면 에드워드 양의 와이드스크린은 그 표면을 관통해 인터내셔널 근대성을 일별하게 한다고 진단한다. 허우샤오시엔의 〈연연풍진〉의 터널 장면을 대만과 그 영화에 대한 진입로로 그리고 조리개로 볼 수 있지만, 막상 그 기차는 이미지를 기다리는 스크린으로 이어진다는 것이다. 조리개가 스크린이 되는 셈이다. 그런 의미에서 허우샤오시엔은 하나의 매개체로서 스크린을 가볍게 두드린 다음, 착시적 현실, 그 고통스러운 역사를 다시 경청하게 되기를 기다리는 것이며, 그럼으로써 플라톤의 동굴과는 정반대되는 영화를 생성시킨다.

더들리 앤드루의 기조 연설에 이어 차이밍량, 허우샤오시엔의 영화에 대한 분석들이 이어졌다. 대만 차오퉁대학 림키엔켓 교수는 '누아르로서의 국가'라는 발표문에서 에드워드 양의 〈고령가 소년 살인사건〉(A Brighter Summer Day)을 누아르 장르로 읽으면서, 이 잃어버린 시간의 누아르가 냉전 시대, 대만 우파의 독재정권 시기에 설정되어 있음을 환기한다. 소년 범죄자들이 자신의 조직원들을 관리하는 방식이 독재정권과 마찬가지라는 것이다. 또한 미국의 필름 누아르와 이 영화가 결정적으로 다른 점은 마지막에는 국가가 개입해 살인을 해결하고자 한다는 것이다. 그럼으로써 대만 누아르는 단순히 외로운 거리들, 쓸쓸한 탐정, 팜므 파탈의 장르가 아니라 국가의 문제를 다루는 장르가 된다.

첫째 날 저녁: 차이밍량의 울음

차이밍량의 영화를 다룬 패널—내가 발표한, '영화의 (아시아) 집: 시간, 외상 그리고 초/국가' 그리고 왕잉오의 '욕망의 (탈)지도화', 그리고 수젠이의 '세계화의 도시에서의 유령주체'로 구성—에는 차이밍량이 직접 참석해 발표를 경청하고 자신의 근황을 이야기했다. 그가 〈하류〉를 만든 뒤 대만 내의 비판을 견디다 못해 고향인 말레이시아로 가 있던 당시 나는 잡지 《키노》 지면을 위해 그를 인터뷰한 적이 있었다. 그 어려운 때도 차이밍량은 예의 긍정적 에너지가 넘치는 얼굴과 맨발로 자신의 다음 프로젝트를 이야기했었다. 어떤 이는 차이밍량을 만나면 그 키 작은 사람에게서 태산을 안고 있는 것 같은 느낌을 받기도 한다고 한다. 생생한 활기로 빛나는 다정다감한 사람임에는 틀림없었다.

그러나 이번은 달랐다. 그는 학술회의장 밖에 이강생의 새 영화 〈불견〉(The Missing)과 새로 만든 〈부산〉의 입장권을 준비해놓고, 사람들에게 그것을 사달라고 애원하다시피 했다. 이어서 대만 영화 관객에 대한 그의 불평은 10여 분 정도 이어졌다.

그리고 그날 저녁, 학생회관에서 차이밍량과의 대화의 시간이 있었는데 빨간색 옷을 입은 이강생이 동반했다. 차이밍량은 〈안녕! 용문객잔〉이 비평적으로는 가장 많은 찬사를 받았음에도 불구하고 전혀 배급이 되지 않고 있음을 이야기했다. 거기에다 이강생의 〈불견〉, 또 자신의 신작 〈부산〉 등의 제작으로 두 사람 모두 집을 은행에 담보 설정해놓은 상태라고 했다. 대만 관객이 완전히 할리우드에 침식되어 자신의 영화를 외면하고 있다면서 중국이나 한국에 가서 영화를 찍을까도 생각한다고 말했다. 그리고 국제영화제의 정치도 비판했는데 어떻게 공리와 같은 배우가 심사위원을 맡을 수 있는가를 개탄하면서, 공리가 말하길 대중이 좋아하는 영화에 수상하겠다고 했다는 것이다(앞으로도 불쌍한 공리는 차이밍량 영화에는 나오지 못할 것 같다. 〈하류〉의 강에 떠오르는 시체 역할이면 모를까).

그래서 국제영화제를 돌아다니는 것도 이제 매우 피곤하며 생활이 곤란하다고, 급기야는 눈물을 흘렸다. 이강생도 짧게 몇 마디를 했는데, 자신의 첫 번째 영화 〈불견〉이 부산국제영화제에서 상을 받았고 그것이 상당한 위안을 준다는 내용이었다. 그리고 우리는 잠깐 〈불견〉과 〈안녕! 용문객잔〉의 장면들을 보았다. 차이밍량은 이제 극장표를 팔 시간이라면서 만 원 정도의 가격이라고 했다. 그리고 영화감독으로서는 정말 할 수 없는 이야기까지 했는데, 시간이 없어서 영화를 보지 못하더라도 표를 사달라는 것이다. 물론 나는 표를 샀지만 차이밍량이 느끼는 위기감을 가늠할 길이 없었다. 그는 현재 중요한 잡지나 신문에 세계에서 중요한 20명 혹은 40명의 감독 중 한 사람으로 꼽히고 있고, 그에게 헌정된 웹사이트들도 자발적으로 생겨나고 있다. 그런데 정작 본인은 저토록 긴급한 호소를 하고 있고 개별적으로 극장표까지 팔고 있으니 그 안과 밖의 간극을 어떻게 보아야 할지.

또 그런 차이밍량의 모습이 대만의 평론가들이나 다른 독립영화 작가들에게 그리 공감을 얻고 있는 것 같지도 않았다. 한 평론가가 차이밍량에게 이제 제발 그만하라고 말했다고 하기에 그럴 것이 아니라 제작 지원을 해주어야 할 것이 아니냐고 내가 힐난하자, 그는 다른 감독들보다 차이밍량의 상황이 훨씬 좋다고 설명했다.

둘째 날: 여성 복수극과 갱스터 영화

이튿날 여성학자 3명으로 구성된 패널에서는 대만 뉴웨이브가 등장하기 이전 1970년대와 1980년대 초반의 영화를 다루었는데, 펭펀치아는 1970년대 블랙스플로이테이션 영화(타란티노가 이 장르의 여성 영웅 팜 그리어를 기용 〈재키 브라운〉을 만들었다) 〈클레오파트라 존스〉 등과 대만의 여성 복수극 영화 사이의 비교 연구를 시도하려 했으나 바로 그 복수극 영화들이 대만 필름아카이브에 한 편도 보관되어 있지 않아 할 수 없었다고 고백했다. 이어서 양유안링은 '대만의 지하세계를 다룬 영화에 대한 분석: 〈상하이의 사회 파일에 관해〉, 〈분노〉, 〈사랑하면 죽여라〉라는 발표문에서 한때 '범죄영화'로 불렸던 영화들이 대만의 영화 연구에서 다루어지지 않고 있다고 보고, 이 영화들이 1970년대 중반에서 1980년대 초, 대만사회의 정치·경제적 변화와 세계 지정학의 변화와 관계되어 있음을 지적했다. 즉 1975년에 미국과의 외교 관계가 단절되고 장제스의 정치적 영향력이 줄고 석유 파동이 있었으며 독재에 대항하는 시위가 일어나면서 사회적 불안이 정점에 달했던 시기라는 것이다. 여성복수극 영화에 이어 만들어진 범죄영화는 당시의 이런 공포를 다루고 있는 것이다. 같은 패널의 랴오잉치의 논문 '계엄령 이후 시대의 정체성과 새로운 대만 갱스터 영화'는 위의 관심에 이어 허우샤오시엔과 장초치의 영화들이 그 이전 대만의 갱스터 영화에 깊이 영향 받았음을 지적한다. 즉 1983년 대만의 뉴웨이브가 등장하기 이전 익스플로이테이션 영화가 대만 영화 시장을 장악했다. 그러면서 117편의 영화가 만들어졌고 섹스와 폭력, 갱들이 주로 다루어졌다. 이런 맥락에서 보자면 허우샤오시엔의 〈비정성시〉, 〈남국재견〉에도 갱들이 등장한다. 장초치의 〈흑암지광〉도 대만 원주민들과 본토인들의 갈등을 다루고 있다.

위의 발표문들은 이제까지 대만의 뉴웨이브를 작가적, 예술영화의 관점에서 균질적으로 해석하는 것을 넘어 그 이전의 대중문화와 하위 장르영화들과 만나게 하는 생산적인 연구 태도를 보이고 있는 셈이다.

셋째 날: 허우샤오시엔의 서점에 놀러가다!

마지막 날, 데이비드 보드웰의 허우샤오시엔의 텔레포토 미학에 대한 기조 강연에 이어 장초치의 영화를 대만의 뉴웨이브와 다른 '또 하나의 영화'로 설정하는 루페이의 시도, '장초치 영화의 홀린 시간'이라는 크리스 베리의 발표가 이어졌다. 지나 마르체티는 리안의 〈헐크〉가 미국 내 이라크 사막에서 벌어지는 일에 대한 미국의 공포를 건드리고 있다고 보고, 비평적, 흥행적 실패에도 불구하고 옹호되어야 할 영화라고 주장했다. 이어 로버트 첸의 〈더블 비전〉의 특수효과와 영화의 디지털화에 대한 주목, 그리고 해적 복제를 대만 영화의 새로운 대안적 배급 경로로 보자는 카피레프트에 관한 왕슈젠의 용감무쌍한 발표를 끝으로 3일간의 학술회의는 끝이 났다.

전반적으로 대만의 영화연구자들은 한 해에 장편영화가 7편밖에 제작되지 않는 상황에 깊은 절망감을 가지고 있었고 그래서 한국의 영화정책에 적극적인 관심을 표명하기도 했다. 독일 뉴 저먼 시네마의 운명처럼 대만의 뉴웨이브가 한 줌의 학자들과 미래를 위한 영감을 남겨놓고 끝날 것인가, 아니면 장초치처럼 국제영화제에서 새롭게 주목받는 작가들과 〈더블 비전〉과 같은 흥행작으로 명맥을 잇다가 새로운 도약을 할 것인가는 여전히 미지수다.

학술회의가 끝난 저녁 드디어 허우샤오시엔이 기획했다는 성품문고로 향했다. 옛 미국대사관 자리에 들어선 이 새로운 타이베이의 명물은 그야말로 영화광들의 천국이었다. 특히 오즈 야스지로의 〈만추〉가 상영되는 와중에 홍콩, 대만, 일본의 DVD를 마음껏 고를 수 있었고 영화 책도 많았다. 우리는 서로 부딪치면서 열심히 희귀 DVD를 찾아냈다. 2층 카페에는 스크린이 설치되어 있어 대만 국립영화학교 학생들이 만든 영화를 함께 감상하기도 했다. 그 작품들로 판단하건대 대만 학자들의 우려는 기우로 보였다. 다만 할리우드에 경도된 관객을 대만의 포스트 뉴웨이브의 영화로 어떻게 다시 유혹해낼 것인가는 여전히 문제로 보인다. 여하간 차이밍량 감독이 울음을 그치고 이런 새로운 젊은 감독들과 더불어 대만 영화에 또 한 번의 변화를 가져오길 바랄 뿐이다.

불가입성 혹은 동방불패
: 정치적 가상체로서의 힌디 영화

직항-경유

국제공항이란 흥미로운 곳이다. 거기에는 당신이 속해 있는 한 국가의 '국제적' 네트워크의 실질적 지도가 펼쳐져 있다. 갈 수 있는 곳이 많이 있다. 그러나 전체적으로 보면 로스앤젤레스나 프랑크푸르트, 런던, 그리고 아시아에서는 홍콩이나 싱가포르를 경유해야만 갈 수 있는 곳이 더 많다. 대부분 중국과 일본 같은 동아시아 지역이나 북미나 서유럽, 중앙유럽 쪽은 직항이며 나머지 지역은 서구 메트로폴리스와 아시아의 센터를 경유해야 한다. 국제공항의 직항과 경유 노선은 거기서 끝나지 않는다. 그것은 우리의 인식, 감성적 차원의 여행, 그 여정에도 영향을 미친다. 동북아시아를 제외하고 아시아의 여러 지역들은 아직도 한국의 거주자들에겐 감성적, 인식적 차원의 오지다. 아시아 영화라는 범주는 바로 그 오지를 포함하고 있다. 거기에는 냉전과 포스트 냉전의 킬링필드(캄보디아에서 한국, 그리고 아프가니스탄까지)가 펼쳐진다. 그러나 사실 태생부터 글로벌했던 영화는 아시아 영화라는 새로운 범주를 구성하면서도 거기에 따른 감성, 인식적 장애가 없는 것처럼 직항한다. 아니 직항하는 것처럼 보인다. 예컨데 인도 영화에 대해 사트야지트 레이와 발리우드가 알려져 있지만 우리는 도대체 인도 영화이론과 산업에 대해 무엇을 알고 있는가?

발리우드에 대해 듣는 풍문이란 대체로 힌디 영화에 국한된 것이다. 하지만 인도에는 각각 다른 언어 집단들(우두, 벵골, 타밀, 캐나다)을 소구하는 인도 영화들이 있다. 힌디 영화의 전문가라고 해도 캐나다어로 연행되는 '인도' 영화를 알아듣기는 불가능하다. 이런 언어적 이질성으로 춤추는 다양한 인도 영화들이 트랜스 (아시아) 영화를 조망할 수 있게 해주는 틀을 제공할 수 있을까?

인도 영화들과 한국 영화들에 대한 비교 연구를 상상하면서 내가 흥미롭게 생각하는 지점은 그 영화들이 만들어내는 '영화적 사회', '사회적 영화', 그리고 '정치적 영화'라는 장들이다. 한국 현대사의 저항과 영감, 열정으로 충만하며 동시에 고난에 찬 시기는 한국 영화의 황금시대와 일치한다. 나운규의 〈아리랑〉의 일제강점기가 그러했고, 김기영의 〈하녀〉와 군부 독재, 국가 주도의 남한 근대화의 첫 장은 조응한다. 식민지와 일국 자본주의를 거쳐 IMF 위기 이후 재정 자본주의 시대로 접어든 오늘날 한국 영화산업은 '한국형 블록버스터' 혹은 '대박' 영화로 재정 자본주의에 걸맞는 투기적 문화산업이라는 예측 불가능한 바다를 항해하고 있다. 동시대의 한국사회는 늘 일정 정도 영화적이었으며 또 그 영화들은 사회적이고 정치적이다.

할리우드만큼 영화를 많이 생산하는 인도의 경우 영화는 일종의 가상적 정치체를 이루고 있다. 영화 속 악과의 싸움에서 승리한 인도의 인기 배우들은 많은 경우 실제 정치가들이 되며, 타밀과 힌디 영화의 프로듀서인 바산은 인도 영화가 농부들에게 바치는 경의라고 말한 적이 있다. 말하자면 영화는 지배적인 농경사회와 산업사회를 잇는 단위로서 가상적 정치체이며(아시시 라자디약샤, 마드바 프라자드 연구,《인터-아시아》2002년 겨울호 참조) 인도 영화의 이런 특수한 성격은 외부인들에게 침투 불가능한 문화 생산품으로 비친다.

낯익으면서 낯선 아시아. 한편으로는 '우리'와 같은 아시아인들에게는 아시아라는 이름 때문에 선험적 이해의 길을 열어줄 것도 같고 또 동시에 바로 선험적일 것이라는 추정 때문에 불현듯 침투 불가능해지는 아시아 영화. 그 영화들을 이론화하는 것에 대한 한 예를 멜로드라마 연구를 통해 들고자 한다. 직항이 아닌 경유 노선을 통해서 말이다.

싱가포르-방갈로(인도)

우리의 첫 번째 경유지는 싱가포르다. 싱가포르 공항은 그 자체가 하나의 거대한 쇼핑몰이다. 그래서 현대의 소비자에겐 가장 친절한 공항이다. 샤워도 할 수 있고, 잠시 잘 수 있는 호텔도 있고 극장도 있다. 아시아적 가치라며 아시아인의 인권을 집권자의 질서 안에 감금하는 리관유를 잊는다면 싱가포르는 소비자의 천국이다. 거리는 거대한 쇼핑몰들과 여러 개의 쇼핑백을 든 소비자들로 넘친다. 통과(트랜짓) 항공권을 쥔 여행자들에게도 싱가포르 공항 검색대의 관리들은 친절하다. 그리고 통과객들은 원하다면 싱가포르 정부가 제공하는 공짜 시내 여행을 즐길 수도 있다. 물론 그 친절은 자신의 돈을 사용하려는 사람들에게 국한된 것이다. 말레이시아에서 온 외국인 노동자들은 따로 마련된 이민 수속대와 검색대에서 까다로운 절차를 거쳐야 한다.

국제 공항은 이민 수속대를 경계로 내부와 외부, 그리고 수용 가능한 타자와 절대적 타자를 편가른다. 어떤 이는 국내 친화적 국제인, 여행객이 되고, 또 다른 이는 완전한 국외자, 이민 노동자가 된다. 관리들은 친절하고 신속하게 여권을 읽는다. 이민 수속대에서의 절차가 간소하며 빠르다는 것은 싱가포르 내부의 감시와 경찰이 그만큼 빈틈없이 짜여 있다는 이야기이기도 하다. 즉 불법으로 들어간다고 해도 내부에서 불법으로 할 수 있는 것은 거의 없다는 것이다.

이번 여행에선 크리스마스를 맞은 쇼핑객들을 보았을 뿐이지만 지난 번 여행에선 싱가포르의 다정한 면모를 보았다. 먼 이주길, 싱가포르에서 잠시 날개를 접는 철새들을 위한 도래지가 길가 나무들 사이에 마련되어 있었다. 이곳의 나무들은 농장에서 큼직하게 키워져 길가에 이식된다. 그래서 큰 트럭에 실려가는 긴 가로수들을 목격할 수도 있다. 그렇게 힘들게 심은 나무들, 그늘 사이사이 철새들의 도래지를 마련해주고 또 그것을 알리는 안내판도 있다. 생각하면 감동적인 일이다. 싱가포르 역시 철새들과 같은 이민자들로 이루어진 도시 국가. 내 눈엔 철새들이 날아와 앉는 그 작은 땅조각 위의 싱가포르인들의 삶이 이중 노출되고 있었다. 나 역시 철새처럼 한 나절을 싱가포르에서 쉬고 인도 방갈로로 갈 것이다. 쇼핑몰의 극장가에는 홍콩과 할리우드의 영화들이 상영되고 있었다. 싱가포르 대학의 문화연구자인 벤후앗 교수는 한국 영화로는 〈쉬리〉가 가장 오래 인기를 누리며 상영되었고 현재는 일본과 나란히 한국의 '포르노'가 싱가포르의 극장에서 상영되고 있다고 전해준다. 벤후앗 교수는 싱가포르 TV에서 〈서편제〉와 〈301 302〉를 보았는데 그 두 영화 다 이해가 되지 않는다고 했다. 왜 아버지가 딸의 눈을 멀게 만드는지, 식인의 광기는 어디서 유래하는 것인지. Impenetrability!

파키스탄의 페미니스트, 사미나

인도의 방갈로는 아시아의 실리콘밸리로 알려져 있다. 인도 남부에 위치한 이 도시에는 수많은 컴퓨터 전문가들이 미국 실리콘밸리와 교통하고 있다. 하지만 물론 내 여행의 목적은 컴퓨터 관련 산업 시찰이 아니다. 뱅갈로의 '문화와 사회 연구센터'(CSCS)에서 주최하는 심포지엄과 인터-아시아 문화연구 저널의 편집회의에 참가하기 위해서다. 문화와 사회연구센터는 1998년에 세워진 대안적인 지식인 운동 단체다. 문화와 정치, 그리고 사회를 연구하는 상호학제적인 리서치를 장려하고 있다. 이 센터에는 영화학자들과 사회학자들이 인도의 하층민 연구(subaltern studies)와 서구의 비판이론을 기반으로 매우 흥미로운 연구 작업을 하고 있다.

연구원 중 비벡 다레쉬와(Vivek Dhareshwar)는 정치이론, 탈식민 문제, 그리고 철학을 절합시키면서 인문과학, 인도 지성사 등을 재개념화하는 작업을 하고 있다. 인류학자인 제임스 클리퍼드와 함께 『문화 동학』(Cultural Dynamics), 『기입들』(Inscriptions)을 간행했고 『근대성을 질의함: 인도의 문화와 식민주의』(Interrogating modernity)를 테자스위니 니란자나(Tejaswini Niranjana)와 함께 공저했다. 제3회 서울여성영화제에 〈아시아의 여성영화〉 심포지엄 참석차 왔던 테자스위니 니란자나는 페미니스트 이론가로 영화이론과 대중문화에 관한 글들도 발표하고 있다. 『힌디 영화의 이데올로기』(Ideology of the Hindi Film)의 저자인 마드 프라사드(Madhava Prasad)와 『인도 영화 백과사전』(Ideology in Hindi Cinema)의 저자 아시시 라자디약샤 역시 이 센터의 수석 연구원들이다. 참여자들의 면모에서 보이듯 이 센터는 영화연구 집단과 사회학자들이 함께 연구를 수행한다.

인도의 하층민 연구 그룹이 탈식민 이론화 과정에서 비서구적, 대안적 역사 기술 및 이론을 제공했듯이, CSCS 그룹은 인터-아시아 영화연구의 참조 틀을 제공할 수 있으리라고 기대된다. 그러나 인도 지식인들이 참가한 컨퍼런스에서 카스트 문제를 두고 벌인 열띤 논쟁은 계급 문제에 대한 이해만을 갖고 있는 대부분의 동아시아 지식인들에게는 난해하고 힘든 것이었다. 거기에다가 파키스탄과 인도의 카슈미르를 둘러싼 오랜 세월 동안의 전쟁에 관계된 지식인들의 논쟁. "불가입성!"

동아시아인들의 남아시아에 대한 무지를 성찰해야 하는 순간이다. 또한 인도인들의 논쟁의 내부 지향적 폐쇄성을 비판해야 하는 순간이기도 하다.

이와는 대조적으로 CSCS에서 열린 세미나 중 파키스탄의 페미니스트인 사미나(Samina)의 편잡 영화에 대한 분석은 바로 국제적인 통용성을 어느 정도 갖는 페미니즘이라는 공통 화폐 때문에 입성 가능했다. 그녀는 1978년 무렵 만들어진 원한과 복수라는 줄거리를 가진 영화를 분석한다. 많은 부분 그것은 내게 김기영의 영화적 코드들의 다른 배열로 보였다. 많은 사람들에게 비여성적인 영화라고 비판받은 이 복수 장르영화는 사미나의 해석으로는 파키스탄 사회의 여성의 위치에 대한 문제 제기를 하는 텍스트로 다시 볼 수 있다. 세미나가 끝난 후 나와 나눈 대화에서 사미나는 이런 이야기를 했다.

> 파키스탄의 모든 여배우들은 사실 모두 창녀다. 그리고 자신을 창녀로 인정함으로써만 말할 수 있고 또 자산을 자신의 것으로 소유할 수 있다. 바로 이렇게 시스템 밖으로 완전히 나온 사람만이 가부장제의 외부에서 자신의 권리를 가질 수 있는 것이다.

사미나의 발화 위치는 여러 가지로 흥미로운 것이다. 우선 파키스탄 이슬람인들이 12월 일으킨 인도 의사당 폭발 미수 사건으로 확전 직전에 있는 가운데 공식적 적국인 인도에 참가한 정황이 그렇다. 그녀는 이슬람 여성을 일방적으로 피해자화하는 최근의 여러 담론에 대해 비판적이면서 그 비판의 목소리를 이슬람 내부의 수피와 같은 다른 전통에서 찾으려는 입장을 취했다. 사미나를 인도로 초청하기 위해 인도의 페미니스트들이 기울인 노력이란 지대한 것이다. 양측 모두 다 존경을 받을 만하다.

아시아의 멜로드라마

CSCS의 수석 연구원인 아시시 라자디약샤는 범아시아 영화 연구 프로젝트를 수행하는 대상으로 멜로드라마란 장르를 제안한다. 즉, 아시아 멜로드라마의 전통과 그 전통들이 살아 있는 사회는 아주 최근까지 농경사회였다는 것이다. 이런 아시아 멜로드라마들과 농경제 사이의 가능한 관계를 생각해보면 일본, 한국, 태국, 그리고 인도, 방글라데시 혹은 이란의 멜로드라마가 처음 도입되던 순간, 그에 상상된 관객은 미국의 노동계급이 아니었다는 점이 중요하다는 지적이다. 그러므로 아시아의 멜로드라마는 두말할 필요 없이 다른 역사 기술을 필요로 한다. 미리엄 한센은 초창기 영화 시대, 니클로디언(Nickelodeon)의 짧은 지속에 대해 말하면서 그것이 진정으로 민주적인 것이었다고 주장한다. 물론 이것은 미국 대중문화의 자신의 기원에 관계된 가장 강력한 신화이다. 이런 이상적인 상황은 1914년에 갑작스레 끝나게 된다. 장편 극영화가 시장을 장악하게 되고 시내의 극장이 번창하면서 입장료가 올랐고 그 결과 노동계급은 다른 관객층으로 치환된 것이다.

아시시 에 가장 강력한 영향을 미쳤던 하층민 연구 사학자들의 통찰과 분석에 힘입은 것이다. 그들이 농민운동을 연구하면서 부딪쳤던 문제는 농민 집단의 구조적 침투 불가능성이었다. 디페시 차크라바티(Dipesh Chakrabarty)는 캘커타의 노동자들 사이에는 치열한 전투성이 있는데 왜 조직에는 그런 것이 없는가 하고 물었다. 그는 민주적 대의제와 같은 사회주의적 메시지가 어떻게 종국에 가서는 비민주적이고 위계적인 주인과 종의 관계로 번역되는지를 설명하려고 했다. 또 라나지트 구하(Ranajit Guha)는 농민 봉기의 불투명한 난해함과 이런 역사적 에피소드들을 질서정연한 서사로 엮는 것에 대한 어려움을 이야기한다. 이런 구하의 지적을 빌어 라자디약샤는 아시아 멜로드라마가 가진 침투 불가능성이 바로 그 농경사회의 잔존에서 기인하는 것이 아닌가 하고 제안한다.

근대사에서 보면, 식민화됨으로써 동방은 서방에 패배했다. 동방불패는 영화의 해석장, 멜로드라마에서 일어난 셈이다.

인터-아시아 영화연구
: 아시아 지식인들의 대화

튀니지 작가인 압델바힙 메텝은 "우리는 아라베스크, 전복 그리고 미로와 같은 구축물, 그리고 문장과 언어를 끊임없이 탈중심화함으로써 우리를 방어할 것이다. 그래서 타자들이 카스바(북아프리카의 토착민 구역)의 협소한 거리에서처럼 길을 잃도록"이라는 탈식민적 글쓰기 방식을 제안한다. 아시아 영화에 대한 글을 위의 인용으로 시작하는 것은 아시아 영화라는 범주가 식민주의와 제국주의라는 역사 속에서 태동했기 때문이다. 그래서 탈식민주의와 그리고 탈냉전이라는 비판적 틀 안에서 비로소 아시아 영화는 자신의 말을 시작할 수 있다.

19세기 말과 20세기 초에 영화가 아시아에 유입될 당시 일본을 제외한 아시아는 대부분 식민지나 반식민 상태였다. 조선 영화계의 나운규의 예에서 드러나는 것처럼 식민 시기, 주권이 부재한 가운데 형성된 상상적 '내셔널 시네마'는 민족주의를 모태로 자라난다. 아시아 영화는 식민주의와 민족주의라는 쌍생아의 후예인 셈이다. 서구 제국주의가 아시아에 남긴 흔적 중 우리가 동시대의 아시아 영화를 지도화하는 데 커다란 장애로 작용하는 것은 아시아를 향한 앎의 욕망의 부재다. 그래서 아시아 관객에게 아시아 영화는 아라베스크이자 미로이자 카스바가 된다. 즉, 압델바힙 메텝의 탈식민적 글쓰기로서의 카스바에 대한 비유와 정반대로 아시아 영화는 우리 인식의 오지 어딘가에 알 수 없는 카스바로 자리잡고 있다. 부산영화제의 '아시아 영화의 창'이라는 프로그램이 한국의 관객을 그쪽 영화에 대한 밝은 눈을 갖게 해주지만 아직 인식론적 지도가 그려질 정도는 아니다.

'아시아 영화'란 성립할 수 있는가

〈칸다하르〉는 서구의 중재나 번역 없이는 서로를 알 수 없는 아시아의 모습이 극적으로 드러나는 영화다. 또한 장이머우의 〈영웅〉은 지극히 오리엔탈적인 '아시아' 영화다. 이런 점에서 〈칸다하르〉와 〈영웅〉은 '아시아' 영화란 무엇인가에 대해 생각하게 한다.

세계의 '헤게몬'이며 슈퍼파워인 미국이 할리우드를 거느리고 있는 것은 별 설명이 필요 없는 부분이다. 할리우드와 미국은 서로에게 치명적 유혹이다. 글로벌 자본주의를 주도하는 미국이 그에 걸맞은 글로벌한 문화산업을 창출하는 것은 필연에 가깝다는 것이다. 그러나 인도나 이란, 그리고 한국, 대만, 홍콩 등이 영화적·사회정치적 영화를 생산하는 것은 세계적으로 보면 그리 필연적인 것이 아니다. 이런 국가의 영화들은 민족-국가 단위와 관계된 내적 필연성이라는 긴장감을 가지고 있는 경우가 더 많다. 그리고 강력하게 작용하는 이런 내적 필연성은 외부의 시선으로 보면 이들 영화를 일종의 침투 불가능(impenetrability), 불가입성의 문화생산물로 부상하게 한다. 모흐센 마흐말바프의 〈칸다하르〉에서 그 제목의 도시 칸다하르에서 열리는 결혼식에 참여하기 위해 색색의 부르카를 입은 채 조랑말을 탄 하얀 부르카의 신부를 앞세우고 사막을 걸어가는 아프가니스탄 여성들을 떠올려보라. 베일을 쓴 여성들의 얼굴이 보이지 않듯, 이슬람 문화 특히 근본주의자의 질서, 그 내부의 작동 방식은 불가입성의 이미지로 남는다. 일식이 일어나는 날 자살하려고 하는 자매를 찾아 칸다하르로 입성하려는 아프간-캐나다 망명 여성의 중재와 번역에 의해서만 이 영화의 서사는 가까스로 판독성을 얻는다. 작은 테이프 레코더에 대고 사건과 심상의 여정을 녹음하는 그녀의 내레이션은 필사적으로 이 불가해한 문화적 종교적 논리를 이해 가능한 서사로 끌고가고자 한다. 현지 가이드에게 달러를 주지 않으면 보이지도 않고 걸을 수도 없는 사막 위의 길. 하지만 그녀는 어딘가에 있을 희망의 길을 묻는다. 이렇게 낯익으면서 낯선 아시아. 서구의 중재나 번역 없이는 서로에게 말 걸 수 없는 아시아가 〈칸다하르〉와 같은 영화에서 부지불식간에 드러나는 셈이다.

'우리'와 같은 아시아인들에게 아시아 영화는 그 이름 때문에 선험적 이해의 길을 열어줄 것도 같고 또 동시에 바로 선험적일 것이라는 추정 때문에 불현듯 침투 불가능해지기도 한다. 더구나 한국적 시점에서 아시아는 지정학적으로 동북아시아를 의미하기 때문에 동남아시아, 서아시아, 중앙아시아를 묶는 아시아의 인식론적 지도를 그리는 일은 매우 어렵다. 또한, 제국주의는 아시아 각국들이 자신의 이웃나라에 대해서는 무지하면서도 파리나 뉴욕, 베를린의 대도시의 거리들과 상점들 이름까지를 기억하게 한다. 근대국가를 상상적 공동체라고 불렀던 베네딕트 앤더슨은 그래서 식민지 지식인들이 끊임없이 어떤 유령에 사로잡히게 된다고 주장한다. 그것은 "비교의 유령"으로 예컨대 마닐라의 근대적 건축물을 볼 때 베를린에 있는 그 대응물을 거의 자동적으로 연상하게 된다는 것이다. 한국 영화 텍스트를 분석하면서 강박적으로 들뢰즈를 불러온다거나, 한국의 멜로드라마나 액션영화들을 끊임없이 할리우드 영화에 비교할 때 우리는 그 비교의 유령이 거는 주술에 꼼짝없이 사로잡히게 되는 셈이다. 그것은 주술이면서 또한 권력으로부터의 잠재적 승인이다. 참조틀로서의 서구는 이렇게 역사적, 인식론적으로 주변을 떠돌고 우리를 포획한다. 어떻게 서구지향적인 유령으로부터 몸을 빼낼 수 있을까? 그리고 어떻게 영화를 통해 새로운 역사와 인식을 만들어낼 수 있을 것인가?

아시아를 비교 연구의 대상으로

대만의 문화연구자인 첸광신은 1997년부터 아시아의 여러 지식인, 활동가들과 함께 '무브먼트 프로젝트'라는 이름으로 알려진 '인터-아시아 문화연구'(Inter-Asia Cultural Studies)라는 범아시아적 지식인 운동을 주도해왔다. 첸광신은 위와 같은 물음에 참조틀을 아시아로 바꾸자고 강력하게 제안한다. 즉 서구와 비서구라는 비교의 유령이 출현하는 장소에 인터-아시아라는 포스트를 세우자는 것이다. 아시아 상호 간의 대화를 하자는 것이다. 한국과 대만, 그리고 일본과 중국, 홍콩과 인도가 서로의 참조틀, 비교의 지반이 될 수 있도록 말이다. 인도 학자인 디페시 차크라바티의 강력한 탈식민화 주장인 '유럽을 지방화하기', 그리고 나오키 사카이의 '추정적 단위로서의 서구'라는 기획들이 서구중심주의를 비판하는 데는 효과적인 담론이나 실제로 아시아 상호 간의 대화와 접촉을 촉발시키기는 어렵다. 은연중 서구의 참조틀 안에서 비교하는 인식의 관행을 전면적으로 수정하는 것은 사실은 20세기 초 동아시아의 지식인들이 한때 발화했으나 이루지 못한 꿈을 이어가는 것이기도 하다. "방법으로서의 중국"이라는 탈서구적 인식의 기반을 주장했던 일본의 중국 학자 미조구치 요조나, 유럽만이 아니라 중국, 인도를 비교의 지반으로 하는 삼자 비교방법론을 제안한 다케우치 요시미 등은 분석의 대상으로서의 아시아가 아니라 지식 생산을 전화시킬 수 있는 방법으로 아시아 간의 비교 연구를 일찌감치 주장했던 것이다. 이렇게 참조틀을 인터-아시아로 옮기는 발상의 전환이 가져올 수 있는 효과는 진정으로 아시아 지식인들의 상호연대에 의해서만 가능한 것이기도 하다.

소수의 아시아 지역권 전공자들을 제외한다면 문화연구 역시 아시아의 지식, 문화 생산에 대해 큰 관심을 갖지 않았던 데 비해 첸광신과 싱가포르, 인도, 중국, 그리고 일본의 문화연구학자들, 그리고 한국의 조한혜정, 김성례 등은 1998년부터 루틀리지 출판사에서 《인터-아시아 문화연구》라는 저널을 일년에 세 번 발행하고 있다. 또한 비슷한 시기에 미국 내 일본 학자인 나오키 사카이 교수가 주도하는 《흔적》과 미국에서 발행되는 《포지션》이라는 저널은 지금까지의 탈식민 문화연구가 동남아시아와 라틴아메리카 지역을 중심 의제로 설정했던 데 반해 동아시아의 식민주의의 흔적들을 역사화하고 이론화하는 작업을 하고 있다. 나는 《흔적》과 《인터-아시아 문화연구》에 편집진으로 참여하기 시작하면서, 그 기반 위에서 아시아에 대한 나의 역사적 이해의 부족을 확인함과 동시에 그 무지가 역사적으로 명령된 것이라는 것을 인지하게 되었다. 아시아 문화연구 관련 학회가 열리는 베이징, 도쿄, 인도의 방갈로, 싱가포르, 타이베이 등지로의 여행은 생생한 충격과 영감을 주었다. 특히, 인도네시아에서 있었던 문화연구회의에서 체감했던 제국주의와 세계화란 폭력이 동시대 인도네시아에 남긴 상처에는 진정으로 깊은 슬픔을 느꼈다. 자바에 위치한 수라바야라는 도시에서 나는 네덜란드의 통치, 그리고 장구한 독재, 현재 IMF 위기가 남긴 상처들을 거리의 사람들로부터 직접 읽을 수 있었기 때문이다.

문화횡단: 이용민이라는 접촉 지대

툼 레이더 혹은 골드러시 광부

동시대 한국 영화의 기원(들)을 찾는 여행이라면, 두 장의 상상적 지도를 동반할 수 있다. 하나의 지도엔 나운규를 주인공으로 하는 일제 식민지 시기의 성운(배열)이 그려질 것이다. 그리고 다른 지도엔 유현목, 신상옥, 이만희 등의 다중 주인공들이 등장할 것이다. 그 지도엔 최근에 급히 수정, 보완한 것이 분명한 김기영이라는 이름도 보인다.

이 지도들은 명백히 한국 영화의 황금기(일제강점기인 1920년대 후반과 한국전쟁 이후의 1950년대 후반에서 1960년대 후반까지의 시기)와 관계가 있다. 그리고 이런 기원들을 찾아 나서게 한 충동이 무엇이었는지는 명확하다. 1990년대 후반부터 2001년 현재에 이르는 한국 영화 르네상스에 대한 기원 찾기가 그것이다.

그러나 이런 여행은 문화 유적 답사기와 유사하다. 그 주변을 경배의 시선으로 맴돌고 손으로 어루만져 탁본을 뜨고 소리쳐 애정을 고백한다. 하지만 이것은 기념비를 확인하는 업이다. 기존의 정전을 강화해주는 친선 여행이다. 혹은 유적 훼손을 전문 직업으로 알고 있는 툼 레이더와 한패가 되는 일이다.

또 새롭게 유행하는 한국 영화로 떠나는 최근의 여행 형태는 골드러쉬의 열풍에 밀려 광맥을 찾아 나선 광부와 유사하다. 이들은 정말 황금을 캘 수 있다고 믿는다. 대표적인 주장은 다음과 같다.

한국 영화는 황무지며 무한한 노다지다. 한국 영화의 광맥을 캐나가다 보면 이제 커다란 보물을 발견할 날이 올 것이다. 우리가 더 이상 서구에 의존하지 않아도 우리 식의 잣대를 갖고 한 번 내놓아라 할 정도로 서구를 가르칠 날이 올 것이다. 이 책은 그런 야망의 한 작은 디딤돌에 불과하다.(정재형 편저, 『한국 초창기의 영화이론』, 집문당, 1997, 머리말 중에서)

여기엔 친숙한 울림이 있다. 〈유령〉의 최민수 역할의 캐릭터가 사용하는 수사학을 상기시킨다. 물론 "서구에 의존하지 않아도 우리 식의 잣대를 갖고"는 호감이 가는 선언일 수 있다. 일시적으로 민족 정서를 강화하고 스스로를 역사의 행위자로 설정하는 말이기 때문이다. 그러나 이 수사학의 여러 문제 중 하나는 그 컨텐츠는 달라졌지만 상상의 형식 자체가 이미 식민화되어 있다는 점이다. 미국의 그 악명 높은 프론티어의 시대, 이미 원주민들이 살고 있던 서부를 개척한답시고 떠났던 백인 카우보이와 광부들의 상상력에서 기원한 것이기 때문이다. 익히 알려진 식민주의 영토에서 꾸는 탈식민화의 꿈인 셈이다.

물론 이런 머리말을 달고 있다고 해서 이 책의 효용성이 전면적으로 없어지는 것은 아니다. 책에 수록된 영화이론과 평론, 그리고 에세이들과 같은 자료들은 한국 영화를 둘러싼 초기 담론들을 다시 비평화할 수 있는 좋은 안내문들이다. 그것을 엮어낸 편자의 노력에 대해서는 아낌없는 감사의 말을 전한다. 그러나 덧붙여야 할 것은 여기에 수록된 주로 1930년대에 쓰여진 자료들 역시 순수하고 고유하게 '한국적'이라기보다는 서구와 러시아, 그리고 일본의 영화들과 비평들에 대한 갖가지 소개와 참조와 비교와 대화와 번역으로 이루어져 있다는 점이다. 에이젠슈타인, 푸도프킨, '아지프로'(Agitprop), 이탈리아 지버스사의 작품 〈쿠오바디스〉, 에디슨의 키네마토스코프 등 안에서 초기 한국 영화 문화의 배열이 성충화되고 있는 것이다. 서광제의 〈성황당〉에 관한 영화평 역시 소위 비한국적인 참조들로 차 있다.

토키기 초기를 지나 금일의 토키 제작에 있어서 엑스파터 (expert)를 가져야 할 조선 영화계에 아직까지도 비문화적인 마키아벨리즘(machiavellism) 때문에……

이렇듯 '우리 식의 잣대'를 만들어줄 디딤돌인 기원적 텍스트들 역시 서구와 그 나머지 세계와의 관계성 속에서 만들어진 것이다. 그렇다면 도대체 어디까지 올라가야 순수한 기원을 찾을 수 있을까? 오히려 이런 질문 방식이 오류라는 것을 임지현은 「파시즘의 아비투스: 가족, 시민 사회, 국가」에서 설명한다.

이른바 진보적 인사들이 중앙아시아와 몽골 등 아시아의 변방에 대한 제국주의적 욕망을 부추기고 있다는 것은 이 점에서 매우 시사적이다. TV 방송국의 잇단 다큐멘터리 프로그램이 증폭시킨 과잉된 중앙아시아 열기에는 한민족의 기원을 빌미로 현대 세계의 미개한 지역으로 진출하려는 식민주의적 의도가 담겨 있다. 그것은 선진자본주의 국가들이 이룩한 제국주의적 풍요에 대한 식민주의적 모방에 불과하다. 인식론적 관점에서 볼 때 기원에 대한 집착은 민족을 역사 속에서 형성되는 것으로 보지 않고 고착된 자연적 실재로 간주한다는 것을 반영한다. 그것은 한국인들의 의식 속에 깊이 뿌리 박은 가부장적 부계 혈통주의가 민족으로 외연을 넓혔을 때 나타나는 필연적인 결과이기도 하다.

다른 맥락에서 쓰여진 것이긴 하지만 인식론적으로 볼 때 영화에 관계된 위와 같은 질문은 동일한 출발선상에 서 있다. 권보드래는『한국 근대소설의 기원』이라는 책에서 이런 기원의 함정에 빠지는 대신 '근대소설'이 걸려 있는 속박과 동시적인 동요 혹은 변증법적 회귀에 주목한다. "(…) 〈서구적 근대〉와 〈현재〉의 가치는 흔들리다가도 다시 여전한 모습으로 버티는 것이다. 이 책은 바로 이곳에서 출발하고자 한다. 〈근대〉의 단일한 틀을 거부하려는 시도와 그 틀의 강한 흡인력과 함께 얽혀 있는 자리, 이 자리는 출발점인 동시 회귀점이 될 터이다. 출발과 회귀 사이의 거리가 무가 되지는 않으리라는 것, 이것만이 지금 걸 수 있는 기대이다."

바로 이 출발과 회귀 사이의 거리, 그 사이에서 출몰하는 유령과 귀신이라는 형상, 그리고 그 변증법적 회귀가 남기는 흔적에 나는 관심이 있다. 영화라는 매체의 특성상 한국 영화의 기원부터 단단하게 걸려 있는 서구적 근대와 현재의 가치라는 주술을 축귀하기는 어려운 일이다. 오히려 그 서양 귀신과 전통 귀신이 어떻게 서로를 전유하고 혼종화해나가는가. 한국 공포영화는 이 문제에 대한 즉각적인 대답이다.

물론 참조 틀을 바꾸어버릴 수는 있다. 더 이상 미국과 유럽의 영화나 영화이론, 비평과의 비교 연구를 시도하지 않고 나머지 지역들과의 비교 연구를 활성화함으로써 서구 이론의 탈중심화를 이루어낼 수 있을 것이다. 아시아에서 문화연구를 새롭게 위치시키려는 노력들, 즉 〈Inter-Asia Cultural Studies〉와 같은 저널은 아시아 지역의 문화운동과 이론의 상호 참조를 목표로 한다. 예컨대 대만의 백색 테러를 다룬 영화들을 분석하며 제주의 4·3 사건을 다룬 김성례 교수의 논문을 참조하는 첸광신의 작업이 그 예가 될 것이다. 아직 우리가 언어적으로, 또 이론적으로 준비가 되지 않았을 뿐이지, 노력 여하에 따라 비서구 영화와의 대화는 한국 영화 담론이 자기 식민화 작업에 빠지는 것을 경계하게 하고 또 서구 이론를 서구 자체의 지역 이론(하지만 우리가 사용

가능한 것)으로 돌려버리는 데 도움을 줄 수 있을 것이다. 그러나 보다 근본적으로는 어떤 국적을 가진 사람이 그 이론의 저자인가가 중요한 것이 아니라(국적을 묻는 것은 국경 수비대나 경찰, 세관원의 일이지 비평가나 이론가의 영역이 아니다), 그 이론이 어떤 국면, 특정한 상황에서 실천적 이론화의 계기를 촉발시킬 수 있는가, 어디까지 수행성을 넓힐 수 있고 전유되고 번역될 수 있는가에 더 긴급한 우선권이 주어져야 한다. 그런 면에서 나는 민족주의보다는 지식인의 인터내셔널리즘을 믿는다.

일단 아시아 내로 참조 틀을 바꾸려는 노력을 우리의 자장 안에 설정해놓고 좀 더 가용한 이론적 재료로 1960년대의 이용민이라는 한 감독과 그의 변화무쌍하고 때로는 유치찬란한 실험의 장을 방문해보자. 그러나 불행히도 이용민 감독은 우리에게 초대장을 발송할 수 없다. 살아생전 자신의 부활을 목격한 김기영 감독과는 달리 그는 이미 고인이 되었다. 적어도 감독협회에서는 그렇게 말한다. 전화를 걸어 그의 생존 여부를 물었을 때 이름과 영화 목록만 있고 연락처는 없으며 돌아가셨다는 전언을 들었다. 이용민 감독을 대신해 내가 쓰고 있는 초대장에는 김기영 감독의 환영이 어른거린다. 이용민 감독은 김기영 감독을 통해 들어갈 수 있는 텍스트이기 때문이다. 신상옥 감독도 그 입구에 서 있을 수 있는 아이콘이다. 하지만 그의 영화 텍스트들의 독해가 가리키는 방향인 유교에 대한 우상파괴자라고 보기에는 신필름이라는 신전의 제왕이며 또 1975년 신필름이 허가 취소를 받기 전까지 독재정권으로부터 받은 직접적인 수혜가 너무 크다. 이용민 감독은 김기영 감독과 마찬가지로 영화 제작의 모든 측면에 개입할 수 있는 기술과 욕구를 지닌 장인이며 해방 이후의 공보부 영화부터 미스터리, 공포, 애매모호한 문예 영화까지의 전 장르를 종횡무진 누빈다.

문화 횡단적 현상으로서의 영화 장르: 김기영 대 이용민

김기영 감독이 작고한 후 한동안 환청을 경험했다. 학생들과 함께 한국영상자료원에서 〈이어도〉를 볼 때 "저 장면 좋지. 완벽해. 얼마나 좋아"라고 자화자찬하는 김기영 감독의 평소 목소리가 들리는 듯했다. 그는 그럼 사람이다. 한편으로는 1970, 1980년대 독재정권에 의해 훼손된 자신의 작품들에 대해 정확하게 비판적이고 성찰적이면서도, 자신이 공들인 작품에 대해선 어린아이처럼 자랑이 많다. 하지만 핵심적인 제조의 '비밀'은 가르쳐줄 수 없다고 연금술사처럼 덧붙인다(특히나 〈하녀〉의 조명). 나는 〈살인나비를 쫓는 여자〉를 좋다고 해도 당신은 그 작품을 외화 쿼터를 따기 위해 급하게 만든 쓰레기 취급을 했다.

김기영 감독이 돌아가시고 나서(그때 나는 한국 고전영화제 준비로 캘리포니아 대학에 있었는데, 떠나기 일주일 전 김기영 감독은 내게 전화를 해 앞으로 자신의 작품을 잘 알려달라고 말했다)난 한동안 1960년대 영화로부터 떠나 있었다. 일종의 애도 기간이었던 셈이다.

이용민 감독은 김기영, 신상옥, 이만희, 김수용 감독처럼 1960년대 작가의 만신전에 오른 사람은 아니지만 바로 〈목 없는 미녀〉(8·15해방 직후 오윤군은 우연한 기회에 최상배를 통하여 일군 패잔병들이 숨겨두고 간 막대한 금괴가 있다는 사실을 알고, 그 금괴를 차지할 욕심으로 많은 동료들을 살해했다. 마침내는 그들 망령 중 목 없는 미녀가 나타나서 그를 복수한다는 내용의 공상적 괴기영화—한국영상자료원 데이터베이스. 김석훈, 도금봉, 정애란이 출연한다)와 같은 공포/괴기 영화로 1960년대의, 광학적 무의식을 탐사한 사람이다. 그의 영화적 경력은 1960년대의 다재다능한 다른 감독들의 경로와 유사하게 미국 공보원이 제작한 영화로부터 본격적으로 출발한 것으로 보인다[김기영 감독의 데뷔작 〈죽음의 상자〉(1955)도 그렇게 만들어진다]. 최인규 감독이 연출한 해외홍보용 문화영화 〈희망의 마을〉(1948)의 촬영가로, 그리고 자신이 기획자만이 아니라 각본, 감독. 편집한 〈제주도 풍토기〉(1946)(바람 많고, 돌 많고, 여자 많고, 말[馬] 많은 제주도 풍물을 촬영한 문화영화—한국영상자료원 데이터베이스)로 해방 이후 한국 영화계에 모습을 드러낸 그의 활동 영역은 감탄을 자아낼 만큼 폭이 넓다. 〈제주도 풍토기〉나 〈희망의 마을〉과 같은 해방 이후의 문화영화나 프로파간다 이외에도 그는 〈목동과 금시계〉(1949)(목동의 소원은 항상 학교에 가서 공부하는 것이다. 그러나 어머니가 노환으로 누워 계셔서 그는 틈만 있으면 학교로 달려가서 창 너머로 공부한다. 어느날 어머니의 병이 위급하자 목동은 목장 주인댁의 금시계를 훔치지만, 그는 곧 양심의 가책을 느끼고 금시계를 주인에게 돌려준다. 이에 목장 주인은 그 목동의 착한 마음씨를 가상히 여기고 어머니의 병을 돌봐준다는 내용의 단편 극영화—한국영상자료원 데이터베이스)라는 다분히 계몽적인 내용의 단편 극영화를 각본, 감독하고 한국전쟁 직후에는 〈백만의 별〉(1954)이라는 제주도 제일훈련소의 생활을 담은 기록영화를 역시 각본, 감독, 촬영, 편집까지 맡아 만들었다. 이후에도 그는 〈포화 속의 십자가〉(1956)와 같은 군사 프로파간다 영화를 그 당시로서는 상당한 제작비인 3천만 원(그의 〈목동과 금시계〉는 50만 원의 제작비로 만들어짐)로 공립영화사에서 만든다. 그 당시 문화영화라고 불리우던 선전지향적인 유사 다큐멘터리다. 정권 유지용 영화인 셈이다.

이용민 프로덕션이라는 영화사를 만들어 〈악의 꽃〉(1961)이라는 공포 미스터리를 만들면서부터 그는 흥미로워진다. 이렇게 자신의 영화사를 만든 기록도 있지만 신상옥 감독의 안양영화사와 신프로덕션에서 각각 〈악마와 미녀〉(1969)(의학 박사인 그는 사랑하는 아내가 죽자 그녀를 유리관에 넣어두고 매일 밤 생피를 주사해 그녀를 살아나게 한다. 그녀를 위해 다른 많은 사람의 생명을 빌어야만 했다. 마침내 그는 친구까지 죽이게 된다. 이에 친구의 딸이 아버지의 죽음에 의혹을 품고 간호원으로 취직하여 그 무시무시한 비밀을 밝혀내어 복수한다—한국영상자료원 데이터베이스. 이예춘, 도금봉, 김석훈, 추석양이 출연하며 입체 영화라는 특기 사항이 첨가되어 있다)와 〈공포의 이중인간〉(1974)을 만들었다. 신상옥 감독 역시 시나리오 작가인 곽일로와 함께 신프로덕션을 통해 〈천년호〉, 〈이조괴담〉, 〈반혼녀〉 등의 괴기물들을 만든 것을 고려할 때 1960년대 공포영화 배열 속에 이용민의 텍스트들을 위치시킬 수 있다.

1965년에 만들어진 그의 〈살인마〉는 이후에 같은 감독에 의해 〈흑귀〉(1976)로 다시 만들어졌다. 그리고 1980년대엔 다른 감독(김영한)에 의해 〈목 없는 여살인마〉(1985)로 제작됨으로써 1960년대에서 1980년대에 걸쳐 공포의 자취를 남긴 작품이다.

1960년대 한국이라는 주변부 자본주의 국가의 영화산업 안에서 만들어진 공포영화와 같은 장르영화는 일종의 접촉 지대(contact zone)에서 만들어진 문화의 횡단화(transculturation)를 보여주는 예다. '문화의 횡단화'라는 용어는 민속지학자들이 사용했던 것으로 어떻게 하위 혹은 주변적 그룹들이 지배적인 메트로폴리탄 문화가 그들에게 전파한 재료들을 선택하고 창안하는가를 설명하기 위한 것이었다. 이때 '접촉 지대'라는 조어는 『제국주의의 눈들: 여행기와 문화 횡단화』의 저자인 메리 루이스 프랫이 사용했던 것으로, 바로 이 콘택트 존, 접촉 지대라는 공간에서 식민지적 만남이 이루어진다. 말하자면 바로 이 공간에서 지리적, 역사적으로 떨어져 있던 사람들이 서로를 접하게 되고 이후 계속해서 관계를 계속적으로 맺게 되는데 이 관계에는 강압과 근본적인 불평등과 고치기 어려운 갈등이 포함되어 있다(존 크라니어스커스, 「번역과 문화횡단 작업」, 《흔적들》, 창간호; Mary Louise Pratt, *Imperial Eyes: Travel Writing and Transculturation*, Routledge, 1992를 참조).

프랫은 식민지 시대의 여행기를 주 텍스트로 피진과 크리올이라는 언어들을 통해 문화 횡단화의 문제를 고찰하고 있지만, 나는 이 개념을 영화 장르에 전유해 할리우드와 비할리우드, 서구와 비서구의 '장르영화'의 교통을 설명하는 데 사용하고자 한다. 여기서 영화관의 스크린은 식민지 시대의 국경이나 경계 장소들처럼 일종의 접촉 지대로 작용한다. 이때의 접촉(contact)이라는 용어는 정복과 지배라는 이분법적 용어와는 달리 상호작용하면서 서로 영향을 미치는 것이며, 또한 즉흥적인 식민지의 접촉을 함의하는 것이다.

지리적, 역사적으로 미국과 동떨어져 있던 한국의 관객들이 할리우드의 영화 생산품을 통해 그 문화를 전파받고, 또 변사나 관객들은 그 주어진 재료들을 그대로 수용하는 것이 아니라 선택과 창안의 과정을 거쳐 자신의 문화권 속으로 그 재료들을 재수용한다는 의미에서 영화관의 스크린은 식민지 시대의 제국주의의 변경 장소들처럼 메트로폴리탄의 문화와 변경의 것이 조우하고 횡단하는 가상의 접촉 지대다.

작가영화나 문예영화보다 공포니 멜로드라마와 같은 장르영화가 접촉 지대로서 강도 높은 문화 횡단이 이루어지는 곳이 되는 이유는 할리우드 장르영화의 글로벌한 대중주의 경향과 인용 가능성, 반복/변형 충동 때문이다. 하지만 그것은 또 글로벌한 것인 만큼 미국이라는 지역의 자국 중심적인 것이다.

영화이론가인 린다 윌리엄스의 주장을 들어보자.

> 멜로드라마는 기본적으로 대중적인 미국 영화의 양식이다. 오히려 멜로드라마는 특정하게 민주적이고 미국적인 형식으로 파토스와 행위의 변증법을 통해 도덕적이고 감정적인 진실들을 극적으로 밝혀내고자 한다. 그것은 고전적 할리우드 영화의 기반이다.(Linda Williams,"Melodrama Revised", (ed.) Nick Brown, *Reflecting American Film Genres*, University of California Press, 1998)

이런 '민주적이고 미국적인' 멜로드라마가 일제강점기나 미국 점령 시기의 한국과 같은 '비민주적이고 비미국적인' 맥락에 들어갔을 때(실제로 그렇다는 것이 아니라 린다 윌리엄스의 논리가 불가피하게 함축하게 되는 것이 그렇다는 것이다) 어떤 강압적인 힘을 발휘하게 되고 또 동시에 선택되고 창안이 이루어지며 재수용되는지를 장르의 변용이라는 매우 중성적인 스타일의 변화를 가리키는 용어보다는 식민화 과정이라는 계보학적 기원을 갖고 있는 문화 횡단과 접촉 지대와 같은 틀로 분석하는 것이 한국 영화연구의 탈식민화 작업에 도움이 될 것 같다.

특히 장르영화에서 공포영화 중 드라큘라나 뱀파이어 시리즈에서 드러나듯 문명과 비문명, 근대와 전근대, 서구와 그 나머지 세계의 비대칭적 대립에서 그 불안을 길어오고 있기 때문에 '문화 횡단'에 동시적으로 따르는 강압과 상호작용의 교차를 살펴볼 수 있는 특별한 접촉 지대가 된다.

좀 더 구체적으로 예를 들자면 〈살인마〉에서 차용되는 흡혈주의(뱀피리즘)와 서양 초상화는 민담이나 전설 속 귀신의 형상화(여귀)나 둔갑의 모티브와 동시적으로 등장하지만 또 그 쌍들은 서로 갈등 관계에 있다. 〈살인마〉라는 공포영화는 일종의 가상적인 접촉 지대로서 할리우드의 장르영화와 그에 대한 일본의 괴기영화라는 번역, 그리고 한국 1960년대 영화산업의 재번역이 이루어지는 문화 횡단의 공간인 것이다. 이 영화에는 1960년대 식의 근대화에 따르는 강압(자본주의적 물신주의적 욕망의 주체화 과정)이 보여지며 이 힘들과 싸우는 소위 한국적, 지역적, 전근대적 힘들(불교, 민속 신앙과 민담 등)이 서로를 가로지르고 침투하고 분할되는 과정이 노출되고 있다.

말하자면 졸저 『근대성의 유령들』에서 밝힌 것처럼 한국 영화의 황금기에 만들어진 〈살인마〉에서 핵심적으로 작용하는 시각적 이미지들(서양화 풍의 초상화와 거울)은 근대적 시각 영역들을 재현하는 과정에 수반되는 공포의 문제와 관계가 있다는 것이다. 근대적인 서양화가 며느리의 것이라면 새로운 부인으로부터 탄생한 세 명의 아이들을 보호하는 돌부처는 물론 전근대적/전통적인 것이다. 그리고 며느리를 다시 저승으로 돌려보내기 위해 동원되는 무당 역시 전근대적인 힘이다.

〈살인마〉, 〈흑귀〉, 〈목 없는 여살인마〉만이 아니라 한국의 공포영화의 귀신들은 대부분 여자들이다. 예외적인 것으로는 남성적으로 형상화되는 저승사자나 용가리나 왕마귀와 같은 괴물 정도다. 예컨대 위에서 설정한 대당들(서구와 나머지, 전근대와 근대)의 최전선 접촉 지대로서의 공포영화에 출몰하는 또 다른 대당은 남성과 여성이다. 대부분의 여귀들은 전근대를 표상하고, 그래서 1960, 1970년대라는 근대화의 시대로부터 축출되어야 하는 대상이다. 즉, 합리성이나 계몽/근대화의 주체가 될 수 없는 인물, 보다 전통적인 여성 인물이 귀신으로 등장하고, 이런 영화가 말을 걸고 있는 관객들 역시 중산층이라기보다는 주변부 사람들이며 그중에서도 특히 여성 관객이다. 재야 영화사가인 정종화 씨는 1960년대 공포영화의 주 관람층이 시어머니의 인가를 받아 하루 외출을 시도한 동네 아주머니 부대라고 밝힌 적이 있다. 말하자면 〈미워도 다시 한번〉의 고무신 관객이 즐겨보는 여름용 '여성영화'가 여귀가 등장하는 공포영화인 셈이다. 바로 이런 이유로 영화의 끝 부분에 이르러 처벌을 받을망정 자신을 죽인 가혹한 시어머니와 시누이에게 복수하기 위해 여귀는 강력한 힘을 갖고 이승의 질서를 교란시킨다.

그런데 〈살인마〉의 여주인공은 '전설따라 삼천리' 유형의 전근대적 여귀의 형상적 특성(늘어뜨린 머리, 입가에서 흐르는 피, 소복)을 갖고 있지만 동시에 뱀파이어리즘이나 서양화와 같은 서구적이고 근대적인 기표들을 가동시키는 혼혈적인 귀신이라는 점에서 위와 같은 성차에 따른 대당을 와해시키는 이례적이며 무서운 귀신이며, 그녀의 힘은 바로 그 문화 횡단에서 생산된 언어의 크리올화와 유사한 장르의 글로벌–

지역의 횡단에서 나오는 것이다.

그런 의미에서 〈살인마〉가 참조하는 영화들이 할리우드의 뱀파이어/드라큘라 영화거나 또 일본의 〈괴묘〉(괴물 고양이 여자 영화)라고 하더라도 그 횡단의 과정에서 드러나는 의미화 작업에는 한국이라는 지역적 특수성이 발화되고 있다. 물론 최종적으로는 서구적/남성적 근대성을 전면적으로 지지하며 그것을 표상하는 인물들에 길을 내준다. 예컨대 전근대적인 여성적 인물(귀신 며느리, 고양이 시어머니, 나쁜 새 아내)은 사라지고 한국의 경제부흥에 기여할 광산왕 남편과 부처로부터 보호받는 그의 세 아이들은 무사히 이층집에 남는다.

문화 횡단의 의미화 과정과 더불어 1960년대 한국의 공포영화들이 대만이나 태국 등으로 수출되기도 하고 현상도 일본에서 한 점 등을 고려할 때 2000년대 한국 영화의 목표인 아시아 지역 시장으로의 수출이나 또 할리우드나 일본 영화를 공격적으로 인용하는 경향 등은 새로운 것이라기보다는 1960년대를 그 모태로 하고 있는 것이다(공포영화와 문화 횡단이라는 틀에 관한 언급 부분은 한국영상자료원의 《영상정보》 9월호에 필자가 기고한 내용을 보강한 것이다).

동시에 '대륙'을 향한 의지 역시 1960년대와 현재의 〈무사〉나 〈비천무〉와 같은 블록버스터가 공유하고 있는 지점이다. 소위 박정희의 조국 근대화 시기와 겹치는 1차 황금기 시대에 만들어진 영화들은 한국전쟁이나 남파 간첩들을 재료로 해서 남북한 냉전 이데올로기를 가동시키며 민족국가로서의 정체성을 만들기 위해 노력했다. 또한 동시에 일본으로부터의 탈식민화 과정을 다룬 영화들, 대표작으로는 신상옥 감독의 〈상록수〉, 유현목 감독의 〈김약국의 딸들〉, 그리고 독립군의 활동을 다루는 일련의 대륙활극 영화들, 즉 〈소만국경〉(1964), 〈불붙는 대륙〉(1965), 〈대륙의 영웅들〉(1965), 〈국경 아닌 국경선〉(1964) 등을 만들어냈다.

이때의 한국 영화는 독립군의 무대였던 '대륙'을 배경으로 하면서 동시에 동남아시아 지역에 이런 영화들을 수출한 것이다. 그 이후의 1970, 1980년대 영화가 대부분 국내 소비에 간신히 머물었던 데 반해 이 당시는 트랜스 아시아적인 경향을 보였던 셈이다. '과거로부터 배우자'라는 경구를 기억하는 사람들이라면 1960년대가 바로 한국 영화의 현재를 읽을 수 있는 중요하고도 즉각적인 과거임을 알아챌 수 있을 것이다.

이런 맥락을 염두에 두고 다시 이용민으로 돌아가보면 공포영화라는 접촉 지대 이외에도 다른 흥미로운 텍스트들이 보인다. 〈서울의 휴일〉(1956)과 〈한국의 비극〉(1961)(군에서 제대한 그는 아버지 친구가 경영하는 회사에 입사한 뒤, 한 동료 여사원과 교제하게 된다. 어느날 그가 한 거부의 딸과 알게 되어 그녀와의 뜨거운 사랑에 빠지게 되자, 이를 안 여사원이 그의 마음을 돌리려 애쓴다. 그러나 출세욕에 눈이 먼 그는 마침내 여사원을 살해하게 되고 끝내는 사형대의 이슬로 사라진다 ― 한국영상자료원 데이터베이스 .주연 김석훈, 엄앵란, 최은희 주연)이 그것이다.

〈서울의 휴일〉은 1953년 윌리엄 와일러의 〈로마의 휴일〉에서, 그리고 〈한국의 비극〉은 1931년 조셉 폰 스턴버그 감독이 드라이어의 소설을 각색한 〈미국의 비극〉에서 출발한다. 그러나 서울과 서울 외곽에서 촬영된 〈서울의 휴일〉이 〈로마의 휴일〉을 경유해 드러내 보이는 것은 1956년 당시 서울이라는 도시의 지형도다. 로마에서 서울로 횡단하며 장르는 로맨틱 코미디에서 도시 탐정극으로 바뀐다. 로맨틱 코미디가 탄생하기에 주인공인 남자 기자는 '휴일'을 가질 수 없을 만큼 갖가지 사건들에 시달린다. 또 여기서 흥미로운 지점은 이 당시 서울의 도시화 정도가 정교한 도시 탐정극을 허용하지 않는다는 것이다. 그 결과 영화는 하릴없이 서울의 외곽을 맴돌고 여성의 히스테리아와 마주치다가 살인 사건은 해결되고 남녀 주인공의 결혼으로 끝을 맺는다.

마치 서울이라는 도시 자체가 이런 리듬을 요구하는 것처럼 영화는 느리게 느리게 진행된다. 현재처럼 투기 자본과 멀티플렉스가 유사 할리우드 영화인 한국형 블록버스터의 생산과 배급을 지속시켜주지 못하던 1950년대, 할리우드 고전 영화의 횡단은 서울이라는 공간의 무의식을 방출하다가 맥없이 끝난다. 여기서 우리는 문화적 번역의 역동성이 번안의 수위에서 맴돌고 있는 것을 본다.

가장 창의적이고 예상치 못한 방식으로 한국 영화와 문화를 막고 있는 장애를 돌파한 김기영 감독의 일부 영화들(김기영 감독의 영화들과 한국 영화의 근대화의 장애에 대해서는 졸고 「유예된 모더니티: 한국 영화들 속에서의 페티시즘의 논리」, 《흔적들》 창간호, 문화과학사, 2001 참조)과는 달리, 이용민 감독의 영화는 비자발적인 무의식적 공간과 젠더, 그리고 광학의 정치학을 탐사하게 해주고 부분적인 전유와 번역이 수행되고는 있지만 할리우드로부터 한국의 서울에 이르는 문화 횡단에 새겨진 식민화의 강압으로부터는 자유롭지 않다. 이것은 김기영 감독이 〈이어도〉에서 탐구한 내부 식민화 과정과 비교하면 더욱 두드러진다.

동시대 한국형 블록버스터와 할리우드 블록버스터의 모방 관계를 연구할 때 참조할 만한 두 가지 경우로 김기영과 이용민을 문화 횡단이 일어나는 접촉 지대로 초대한 셈이다.

취향의 과독점과 한국형 블록버스터: 거대한 역설

제11회 부산국제영화제

제11회 부산국제영화제에서 이야기를 시작해보자. 지난해 성공적으로 10년을 치러낸 후 올해 시장 기능을 대폭 강화한 아시아 필름 마켓을 열었다. 과연 한국에서 국제영화제가 가능할까라는 의문을 안고 시작한 11년 전의 질박하나 꿈 많고 야심 찼던 영화제는 이제 소위 토털 마켓을 지향하는 필름 마켓을 추가함으로써 아시아의 대규모 영화제로 부상했다. 부산영화제와 마찬가지로 아시아 영화의 창으로 기능하는 홍콩국제영화제나 싱가포르영화제와 함께, 이제 부산영화제는 한국에서만큼은 할리우드와 유럽의 영화를 전면적으로 탈중심화, 지방화해내고 있다. 작년도 영화제에 설립된 아시아 영화학교는 앞으로 부산영화제에 자신의 영화적 출생을 빚진 아시아의 젊은 감독들을 길러낼 것이다. 해운대 바닷가라는 하늘이 증여한 선물 같은 영화제 입지나 아시아 영화의 창구 기능을 하던 홍콩국제영화제가 홍콩 반환 등의 정치적 격변 앞에 한 발자국 뒤로 물러섰던 것도 부산영화제의 성공에 일부 기여했다. 그러나 그것보다는 영화제 스태프들의 혁신적인 프로그래밍과 영화제 상영 프로그램에 PPP(부산 프로모션 플랜)나 마켓 등이 점차로 추가되는, 예컨대 핵심은 타협하지 않으나 시장의 요구를 포용해나가는 전략이, 확장일로의 한국 영화계와 행복한 동거를 해나가고 있다고 보는 것이 더 나을 것이다.

젊은 시네필들은 새벽같이 전국에서 몰려들어 입장권을 힘들게 구하고는 중국의 로예 감독의 〈여름 궁전〉이나 차이밍량의 〈홀로 잠들고 싶지 않아〉, 혹은 신인 감독인 김태식의 〈아내의 애인을 만나다〉 등의 상영관으로 뛰어간다. 그리곤 상영만이 아니라 감독과의 대화에 열렬하게 참여한다. 분명 활기찬 영화 문화다.

올해, 유난히 관객층이 젊어졌음을 느낄 수 있었는데 전에는 20대가 아닌 영화 관계자들이나 일반인들이 듬성듬성 눈에 띈 반면, 이번에는 한국 영화 회고전을 제외하고는 관객의 대다수가 젊었다. 아마도 영화제의 시장으로서의 성격이 효율적인 것으로 판단됨에 따라 영화 관계자들이 영화 홍보나 펀드 마련에 매달려 있는 듯하다.

이렇게 해를 거듭할수록 커지는 부산국제영화제는 한국이나 아시아 영화계 일부를 견인하면서, 동시에 팽창하고 있는 한국 영화산업의 풍향계이며 반사판이다. 부산국제영화제가 이제 워낙 방대해져 그 지도를 명확하게 그려내기가 어려운 감도 있지만, 이 영화제가 보여주는 지형과 행로와 비전은 한국 영화 문화를 사유할 수 있는 청사진을 제공한다. 젊은 시네필들이 북핵의 위기 속에서도 신문보다 영화제 데일리를 더 열심히 찾아 읽는 풍경은 한편으로는 어리둥절함을 넘어 엽기적일 수도 있지만 다른 한편으로는 문화정치적 감성을 가진 문화 세대의 출현으로도 보인다.

취향의 과독점

이렇게 아시아의 저예산 영화, 독립영화 등 다양한 마이너 영화의 수용층이 영화제를 중심으로 존재하지만 이제 도시에서 살고 있는 대부분의 사람들이 감지하듯 영화는 거대한 소비문화의 일부다. 부산의 스펀지 메가박스 극장이나 플리머스 등의 멀티플렉스나 서울 코엑스나 용산 전주의 CGV 등은 쇼핑몰과 극장이 공존하는 방식으로 운영된다. 소비의 체인 속에 영화 관람이 위치하고 있는 것이다. 이런 소비시장과의 근접성 때문에 사람들은 영화를 선택할 때 그 소비시장 속의 상품과 유사한 어떤 것을 선택하는 취향을 가지게 된다. 최근 〈괴물〉이 여름철 620개의 스크린을 독점했다고 해서 과독점 논란을 가져왔지만, 일반적으로 과독점이란 소수의 기업들이 강력한 담합에 의하여 시장을 독점하고 있는 상태이므로 〈괴물〉의 과독점 논란은 일반 기업들, 상품의 그것과는 상당히 다른 양상을 보인다. 〈괴물〉의 과독점은 일종의 취향의 과독점으로, 취향은 미학적으로는 작품에 대한 가치 판단을 할 수 있는 능력이다. 이 취향의 문제는 피에르 부르디외에 의해 널리 알려진 아비투스에 속하는 것으로, 순수하고 중립적인 것이 아니라 구분해내고 평가해내는 사회화된 성향으로 계급적인 것이기도 하다. 알려진 대로 영화라는 매체는 19세기 말부터 지금까지 노동계급에서 출발해 비교적 계급을 가로지르는 대중적 취향을 제조해왔다.

『영화가 만든 미국』이라는 책에서 저자인 로버트 스클라는 영화가 미국사회의 전통적 부르주아 가치들을 전복하려 했고, 영화계의 거물들이 유태인이었음을 지적한다. 그래서 영화는 기존 문화 엘리트의 지배에서 벗어나 노동계급에게 말을 거는 매체라고 주장한다.

이런 영화 매체의 대중성은 한국에서는 1997년 〈퇴마록〉에서 시작해 2004년 〈태극기 휘날리며〉, 그리고 최근 〈괴물〉에 이르는 초대박 영화, 한국형 블록버스터라는 형식과 만난다. 태극기의 제작비는 147억이며 마케팅 비용까지 합하면 170억에 이른다. 〈괴물〉은 제작비 115억 원에 홍보비를 포함 160억 원이 투자되었다.

초창기 영화의 노동계급적 취향에서 이제 블록버스터 영화는 무차별화된 취향을 주조하는 것으로 나가는데, 한국 영화에 요구하는 이런 취향이 바로 한국형 블록버스터다. 물론 여기서 예외적인 영화들이 존재한다. 〈왕의 남자〉 같은 것이 그 대표적 예일 것이다. 〈왕의 남자〉의 제작비는 44억 원으로 평균 제작비인 50억 원 미만인데도 2070억 원의 〈킹콩〉과의 흥행 경쟁에서 이겼다는 것이 또 다른 흥행 포인트가 되어 더 많은 관객을 모았다. 이런 예외가 있기는 하지만 이제 한국형 블록버스터는 한국인의 영화 취향으로 자리 잡았다. 그리고 이런 취향은 사실 금융자본과 영화산업이 합작으로 만들어내는 것이다.

블록버스터의 한국 버전, 즉 한국형 블록버스터가 국내뿐 아니라 아시아 영화시장의 박스오피스에서 흥행을 기록함에 따라, 벤처자본에 의해 봇물이 터진 한국 영화산업의 중심에 어떤 욕망이 들끓고 있다. 한국형 블록버스터들은 할리우드, 아시아, 그리고 한국의 영화산업 속에서 자신을 상상한다. 한국형 블록버스터라는 조어가 필연적으로 불러들이는 한국과 아시아, 그리고 서구 간의 내적, 문화적 통약불가능성을 상상적 관객의 시각적, 청각적 무의식과 화해시키려고 필사적으로 노력한다.

이와 같은 상상적 관객과 만나기 위해 한국형 블록버스터가 디지털효과의 기술적 동원, 홍보, 마케팅, 동시적 와이드 개봉 등에 의존한다는 것은 놀라운 일이 아니다. 그러나 이런 측면만이 방어적 민족주의를 동원해 아시아와 글로벌 시장에 부합하기를 열망하는 블록버스터 영화산업의 비대해져가는 문화적 야망을 견지해주지는 못한다.

확실히 한국형 블록버스터들은 외래적인 것과 지역적인 것을 스펙터클한 규모로 연출하는 협상물이다. 이는 거대한 할리우드 문화산업에 대한 저항일 뿐 아니라 자발적 모방이기도 하다. 글로벌 문화산업에서 동일성과 차이라는 다양한 논리들을 구사하면서, 한국의 블록버스터는 민족국가와 민족문화의 지원을 받으며 자신을 할리우드의 세계적 동질화 경향에 반대하는 문화적 차이로 제시한다. 그것은 프레드릭 제임슨이 기술했던 '동질성과 비동질성이라는 동질성' 사이의 대립이며 이런 점에서 한국의 블록버스터 양식은 모순을 내재한다.

『한국형 블록버스터: 아메리카 혹은 아틀란티스』(김소영 편, 2001)에서 영화 관련 평자들은 사회에 충격을 미치는 대중영화에 주목한 바 있다. 이 충격은 문화 민족주의와 지구화에 대한 규정에서부터 도덕성, 욕망, 일상성에 대한 새로운 개념화, 그 배열들에 미치고 있다.

한국형 블록버스터들이 주목받은 이유는 초창기 2001년까지만 해도 블록버스터 영화들의 수익보다는 그 영화들이 민족 문화주의의 가치를 전시해준다는 데 있었다. 이런 민족문화적 함의와 더불어 정부가 1990년 이래 주장해온 공해 없는 공장이라는 후기산업사회의 모델로서의 영화산업이라는 것이 대중적 상상력의 지평을 쉽게 파고들었다. 그러나 막대한 홍보비와 입장권 판매에도 2001년 한 해 전체 영화산업이 거둬들인 이익은 중간 규모의 기업이 발생시키는 이익에 불과했다. 그런데도 블록버스터 유형의 영화산업이 사실 대중들에게 은근슬쩍 교육하는 것은 금융자본과 투자문화가 어떻게 작동하는가를 상상케 하는 일이다.

영화사가 인터넷을 통해 영화 투자자를 모집하는 소위 '네티즌 영화 펀드'는 관심 있는 사람들이 접속이 잘 안된다고 불평할 만큼 수많은 열광적 투자자들을 불러 모은다. 블록버스터 및 그에 관련된 블록버스터 문화의 확산은 금융자본의 헤게모니적인 지배를 강화하는 데 결정적 구실을 한 것으로 보이는 일반 사람도 인터넷 등을 통해 투자에 참여하는 소위 투자 문화 시대를 예고하고 예증하는 것으로 보인다. 이런 투자 문화는 비특권층 '투자가로서의 실습'을 그들의 일상적 삶에 끌어들이도록 만들고, 신자유주의 질서에 자신들이 중요한 역할을 하고 있다는 인식을 심어주게 된다.

디지털 시네마:
영화제의 문화정치학과 디지털 미디어의 위치

디지털의 난장

1999년 전주국제영화제를 준비하면서 디지털 시네마라는 프로그램을 기획할 때 디지털의 매체 환경은 삼성이나 LG와 같은 대기업의 주도 아래 이루어지는 기술-자본-미디어-네트워크 구성으로 소란스러웠다. 예컨대 당신이 삼성의 디지털 생산품을 '소유'하면 모든 것이 디지털로 가능한(digitALL) 버추얼 유토피아의 시민이 될 수 있다는 약속을 하는 듯한 Samsung digitALL. 또 영문 편지의 마지막 인사말 (가령 sincerely yours)을 전유한 듯한, 그래서 LG 디지털 가전제품이 사적 생활 혹은 가정을 안락하게 파고드는 친화감과 함께 디지털이 지배할 세계를 LG가 점유하는 듯한 효과를 내는 Digitally LG와 같은 광고들이 TV와 벽보를 비롯해 우리 시야의 대부분을 메우기 시작했다.

그런가 하면 글로벌 영화시장에선 CG(Computer Graphics) 작업을 통해 가상세계를 매끄럽게 잘 구성했을 뿐 아니라 바로 가상세계 자체를 주제화한 〈매트릭스〉가 공개되고 미국의 몇 군데 극장에서는 〈스타워즈 4〉를 디지털 프로젝터로 곧바로 상영하는 이벤트가 벌어졌다.

또 한편으로는 바로 기술-자본-미디어라는 자본주의의 욕망의 삼각형을 전복시킬 듯한 시도도 널리 홍보되었다. 〈블래어 위치 프로젝트〉나 〈Last Broadcasting〉과 같은 소니의 미니 DV로 저예산 제작되어 인터넷 홍보를 거쳐 흥행을 거둔 작품들이 한국의 극장가와 영화잡지들에 소개된 것이다. 그리고 덴마크의 라스 폰 트리에를 중심으로 한 도그마 그룹의 디지털 작업중 〈셀레브레이션〉이 할리우드의 블록버스터들의 대규모 예산의 대안 모델로 등장했다. 국내에서도 1000만 원 미만으로 만들어진 〈돈오〉가 부산국제영화제를 통해 소개되고 영화사 봄은 임상수 감독의 〈눈물〉이 저예산 디지털 영화라는 포맷으로 제작된다고 예고했다.

1999년 각종 국제영화제의 인터넷 사이트에 들어가면 깐느, 멜보른, 에딘버러, 그리고 로테르담 등에서 디지털의 제작, 상영, 배급에 관계된 다양한 워크샵과 세미나가 계획 중이거나 진행 중이었다. 이런 난장 속에서 N-Vision이라는 디지털 시네마 프로그램의 핵심은 기술-자본-미디어의 네트워크가 완전히 영토화되기 전에 빨리 몸을 움직여 독립영화, 페미니스트 영화, 퀴어 시네마, 그리로 제3영화와 같은 마이너리티 영화가 디지털이라는 기술을 생산적으로 활용한, 혹은 그 과정 중에 있는 예들을 찾고 그것이 한국의 영상 생산에 창조적인 인덱스로 작용하도록 하는 것이라고 생각했다. 그리고 〈블래어 위치 프로젝트〉나 〈셀레브레이션〉 등이 미니 DV로 찍어 필름으로 전환(키네스코핑)되어 국내/국외 극장에 소개된 데 반해 그 키네스코프 비용을 줄일 수 있는 방안으로 바코에서 제작된 디지털 프로젝터로 직접 디지털 영화들을 영사하기로 결정했다.

디지털과 시네마: 디지털 시네마의 스펙트럼

1. 디지털과 시네마

시네마와 친연성을 갖고 있는 것은 다음과 같은 것이라고 알려져 있다. 150년의 역사를 가진 사진, 그보다 더 오랜 역사를 가진 문학적 서사, 연극적 퍼포먼스는 영화적 이미지와 서사의 구성과 관계된 것이다. 사진화학적으로 얻어지는 이미지의 인덱스적 기능은 영화가 사진으로부터 물려받은 핵심 유산 중 하나다. 또 근대성의 상징으로서의 시네마는 역시 근대의 생산물인 도시의 리듬, 기차, 놀이공원을 즐겨 재현한다.

영화는 산업자본주의 시대의 대표적 생산방식인 포드의 부품조립라인이나 테일러주의와 관계되어 있다. 그리고 영화적 스펙터클은 종종 SF 장르영화들에서 특수효과, 분장, 의상, 세트 디자인 등으로 가시화된다.

반면 디지털은 모핑(형태 변화)을 통해 영화의 사진적, 지시적(인덱스) 기능을 소멸시킨다. 문학적 서사의 선형적 방식을 비선형으로 바꾼다고 이야기하며 퍼포먼스의 일회성과 결별한다고 주장한다. 비싼 출연료를 가져가 제작비를 몇 배로 올려놓는 배우들이 필요없는 시대가 될 것이라고 예견한다. 또 디지털은 실제재 도시의 공간보다는 가상성의 공간의 창조에 이끌리며 기차의 속도보다는 〈스타 트렉〉, 〈스타게이트〉의 전송 광선(transporter beam)의 무한 속도를 찬양한다. 그리고 머드게임 등을 구현하게 한다. 그래서 디지털은 후기근대나 탈근대 혹은 고삐풀린 근대의 제반 양식으로 설정되며, 디지털의 모핑 방식이 만들어내는 스펙타클은 재현에 필요한 최소한의 물질적 재료들을 대체하고 있다. 이런 미디어의 디지털화라는 큰 변화에 대해 다음과 같은 비판이 있다.

이런 뉴미디어는 권위적이고 광고 담론에 적합한 소구 양식에 맞춤인 것 같다. 이미지들을 포함하는 정보의 두 번째 측면은 다수의 지식인들에 의해 제기되긴 하지만 그것은 여전히 희소하다.

즉 사진화학적으로 획득된 이미지의 지시적 층위의 실종에 따른 그와 연관된 조정하고 관리하기 쉬운 도상적이고 상징적인 이미지들의 확산은 권위주의와 광고의 경향을 또한 가속화시키는 발전이다. (폴 월먼, "Reflections on Digital Imagery: Of Mice and Men," 전주국제영화제 디지털 심포지엄 자료집 중)

이정우는 '디지털이란 무엇인가'라는 질문을 던지면서 공학적인 맥락에서는 아날로그가 연속에, 디지털이 불연속에 대응하지만 존재론적인 맥락에서는 아날로그가 불연속에, 디지털이 연속에 대응한다고 설명한다. 즉 아날로그는 개별적인 존재들, 즉 개체들이 각자의 "동일성/정체성"을 가지고 존재하는 세계이며 디지털의 세계는 마치 용광로에 각종 형태의 고철들이 들어갔다가 전혀 다른 물체가 되어 나오듯이 개별성들이 와해되고 다양하게 형태 변이되는 세계이기 때문에 만일 그 기술이 악용되어 독재자가 디지털 기술을 사용해 온통 사물들을 변형시킬 때 묵시론적인 세계가 될 것임을 경고하고 있다(이정우, 『접힘과 펼쳐짐』, 219쪽, 거름, 2000).

그렇다면 현재의 주류적 쓰임새에 비판적인 전위적 디지털 시네마란 바로 디지털 매체의 모핑 기능을 조심스럽게 사용하면서 권력에 의한 조정과 통제에 쉽게 경사되지 않을 서사와 픽셀 이미지, 그리고 관람 환경을 만들어내는 것일 게다. 또한 디지털에 대한 성찰을 바로 그 디지털 시네마 텍스트 안에서 재현해냄으로써 앞으로 주류 매체 양식으로 군림할 디지털 기술을 바로 그 자체를 통과해 전복해내야 할 것이다.

2. 디지털 영화의 스펙트럼

비디오 아트가 소니에서 개발한 홈 비디오 카메라로부터 힘을 얻고 시네마 베리테 운동이 아리플렉스 16mm 카메라에서 동력을 얻었듯 지금 우리에게 알려진 디지털 영화 중 〈셀레브레이션〉 등은 소니와 캐논에서 개발한 미니 DV 카메라를 영화 현장에 끌어들임으로써 가능해졌다. 기존의 영화/텔레비전의 관행들로부터 의도적으로 거리두기를 했던 비디오 아트와는 달리 도그마의 〈셀레브레이션〉은 지난 100여 년의 픽션 영화의 관행을 대부분 따르면서 일부를 변형시키고 미니 DV 카메라의 현장에서의 유연성(소규모 스태프들의 현장 참여와 그것이 부분적으로 가능케 하는 배우들의 보다 사적인 연기적 표현)과 고가의 필름 재료 자체를 미니 DV 테이프로 교체해 얻어지는 예산 절감 등을 결합시킨 절충된 형식을 가지고 있다. 이때 지난 100여 년의 픽션 영화의 관행이란 영화의 제작, 상영, 관람, 배급 방식이 만들어낸 일반적 규약들을 말한다. 예컨데, 빛에 예민한 필름에 적합한 조명을 조정할 수 있는 DOP(director of photography)의 필요성과 무거운 카메라/사운드/조명/크레인 등을 작동하는 데 필요한 적정한 인원의 스태프들, 영화의 비연속적인 촬영 방식에 익숙한 연기자들, 대략 90분에서 2시간에 이르는 상영시간과 히치콕의 〈싸이코〉 이후 공고화된 영화의 시작과 더불어 입장하는 제도, 그리고 집단적이면서 동시에 개체화된 관람 방식 등이 그것이다.

미니 DV로 촬영된 〈셀레브레이션〉은 이 중 일부를 소위 도그마 순결 서약을 통해 깨고 있다. 예컨데 인공 조명을 사용하지 않고 주변의 소음을 엄격하게 통제하지 않으며 핸드헬드 카메라를 사용함으로써 모빌 장비들을 배제한다. 이로 인해 필요한 기술 스태프들의 숫자가 급격히 감소한다. 하지만 동시에 영화 연기에 적합하도록 매우 잘 훈련된 연기자들과 조명을 사용하지 않고서도 충분한 효과를 거둘 수 있는 90분가량의 시간적 흐름에 적합한 시나리오의 구성, 그리고 35mm 필름 프로젝터로 일반 극장에서의 상영(인터넷이나 디지털 프로젝터를 사용하는 것이 아니라)을 통한 배급 형식을 그대로 따르고 있다. 〈셀레브레이션〉과 같은 작품에서 디지털과 시네마는 조우하지만 그 만남으로 형태 변화(morphing)하기보다는 각각의 형태를 유지하면서 병치되고 있는 셈이다. 디지털과 시네마가 비복합적으로 만나는 한 예다.

반면 디지털의 매체기술적 특이성을 성찰하고 활용하면서 그것이 예고하는 사회에 대한 상상력을 촉발시키는 작품들이 있다. 흑인 인권 운동과 매체 운동을 결합시킨 블랙오디오 그룹 출신의 영국 감독 독 존 아캄프라의 일련의 작업들 〈안개의 기억〉(The Call of Mist), 〈메모리 룸 451〉 그리고 미국의 독립영화 감독인 존 조스트의 일부 작품들(6개의 소품)이 그것이다.

〈안개의 기억〉에서 존 아캄프라 감독이라고 추정되는 한 남자가 여행을 떠난다. 그는 스코틀랜드의 섬에 도착해 낚시를 하고 풍경을 바라본다. 서정적인 섬들의 풍경 속에 남자가 머무는 사이 세상에선 복제양 돌리가 탄생한다. 그리고 그의 여행이 어머니의 죽음을 애도하기 위한 것임이 밝혀진다. 이윽고 남자의 자동응답기에선 한줌의 재로 남은 어머니의 시신을 어떻게 하면 좋겠느냐는 메시지가 들려오고 이제 불안과 쓸쓸함이 앞의 서정적 풍경을 다른 태도─즉 사라진 것에 대한 애도─로 읽기를 권유한다.

복제양 돌리처럼 생물학적 무한복제가 가능한 세상에서 가까운 이의 죽음은 어떤 의미인가? 그리고 역시 원본 없는 무한복제가 가능한 디지털 매체는 어떤 미래를 열 것인가? 이미지 조작이 가능한 세계에서 내가 표현해낸 기억은 과연 나의 것으로 남아 있을 것인가?

우리가 알고 있는 방식의 죽음과 새로운 탄생의 방식을 대비시키며 〈안개의 기억〉은 동시에 이 텍스트의 생산을 가능케한 디지털 매체에 대한 성찰적 태도를 견지한다.

존 조스트의 〈6개의 소품〉은 VHS의 컬러바(Color Bar)를 보여주며 시작한다. 그러나 이 컬러바는 디지베타 포맷 속으로 들어오면서 분절

된 후 형태 변이를 일으킨다. 비디오의 시대로부터 디지털적 표현으로의 이행을 전경화하면서 존 조스트는 디지털 카메라를 들고 남부 유럽의 도시들을 소요한다. 마치 자신의 손 끝에 카메라를 단 것처럼 촉각과 시각을 결합한 촉시각을 경험케 하려는 듯 혹은 디지털의 가상성이 소멸시켜버리겠다고 위협하는 촉각의 세계를 환기시키듯 그는 로마의 성베드로 성당의 기둥들을 만지듯 촬영해나간다.

점차로 이미지들은 형체를 잃거나 흘려보내버리고 그 이미지들 밑에 마치 자막처럼 떠오르는 문자 텍스트들은 글자를 읽는 시지각 운동의 한계속도를 실험하듯 빠르게 전광판처럼 점멸한다. 그래서 그것은 점점 차라리 이미지가 되고 문자 텍스트와 이미지의 대립적이거나 보완적 관계는 불투명해지거나 불가능한 것이 된다. 디지털 베타의 투명할 정도의 선명성과 그것의 점차적 이그러짐이 대비되면서 생산되는 것은 차라리 이미지와 텍스트의 소멸이며 개념적 명징성의 부상이다. 형태가 변형되어 그 윤곽마저 소멸할 지경에 이르고 문자가 흘러가는 속도 때문에 판독이 어렵다고 한다면 관객의 지각 행위는 시각이 포착하는 즉각적인 세계를 떠나 그 의미를 사유하는 층위로 떠나는 것이 아닐까?

악의 진부함 또는 평범함에 대항하는
여성의 말/언어: 〈한나 아렌트〉

영화는 '말'을 얼마나 정확하게 전달할 수 있을까. 그 말이 야만적 폭력, 진부하고 평범한 악에 대항하는 힘이고 권위이며 저항일 때? 나치즘에 쫓겨 독일에서 미국으로 망명한 유태계 여성 철학자 한나 아렌트에 의해 말해진 말, 철학적 언어들이 더 큰 오해와 논쟁의 화약고로 그녀를 가혹하게 집어던질 때, 이미지와 사운드로 이루어진 영화는 이 말의 길, 언어의 쟁투를 어떻게 명료하게 찾아가고 밝히고 옹호할 수 있는가. 영화가 '말'을 조명할 수 있는가?

잘 알려진 대로 영화는 라디오가 아니다. '말'만 하는 미디어가 아니다. 페미니즘 영화의 선구자인 독일의 마가레테 폰 트로타는 〈한나 아렌트〉(2012)를 통해 '말' 영화, 특히 여성의 '언어' 영화의 어떤 전범을 보여준다. 줄리아 크리스테바는 『삶은 서사이다』라는 책에서 "언어, 자아, 신체, 정치적 공간과 삶"을 한나 아렌트의 사상을 이해하는 주요 개념으로 설정한다. 크리스테바는 아렌트가 철학을 '이야기'한다고 말한다.

또한 정치이론가 세일라 벤하비브는 『어두운 시대의 정치: 한나 아렌트와의 조우』(Politics in Dark Times: Encounters with Hannah Arendt)라는 편저에서 9·11 사태 이후의 당대와 호흡할 수 있는 아렌트의 주요 사유의 목록을 "도덕적·정치적 평등성, 행위, 탄생성, 판단, 자유, 주권, 국제법, 인종 학살" 등으로 논거하고 있다.

아렌트의 사유와 언어를 둘러싼 여성 철학자, 정치학자들의 반가운

향연과 더불어 영화감독 마가레테 폰 트로타는 〈로자 룩셈베르크〉, 독일의 대수녀원장인 힐데가르트를 다룬 〈위대한 계시〉(2011)에 이어 〈한나 아렌트〉를 만들게 된다. 3부작에 이르는 셈이다. 이 3부작의 각 인물을 연기하는 배우는 바바라 수코아다. 배우로서 무엇을 더 바랄 수 있을까.

영화는 1960년에서 1964년까지 아렌트가 나치 전범인 아이히만의 재판을 예루살렘에 가서 지켜보고, 뉴요커에 관련 보고서—이후 『예루살렘의 아이히만: 악의 평범성에 대한 보고』(1963, 1965)라는 제목으로 출간—를 게재한 이후 쏟아지던 비판과 분노, 아우성, 협박의 장면과 맥락을 재현한다. 이전 아렌트는 『전체주의의 기원』(1951), 『인간의 조건』(1958) 등의 저서를 출판했고, 나치 전범 아이히만이 재판 과정에서 보여주는 양태를 들어 그 유명한 '악의 진부함, 평범함'(the banality of evil)이라는 생각을 제출한다. 무사유가 악의 다른 이름이며, 악의 진부함의 얼굴이라는 것이다. 생각하지 않고 전체주의의 명령, 법을 따르는 것. 따르면서 가속화시키는 것. 그것이 아이히만적 악의 평범함이다.

아렌트는 또한 유태인 지도자들이 협력하지 않았다면 대량 학살된 유태인들의 숫자는 축소되었을 것이라는 의견을 낸다. 여기에 유태인들은 반론, 격론을 제기한다.

아렌트가 뉴스쿨의 학생들에게 강연하는 시퀀스, 서재에서의 독서, 글쓰기 등 영화는 철학자, 정치사상가에게 기대할 수 있는 모습을 충실히 재현한다. 사상, 언어의 장면들이다.

반면 아렌트의 사랑과 우정, 끽연의 장면들도 활달하게 제시된다. Vita Activa! 논쟁적인 메리 메카시와의 우정, 예루살렘의 친구(거숌 숄렘인 듯), 남편 하인리히 블뤼허와의 신뢰 등.

여성은 일반적으로 감정적이고 히스테릭하다는 혐의를 받는 반면, 〈한나 아렌트〉에서 그녀는 조국, 민족의 아픔에 냉정한 보편주의자라는 비난을 받는다. 이 부분이 흥미롭다. 감정과 이성의 양극단에 위치한 증오의 대상으로서의 여성의 자리.

그러나 폰 트로타는 이 극단의 질타로부터 아렌트를 지켜낸다. 그녀의 말, 언어, 연설, 강연, 강의를 그 어떤 시각적 장치, 미장센, 미장아빔, 내러티브보다 그 우위에 놓고 존중함으로써……. 수사학적 의미가 아니라 여성의 언어, 그것도 공중, 대중을 앞에 두고 발화되는 그 언어를 전면화하는 것이다.

〈한나 아렌트〉는 메가박스 신촌에서 2013년 5월 24일부터 30일까지 열리고 있는 제15회 서울국제여성영화제에서 상영되고 있다. 영화제 개막작으로는 영국 여성 감독 샐리 포터의 〈진저 앤 로사〉가 선보였다. 1960년대 초반 냉전 시기 핵전쟁의 위협 속에서, 사상적으로나 성적으로 자유로운 아버지 밑에서 자라는 진저(엘르 패닝)의 성장담이다. 같은 날 태어난 소울 메이트 로사(앨리스 엥글레르트)가 자신의 아버지와 사랑에 빠지고, 세상은 핵 위협에 무방비 상태다. 진보적 부모 세대를 다음 세대의 시선으로 불안하게 질의하는 영화다. 삼성을 다룬 〈탐욕의 제국〉부터 남성 감독들도 참여하는 오픈 시네마의 〈마이 플레이스〉, 홍재희 감독의 〈아버지의 e-mail〉까지 모두 관객을 기다리고 있는 영화들이다.

2장 영화의 예지

노인을 위한 사랑은 있다, 없다: 〈아무르〉

경찰들이 아파트의 문을 강제로 열고 있다. 문을 열자 악취가 나는지 창문을 연다. 그러다가 늙은 여자의 시체를 발견한다. 그녀의 얼굴 주변이 꽃송이들로 덮여 있다. 〈아무르〉(사랑)라는 영화의 제목이 이어진다. 감독 미하엘 하네케의 이름이 뒤따른다. 그다음이 콘서트 장이다. 시작 전, 콘서트홀에는 많은 사람이 앉아 있다. 우리는 익명의 경찰들과 죽은 사람의 얼굴만을 보았을 뿐이므로 이 장면에서 누구를 보아야 하는지 알 수 없다. 화면 중앙 녹색 스카프를 두른 여자가 눈에 띄지만 앞 장면과의 연관성을 찾기 어렵다(이후에야 영화의 주인공들이 왼편 중간쯤에 위치한 것을 알아챈다). 위와 같은 배열의 오프닝은 예사롭지 않다. 경찰들이 발견한 시신과 '아무르'라는 제목 그리고 콘서트에 모인 사람들. 혹은 문이 부서져나가는 소리와 슈베르트의 피아노 곡.

피아노 독주회가 끝나고 나서야 우리는 주인공들을 만난다. 프랑스 영화의 전설적 배우들인 장 루이 트린티냥(조르주)과 엠마누엘 리바(안느)다. 그들은 연주자와 인사를 나누고 버스를 타고 다정하게 이야기를 나누며 집으로 온다. 누군가 와인 오프너로 집에 침입하려 한 것 같다고 조르주는 말한다. 노년의 두 사람은 다정하다. 취미를 공유하고 말을 나눈다.

아침이 되어서야 이상 징후가 나타난다. 타이머로 시간을 측량해 계란을 삶아 조르주에게 갖다주던 안느가 뇌졸중 증세를 보인 것이다. 이후 영화는 악화 일로의 안느와 그녀를 보살피는 조르주를 세밀하게 가늠한다.

미하엘 하네케 감독에게 감탄하는 이유는 그가 제3의 의미, 일종의 둔각과 자로 잰 듯한 예각을 동시에 구사하기 때문이다. 예컨대 기미와 증후와 증세로 일상에서의 어떤 섬뜩한 기호의 출현을 정확히 조각해나가다 실언처럼 미끄러지거나 들어맞지 않는 장면들을 섞는다. 〈아무르〉에서의 예술과 삶의 법칙이기도 하다. 전작 〈피아니스트〉와 〈하얀 리본〉, 〈퍼니 게임〉 등이 냉혹한 파괴 쪽을 바라보고 있다면, 〈아무르〉에서 냉정함은 한편으로는 괴물 같고 다른 한편으로는 오히려 약하고 가여운 부서지기 쉬운 감정이다. 천하의 장 루이 트린티냥과 엠마누엘 리바가 노년에 접어들었기 때문이다. 극진히 간호하던 조르주는 안느를 모욕하고 그녀의 뺨을 때린다. 안느 역시 조르주의 마음을 어떤 방식으로든 시험하게 된다. 조르주는 결국 그녀를 목 졸라 숨지게 한다.

누군가 이 영화가 평균수명이 길어지는 시대, 노년의 돌봄과 죽음에 관한 윤리학이라고 한다면 그것은 그렇기도 하고 아니기도 하다. 그런 이유는 미하엘 하네케가 그런 프레임을 가진 독해를 유도하기 때문이고, 그렇지 않은 이유는 예의 이 영화의 냉정한 태도 때문이다. 노년에도 사랑의 지속은 가능하다. 그 사랑은 아침을 함께 먹고 대화, 취미를 공유하고 서로를 보살필 때 지속된다. 이전이라면 공유하던 것을 한 사람이 상대에게 홀로 제공해야 할 때, 그래서 정신적으로 육체적으로 공유가 불가능해질 때, 사랑은 상대의 삶을 죽음으로 끝낼 수 있는 물리적 힘이자 권리다. 여기에 공포가 있다. 노년의 사람들에게 사랑과 죽음이 이와 같은 죽임의 '이중무'를 이룰 때 이것이 존엄한 죽음의 방식인가? 뇌졸중으로 판단 능력과 언어 능력을 잃어가는 아내를 남편은 죽일 수 있는가?

이 질문이 영화에서 존재론적 예각을 얻는 것은, 이들이 경제적으로는 여유로워 타자들의 도움을 받을 수 있기 때문이다. 즉 조르주는 두 명의 간호사가 교대로 간병을 할 수 있게 하고 청소를 하는 사람이 따로 있고, 청소부의 남편이 물 같은 무거운 물건을 날라다준다. 물질적 조건은 충족되지만, 두 사람의 심리와 안느의 몸은 악화 일로다. 노년은 희망을 빼앗는다.

안느는 언어를 잃기 전, 앨범을 보며 지난날의 삶이 얼마나 아름다운가를 이야기하기도 했다. 그러나 조르주는 식사를 하다 말고 맥락 없이 사진을 들춰보는 안느를 불만에 차 바라본다. 음악을 사랑하고 연주하던 파리에 거주하는 두 부르주아 남녀의 노년. 그들의 일상의 섬세함과 다정함, 친절은 그런 삶을 유지할 수 없을 때 '존엄사'라고 부르기엔 폭력적인 죽음을 맞는다. 사랑은 돌봄이기도 하지만 냉혹한 결단이기도 하다.

나를 위해 노래 불러줄 수 있어?
: 〈그녀에게〉와 〈부에노스 아이레스 디그리 제로〉

페드로 알바도바르의 〈그녀에게〉에는 카에타노 벨로소가 부르는 노래 〈쿠쿠루쿠쿠 팔로마〉가 담긴 장면이 있다. 예외적일 만큼 이 시퀀스는 공연의 상당 부분을 그대로 담고 있다. 바로 이전 장면에서는 한 남자가 수영을 하고 있다. 부감으로 잡은 풀장 안에서 그는 수영을 멈추고 수면으로 올라온다. 그러고는 도무지 믿어지지 않는다는 듯, 경이로운 표정을 하고 음악 소리가 들리는 쪽을 바라본다. 그의 시선으로 발견된 카에타노 벨로소의 노래하는 모습과 소리는 곧 아름다운 여자를 포함한 다른 참석자들이 경탄하는 표정에 의해 그 공감대가 확장된다. 카에타노 벨로소는 베일 것 같은 날카로움, 그러나 동시에 하, 하는 웃음으로 잊혀질 것도 같은 생의 비극과 희극을 〈쿠쿠루쿠쿠 팔로마〉에 얹는다. 그리고 그 모든 것을 표현해내는 음악 없이는 한 순간도 살 수 없을 것 같은 절절함으로 노래한다. 보다 놀라운 것은 그러나 소리를 깊숙이 밀어 넣는 대신 오히려 살짝 위로 튕겨내, 삶의 슬픔은 무거우나 노래의 톤은 깃털처럼 가볍고 보드랍다는 것이다.

마르코(다니오 그란데네티)는 서서 그의 노래를 듣다가 눈물을 흘린다. 그는 기자다. 그렇게 눈물을 떨어뜨리는 남자를 지켜보고 있던 여자 투우사 리디아(로사리오 플로레스)는 한쪽 어깨를 기울이고 한쪽 다리를 조금 더 구부린 채 걸어가는 마르코를 따라가 그를 뒤에서 껴안는다. 그들은 사랑에 빠지지만 리디아가 투우를 하다 부상을 당해 식물인간이 되는 바람에 이들의 관계는 곧 기약 없는 침묵 속으로 떨어진다. 노래가 맺어준 인연이 맞게 되는 역설적인 상황이다. 이들의 관계는 불가능해진다.

영화 속 영화로 무성영화 〈애인이 줄었어요〉를 사용하고 피나 바우쉬의 퍼포먼스를 상당 부분 사용하는 등 혼합매체적 특성이 두드러지는 중에 〈그녀에게〉 속 카에타노 벨로소의 노래는 마르코의 눈물, 그 반응에 의해 매개된다. 그래서 이 영화의 많은 장면에서 식물인간으로 누워 있어야 하는 리디아 대신 마르코를 영화적 감정 축의 중심에 놓이게 한다.

영화 속에서 사용된 〈쿠쿠루쿠쿠 팔로마〉 노래가 내 마음을 흔든 것은 그러나 〈그녀에게〉를 보기 이전이다. 왕가위 감독의 〈해피 투게더〉(1998)라는 영화의 메이킹 필름 〈부에노스 아이레스 디그리 제로〉라는 다큐에서다. 다른 메이킹 필름처럼 이 영화에도 본편에는 나오지 않는 장면이 있는데 관숙이와 장(장쳰) 그리고 아휘(양조위)가 만나고 엇갈리는 시퀀스다. 여기서 관숙이는 차창 밖으로 두 손을 늘어뜨리고 광장을 돌고 있다. 그리고 그 장면은 장의 내레이션 "내가 도착하는 날 너를 보았지"와 맞물리며 나온다. 그리곤 아르헨티나 적도 특유의 색감을 지닌 붉은 구름과 왕가위 감독이 세계의 끝에 있는 섬의 이름을 묻고 있는 장면이 이어지며 세상의 끝, 등대가 보인다.

그리곤 "나를 위해 노래 불러줄 수 있어?"라는 독백이 나온 후, 〈쿠쿠루쿠쿠 팔로마〉 노래가 들린다. 관숙이는 이번엔 한 손을 창밖으로 내민다. 한 손을 내밀건 두 손을 다 내놓건 간에 창밖으로 늘어진 그녀의 손은 세상과의 절연 혹은 연결 그 사이, 틈새에 놓인 절대절명의 외로움을 절묘하게 포착한다. 노래 속에서 간간히 들리는 '라 팔로마 트리스테스'. 슬픔이라는 단어는 이 짧은 몽타주의 혼란한 메이킹 다큐에 감정적 연결을 만들어준다. 노래가 서로 동떨어진 것처럼 보이는 장면들을 하나로 이어주는 와중에 관숙이가 아휘에게 "우리 안아볼까?"라고 말을 건넨다. 게이인 아휘가 "왜?"라고 대답하자, 관숙이는 "남들이 보고 질투하라고"라며 농담조로 말을 받는다. 그러나 카메라는 아휘를 안고 있는 관숙이의 슬픔을 억누르지 못하는 얼굴을 보여준다. 불가능한 사랑의 대상 때문에 관숙이는 이과수 폭포로 떠난다.

〈그녀에게〉나 〈부에노스아이레스 디그리 제로〉, 두 영화 모두 〈쿠쿠루쿠쿠 팔로마〉와 불가능으로 떨어지는 사랑을 노래하고 있다. 말 그대로 마음의 현을 깊이 울린다.

포스트 셀룰로이드: 〈인랜드 엠파이어〉

소니 피디 150으로 찍었다고 한다. 필름을 버리고 HD로 달려가는 이즈음 데이비드 린치는 이제는 아마추어 수준의 디지털 동영상 카메라로 간주되는 카메라로 이 3시간짜리 영화를 촬영했다. 2년 반 정도의 제작 기간을 가진 후 2006년 베니스 영화제에서 상영되었고, 데이비드 린치는 DVD 배급도 자신이 독자적·독창적으로 해보겠다고 이 영화의 제작을 맡았던 프랑스의 카날 플러스에 제안했다. 제작과 배급, 양자의 독보적 길을 찾는 중인 것이다.

나는 이 포스트 셀룰로이드 시대에 데이비드 린치가 럭셔리 HD가 아닌 소니 피디 150으로 겹겹이 구성하고 다시 해체하는 이미지와 굉장한 사운드 디자인이 오케스트레이션해내는 음향과 분노, 공포, 유머가 뒤섞인 소리의 세계, 그리고 이 카메라가 거의 침투할 듯이 가깝게 근접해 로라 던의 "말처럼 길고 마른" 얼굴을 와이드 앵글로 잡아내는 것에 넋을 잃었다. 3시간 동안 마음을 졸이며 난 이 예측 불가능한 영화가 주는 긴장을 즐겼다. 넋을 잃을 수밖에 없는 또 다른 이유는 이 변화무쌍한 영화의 변덕을 '말이 되는 말'로 분석하고 다루어내야 하기 때문이다.

〈트윈 픽스〉로 미국 TV 드라마에 일종의 시각적·서사적 혁명을 가져왔던 데이비드 린치가(아직도 미드는 〈트윈픽스〉를 넘어서지 못했다) 사실 21세기가 훌쩍 지난 지금 디지털 카메라의 세계에 빠져든 것은 늦은 감이 있긴 하다. 이 영화가 참조하는 세계 중의 하나는 셀룰로이드 할리우드의 황금시대를 배경으로 만들어진 빌리 와일더의 〈선셋 대로〉다. 글로리아 스완슨보다는 젊은 여배우 로라 던, 니키 그레이스가 할리우드의 대저택에 앉아 있다. 〈선셋 대로〉의 감독 빌리 와일더는 이전에는 오스트리아-헝가리 지역이나 지금은 폴란드인 지역 출신이다. 나도 이런 식의 짜맞추기는 별로 좋아하지 않지만 니키 그레이스의 상대역 데본(저스틴 서룩스)에게 영화 속 영화에서 붙여진 이름은 빌리다. 그 난데없는 폴란드 부분을 이해할 수 있는 실마리이기도 하다. 영화가 시작하고 몇 개의 조각 에피소드들이 있은 후 니키 그레이스는 폴란드 억양으로 영어를 구사하는 이웃 여자의 방문을 받는다. 아, 우리는 이 여자를 알고 있다. 〈트윈 픽스〉에서 로라 팔머의 어머니 사라 팔머 역할을 했던 그레이스 자브리스키다. 그레이스는 〈슬픈 내일의 환희〉라고 번역된 영화의 여주인공에 캐스팅되기를 기다리고 있는 중이다. 〈선셋 대로〉처럼 집사가 정중하게 하녀들을 대동하고 등장해 이들에게 커피를 대접한다.

여기서 폴란드계 이웃집 여자, 그레이스 자브리스키는 상당히 긴 이 영화의 다른 부분에서는 별로 사용되지 않는 실마리를 던진다. 불길한 예언이다. 그녀는 이 영화가 살인을 담고 있다고 말하고, 니키의 남편과도 관계가 있다고 말하나 정작 니키는 그것을 모르고 있다. 그리고 이 이웃집 여인은 니키가 그 역에 캐스팅될 것이며 내일 건너편 소파에 앉아 그 이야기를 듣게 될 것이라고 말한다. 니키는 'fxxx'이라는 단어를 사용하면서 살인을 이야기하는 이 이웃이 재수 없다고 느껴 그만 떠나달라고 말한다. 그러나 우리들에겐 매우 다행히도 그레이스 자브리스키는 떠나지 않고 영화에서 이후 매우 의미심장하게 사용되는 '폴란드 민담'을 던진다. 2개의 버전이 있는데 소년 판은 '소년이 세상에 놀러 나간다'. 그러나 문을 나서면서 그림자를 보고 그때 악이 탄생한다. 소녀 판은 '소녀가 세상에 놀러 나간다. 시장이다. 그녀는 길을 잃는다.'

다음날 그레이스 자브리스키의 예언대로 건너편 소파에서 니키는 여자 동료들과 담소하다가 매니저로부터 캐스팅되었다는 소식을 듣는다. 그리고 니키는 고전 할리우드 시대의 배우럼 사운드 스튜디오를 방문해 수위로부터 '미스 그레이스'라는 호칭을 들으며 시나리오 읽기 리허설을 갖는다.

이 리허설 장면이 낮고 우아하면서도 어떤 불길한 예감으로 슬그머니 들떠 있다. 그리고 니키와 데본이 서로 대사를 주고받는 음성의 톤은 유혹과 긴장으로 가득 차 있다. 여기에 감독 킹슬리 스튜어트(제레미 아이언스)가 가세한다.

데본은 자신들이 독점적으로 사용하는 이 사운드 스테이지에 누군가가 기웃거린다는 이야기가 나오자 그를 따라가나 유리창 위에서 자신의 그림자만을 본다. 처음의 예언대로다. 소녀 판의 예언도 영화 전개 속에서 구현된다.

데본이 침입자를 찾으러 갔다가 다시 돌아오자 킹슬리 스튜어트는 예의 폴란드 이웃 여자에 이어 또 하나의 불길한 이야기를 한다. 사실, 이 영화는 한 번 만들어질 뻔했으나 주인공 두 사람이 죽으면서 무산되었다는 이야기다. 그러나 뭐, 이런 이야기는 할리우드에 떠도는지라…… 킹슬리는 대단치 않게 말한다.

여기서부터 이 영화에는 폴란드에서 이전에 만들어지던 영화의 잔영이 들어오기 시작한다. 멀쩡하게 사람들은 폴란드어를 하고, 니키는 자신이 폴란드어를 못한다고 말하지만 옆 사람은 "사실은 좀 해"라고 추임새를 넣는다.

이 영화는 말하자면 이미지보다는 말의 힘이 우선이다. 언어의 실마리가 주어지면 그것은 영화적 비주얼과 서사의 미래가 된다. 영화는 텍스트의 육체성 안으로 그 언어를 수태시켜, 관객으로 하여금 그것을 보게 하는 것이다. 아니, 동일한 언어적 발화가 여러 개의 상황을 갖게 된다. 예컨대 "난 동물들과 잘 지내잖아"라는 말이 내뱉어지면 영화는 표면적으로 전혀 관계가 없는 여러 상황들을 구성해내서 그 말이 말이 되게 한다. 그 말이 영화적 재현성, 육체성을 갖는 것이다. 그래서 니키의 남편은 느닷없이 예의 대사 "난 동물들과 잘 지내잖아"를 말한 후 집시들과 함께 서커스단 동물들을 돌본다고 집을 나간다. 이 대사는 토끼 분장을 한 TV 시트콤이나 다른 데서도 사용된다. 동물들과 잘 어울린다면서 서커스단 동물을 돌보아주는 직업을 얻어 집을 떠나는 남편들이 그렇게 흔하거나 평범한 사례들로 보이지는 않기 때문에 위의 대사가 들어가게 되는 맥락은 말이 말로 되는 것 같지만 사실 더 어처구니없는 상황처럼 보인다. 흥미로운 것은 이것은 부조리극도 수수께끼도 아니라는 것이다. 이것이 데이비드 린치가 만들어내는 포스트 셀룰로이드, 디지털의 세계다. 한 문장이 영화적 신체성을 가진 시퀀스로 무한 증식 가능하지만, 셀룰로이드 필름과는 달리 이미지와 사운드는 그 필름에 하나의 아날로그 요소로 틀어박히지 않는다. 디지털에서 이미지와 사운드는 테이프에 기록되지만 그것은 변형, 변모, 전환을 위한 기록일 뿐이다. 남아 있을 것은 없다.

그래서 디지털은 결국 트랜스포머다. 〈인랜드 엠파이어〉는 한편으로는 현실, 실재, 판타지, 꿈, 그들 사이의 횡보적 경계들에서 그 경계들을 환기시키면서 지워나가던 데이비드 린치의 전작들을 인용하지만, 근본적으로 디지털 테크놀로지의 인도를 받는 영화다.

즉 디지털 기술에 대한 고찰이 서사와 이미지, 사운드의 형식을 만들어내는 것이다. 여기에는 지워나갈 경계가 없다. 각각의 에피소드들이 유동(flux), 넘침, 탈구되어 있다. 실재와 환상, 영화와 현실, 무엇이 진짜인가 가짜인가, 무엇이 무엇을 초래하는가를 묻는 것이 아니라, 또 하나의 문이 또 다른 문으로 예상치 못하게 이어지는 것이 아니라, 시간과 공간이 차이로 분절되어 있는 것이 아니라 모든 장소가 '어딘가

다른 곳'이고 모든 시간이 시간성을 잃는다. '시간과 장소'는 영화의 제목이면서 캘리포니아의 실제 지명이기도 한 '인랜드 엠파이어, 내지의 제국'의 판타지에서 중요한 현실을 구성하는 지칭 기호가 아니다.

영화 재료로서의 셀룰로이드는 어떤 장소를 '박을' 때 사용된다. 필름에 그 장소는 새겨진다. 포스트 셀룰로이드로서의 디지털도 어떤 장소를 박는다. 테이프에 그 장소가 새겨진다. 그러나 포스트 프로덕션 단계에서 그 새겨짐은 모든 전환(transform)의 재료가 된다. 현실의 인덱스가 사라지는 것이다.

〈인랜드 엠파이어〉는 디지털이 보여주는 그 변형을 거꾸로 3시간의 영화적 구성 속에 도입해 디지털 시대의 논리를 영화 속에서 보여주고 있다. 영문판 이 영화의 포스터에는 제목 밑에 이 영화의 주제를 '여성의 문제'로 요약하고 있다. 이 영화는 물론 여성의 문제이면서 디지털 시대의 문제. 동시대 이중의 공포가 영화를 배회하는 것이다. 이미 다가왔으나 여전히 미지의 공포를 느낄 사람들에게 영화는 니나 시몬의 음악 삽입 후 이렇게 말한다. "달콤하고말고!"(sweet!) 여자의 얼굴을 바짝 클로즈업하면서 말이다.

시네필의 귀환 혹은 중국과 세계의 동시성
: 〈여름 궁전〉

부산국제영화제 이후 나는 사실 로예의 〈여름 궁전〉에 사로잡혀 있다. 영화제 기간 동안, 그리고 그 이후로도 인상적인 영화를 보지 않은 것은 아니다. 마지막 장면의 처절한 아름다움이 어김없이 눈물을 쏟게 만드는 차이밍량의 〈홀로 잠들고 싶지 않아〉, 전작에 비해 큰 진전은 없으나 그래도 여전히 신경이 곤두서게 만드는 브루노 뒤몽의 신작 〈플랑드르〉, 프라티바 파마의 장편 〈니나의 천국의 맛〉(영화적으로 재앙. 그래도 그녀의 건재가 반갑다), 그리고 북한, 인도 남부, 부르키나파소, 미국 와이오밍의 영화관, 영사 기사들의 이야기를 다룬 울리 가울케의 〈꿈의 동지들〉(애활가들에게는 정말 꿈처럼 애달픈 영화다). 그리고 서울로 돌아와서는 광화문 씨네큐브에서 흠 잡을 데 없이 딱 떨어지는 여성주의 윤리 멜로 〈나 없는 내 인생〉과 퀴어 멜로 〈후회하지 않아〉를 보았다. 〈후회하지 않아〉는 다음 달에 개봉하는데 정말 강추다. 감독이 서울을 바라보고 분할하는 공간감이 탁월하고, 신인 이영훈의 연기는 다정하다. 퀴어영화로서 가릴 것 없는 성 묘사에 계급 적대, 염치 불구하는 통속적 서사에 1970년대 호스티스 멜로드라마의 과감한 계승(이라 함은 당시 호스티스 멜로드라마를 호스트로 바꾸고 거기에 잔혹성과, '모든 것은 페니스로!'라는 페니스 로맨스를 절합)을 이루어내고 있다.

그러나 나는 이 좋은 가을 영화들을 보면 볼수록 〈여름 궁전〉에 대해 이야기하고 싶은 생각이 간절해졌다. 〈여름 궁전〉은 톈안먼 사태와 성적 묘사 등으로 논란이 된 작품으로, 중국 당국은 상영 불허는 물론 감독 로예와 프로듀서에게 5년의 영화 제작 금지령을 내렸다. 물론 톈안먼이나 성 문제 때문이라고는 하지 않고, 검열용 시사에 적합한 필름을 제출하지 않은 채 칸 영화제로 날아갔다는 것이 공식적 이유다.

〈여름 궁전〉을 걸작이라거나 완벽한 영화로 전환시킬 생각은 없다. 칸에서 이 영화를 본 여러 평자들이 지적한 것처럼, 2시간이 훌쩍 넘는 상영 시간 중 한 시간을 넘기고 나면 나머지 시간 동안은 언제 그 처음의 격렬함의 수위로 영화가 다시 돌아갈 것인가 좀 초조하게 기다리게 된다. 종결 부분 어느 지점에서 그 격렬함은 어떤 비극으로 뜻밖의 장소와 인물을 통해 스크린으로 돌아오긴 하지만, 10년에 걸친 이야기 구성이 모두 활기로 가득 차 있는 것은 아니다. 그래서 서사 구성이 엉망이라는 질타가 있다. 성에 관한 대담한 이야기인가 하면 정치 영화이기도 하고, 그래서 혹자는 정치 부분은 핑계거리일 뿐이라고 비판한다. 톈안먼 사건을 서구, 특히 이 영화의 자본을 댄 프랑스 아트 영화의 구미에 맞추어 각색한 것이라는 비꼼도 있다.

나는 이 혹평들이 싫다. 왜냐하면 〈여름 궁전〉의 아름다움, 그 미색은 성숙과 완결에 있지 않기 때문이다. 그리고 이 영화가 다루고 있는 것은 성의 혁명과 정치적 혁명이 교차하는 지점에 대한 빌헬름 라이히적 사유가 아니다. 서구의 시선을 위한 아트 영화라고 이 영화를 폄하하는 사람들에게는 베르톨루치의 〈드리머〉나 실컷 보라고 악담해주고 싶다.

〈여름 궁전〉은 결코 완벽하지 않은 젊은 이상주의자들이 중국의 사회, 경제 개혁 그리고 신자유주의적 세계화를 통과하는 이야기다. 예컨대 1987년 자유 섹스라는 대학의 하위문화가 이들의 젊은 몸을 안절부절못하게 한 다음 1989년 톈안먼 사건이 일어난다. 이 젊은이들 중 3명은 베를린으로 가고, 여주인공은 북경을 떠나 자신의 고향인 뚜먼으로 갔다가 우한, 베이다이허, 선양과 같은 중국의 지역 도시들을 전전한다.

『새로운 아시아를 상상한다』의 저자 왕후이는 중국의 1978년부터 1989년 사이를 가리켜 '혁명'이라는 말로 그 변동의 심도를 표현하는 것도 지나치지 않다고 말한다. 〈여름 궁전〉의 주인공들은 바로 이 시기에 자신의 10대와 20대를 보낸 사람들이다.

이 영화는 핸드헬드 카메라와 롱 테이크 이후의 점프 컷 등을 뒤섞어 10년이라는 영화적으로는 장구한 역사적 시간과 벼락같이 짧은 젊음의 시간, 전광석화 같은 질풍노도를 교직시키고 있다. 영화의 섹스 장면들은 어둡게 처리되어 친밀성이나 낭만보다는 은밀함과 혼돈을 시사한다. 텐안먼이 등장하지만 당시의 간단한 자료 화면 등에 실려 당시의 열기만 분위기로 느껴진다. 반면, 여름 궁전의 인공 호수인 곤명호에 떨어지는 만월이 수면에 흩어지고 그 곁을 연인들이 배를 저어가는 장면들은 유치하지만 아름답다.

영화가 시작되면 우리는 유홍(레이 하오)이라는 중국과 북한의 경계지대, 뚜먼에 살고 있는 아름다운 여자를 보게 된다. 그녀는 조선족 남자와 첫사랑을 나눈다. 그리곤 베이징대학에 입학한다. 1987년의 북경의 청년문화가 폭발적으로 드러나는 이 영화에서 그녀는 저우웨이(궈샤오둥)와 사랑에 든다. 이들 사랑의 광기와 혼돈 속으로 1989년 텐안먼 사건이 섬광처럼 들어왔다가 빠져나간다. 저우웨이는 군에 입영하게 되고 유홍은 베이징을 떠나 뚜먼으로 돌아갔다가 우한, 베이다이허, 선양 등을 전전하다가 평범하고 가난한 회사원이 된다. 반면 저우웨이는 군대를 나온 후 대학 동기들이 있는 베를린으로 간다. 베를린 장벽이 무너지고, 베를린 거리의 시위대와 함께 저우웨이들은 사회운동에 참여한다. 이때 리티라는 유홍의 친구가 옥상에서 돌연히 자살을 하게 되는데 섬뜩하게 불가해한 장면이다. 젊음과 정치, 사랑의 불안정성으로 돌릴 수밖에……

영화의 마지막, 저우웨이는 유홍이 있는 중국으로 돌아오지만, 미래는 그 둘이 공유하기 불가능한 그 무엇으로 보인다.

이 영화에서 흥미로운 것은 갈라진 두 개의 혀로 중국의 가까운 현대사를 이야기하는 방식이다. 그러나 이 갈라진 혀로 능히 거짓말을 하는 것이 아니라 중국 내부의 중심(베이징)과 지역 혹은 변방(뚜먼과 우한, 선양 등), 그리고 베를린으로 표상되는 세계와 중국과의 동시성과 연관성을 말하고 있다. 그리고 이 갈라진 혀로 사적인 것과 정치적인 것의 교묘한 절합을 톈안먼과 포스트 톈안먼 시대 국면을 통과하며 이야기하고 있다. 광적 사랑이라는 사적 영역을 표시하는 절정의 드라마로서의 감정과 몸의 극적 표출은, 톈안먼 사건이라는 정치적 분출과 중첩된다. 이 영화에서 재현과 현시는 사적인 것과 공적인 것으로 이분화되었다가 역사적 전환점이 되는 톈안먼 사태에서 겹쳐지고 이후 모든 것은 그 효과 속에 놓인다. 유홍과 저우웨이는 톈안먼 사건의 역사적 행위자이기도 하고 피해자이기도 하지만 생존자다.

1989년 6월 4일 전 세계를 놀라게 한 톈안먼 사건 이후 동유럽과 소련이 해체되어 냉전이 종식되고(한국과 몇 곳을 제외하고) '역사'가 종결된 국면의 변화를 간접화법으로 드러내는 이 영화의 무의식적 역사성과 정치성은 공간적 이동과 그 공간들에 있다.

반면, 한국의 〈괴물〉에서 괴물과 그 희생자들이 우왕좌왕하게 되는 공간은 한강을 넘지 못한다. 마치 광장공포증에라도 사로잡힌 것처럼 괴물은 한강 주변을 떠나지 않는다. 이것은 파괴의 영역을 점점 넓혀가기 때문에 종래 '괴물'이 되는 일본이나 할리우드의 〈고질라〉와는 영 딴판이다. 한국에서 1960년에 만들어진 〈대괴수 용가리〉는 DMZ에서 출현해 서울로 움직인다. 한국전쟁과 근접한 시기에 만들어진 괴물 영화답다.

2006년 만들어진 〈괴물〉의 공간적 이동의 제한 속에 소위 글로벌한 포스트 냉전 시기에도 분단과 북한 핵 위기, 미국 지배 등으로 냉전의 위험 속에서 살아가는 한국의 봉쇄적 공간에 대한 정치학이 작동하고 있다고 생각한다. 봉준호 감독이 〈괴물〉은 대고질라가 아닌 작은 괴물이라고 역설하던 이유도 아마 여기에 있지 않을까 싶다.

〈여름 궁전〉이 톈안먼 사태 이후의 정치적 망명과 중국의 2001년 WTO 가입 이후의 세계화에 대한 서사라고 한다면, 유홍과 저우웨이는 이 격변의 역사적 주체이며 또 비체가 되어간다. 반면, 〈괴물〉에서 영화 속 주요 인물들은 미군의 독극물 방류 사건의 효과 속에서 작동한다.

〈괴물〉과 중국의 〈여름 궁전〉을 짧게 비교한 것은 위의 두 영화가 그려내는 공간적 정치학의 대비가 너무 뚜렷하기 때문이다. 가장 역설적 사실은 100억 원이 넘는 한국형 블록버스터 〈괴물〉은 포스트 냉전의 공간 정치학의 징후, 봉쇄된 공간의 억압적 괴물성을 드러내고 있는 반면, 독립영화인 〈여름 궁전〉은 톈안먼 사태라는 정치적 봉기와 그 이후 세계화에 이르는 지도를 펼쳐 보인다는 것이다. 금융 투기, 포스트 냉전, 신자유주의 질서 속에서 왜소해진 소시민이 세상에 대해 가진 공포를 드러낸다는 점에서 〈괴물〉은 정치적인 영화지만 〈여름 궁전〉은 중국 당대 10여 년의 성찰과 비전을 가진 정치 영화다.

위의 공간의 역사화, 정치화 못지않게 중요한 것은 〈여름 궁전〉이 보여주는 영화적 열정이다. 영화의 원시적 열정이라고 부를 만큼 사운드와 이미지의 연결, 비연결, 통합과 분리가 자유롭다. 이제껏 이란 영화의 음악을 맡았던 페이만 야즈다니안이 한국 가요부터 미국 팝, 중국 가요 그리고 바로크까지 종횡무진하며 음악을 사용하는 것도 그 원시적 열정을 격상시킨다. 정성일 평론가도 헌사를 바친 바 있는 중국 문화 전공자이며 프랑스에서 저널리즘 비평의 신경지를 열었던 《카이에 뒤 시네마》의 세르주 다니는 1950년대의 작가주의, 알튀세르와 라캉과 푸코를 '야만적'으로 영화에 적용했던 1960년대 후반, 그리고 1970년대 말 시네필의 귀환을 이야기한다. 그것은 "고전 영화의 에로틱한 패러독스, 달빛의 해쓱함과 기묘한 앵글로 꺼져버린 휘도를 반영해내는" 것이다.

2006년 가을, 〈여름 궁전〉이 불현듯 생각나게 한 것이 바로 그 시네필의 귀환이다.

아피찻퐁 위라세타쿤: 두 개의 정글 시네마

〈아이언 푸시의 모험〉은 2004년 베를린 영화제와 전주영화제에서 공개된 아피찻퐁 위라세타쿤과 마이클 쇼와나사이의 비디오 연작의 제목이다. 한때 남자였으나 이제는 방콕에서 가장 무서운 여자로 통하는 아이언 푸시가 오늘도 매매춘 여성들을 괴롭히는 범죄자들 소탕으로 밤을 밝힌다는 영화다. 이제는 촌스럽기 짝이 없는 타이 카로 스튜디오의 구태의연한 영웅담을 퀴어 모험 액션으로 변모시킨 것이다. 한글 제목으로 번역하면 '강철 여성 성기의 모험' 정도가 될 것이다(물론 더 나은 번역을 모르는 바 아니나 혹시 내가 어디 나가 실수할까 걱정하는 학생들을 생각해 참는다).

1970년생 아피찻퐁 위라세타쿤이 만든 4편의 장편영화의 서사는 위의 제목처럼 어디쯤에선가 황당무계해진다. 그리고 주인공들은 도시와 열대림에 종횡무진 출몰한다. 중국 5세대의 등장이 중국 오지의 황토나 붉은 수수밭과 같은 풍경과 더불어 왔다면, 아피찻퐁 위라세타쿤은 2개의 정글을 오간다. 도시의 콘크리트 정글과 열대의 정글이다. 그리하여 그는 오리엔탈리즘이라는 손가락질로부터 가볍게 빠져나갈 뿐 아니라 전설과 신화와 해충과 욕망이 버글대는 열대의 정글을 자신의 심리적, 사회적 무대로 다시 창안해낸다. 〈친애하는 당신〉에서 미얀마와 타이의 접경지대의 열대림과 강은 초/현실적 무대가 되어준다. 미얀마에서 온 이주노동자 남자와 태국의 여자 노동자는 사랑을 나누고 오수를 즐기고 열매를 따먹는다. 그러나 정글 사이로 들어오는 햇빛,

신체의 수상 부유, 남자의 병든 붉은 피부는 이런 열대의 행복의 순간을, 시름시름 폭풍전야의 전조로 느끼게 만든다. 마침내, 이 불길한 전조는 2004년 〈열대병〉에 오면 사건으로 바뀐다. 사라진 연인을 찾아 정글을 헤매던 게이 주인공이 이제 바로 그 사라진 연인의 몸에 깃든 귀신 호랑이의 추적을 받을 때, 우리는 아피찻퐁 위라세타쿤이 2개의 정글을 자신의 영화에 새겨 넣었을 뿐 아니라, 태국의 민담과 퀴어영화의 정념, 그리고 태국 호러영화 장르를 전유한 것을 알아채게 된다. 그렇구나. 한편으로 파스빈더와 차이밍량의 세계에 접해 있고 다른 한편으로는 폴 샤리츠, 브루스 베일리와 같은 미국의 실험영화, 그리고 우리에게는 아직 미지인 태국의 B급 영화로 뻗어가고 있는 그의 영화적 정글은 〈열대병〉 속 호랑이의 인광처럼 번쩍이고 오싹하다. 인광은 물질을 자극해 들뜨게 했을 때 그 들뜸이 중지된 후 상당히 오랜 시간 동안 발광하는 현상이다. 영화의 쾌락은 바로 이 인광에서 온다.

영화평론가 김소영의 아피찻퐁 위라세타쿤 인터뷰

지난 10월 14일, 9회 부산국제영화제 '뉴커런츠' 심사위원 두 사람이 만나 이야기를 나눴다. 태국의 영화감독 아피찻퐁 위라세타쿤과 한국의 영화학자 김소영 교수. 허우샤오시엔을 좋아하는 아피찻퐁 위라세타쿤이 〈카페 뤼미에르〉를 보느라 하루 미뤄 성사된 인터뷰지만, 친근한 웃음 속에서 이뤄진 편안한 만남이었다. 아마도 아피찻퐁 위라세타쿤의 영화를 진지하게 소개하는 첫 번째 문답일 것이다.

김소영(이하 '김'): 어떻게 영화를 만들기 시작했나.

　아피찻퐁(이하 '아'): 시카고 아트 인스티튜트를 다니면서 1994년에 16mm 영화로 시작했다. 시카고 가기 전에는 필름을 만져본 적도 없었다. 나중에 다큐멘터리와 픽션의 정의에 대해 생각하게 되고, 그 두 가지가 어떻게 공존할 수 있는지를 고민했다. 내가 태국으로 돌아갔을 때, 영화 만들기는 불가능했다. 제작을 뒷받침하는 시설도 없었고 펀딩을 받을 수도 없었다. 그래서 나는 비디오로 옮겨 비디오 아트를 시작했다. 그 뒤 펀딩을 받아 장편영화를 찍을 수 있었다.

김: 어떤 감독의 영향을 많이 받았나.

　아: 마이클 스노와 피터 쿠벨카, 폴 샤리츠.

김: 〈친애하는 당신〉을 보면 영화가 감각적이라는 생각이 든다. 미얀마인을 캐스팅한 것도 마찬가지 같은데, 언어보다는 감각을 우선시한다.

아: 비평가들을 그다지 좋아하지 않지만 이런 면은 참 좋다. 내가 생각하지 못했던 방식으로 영화를 해석해준다. (웃음) 나는 내 경험과 세트의 분위기에 따라 영화를 만든다. 의도적이라기보다 무의식적으로. 그렇게 찍고 나면 비평가들은 나름의 해석을 하느라 또 재미있는 시간을 보내고. (웃음) 나는 촬영 순간의 느낌에 집중해서 영화를 찍는다. 약간 편집증적인 데가 있어서 무엇이든 언제나 적어두는 습관이 있다. 사람들을, 동물들을 세세하게 보고 항상 필기를 해둔다. 나는 디테일에 집착한다. 주인공이 소변을 보면서 성기를 만지는 장면도 그런 디테일 중 하나다. 하지만 상징주의적인 측면에서 그 장면이 가지는 의미는 촬영 당시에는 염두에 두지 않았다.

김: 〈친애하는 당신〉의 타이틀은 영화가 절반이나 지난 뒤에 나오기 때문에 보는 사람들의 기대를 뒤집는다. 시간에 관한 실험을 하려는 당신의 집착에서 나온 시도인가.

아: 타이틀 시퀀스는 미리 계획한 게 아니라 편집실에서 작업을 하다가 튀어나온 생각이다. 그게 옳은 것 같아 보였고, '당신이 보는 것은 영화'라는 사실을 강조하고 싶었다고 할까. 관객이 영화 속 이야기에 몰입하다가 갑자기 평면적인 화면이 튀어나오면, 누군가가 어깨를 툭 치는 것 같은 느낌을 받을 수 있을 것 같아서였다.

김: 〈열대병〉에 대해 묻겠다. 병사와 소년은 무척 긴밀한 관계로 발전하고 있었는데, 정글 속으로 정작 소년이 사라지자 병사는 별 감정적 영향을 받는 것 같지 않아 보였다. 정글 장면은 병사의 마음 여행인 것 같아 보였다.

아: 칸 영화제에 어떻게 시놉시스를 제출할 것인가 고민했었다. 〈열대병〉이 두 개의 이야기라는 것을 노출하고 싶지 않았기 때문이다. 두 번째 영화에는 따로 타이틀까지 있지 않았나. 두 영화는 마지막에 통합되지만 완전히 다른 영화다. 첫 번째 부분은 다큐에 가깝고, 두 번째 부분은 좀 더 초자연적이다. 혹 첫 이야기는 병사가 회상하는 것 아니냐고 묻는 기자도 있었다. 관계의 좋은 측면만 기억하고자 하는 병사의 판타지가 아니냐고. 〈열대병〉은 '응시'에 관한 영화다. 관객을 바라보는 남자의 장면에서 영화가 시작한다. 그는 주위를 둘러보기 시작한다. 그런데 어둠이 찾아오면 보이는 게 거의 없기 때문에 눈이 머는 것 같은 화면이 된다. 시각보다 감각이 우선한다. 마음이 모든 것을 지배하게 된다. 그래서 밀림으로의 여행은 마음으로의 여행과 같은 의미를 갖는다. 믿지 않을지도 모르겠지만, 처음에는 1시간이나 어둠 속에서 촬영을 하려고 계획했던 것은 아니다. 음악도 넣고 빛도 좀 넣어야 하지 않을까 했었다.

김: 앤디 워홀이라니까. (웃음) 정말 대담했다. 한국에 몇 번 와본 것으로 아는데, 한국의 관객이나 젊은 영화인들에게 하고 싶은 말은.

아: 관객은 매우 적극적이고 활발했다. 태국에서는 아웃사이더 취급을 받았는데 이곳은 그렇지 않아서 에너지를 충전하고 돌아가는 느낌이다. 영화를 찍을 때, 나는 내가 그때 느끼는 것을 많이 반영한다. 〈열대병〉을 찍을 때, 나는 가족, 사랑, 자금 문제 등 모든 문제에 대해 우울했고, 영화의 모든 것을 다운된 분위기로 표현했다. 그래서 〈열대병〉을 보는 당신의 시각과 나의 시각은 다를 수밖에 없다. 〈열대병〉의 대화나 로케이션은 모두 내 경험에서 나온 것이다. 그런 면에서는 다큐라고 할 수 있을 것이다. 일기 같다. 10년 전을 돌이켜보는 나의 기분을 반영하는. 영화인이라면 자신의 관점이 필요하다고 생각한

다. 이것이 내 관점이다. 그렇다면 당신의 관점은 무엇인가? 젊은 영화감독들에게 필요한 것은 바로 자신의 관점이 아닐까. 나처럼 영화를 찍는다는 것은 정말 장난이 아니다. 파이낸싱 측면에서도 희생이 필요한 게 있다. 현실을 직시해야 한다. 나는 태국에서 다른 일들을 하기 때문에 운이 좋은 편이다. 나는 디자인 컨설팅, 뮤직비디오 제작 같은 일들도 한다. 처음에는 눈치를 봐야 할 일도 많지만 일단 크게 성공을 거두면 하고 싶은 대로 할 수 있지 않나. 그때는 치사하게 굴어도 된다. 이런 게 해피엔딩 아닐까.

(정리:《씨네21》정한석 기자)

솔(발바닥)로 소울(영혼)에 이르는
몸의 약속: 〈태풍태양〉

〈태풍태양〉은 센 제목이다. 바람, 햇살이 강렬하게 몰아치고 내리쬐는 젊음의 어느 날들. 그뿐인가? 이들은 어그레시브 인라인 스케이트에 미쳐 있다. 그래서 영어 제목은 "The Aggressives"이다. 청춘은 질풍노도, 태풍태양의 계절인 만큼이나 (사회적으로) 헛된 열정의 순간이기도 하다. 자본으로 교환도 환원도 축적도 되지 않는 일에 자신을 온전히 바치는 것. 인라인 스케이터를 비롯한 특정한 하위문화의 숭고미에 가까운 아름다움은 이런 경제적 '무가치'가 그 하위문화 동아리 사람들이 아! 야! 와!라는 탄성과 박수를 보내며 감탄하며 숭배하는 상징적 가치로 무한히 끌어올려지는 데 있다. 익스트림 스포츠가 자본의 무한경쟁이라는 사회적 공간 주변부에서 비사회적 무한경쟁, 한계초과를 표식하면서 동시대적 숭고미로 기능하는 이유이기도 하다.

영화에서 소요(천정명)는 아리스토텔레스의 소요학파를 연상시키는 멋진 이름을 가진 이 영화의 내레이터이자 주인공 중 한 사람이다. 그러나 수업은 따분하면서도 어렵기만 하고. 부모는 갑작스레 해외로 도피해 집에 혼자 남아 있다. 수업 중에도 인라인 스케이트라는 판타지에 빠져 있다가, 모기(김강우)라는 잘난 스케이터가 속한 동아리에 어울리게 된다. 훈련된 묘기를 보이는 모기, 맏형 같은 갑바(이천희), 그리고 모기의 여자 친구이면서 비디오로 이들의 활동을 기록하는 한주(조이진)는 부재하는 부모의 자리를 대신해 소요에게 유사 가족으로

다가온다.

은근히 한주에게 마음을 두고 있는 소요가 모기를 왜 좋아하냐고 묻자 한주는 "야심이 없어서"라고 대답하는데, 정말 모기는 딴 마음 먹지 않고, 딴 목표 없이 인라인 스케이트에만 매달린다. 반면, 갑바는 동아리 사람들을 잘 보살피면서 인라인 스케이트의 사회적 상승을 꿈꾸고, 세계대회 참여를 중요하게 생각한다. 그러던 중 갑바는 대회 참여를 위한 항공권 마련을 위해 모기를 CF 촬영에 동원한다. 기어이 이들 간에 갈등은 시작된다. 그러나 이런 줄거리 요약은 사실 이 영화에 크게 도움이 되지 않는다. 〈태풍태양〉은 마치 인라인 스케이트의 예측 불가능한 다음 동작들과 구심력과 원심력을 활용하면서도 그 힘들을 거슬러 가속을 얻는 것처럼, 직선적 이야기나 한두 명의 주인공의 사랑과 갈등, 우정 등에 머물지 않는다. 이야기들의 흩어짐과 모임, 속도의 장엄함, 젊은 육체의 순간적 상승과 하강, 감정의 유출, 육체적 떨림, 또 이 모든 것이 펼쳐지는 도시와 한강의 수려한 경관에 카메라가 어떻게 반응하고 다가가고 있는가를 보는 편이 매혹적이다.

〈태풍태양〉에서 내 마음을 빼앗은 것은 그라인드다. 인라인월드(inlineworld.net)이라는 동호회에 들러보니 그라인드는 "대리석의 모서리 부분, 커브, 레일을 인라인의 H 블록 바닥 부분으로 타고 내려오는 것"이라고 한다. 인라인 스케이터들이 거리와 광장과 지하철의 계단 등지에서 경계와 모서리와 주변부 지점을 아슬아슬하게 타고 질주하거나 굴러 떨어지거나 되돌아오거나, 튀어 오르는 장면들은 말 그대로 사회의 주변부에 속한 소수자들이, 그 주변에서 어떻게 생존하고 의미를 만들어 존재하는 것인가에 대한 보고서다. 인라인 스케이터들은 도시와 거리의 주변에서 바로 그 가장자리 공간을 특화해 육체와 속도, 흥분과 위험의 황홀경을 만들어낸다. 〈고양이를 부탁해〉에서 살짝 주변부로 밀려나 있는 여자 친구들의 삶을 인천의 철거 지역을 비롯한 도시 공간 이곳저곳에 배열해 여성(소녀)주의적 민속지를 그려나가던 방식은 〈태풍태양〉에 와서 바로 가장자리 그 좁다란 표면 위에서 튀어 오르고 튕겨져 나가는 청년들의 몸의 향연으로 바뀐다. 주변 공간을 익스트림하게 활용하는 인라인 스케이트의 그라인드 테크닉 자체가 경계에 놓인 하위문화에 대한 논평이자 형식화인 것이다. 주변 공간에 작용하는 자연적, 사회적 힘의 배열을 몸과 인라인 스케이트로 바꾸어 버리는 것이다. 원심력, 구심력, 중력과 같은 힘들을 활용하고 겨뤄내고 하는 것만이 아니라 사회적으로 위계화된 힘, 정상적이라고 불리는 힘들을 이 공간 안에서 순간적으로 밀어내고 뒤집어내는 셈이다.

인라인 스케이트에서 마음에 드는 것은 '앨리웁 애시드 투 소울'과 같은 테크닉에서 사용하는 '소울'과 같은 용어인데, 원래는 영혼(soul)이 아니라 발바닥(sole)이었겠으나, 번역과 이해 과정에서 발바닥을 활용한 기법이 '영혼의 어그레시브 스케이팅' 등으로 한국 인라인 스케이터들에게 수용되는 것이 흥미롭다. 솔(발바닥)로 소울(영혼)에 이르는 몸의 진성성이 느껴져서 좋다.

맨몸, 맨손으로 벽이나 여러 장애물을 곡예를 하듯 뛰어넘는, 아프리카어로 '초인'이라는 뜻의 야마카시라는 익스트림 스포츠를 다룬 동명의 〈야마카시〉(2001)라는 영화의 경우도, 파리 뒷골목 청년 7명의 이야기를 담고 있다. 이들이 도시 빌딩 사이와 구멍들을 빠져나가고 하는 것 등을 보는 것 역시 주변적 삶이 터득하게 된 협상의 묘미 같은 것을 연상시킨다. 하지만 영화가 이들의 사회적 존재를 인준받는 쪽으로 방향을 트는 데다 스포츠보다는 거의 스턴트적 묘기로 달려가고, 익스트림 스포츠가 사회 적응력 테스트로 변해가서 재미가 없어진다. 〈태풍태양〉은 스포츠 영화가 곧잘 빠져드는 승리를 통한 사회적 승인으로 나아가지도 않고, 개인적 스포츠 영웅의 탄생을 경축하지도 않는다. 다만, 동아리라는 유사 가족 안에서 성인식을 치른 청년 소요의 청춘의 소요를 신중하고 격정적으로 다루어낸다. 변영주 감독은 〈발레 교습소〉에서 고3 입시 후 대학 입학까지의 그 시기, 삶에 실질적 도움이 전혀 되지 않는 무엇인가에 매달리는 소년들을 보여주고 싶었다고 말하는데, 변영주 감독의 그 마음과 〈태풍태양〉은 상당히 잘 통한다. 〈발레 교습소〉가 부모에게 느끼는 외상과 동아리의 문제를 동시에 껴안았다면, 〈태풍태양〉은 부모를 해외로 도피시킨 후, 동세대 사이의 동거와 갈등과 협상과 성장의 가능성을 보여준다. 부모 없는 세상에서도 그들은 성큼 자라버린 것이다. 그들 사이의 돌봄 속에서 어그레시브하게!

전복적 동화의 빛나는 상상력: 〈연분〉

어린아이들의 게임과 판타지, 그것을 성년의 동화로 옮기는 작업은 도착적이다. 이때 유년의 가장된 순진함은 성년의 과장된 타락 혹은 무위로 바뀐다. 그리고 바로 이 도착의 과정에 아이러니와 패러독스, 그리고 심술궂은 유머가 가면을 쓰고 태연하게 끼어든다. 이애림의 〈연분〉의 스토리텔링은 바로 이런 도착성에 기반을 둔다. 기화요초 만발한 궁정에 살고 있던 왕과 왕비. 화려한 궁전에 다정히 함께 앉아 하릴없이 낮잠을 자며 나날을 보낸다. 그러나 왕이야 잘 테면 실컷 자라지. 왕비는 자신의 연분이 찾아오자 그만 야반도주해버린다. 그러나 아뿔싸! 왕비만 훔치면 족했을 것을. 그녀의 연분 상대는 기화요초 중, 귀하디 귀한 꽃도 함께 훔친다. 이제 꽃의 주인이 큰 새를 타고 그들의 뒤를 쫓고 있다. 도주하던 연인들은 큰 새에게 꿀꺽 먹혀버리고. 아내를 빼앗긴 왕이 그녀를 찾으러 나선다. 왕비와 그녀의 연분을 먹어버린 큰 새의 주인은 왕에게 왕비를 찾아주겠노라고 약속한다. 왕비를 삼켜버린 큰 새를 타고 왕은 그녀를 찾아 나선다. 그러나 누가 짐작이나 했으랴! 왕은 그만 큰 새의 주인과 정분이 나버린다. 블론드 전형 미인인 왕비와는 달리 새 연분은 남자인지 여자인지 알 수 없는 형상을 하고 있다. 얼굴을 감싸고 있는 저 검은 털은 여자의 긴 머리일까, 짐승의 털일까? 그게 무슨 상관이람? 이제 화려한 궁전에서 그 둘이 할 일이 남아 있는데. 왕과 새 연분은 하릴없이 그러나 평화롭게 둘만의 낮잠을 즐긴다. 기화요초 만발한 궁전에서……

스토리상으로 보아도 이애림이 다시 쓰는 동화는 몇 개의 특이점들로 이뤄져 있다. 우선 가장 앞으로 튀어나온 것이 모호한 성적 정체성이다. 여성, 남성이라는 범주는 어느 사이 인간/비인간이라는 또 다른 형상으로 바뀐다. 그래서 왕이 자신의 새 연분에게 당신은 여자요, 남자요? 물었을 때 검은 털의 형상은 무섭지만 정감 어린 큰 눈을 뜨고 대답한다. 그게 무슨 상관이람? 왕비를 잃어 하염없이 눈물 흘리던 왕은, 눈물을 멈추고 사랑에 빠진다.

또 다른 특이점은 바로 위에서 이야기한 동화적 결말, '그들은 그 뒤로 오랫동안 행복하게 살았다'를 뒤집는 잔혹한 역설이다. 특히나 이애림의 세계에서 이 배열을 흥미롭게 하는 것은 강렬하고 밀도 있는 색채들과 형상들이다. 붉고 푸른 원색들은 그녀의 〈연분〉 속 괴물, 구불구불 날아가는 새, 성적 경계가 모호한 인물들을 쉽게 잊을 수 없는 환상적이고 신화적 형상들로 색칠한다. 그들이 모여 키치적인 동시에 말 그대로 무지갯빛으로 현란한 세계를 만들어낸다. 이애림 세계의 특이성은 미술사의 야수파와 초현실주의의 전통을 애니메이션으로 활성화하는 것이다. 한 매체에서 다른 매체로 옮겨올 때 기존의 전통은 환골탈태하게 마련. 환골탈태가 무엇인가? 뼈를 바꾸고 태를 빼앗는 것. 자기나름의 새로움을 보태 자기 작품으로 삼는 일. 야수파와 초현실주의 화폭은 2D 애니메이션이 가질 수 있는 움직임과 활력, 시간의 지속에 힘입어 〈연분〉에 와 다른 그 무엇이 된다. 야수파로 알려진 마티스의 순수 색깔, 특히 〈붉은 화실〉, 〈꽃〉, 〈Harmony in Red〉에 나타나는 어두운 열정 같은 붉은색이나 모리스 드 블라맹크의 〈빨간 나무가 있는 풍경〉은 이제 〈연분〉에 와 이미지의 운동 속에서, 스토리텔링 속에서 활성화되고 도착적 동화의 세계와 만나면서 성 정체성을 문제 삼는다. 야수파의 순수색, 무지개 빛깔이 이애림에게 와서는 동성애와 양성애를 상징하는 무지개 빛깔로 바뀐다. 그런가 하면 초현실주의 유파의 막스

에른스트의 〈The Whole City〉와 같은 꽃과 공간의 배치도 보인다.

　이애림이 앞으로 장편 애니메이션을 만들 수 있는가 하는 점은 사실 크게 중요하지 않다. 나는 그녀가 오히려 소수 애니메이션의 '드랙킹'이 되길 바란다. 그리고 그녀가 자신의 조력자들(동화 속 세계라면 그녀에게 마법의 물건들을 건네줄)을 많이 만나길 바란다. 동일한 초현실주의 유파 중에서도 막스 에른스트만이 아니라 클로드 카훈, 그리고 도로시아 태닝이나 레오노르 피니와 같은 여성 초현실주의 작가의 주변적 전통도 들여다보길 바란다. 그리고 한국의 동화와 신화의 세계에 더 가까이 가길 바란다. 작가 김지원의 전복적 동화를 읽는 것도 도움이 될 듯하다. 기화요초를 훔쳐 도주하는 〈연분〉의 주인공처럼, 그러나 먹히지 말고 많은 것을 주류로부터 '훔쳐' 멀리멀리 날기를.

〈일곱 번째 희생자〉: 우울 혹은 도시의 숲에 버려지다

우울이란 한자를 들여다보면 영묘하다. 우는 뭐, 근심할 '우'니 그렇고, '울'(鬱)이 장관이다. 나무들로 무성하다. 그래서 막힐 '울'은 막혀서 통하지 않는다는 뜻만이 아니라, '우거지다', 그리고 '수풀이 무성하다'의 의미를 더불어 갖고 있다. 어두워진 도시의 숲에 혼자 버려져, 길을 내주지 않는 군중들 속에서 망설이는 화자는 〈일곱 번째 희생자〉에서 진 브룩스가 연기하는 재클린 깁슨이다.

도시의 '우울'의 숲에 갇힌 여자를 기가 막히게(이 칼럼 성격상, 심금을 울린다로 하자) 잘 그려낸 영화가 마크 롭슨의 〈일곱 번째 희생자〉다. 그러나 이 영화는 감독보다는 프로듀서 발 류튼의 작품으로 더 알려져 있다. 세상을 깜짝 놀라게 할 영화를 만들어 영화사 RKO를 파산에 빠트린 오손 웰즈의 뒤를 이어 등장한 발 류튼은 주급 200불을 받고 15만 달러의 저예산으로 〈캣 피플〉을 비롯한 일련의 공포영화들을 만들었다.

러시아에서 태어난 발 류튼은 브로드웨이에서 유명한 연극배우가 된 이모 알라 나지모바 덕분에 미국에서 성장한다. 컬럼비아 대학을 졸업한 후 프리랜서 리포터 및 작가로 일하다 당시 할리우드 최고의 프로듀서 데이비드 셀즈닉과 일하면서 〈두 도시 이야기〉와 〈바람과 함께 사라지다〉 등의 일부 장면을 쓰게 되는데 자신의 비범한 재능이 데이비드 셀즈닉의 이름으로 완전 둔갑, 포장되는 것을 못마땅하게 생각한다.

RKO의 공포영화 섹션을 맡게 되면서, 발 류튼은 저예산이라는 제약

이외에도 회사에서 정해주는 제목으로 작업해야 하는 조건에 묶여 있었다. 그래서 한심하기 짝이 없는 제목들인 〈고양이 인간, 캣 피플〉, 〈표범 인간〉, 〈나는 좀비와 함께 걸었다〉로 시작하는 B급 걸작 공포영화들을 줄줄이 만든다. 첫 번째 작품인 〈캣 피플〉은 제시된 15만 달러보다도 더 적은 13만 4천 달러로 만들어 4백만 달러의 흥행 수익을 올린다. 당시 유니버설 스튜디오가 드라큘라, 뱀파이어, 늑대 인간, 프랑켄슈타인 등을 등장시키는 메이저 공포영화 제작자였고, RKO는 이들을 뺀 고양이와 표범, 그리고 좀비를 공포 형상으로 부각시켰던 것이다. 미국이 지금보다 덜 오만하던 1940년대, 전쟁과 그 이후 시기에 이런 공포영화들은 대중의 무의식의 심연 속으로 실제 전쟁에서 비롯된 공포와 모호한 치환 작용을 거치며 잘도 스며들어갔다.

2005년 발매된 발 류튼 DVD 박스 세트에 들어 있는 그의 작품 세계에 대한 다큐 〈어둠 속의 그림자: 발 류튼 유산〉에 따르면, 그는 밤새 스크립트를 고쳐 쓰는 작가 프로듀서로 작품의 세세한 부분까지 개입했다. 얼마 전 서울 아트시네마에서 특별전을 한 감독 자크 투르네르, 그리고 배우 보리스 카를로프의 〈바디 스내처〉, 또 촬영 감독 니콜라스 무스라카 등이 만들어내는 팀 작업은 B급 영화의 놀라운 성과다.

발 류튼의 영화들은 〈뱀피르〉를 만든 칼 드라이어가 보여주는 낡은 것의 몰락에 따르는 퇴폐한 숭고, 실체가 아닌 암시로 감응되는 공포, 서구 식민사를 사로잡는 유령학, 그리고 〈일곱 번째 희생자〉에서는 자신의 아파트에 자살용 로프를 매단 채 생활하는 한 여성의 죽음 충동과 악마 숭배를 그리고 있다. 도시 전문직 여성에 대한 필름누아르적 통찰이다. 실종되었던 예의 재클린 깁슨이 앞머리를 눈썹 위에 떨어트린 채 처음 프레임 속으로 들어올 때 우울로 소진되어가는 그 아름다움은 숨을 멈추게 한다.

사랑에 대한 낯선 공포: 〈사랑니〉

수학 선생님, 다 같이 만날까요?

주인공이 수학 선생님이라는 사실은 영화 〈사랑니〉에서 두말할 나위 없이 중요하다. 영화의 실제 오프닝이 시작하기도 전 사운드 트랙에서는 수학 문제를 풀어주고 있는 여자의 목소리가 들린다. 그리고 문제를 풀고 있는 여자 선생님과 그녀에게 시선을 주고 있는 남학생. 이후이중의 서사 구조라는 복합성을 띠게 되지만 〈사랑니〉는 사랑이라는함수 문제, 특히 미지수가 있는 함수의 그래프를 그려내는 영화다.

〈사랑니〉를 보고 마음에 담아두었던 것은 사람들이 유별나게 같이만나는 장면들이다.

먼저, 조인영(김정은)이 자신의 첫사랑과 이름이 같은 이석(이태성)에게 마음을 두고 있고, 이석 역시 그러할 때. 그뿐이 아니라 그들이 막뉴욕 모텔을 거쳐(아직 함께 자지는 않았고, 그래볼까 하고 모텔을 갔다가다시 나와) 햇빛 화사한 햄버거 가게에 마주앉아 있을 때. 조인영과 함께 살고 있는 정우(김영재)가 들어선다. 그리하여 조인영, 이석, 정우 셋이 같이 만나는 장면이 목격된다.

다음, 조인영과 같은 이름인 여고생 조인영(정유미)이 영화적 세팅으로 보자면 광명에서 출발해 서울 학원으로 이석을 찾아온다. 이석에게목을 매는 여자 친구가 있음을 간파한 조인영은 이석에게 간절하게 전화를 해댄다. 부재중이라는 메시지가 계속 나오다 통화를 하게 되자 조인영은 이석에게 여고생 조인영과 같이 만나자고 한다. '맛있는 것 먹자고. 이석은 돈이 없을 테니 같이 만나면 맛있는 것을 사주겠다고.' 그래서 두 명의 조인영과 이석이 만나게 된다.

세 번째. 정우는 조인영에게 그녀의 첫사랑인 이석이 프랑스에서 돌아왔으니 같이 만나자고 한다. 그러나 정우는 나오지 않고 조인영과 그녀를 최인영으로 기억하는 이석이 만난다.

마지막 클라이맥스, 조인영은 방년 17세 이석을 집으로 초대한다. 정우에게 알아서 비켜달라고 당부했건만, 정우는 30세 이석까지 데리고 집으로 돌아온다. 그래서 조인영과 두 명의 이석, 그리고 정우가 같이 만난다.

이렇게 물리적으로 여러 사람이 같이 만나는 것 말고도 이 영화는 두 명의 남녀의 만남에 개입하는 다른 만남들을 동시적으로 환기시킨다. 조인영과 고등학생 이석이 만날 때 그것에 개입하는 것은 동명이인의 존재다. 어린 이석이 조인영에게 "정말 이름이 조인영이냐"고 물을 때, 그는 여고생 조인영을 생각하고 있다. 또 어른 조인영은 그런 이석을 볼 때 자신의 첫사랑 이석을 투사한다. 반면 여고생 조인영이 이석을 만날 때 죽은 그의 쌍둥이 형 이수의 죽음이 이들의 만남에 개입한다.

나는 개별적이거나 독점적이거나 배타적이지 않고, 이렇게 겹쳐지는 관계들에 대한 고찰이 〈사랑니〉를 올해의 발견이라고 앞서 칭했던 김혜리 기자나 허문영 프로그래머의 정감 어린 평들과 더불어 이 영화가 제안하는 흥미로운 지점이라고 생각한다. 자, 그렇다면 중첩된 이 관계들의 특이성은 무엇인가?

위의 첫 번째 같이 만나는 장면에서 아마도 가장 예측 가능한 반응을 보이는 것은 이석일 것이다. 그는 내어놓고 질투한다. '왜 정우는 인영의 주스를 (함부로) 마시며, 그보다 왜 인영은 정우와 동거를 하는가?'그에 대해 인영은 정우가 자신의 친구라고 이석을 설득한다. 반면 정우는 이런 작은 소동에 짐짓 태평할 뿐 아니라 이석이 다른 이석을 전혀 닮지 않았다고 단언한다.

두 번째 만남. 세 사람 모두 다소 예측 가능하게 행동한다. 모두 히스테리 폭발 일보 직전이다. 두 명의 조인영은 잘 차려진 한식 상을 앞에 두고 잘 먹지도 못하나, 이석은 약간의 폭식과 폭주를 한다. 여기서 쌓인 정신적 에너지는 한편으로 여고생 조인영과 이석의 관계를 쇠잔하게 하지만, 서른 살 조인영과 이석이 잠자리를 갖게 한다.

세 번째 만남. 위에서 말했듯이 같이 만나자고 해놓고 정우는 나오지 않았다.

마지막. 영화에서 가장 절묘한 겹치기 만남 장면이다. 조인영의 첫사랑 이석과 진행 중인 이석, 그리고 함께 살고 있는 정우가 모두 출연한다. 이들 중 누구도 통상적으로 삼각관계, 사각관계를 표출하는 질투, 최종적 선택의 강요, 폭주, 폭식 후의 난동질을 하지 않는다. 고등학생 이석이 슬쩍 그쪽 방향으로 갈 것으로 보이는 제스처를 취하기는 하지만 정우와 게임을 한 판 벌인 후 잠잠해진다. 그리하여 조인영은 과거와 현재와 미래의 애인을 자신의 집 마당에 사이좋게 배열하게 된다. 앞의 겹치기 만남 장면들은 이 장면을 화해조로 완성시키기 위한 리허설처럼 보인다. 특히 이 리허설들을 통해 관행적 코드대로가 아닌 이질적 관계의 존재 가능성에 대한 이해에 다가선 사람은 이석인데, 그런 이석의 이해를 효과적으로 추수하는 사람은 어른 조인영이다.

이렇게 같이 만나는 장면들을 네 단락으로 놓고 보면 영화의 진행 방향은 조인영의 판타지, 심리적 실재의 구성으로 향하고 있다. 판타지가 욕망의 세팅, 미장센이며 거기서 주체가 탈주체화되어 있다는 것을 전제로 하자면, 이 영화는 삼각관계, 사각관계의 로맨스가 구성되는 과정에 위치되고 배열되는 조인영을 다루고 있다. 그러니까 조인영이라는 30세 여자를 규정할 어떤 본질적 특성이 영화 시작이나 끝 부분에 주어지는 것이 아니라, 조인영은 끊임없이 관계들 속에 배치되어 그 차이와 특이성을 획득하는 것이다.

그러나 30세 조인영의 이 같은 배열과 더불어 교차되는 것은, 혹은 이 배열을 급진적으로 재배치시키고 변형시키는 것은 여고생 조인영의 등장이다. 플래시백이라는 영화의 시간, 심리, 시각적 구조의 관행을 절묘하게 뒤튼 이 방식은 특히 로맨스 장르에 근접하는 영화로서는 빛나며 독창적이다. 어른 조인영이 이석의 시선을 받고 자신이 이석을 응시하는 등 '시선의 사건'이 일어난 후, 인영이라는 이름으로 불리는 여고생이 등장하고 또 이석의 얼굴을 가진 소년이 등장하기 때문에 관객들은 십중팔구 이 장면들을 과거로의 일별, 플래시백으로 생각하게 된다.

여고생 조인영이 어른 조인영을 찾아옴으로써 관객들은 이제까지 플래시백으로 받아들였던 부분이(물론 의심이 가지 않았던 것은 아니다. 우선 배우 김정은과 정유미 사이에는 형질적 유사성이 눈에 띄게 없어 보인다. 그러나 뭐, 누군가의 아역으로 등장하는 배우들이 대부분 그랬던 것을 생각하면 핍진성에 근거해 볼 수밖에. 더구나 이즈음은 성형이 유행이라 도무지……), 사실은 동시적 사건들이었음을 뒤늦게 파악하게 된다.

이런 뒤늦은 발견은 영화 구조의 변이 효과로는 탁월하지만, 어떤 문제를 야기한다. 관객의 위치에 있던 사람이 뒤늦게 깨닫게 되는 것은 우리가 어른 조인영에 대해 아무것도 아는 것이 없다는 사실이다. 즉, 우리가 이제까지 본 것은 조인영의 과거가 아니라 다른 여고생 조인영의 현재이기 때문이다. 특히 어른 조인영에 대해 알아야 한다는 생각이 불현듯 든 것은 30세 그녀가 선택한 사랑의 대상이 17세 고등학생이기 때문이다. 만일 우리가 본 것이 플래시백이라면 그 정황은 우리로 하여금 그녀의 선택을 이해하도록 읍소하는 것이 된다. 첫사랑이 될 수 있었던 남자가 사고로 죽었고, 그녀가 서른이 되어 등장한 17세 이석이 바로 그 남자의 이름과 얼굴도 같다는 것이다.

친숙한 낯섦: 사랑의 언캐니한 공포

플래시백이 아니라는 것이 밝혀지면서 위의 정황과 읍소 상황은 사라진다. 이제 우리는 과거가 없는 어른 조인영을 현재의 배열 속에서 파악해야 한다. 외부적으로 보자면 그녀의 삶에 깃든 간절함이란 별로 많아 보이지 않는다. 자신의 어머니가 꽤히 승인하는 남자와 동거하고 있고, 학원에서도 감시하는 원장의 모습은 보이지 않는다. 원장이나 아버지 남편 등 어른 남자의 권위에 짓눌리지도 않고 건강을 잘 챙기고 있으며, 근무 환경도 비교적 쾌적하다. 플래시백이 오인이며 오해라고 밝혀진 이상 우리가 조인영에게 정동이나 연민을 느낄 여지는 별로 없다.

그러나 플래시백이라고 믿었던 장면들에 등장했던 여고생 조인영은 다르다. 그녀는 자신의 눈앞에서 잠재적 남자 친구인 이수의 사고를 목격했고 또 그 사고에 어느 정도의 책임이 있다. 믿기지 않는 때 이른 죽음에 더해 이수의 쌍둥이 동생 이석이 지닌 이수와의 언캐니한(낯설면서 익숙한) 유사성과 접한다. 어른 조인영과 여고생 조인영이 만남으로써 플래시백이 아니라 그것이 온전히 여고생 조인영의 것이라고 밝혀지고 어른 조인영이 고등학생 이석과 호텔로 떠나게 되는 사이에 있는 시퀀스 중 조인영이 운전을 해 터널을 지나는 장면은 다가올 위협을 조명과 사운드로 예지하는 공포영화의 관행을 연상시킨다. 이 시퀀스가 담고 있는 관계들의 불안정과 불확정성, 그리고 특히 아프고 불안한 여고생 조인영이 발산하는 긴장감, 두 명의 미성년의 관계에 끼어든 성인 조인영이 원하는 상대를 얻는 사태가 부여하는 불편함. 이 미묘하고 해결되기 어려워 보이는 상황은 적어도 영화 구조상으로는 어른 조인영과 미성년 이석이 하룻밤을 같이 보내는 것으로 완화된다. 이석이 어젯밤이 어땠느냐고 묻자 인영은 포경수술 안한 남자 어른의 것은 처음 본다며 "이뻐!"라고 응수한다. 그러나 이 대답은 물론 오류다. 육체적으로는 성장을 마쳤을 수 있으나 이석은 사회적으로는 어른이 아니다. 그는 남자 어른이라기보다는 소년이다. 이후에도 여고생 인영은 계속 아프지만, 봄철 벚꽃은 피어나고, 그녀는 정우라는 친구에게 자신의 상처를 확인시킨다.

사랑에 대한 구조적 기획

여고생 조인영을 이렇게 위치시킨 서사적 배열상의 윤리적 불편함에도 불구하고, 〈사랑니〉가 가진 까다로운 매혹의 원천은 주지하다시피 사랑이 '난제', '미제'의 에피소드이기 때문이다. 사실 이석이 수학 강사 조인영에게 빠져드는 것은 어렵지 않게 추론 가능하다. 그렇지 않아도 성장통을 앓는 시기, 형이 갑작스레 죽었고 그 형의 여자 친구는 자신을 사랑한다고 말한다. 이 난제의 시기, 조인영 선생님은 복잡한 문제를 자신감 있게 풀어내고, 그의 미래의 계획을 물어봐주고, 더구나 날씨가 궂은 날 집까지 차로 바래다주기도 한다.

그런데 영화의 진정한 난제는 수학 강사 조인영이 왜 이석에게 빠져드는 것인가이다. 플래시백이 조인영의 것이 아니라는 것은 이제 알려진 사실. 그녀에게 어떤 감정을 도발한 것은 무엇보다도 이석이라는 이름이다(아마도 영화 〈러브레터〉를 반복 시청한 듯). 그리고 문제아에게 끌리는 여느 사람들처럼 자신의 다소 순조롭고 평탄해 지루한 삶에 이질적 패턴을 가져다줄 복잡한 문제를 지닌 어린 대상에게 마음이 움직이는 것이다. 점을 보러갔더니 무당은 인영에게 "복도 많은 년!"이라고 말하지만 주변 남자들의 숫자가 점차로 증가한다는 것 외에 미성년 남자 친구를 맞아 인영이 갖게 된 쉽게 긍정할 만한 사회적 복은 별로 없다. 실용적으로 말하자면 밥값, 호텔비, 운전, 다 그녀의 몫이다. 거기다 17세 소년은 조루라 30세 인영은 하나하나 가르쳐야지, 스스로에게 다짐까지 해야 한다.

그러나 인영이 이석을 원하게 되면서 갖게 되는 감정의 풍요로움은 김정은의 미묘한 표정과 유려한 제스처에 의해 탁월하게 표현된다. 말하자면 이석의 어른 인영에 대한 감정은 원인 추론이 가능하고 인영의 소년 이석에 대한 감정은 그 효과로 짐작할 수 있다. 남자 친구 정우가 슬쩍 말하는 것이지만 김정은이 연기하는 인영의 첫사랑에 대한 집착은 보통 남자들의 감정적 소유물로 이야기되고 있는 것이다. 그러나 이 영화의 다른 장치들이 그렇듯 〈사랑니〉는 이 부분에 대해 언급만 하고 지나간다.

관계라는 배열 속에서 변화무쌍한 특이성과 신비함을 갖는 사랑을 〈사랑니〉는 치아의 배열, 즉 치열에서 가장 늦되게 발달하는 사랑니에 빗대고 함수 속으로 밀어 넣어 재배열한다. 누가 보든 이 기획은 사랑의 본질 운운하는 본질론이라기보다는 가히 구조주의적일 것이다. 아! 그러니 사랑니, 지혜를 가져다다오!

기억 속의 영화: 〈시벨의 일요일〉

유년 시절의 기억은 제멋대로다. 특히 영화에 관한 기억이 그렇다. 이 영화의 이미지와 줄거리가 저 영화에 가 태연히 붙어 있고, 문제의 저 영화는 또 전혀 다른 영화가 되어 있다. 심지어 총천연색 영화를 흑백으로 기억하기도 한다. 그래서 기억 속의 영화는 그 개별 영화에 대한 충성 어린 사랑으로 감싸여 있다기보다는, 유년과 성장통에 수반된 상상력으로 이리저리 이어 붙인 것이다. 내겐 그 영화가 〈시벨의 일요일〉이다. 프랑스령 인도차이나에 공군으로 참전해 소녀를 죽인 기억이 있는 남자가 프랑스에 돌아와 그 기억으로 고통받다가 고아원에 맡겨진 한 소녀와 친해지는데, 그는 아이를 좋아하는 성도착자(페도필리아).

1962년 아카데미 외국어영화상을 수상한 프랑스 영화인데 잊지 못할 '추억의 영화'로 기억하는 사람들이 많다. 어렸을 때 본 이후에도 TV에서 몇 번인가 더 상영되었다. 이후 한 번을 더 보았는데 호숫가에서 피에르(하디 크루거)와 시벨(페트리샤 고치)의 환몽 같은 만남과 산책, 물가 나무들의 깊은 그림자를 제외하곤 기억 속의 장면과 일치하는 것은 거의 없었다. 그러나 다시 보고 난 후 대학교 때 프랑스문화원에서 본 〈지난 해 마리앙바드에서〉와 〈테레즈 데스케루〉와 같은 영화를 왜 그렇게 급격하게 좋아하게 되었는지 이해하게 되었다. 풍경에 투사된 트라우마 혹은 트라우마라는 외투를 입은 풍경, 갑작스레 현재에 소환된 기억, 그 기억이 촉발하는 관계 등에 대한 매혹이 〈시벨의 일요일〉이라는 영화가 내 무의식에 남긴 작은 영화적 유산이었던 것이다.

〈시벨의 일요일〉이라는 영화 외에 내가 TV나 동네, 그리고 시내의 극장에서 보았던 영화는 〈엘도라도〉나 〈공룡시대〉, 〈서스페리아〉, 그리고 〈야생의 엘자〉 또는 한국 영화 〈임금님의 첫사랑〉 등 계보도 계통도 없이 마구 뒤섞인 것들이었다. 〈임금님의 첫사랑〉은 동네 신영극장에서, 그리고 〈야생의 엘자〉는 대한극장에서 보았다.

유년 시절과 초등학교 저학년까지 나는 서울 변두리, 국민주택단지에 살았다. 걸어서 40분 거리에 신영극장이 있었고, 대한극장까지는 버스로 1시간가량을 가야 했다. 초등학교 몇 년간 우리 집에는 TV가 없어 내 단짝 친구였던 진욱이네 집으로 TV 보기 원정을 가곤 했다. 담도 없던 진욱이네 집 밖에 서서 '진욱아! 놀자!'를 서너 번 외친 후에야 안방에 들어갈 수 있었다. 그러나 일단 방에 진입한 후엔 진욱이와 노는 대신 TV를 보았다. 당시에 나는 뱀, 베라, 베로가 등장하는 만화영화 〈요괴인간〉의 팬이라 그것을 보고 나면 다른 프로그램을 볼 때도 요괴인간들의 행방과 안녕을 궁금해하느라 현격한 집중 저하를 겪는 편이었다. 그 까닭에 울면서 TV 드라마를 시청하는 진욱이네 엄마를 이해할 수 없었다(그래서 그런지 지금도 난 TV 드라마 시청 장애가 있다. 심지어 〈다모〉도 보기 어렵다). 그러나 〈요괴인간〉만큼 좋아했던 것이 바로 주말의 명화였으니…… 그러나 바로 문제의 명화가 시작된 지 30분 정도가 지나면 진욱이네 식구들이 갑자기 잠자리를 분주히 마련하는 통에 할 수 없이 자리를 떠야 했다. 그래서 놓친 영화들이 산더미처럼 많은데 〈신사는 금발을 좋아해〉를 30분 정도 보고 그 집을 떠나야 했을 때는 너무나 억울해 집까지 내내 발을 구르며 갔다.

이런 희비극적 상황 속에서 마주한 〈시벨의 일요일〉(이 무렵 다행히 우리 집엔 TV가 생겼다)은 나의 무차별적 영화 보기에 일타를 날린 경험이었다. 훗날 나는 시인 조원규가 '시벨의 일요일'에 관해 쓴 시를 읽었고, 그 시 안에서 당시의 영화적 환상이 아름답고 단아한 시어로 환생하는 것을 보았다.

시벨의 일요일

조원규

거의 언제나 그렇듯이

어두운 역에서 내릴 때면

한 사내가 등을 보이며 앞서

걷고 있어 내 그 무엇이 되어

마주설까? 유리별들을 한 줌 주며

부분으로 별의 전부를 꿈꾸어 보라 했을 때

나는 그의 죽음을 위하여 피 흘릴 나의 일요일들을

보았다 비웃거나 놀라지 말라 나는

사랑을 알고 있다 그것

홀연 아름다운 사양과 같이

내 존재의 현마저 울리며 다가온 것

이제 나는 천천히 호숫가를 거닐 수 있다

그러면 밤이 와도 좋으리라 조금 춥거나

외로와도 괜찮을 것 같다 나는

어둠 속에 떠 있는 환한 잎사귀

그러나 참 이상한 것이 우리 삶의 색깔이어서

뜻모를 눈물 흘림 나의 손엔 멈춰진 시간이

죽어버린 새가 담겨 있다 슬픔이 내 몸의 절반을 물들이고

시간과 시간 사이 나는 벼랑없는 잠들 속을 흘러 다닌다

셀 수 없는 날들의 무게가 나의 두 손 받쳐들어

나의 기억 속에 쓰러진 그와 그의 기억 속에 피 흘리는 나의

모든 어지러운 꿈들을 눈부신 하늘 향해 눈부신 하늘 아래

흩날려 버리고 싶지만 거의 언제나 그렇듯이

잊고 싶은 기억들만이 잊혀지지 않아

지금도 나는 내 몸 속에 그의 눈을 갖고 있다

기슭엔 말들이 서성이고 검게 젖은 나무들

물 속으로 하늘과 맞닿아 잇는 호수 그리고

비행과 폭음 그런 것들이 이룩하는 것

가장 깊고 깊은 피가 내 속에 흐르고 있다

이제는 생각이 난다 마법의 칼 꽂은 나무가

들려주던 이야기 나의 일요일들 피를 흘리고

그는 말없이 걸어가고 있었다 소문의 벽 틈새로

글라스를 던지고 회전목마에서 내렸지 결국

차가운 눈 위에 누웠어 지금 나는 아무것도

아니지만 미래에도……

그 옛날 나는 너무도 아름다웠어

시벨

사라졌다 나타난 〈꿈〉을 보다

애타게 보고 싶은 사라진 영화들이 있다. 조선 영화, 한국 영화, 〈아리랑〉이 그중 첫 번째일 듯. 절대 은밀할 필요 없는 나의 노골적 소원은 신상옥 감독의 데뷔작 〈악야〉(1952)와 이만희 감독의 〈다이알 112를 돌려라〉, 〈만추〉, 그리고 김기영 감독의 〈양산도〉에서 누락된 릴(죽은 수동의 무덤이 쩍 갈라진다는)의 출현이다. 이 필름들이 아카이브로 날개를 달고 되돌아오는 것을 보는 일이다. 정말 보고 싶다, 이 영화들! 어디 있는 거니?

신상옥 감독의 〈지옥화〉(1958)에 경탄한 후 그의 데뷔작인 〈악야〉가 정말 궁금해졌다. 〈지옥화〉와 마찬가지로 '양공주'를 다룬 영화라고 한다. 한국전 그 전쟁의 포화 속에 데뷔작을 만들어낸다는 것은 어떤 의미였을까? 〈집 없는 천사〉라는 친일 영화와 〈자유 만세〉라는 해방 영화를 정말 민첩하게 감독한 최인규 감독의 연출부에서 독립한 신상옥 감독의 데뷔작 말이다. 미국에도 '수출'되었다는 〈악야〉 이후 〈코리아〉라는 한국 홍보 영상물을 찍은 다음 만들어진 것이 〈꿈〉이다. 올해 5월에 일반 공개 예정인 작품으로 최근 발굴, 복원되었다.(관련 기사 《씨네21》 744호)

〈악야〉를 찾았다!!! 그 정도의 희열 가득한 낭보는 아니더라도 16mm 네거티브가 크게 손상되지 않은 채 1955년 작품이 돌아왔다니 반갑고 반갑다. 이미 여러 경로를 통해 이야기해온 바이지만, 〈아리랑〉이나 〈임자 없는 나룻배〉과 같은 조선 영화, 한국 영화의 정전(canon),

그 물리적 필름, 그 실체 자체가 사라진 상태에서 내 세대와 이후 세대는 한국 영화사, 조선 영화사 속으로 걸어 들어간다. 들어와보면 〈아리랑〉과 같은 정전은 소문으로 떠돌고 전설로 공중 부양하고 있다. 리얼리즘과 민족주의가 결합된 채. 누구는 이것을 사라진 영웅으로 보고, 또 누군가는 이것을 유령, 망령으로 간주할 것이다. 사라진 정전을 내셔널 시네마의 기반으로 갖고 있는 한국 영화는 그래서 그에 걸맞는 새로운 방법론을 필요로 한다. '보이지 않는 영화를 보는' 비평적 기술과 대안적 영화사 기술이 그것이다.

실종된 경전을 최고의 경전으로 가지고 있는 내셔널한 영화는 한편으로는 유령(phantom)에 사로잡히는 일이다. 반면, 비판적 글쓰기는 이 유령의 아우라에서 걸어 나와 이렇게 실체가 사라진 채 정전화된 팬텀 시네마를, 기억의 장으로 소환하고 번역해내는 것일 것이다. 기억의 장은 역동의 장이다. 무엇을 기억하고 또 무엇을 망각할 것인가는 역사 기술의 권력이 행사되는 장이면서 동시에 투쟁의 장이기도 하기 때문이다. 이렇게 팬텀 시네마에서 기억, 메모리 시네마로 나가는 글쓰기 여정에서 56세 된 영화가 우리에게 도착했다. 기별 없이 갑작스레. 〈꿈〉은 오래 되었으나 여전히 어떤 미열, 미혹 같은 것에 사로잡힌 것으로 보인다. 문학에서는 원작 이광수의 『꿈』이 작가 자신의 친일 행적에 대한 불안을 비치고 있다고 보지만 1950년대에 만들어진 영화를 그렇게 읽는 것은 가당치 않을 듯도 싶다. 적어도 처음에는 그렇게 보인다. 영화의 이상한 열기는 오히려 이후 신상옥의 〈지옥화〉에서 감지되는 한국 전쟁 이후 아메리칸 모더니티가 촉발시킨 욕망과 결핍, 질주와 봉쇄라는 사회적 불균형에서 나오는 것 같다.

영화의 카메라는 눈이 맞자마자, 순식간에 야반도주에 나선 젊은 그들, 조신(황남)과 달례(최은희) 앞에 놓인 자연을 경이이자 장애물로 파노라믹하게 잡아낸다. 아마도 전쟁 이후 파괴되지 않은 자연의 아름다움은 새로운 영화적 발견과 구성의 대상이었을 터, 〈꿈〉에서 카메라가 탐닉하는 것은 욕망의 장소로서의 여성의 몸도 있지만 그보다는 이런 자연이다. 도망간 달례가 선녀 옷 같은 옷을 벗어놓고 개울에서 목욕을 즐길 때도 최은희는 거의 반라 상태로 물에서 나온다. 또 그것을 엿보고 탐하는 남자의 시선이 있다. 하지만 이것은 영화에서 그렇게 큰 몫을 차지하지 않는다. 이들에게 먹을 것을 제공하고 잠자리를 마련해주고 품어주는 자연이 위의 전쟁에 의해 훼손되지 않은 풍광과 함께 영화의 큰 부분을 차지한다. 원작에는 태백산으로 설정되어 있다. 소설과는 달리 영화는 조신과 달례의 아이를 그리지 않는 등 더 미니멀하게 구조화한다.

최은희의 반라와 함께 영화의 급작스러운 선회는 스님 조신의 성격이다. 주지 스님에게 조신이 자신의 욕망의 대상이 달례임을 말하자, 주지 스님은 그에게 처방을 내린다. 그 처방이 구성해낸 미장센 안에서 달례는 조신에게 다가와 먼저 고백을 한다. 이후 이들은 산을 넘고 강을 건너 절벽을 기어오르고 너구리 토굴로 숨어들며 야반도주를 한다. 살림을 차린 곳에 같은 절에 있던 동료 승이 찾아오자 조신은 낫을 들어 서슴없이 그를 죽이고 시체를 유기한다. 죄책감도 없어 오히려 나무라는 달례를 구타하기까지 한다. 집에서 기르는 개가 방해가 되자 또 서슴없이 낫을 든다. 동료 승려를 죽이기 전에도 반라로 목욕하고 나오던 달례를 범하려던 남자를 큰 돌맹이를 들어 쳐버린다. 연쇄살인범 수위의 재현이다.

구도 중 번뇌하는 스님에서 흉포한 성격으로 변하는 조신은 영화 전개상으로는 크게 설득력이 없지만 원형적 욕망의 인물로 보자면 흥미롭다. 반면 달례 역은 지루함을 준다. 그녀는 말하자면 '색, 계'인데 〈지옥화〉의 아찔한 팜므 파탈이 아니다. 먼저 조신을 유혹하고 영화 후반 도망가다 죽는다.

영화적 핵은 조신이 달례의 정혼자인 화랑 모례에게 참수를 당하는 장면이다. 정확한 참수, 거세는 조신이 마주하는 정점, 클라이맥스다. 화랑과 승려의 대결. 빼앗긴 남자와 빼앗은 남자의 대결. 욕망의 대상이며 정혼의 대상이던 여자는 이미 옆에 죽어 있다. 조신의 머리가 모례의 칼에 날아가는 이 장면은 죽음이면서 동시에 미몽에서 깨어나는 순간이다. 그리고 영화에서 가장 강렬한 에너지가 집중되어 있는 곳이다. 나비인가 인간인가라는 호접몽의 경계성과는 달리, 이 영화는 목이 날아가는 순간과 깨닫는 순간을 합치시킨다. 전율과 각성의 순간인 것이다.

영화는 처음 시작하면 석가여래 부처상을 클로즈업하는데, 영화의 압도적인 마스터 시선은 바로 이 부처의 시선이다. 그리고 주지승이 이 시선의 대리자다. 부처가 조망하려는 세계 안에서 조신은 주지승의 재가 아래 꿈을 꾸고 그 꿈에서 세속의 욕정이 가져올 수 있는 쾌락과 재앙이 다발한다. 머리가 베이는 순간, 그 참수의 순간에 가장 큰 각성, 자각, 깨달음이 온다. 그리고 그 참수/깨달음이 자신보다 신분이 높은 화랑에 의해 집행된다는 데서 〈꿈〉은 영화를 보는 관객을 예기치 못하게 신분 사회의 위계질서 속에 묶는다. 부처와 주지 스님과 화랑과 일개 승려가 위계적 패러다임을 이루고, 조신은 그 안에서 자신의 자리, 처지를 찾는다. 그래서 이 영화는 종교적 깨달음을 가면으로 사용한 기괴한 복종의 영화다. 흉폭한 남자를 길들이는 영화다. 그런 면에서 문학 쪽에서 읽은 대로 제국 일본의 권력을 깨닫고 친일하는 이광수의 무의식이 『꿈』의 구조적 격자에 근접해 있거나 지탱하고 있다고 우회해서 읽을 수도 있다.

그래서 "깨어보니 꿈이요. 내가 나비인가, 인간인가"라는 통상적 호접몽의 읊조림보다, 이 영화의 욕동은 훨씬 더 기괴하고 복종적이다. 완벽하게 대타자에 무릎 꿇은 후 구원이 주어진다. 욕망의 대상과의 마주침도 없는 어떤 정지된 세계. 그저 좌불, 앉아 있는 세계. 예컨대 다른 불교적 구도 영화와는 달리 이 영화는 길 위에 선 〈만다라〉의 고행이 아니다.

한편으로는 전쟁 이후 태백산으로 추정되는 아름답고 숭고한 그 무엇보다 온전한 자연에 대한 파노라마적 경탄과 위계와 질서에 대한 굴종. 신상옥 감독의 〈폭군 연산〉처럼 이 영화는 여성의 몸을 우회해 욕망과 권력에 대한 그로테스크한 잔혹극을 펼쳐 보인다. 일제강점기와 한국전쟁을 통과하며 더욱 거칠어진 악몽이 〈꿈〉에 어린다.

〈말리와 나〉: 맬러뮤트 '실피드'와 로트바일러 '바치' 기르는 김소영

토종닭들을 묻고 우리는 쫓겨났지

김혜리 기자가 전화를 하더니, '전영객잔'의 김소영과는 다른 스타일로 '재미있게' 쓸 수 있는 영화로 〈말리와 나〉를 추천했다. 우리 둘은 시네필이며 애견인이라는 공통의 장점이 있긴 하다. 물론 나는 "왜 이러세요! '전영객잔'은 재미없다는 말?"이라고 히스테릭하게 대꾸했다. 그러나 김혜리 기자의 가녀리면서도 강인한 부탁을 거절하는 것은 쉬운 일이 아니다. 시네필이며 동물을 사랑하는 친구에게 영화를 함께 보러 가자고 말하자 다음과 같은 답장이 왔다. "거기 나오는 개에게 어떤 나쁜 일도 일어나지 않는다는 보장이 없으면 가지 않을 거야. 시놉시스를 보니 여피 부부가 개를 기르는 뻔한 이야기. 제니퍼 애니스톤도 질색이고. 영화가 끝날 무렵 그 개가 안젤리나 졸리에게나 가버리라지."

그럼에도 우리는 함께 영화를 보러 갔다. 래버라도 리트리버종인 말리가 제니(제니퍼 애니스톤), 그리고 존(오언 윌슨)과 함께 출연한다. 결론부터 말하면 말리는 브래드 피트와는 달리 제니를 떠나 안젤리나 졸리에게 가지 않는다. 대신 그 녀석은 제니와 존의 식구로 들어가, 이 젊은 부부가 3명의 아이를 낳는 것을 지켜본다. "캐나다. 키 54~57cm 몸무게 23~24kg. 만능견이다. 예민하고 지능이 높고 침착하며 사냥감을 찾아내며 물어오는 데 탁월." 래브라도 리트리버종의 특성이다. 반면 우리의 주인공 말리는 과감하고 지능은 필요할 때만 높아지고 부산하며 엉뚱한 사냥감을 찾아내 덮치는 데 탁월하다. 이 영화는 말리의 성장과 함께 많은 부분을 말리와 가족 간의 이별에 쏟고 있다. 이쯤에서 나의 개들에 대해서도 말해야 할 것 같다. 나는 여러 마리의 맬러뮤트를 키웠고 현재는 다섯 살짜리 맬러뮤트 '실피드', 또 다른 2살짜리 로트바일러 '바치'를 반려하고 있다. 바치는 맹견인데도 맬러뮤트와 같이 성장해서 천사처럼 애교스럽다. 험상궂은 얼굴로 늘 내게 상냥하다.

실피드란 우리 아이가 붙인 이름으로 게임 캐릭터이기도 하고 바람의 요정이라는 뜻이기도 하다. 풍성한 꼬리와 갈기를 날리면서 언덕에 인디언 현자처럼 서 있을 땐 후자인 것 같고, 다섯 살이 넘도록 밤새 삑삑이 장난감을 갖고 놀아 이웃에게 항의를 받을 때는 전자처럼 행동한다. 아름답고 지칠 줄 모르는 실피드와 그의 딸 눈이는 내가 그들을 위해 좀 더 너른 들판과 산이 있는 곳으로 이사 가자 친환경 나무 개집 사이를 뚫고 나가 마을 양계장의 닭들을 밤새 찾아다니며 놀라게 했다. 새벽, 마감도 못하고 그들을 찾아다니던 나는 한 양계장에서 두 마리의 맬러뮤트가 무아지경에 빠져 흰 깃털을 날리며 퍼덕이는 닭들을 구경하는 것을 목도했다. 바로 시네마 파라디소의 개들이었다.

그날 아침, 더 지칠 줄 모르는 이웃집 양계장 할머니는 기절해 죽은 닭 40마리를 싣고 와 우리 집 앞마당에 쏟아놓고 갔다. 토종닭이라는 이유로 상당한 배상액을 물어주고, 마당에 40마리의 닭들을 매장하고 우리는 동네에서 쫓겨났다. 이렇게 나는 5년간 개들과 함께 3번 이사를 했다. 난 우리 맬러뮤트보다 더 극성인 말리를 동네에서 쫓아내지 않는 플로리다의 주민들이 오바마의 팬일 것이라고 생각한다.

개나 고양이와 함께하는 사람들이 가장 근심하는 것 중 하나는 인간과는 다른 그들의 라이프 사이클이다. 사람의 몇 분의 일밖에 되지 않는 그들에게 할당된 삶의 시간. 아, 나도 사실 그것이 두렵다. 개들의 동물다운 활기와 활력에 반비례하는 짧은 라이프 사이클은 평균 수명이 점점 길어지는 인간과 아직 동물계에 속한 개와의 공생의 가장 어려운 점이다. 〈말리와 나〉라는 영화도 바로 이 부분에 오래 머문다. 말리가 늘어가고 병이 들고 그래서 이별의 시간이 다가온다. 나는 물론 이때부터 펑펑 울기 시작한다. 말리가 힘없이 쓰러져 나무 아래 누워 있을 때, 아이가 병원으로 실려가는 말리를 보고 "바이"라고 말할 때, 빠르게 잘 달리는 데 비해 형편없이 가는 개의 다리, 죽어가는 말리의 다리를 존이 만질 때 이 '견성' 멜로드라마는 심금을 울린다. God bless all the dogs across the universe!

존재성이 드러나는 순간이
삶의 마침표가 되는 때: 에릭 쿠

싱가포르: 성공신화

혹시 싱가포르에 가게 되면 DVD 숍에 들러보라. 그리고 에릭 쿠 영화가 있는지 물어보라. 자부심에 찬 얼굴로 판매원은 이렇게 말할 것이다. "물론 있지요. 박스 세트를 원하세요?" 그/녀는 경쾌한 발걸음으로 〈면로〉(1995)와 〈12층〉(1997)이 담긴 박스 세트, 그리고 〈내 곁에 있어줘〉(2005)를 찾아줄 것이며, 짐짓 비밀이라도 나누는 듯 이렇게 말을 건넬 것이다. "그런데 에릭 쿠가 굉장한 부잣집 아들이라는 건 아시죠?"

1995년 싱가포르 영화제에서 〈면로〉로 데뷔한 후 칸 영화제 등에서 명성을 얻은 에릭 쿠는 의심의 여지없이 싱가포르의 영화적 페르소나다. 사실은 이 장편 데뷔작 이전 1994년 단편영화 경선에서 〈고통〉으로 주목받았으나 그 영화는 곧 상영 금지를 당한다. 이런저런 경로로 해서 에릭 쿠는 싱가포르 국제영화제가 키워낸 인재이며 현재도 그 메커니즘은 마찬가지다.

소위 1980년대 아시아의 4마리 용으로 불리며, 고도성장을 겪은 싱가포르는 리관유의 표현을 빌리자면 제3세계에서 제1세계로 성공적 진입을 이루어낸 도시국가다. 싱가포르에서 '성공'은 수리수리 마수리 주술과 같은 것이다. 이 도시국가의 성공담은, 그곳 사람들의 삶의 원

동력이다. 그러나 이런 성공에 대한 전 국가적 강박을 추동한 것은 불행하게도 권위주의 정권이다. 1959년부터 지금까지 PAP(People's Action Party)는 단독 집권을 이루어냈으며, 현재의 총리는 리콴유의 아들이다. 군주제도 아닌데 말이다.

문화연구자인 추아벵후아는 싱가포르 일상의 삶에 침윤되어 있는 국가의 감시의 시선에 대해 언급하면서, 바로 이런 권위주의적 국가에서 예술은 정치 비판적 기능을 할 수밖에 없음을 지적하고 있다. 예컨대 〈12층〉에서 자신이 비즈니스 맨이고 BMW를 탄다고 거짓말을 해 중국에서 아내를 맞는 데 성공한, 실제 작은 국수 가게 주인 아구는 아내가 싱가포르 정부를 비판하자 자신을 욕하는 것은 좋은데 정부를 흠집 내지는 말라고 부탁한다. 사람들에게 싱가포르 정부가 일종의 이상적 에고로 기능하고 있음을 보여주는 부분이다.

추락 혹은 삶의 느닷없음

에릭 쿠 영화의 특이점은 물론 위와 같은 싱가포르의 사회 상황에 정확히 개입할 수 있는 우회적 정치 비판이다. 그리고 그와 함께 '존재하는 것의 느닷없음'이라고 부를 수 있는 퍽 뜻밖의 어떤 예상치 못한 삶의 돌출을 그리고 있다는 점이다. 그리고 그 돌출이 마지막에는 종결과 맞물리게 되는 지점이다. 즉 존재성이 드러나는 순간이 삶의 마침표가 되는 때다. 〈내 곁에 있어줘〉에서 그것은 갑작스런 자살의 순간이 타살의 장으로 변하는 비극으로 나타나고, 〈12층〉에서는 한 여자의 자살 기도의 장면과 순식간에 대체되는 한 남자의 실제 자살로 이어진다. 〈면로〉에서 그것은 죽은 자와의 사랑이다. 에릭 쿠는 죽음을 불러오지 않고는 서사의 진행이나 표면에 어떤 충격이나 흠집도 낼 수 없는 것처럼 돌연한 죽음을 위의 3편의 영화에 모두 가져온다. 〈12층〉과 〈내 곁에 있어줘〉에서 그것은 추락사다. 아니, 〈내 곁에 있어줘〉에서는 추락의 연쇄적 효과에서 나온 죽음이다. 이런 추락은 상당히 충격적인 파열과 피 흘림을 영화의 시각 영역에 난자하게 늘어놓는다. 성공 신화가 사회의 기조 서사인 곳에서 이런 추락이 무엇을 의미하는지는 명백하다. 성공 신화의 대립항 혹은 실패항으로서의 이런 추락은 사철 구분 없이 무더운 열대 기후의 도시국가이며 관광 낙원인 싱가포르를 붉게 물들인다.

에릭 쿠는 민속지학자처럼 도시의 문제 지역을 찾아간다. 우선 〈면로〉(Mee Pok Man)에는 게이랑 지역이 등장한다. 성매매 지역이자 수많은 작은 음식점들이 늘어선 호커 지역으로 유명한 게이랑에서 주인공은 미폭이라는 피시볼이 들어 있는 국수를 판다. 이 미폭 남자(영화의 제목이다)는 아버지의 국수 가게를 대를 이어 운영하고 있으며 버니라는 성매매 여성을 사랑한다. 아버지를 잃은 충격으로 그는 약간 넋이 나간 상태이며 사람들은 그를 이용하거나 놀린다. 그는 방 하나밖에 없는 공공주택에 살고 있는데, 싱가포르에선 85%의 사람들이 바로 이런 정부 프로젝트 안에 살고 있다. 버니가 교통사고를 당하자 미폭 남자는 그녀를 자신의 아파트로 데리고 와 간호한다. 왜 그는 병원으로 가지 않는 걸까? 이런 단순한 의문은 예의 싱가포르 전 사회에 팽배한 국가의 간접적 감시의 눈길을 생각하면 어느 정도 답을 구할 수 있다. 끝내 버니는 죽고 영화는 시체애호증(necrophilia)이라고 알려진 집착을 보여준다.

다음 영화 〈12층〉 역시 12층의 공공주택 아파트에 살고 있는 몇 사람의 이야기를 따라간다. 하릴없이 커피숍에 앉아 이야기를 나누는 중년의 남자들로부터, 살이 찐 딸에 대한 언어적 학대를 퍼붓는 어머니, 그리고 그런 어머니 때문에 자살을 생각하는 딸, 중국 출신의 아내와 문제를 겪고 있는 아구라는 이름의 남자, 그리고 자살 이후에도 아파트를 떠나지 못하고 있는 청년. 그는 사람들의 일상에 개입하지는 못하지만 중요한 순간들에 등장해 그들에게 눈길을 준다. 그러나 유령론(hauntology)를 도입했다고 보기에는 영화가 끝날 때까지 우리가 죽은 남자에 대해 알게 되는 것이 너무 없고, 또 자살을 생각하는 여자에 대해서도 마찬가지다. 그야말로 일종의 만화경처럼 영화는 12층 아파트와 그 주변을 보여준다.

에릭 쿠의 위의 영화 두 편은 애도를 끝내지 못하고 시체애호증과 혼령에 빠져 있는 멜랑콜리아 상태의 사람들을 보여준다. 둘 다 죽음에 닿아 있고 삶의 활기에 개입하지는 못한다. 우울증이라니? 싱가포르 사람들과 이렇게 어울리지 않는 증후가 또 있을까 싶을 정도다. 수천수만 가지 종류의 싸고 맛있는 음식들이 호커라는 거리 음식점에 널려 있고, 좀 훈육적이긴 하지만 태어나면서부터 죽을 때까지 시민들의 복지를 책임지는 정부, 그리고 사철 내리쬐는 햇볕(싱가포르의 어느 택시 운전사는 내게 11월에 한국에 왔다가 얼어 죽을 것 같아서 바지를 3개 껴입었다고 유쾌하게 말했다. 으하하하!). 그러나 에릭 쿠는 바로 이런 싱가포르를 우울증 국가라고 진단하고 있는 것이다. 사실 1950년대 초반까지만 해도 싱가포르의 상당 지역은 근대화나 도시화가 되어 있지 않았고, 위의 예를 든 에릭 쿠 영화의 사례들은 사실 싱가포르만이 아니라 응축적인 근대화를 겪은 동아시아, 동남아시아의 도시적 현상으로 일반화될 수 있는 것이다. 싱가포르가 국가주의 복지를 펼치고 있으며 사실 독재정권에 따르는 부패나 폭력적 탄압의 정도가 심하지 않은 점 등은 독특한 사례이기 때문에 그 문화적 생산물을 국가적 알레고리로 읽고 싶은 유혹이 없는 것은 아니나 오히려 트랜스 아시아 도시적 (후기) 근대성의 징후로 보는 편이 좋을 것 같다. 즉, 차이밍량이나 홍상수, 이시이 소고, 에드워드 양의 성운 위에 펼쳐진 발화로 말이다.

에릭 쿠와 더불어 싱가포르 영화계에서 활동하고 있는 유명한 감독은 잭 네오인데, 그는 〈12층〉에서 중국에서 온 아내에게 핀잔을 듣는 앞니가 튀어나온 아구 역을 맡기도 했었다. TV 코미디언으로 활동하면서 영화감독, 배우이기도 한 기타노 타케시의 커리어를 연상시키는 잭 네오는, 인기 코미디언이면서 흥행 감독이기도 하다.

또 이런 농담도 등장한다.

질문: "어떤 사람이 낚시를 갔는데 고기가 잡히질 않는 거야. 왜 그런지 알아?"

답: "고기가 도통 입을 열지 않아 미끼를 물지 않는 거지. 싱가포르 사람처럼 말이야."

김소영이 만난 에릭 쿠 감독

영화보다 감독이 더 좋다. 텍스트보다 그것을 만든 사람이 더 괜찮다는 이야기는 오해의 여지가 있다. 그야말로 영화는 별로인데 그걸 만든 사람은 영화보다 좀 낫다는 평가일 수 있으니 말이다. 에릭 쿠의 영화들을 보고 그를 만난 뒤의 느낌은 틀림없이 영화보다 감독이 더 좋다는 것이다. 그런데 이유는 위와 같은 것이 전혀 아니다. 그가 가진 잠재력이나 에너지, 그리고 앞으로의 계획들이 이제까지의 영화들을 완성태라기보다는 미래에 놓인 단단한 디딤돌로 보게 만들기 때문이다. 우선 그는 자산이 많다. 부유한 집안에서 예술적 취향을 가진 어머니의 지원을 받고 자라 마음 깊숙이 기댈 곳이 있다. 또 네 명의 아들이 있다. 이런 경우 사람들이 흔히 맹세하듯 자식들을 위해서라도 좋은 영화를 만들어야 한다. 게다가 사랑하는 포메라니안 강아지도 있다. 또 광고회사도 경영하고 있기 때문에 죽어라 하고 상업영화를 만들어야 할 이유도 없다. 게다가 유머 감각도 뛰어나고, 친화력은 A플러스다.

한옥 미장센에 들어선 이탈리안 레스토랑에서 처음 에릭 쿠 감독을 만났을 때 그는 재떨이부터 찾았다. "신선하네요. 싱가포르 사람이 담배를 피우니까." 나의 첫마디였다. 껌도 찾기 힘든 싱가포르(미니 마트에 가면 세상에서 가장 많은 종류의 구강 '위안' 용품이 껌을 대신해 진열되어 있다)에서 담배를 피우는 사람은 극소수다. 그러나 영국 식민지의 계급 전통이 깊숙이 남아 있는 싱가포르의 여느 지배층처럼 에릭 쿠 역시 대화에서 직접적인 충돌을 피한다. 예를 들어 "이제 좀 거슬리는 이야기를 하겠다. 누가 당신의 영화를 이렇게 비판하더라"라고 말을 꺼내도, 에릭 쿠 감독은 그 이야기만 쏙 빼고 무지 흥미진진한 다른 이야기로 아무렇지도 않게 건너뛴다. 싱가포르 사람들이 다 에릭 쿠 감독이 부자라고 떠들어도, 본인은 저예산 영화만 찍으면서 예술적 소수자로서의 정체성을 다년간 유지하고 있다. 소신 있는 사람이다. 가장 기대되는 것은 그의 다음 프로젝트다. 김홍준 감독이 집행위원장으로 있던 부천판타스틱영화제에서 쇼브러더스 회고전을 하기도 했으나, 쇼브러더스를 주인공으로 하는 에릭 쿠의 다음 영화는 정말 궁금하다. 거기다가 쇼브러더스가 상하이, 싱가포르 그리고 말레이시아에 있을 때 각각 다른 형식, 장르로 영화를 만들겠다니. 그의 문화적 자산이 부럽기만 한다. 타이의 아피찻퐁 위라세타쿤, 싱가포르의 에릭 쿠 그리고 한국의 김기덕 감독, 이 세 사람이 함께 만든 영화를 보았으면 좋겠다. 예의 그 쇼브러더스 영화를 이 세 사람이 만들면 안 되나?

김소영(이하 '김'): 지난주 《씨네21》에 당신에 대한 글을 썼다. 여기 내 손에 들고 있는 원고가 그것이다.

에릭 쿠(이하 '쿠'): 아, 나의 영화에 대한 글을 썼다니 반갑다. (CJ에서 나온 관계자에게) 복사해줄 수 있겠는가?

김: 정성일 선생님이 부산영화제 때 소개한, 이번 전주영화제 '삼인삼색' 프로젝트 참여작이었던 〈노 데이 오프〉(No Day Off)에 대한 관객의 반응은 어땠는가. 그런데 인도네시아 술라웨시 지역이 배경인 이유는?

쿠: 관객 반응은 좋았다. 인도네시아 자바 지역 중에서도 저개발 지역이라 할 수 있는 술라웨시 출신의 한 여성이 싱가포르로 이주해 여러

가정의 가정부가 되는 모습을 다룬, 내 단편을 본 관객은 인도네시아나 싱가포르의 경제적 상황이나 계급적 차이, 구조 등에 대해 많은 질문을 했다.

이주노동자에 대한 학대, 영화로 다뤄

김: 최근 싱가포르의 다큐멘터리 영화인 〈싱가포르 가가〉(Singapore Gaga, 탄핀핀, 2005)에서는 거리의 탭댄서, 피아니스트, 복화술사 등 다양한 계층의 싱가포르인들과 베이징어를 모르는 화교들을 위해 중국 각 지역의 방언으로 싱가포르의 뉴스를 전하는 노년의 라디오 DJ, 시민 대피 방송의 멘트를 녹음한 중년의 성우 등 여러 방언들이 한꺼번에 등장한다. 당신의 영화 또한 싱가포르 구성원들의 각기 다른 언어와 계층을 영화의 소재로 사용하곤 하는데, 이번 단편에서 이주 여성 노동자를 다룬 데에 특별한 이유가 있는가?

쿠: 우선 그 배경을 살펴보자면, 싱가포르에는 최근 그런 이주노동자 가정부들에 대한 학대가 심심찮게 보고되고 있다. 끓는 물이나 기름을 끼얹는 테러 등 극단적 예까지 있는데, 그런 사례들을 사회복지국 직원과 함께 리서치하게 되었다. 싱가포르에서 그들이 가정부로 일하기 위해서는 가정부 전문교육학교에 다니며 필요한 기술과 단어들을 배우고, 빚을 져가며 싱가포르로 이주해 와서 한 가정에서 일하게 된다. 이렇게 일자리를 잡게 되면, 다른 가정으로 옮겨다니기도 하는데, 대개 생활 형편이 좋지 않은 가정으로 옮겨가게 되고, 끝내는 성매매 여성이 되기도 한다. 그런 과정에서 내가 이 영화에서 택한 시점은 주인 쪽이다. 주인의 시점으로 가정부를 바라보는데, 주인의 얼굴은 비추지 않았다.

김: 그런 측면에서 보자면 이번 단편은 버니라는 이름의 성매매 여성이 등장하는, 장편 데뷔작 〈면로〉와 자연스럽게 연결된다. 다만, 흥미로운 지점은 〈면로〉에서 〈노 데이 오프〉로 옮겨가는 과정이다. 즉 〈면로〉에서 여성 주인공 버니에 대해 시체애호증이라고까지 부를 수 있는 감정적 투자가 엿보인다면, 이번 영화 〈노 데이 오프〉에서는 앞서 당신이 말한 것처럼 시점을 매우 제한함으로써 유사 다큐적 효과를 낸다. 어느 정도 동일한 차원이라고 부를 수 있는 사회문제에 대해 다른 접근 방식을 택하게 된 계기가 있는가?

쿠: 그 대답에 앞서 이전의 내 영화들에 대한 얘기를 좀 해야 할 것 같다. 우선 1994년 난 〈고통〉이라는 단편을 구상할 때 〈One Last Cold Kiss〉라는 작품이 계속 머릿속에 맴돌았는데, 이 영화는 제목 그대로 사도마조히즘적 고통에 대한 영화이다. 사람을 납치해서 고문하고, 그러다가 죽이고, 또 다른 사람을 납치해서 같은 과정을 즐기는 사람을 다루고 있다. 이 영화로 싱가포르 국제영화제에서 감독상을 받았지만, 1998년까지 상영 금지되었다. 이 영화 덕분에 장편 할 생각을 하게 되었는데, 데뷔작인 〈면로〉는 단편 정도의 예산으로 만든 장편이었다. 필름도, 시간도 그다지 많지 않아서 하루에 18시간씩 촬영하기도 했다. 그렇게 작업해서 17일 동안 촬영을 끝냈다. 이 영화를 촬영했던 친구는 이 작업이 첫 장편 작업이었다.

김: 그 영화에서 주인공 남자 미폭 맨의 연기 동작들이 매우 인상적이었다.
쿠: 그 친구는 '파드레스'(Padres)라는 록밴드의 보컬이기도 하다. 이전에 다른 단편에 출연하기도 했는데, 이 영화의 주인공으로 "너 말고 다른 사람은 없다"고 설득했다. 여주인공인 버니를 찾기 위해서는 실제 성매매 여성들을 대상으로 오디션을 보기도 했다. 그런데 버니를 만난 것은 나이트클럽에서였다. 그곳에 같이 간 사람들이 춤추고

있는 그녀를 보더니 기가 막히게 아름답다고 탄성을 질렀다. 두 달 정도 리허설을 하면서 프리 프로덕션 기간을 보냈다.

모든 B급 영화를 좋아한다

김: TV 시리즈, 코믹스 등 하위문화에 관심이 많아 보인다.

쿠: 여덟 살 때 어머니의 슈퍼 8mm 카메라를 만지며 애니메이션 비슷한 작업을 하기 시작했다. 이때 자주 보았던 잡지로 〈영화 나라의 유명 괴물〉(Famous Monsters of Film Land)이 있었고, 관절이 움직이는 GI조의 피겨를 좋아했다. 그 영향 관계를 보자면 쓰카모토 신야나 쿠엔틴 타란티노와 비슷한 세계일 것으로 생각한다. 이런 어린 시절을 보내고, 〈바비 딕스 조〉(Barbie Digs Joe, 1990)라는 단편 애니메이션을 만들었다.

김: 어떤 계기로 영화제에 영화를 출품하게 되었는가?

쿠: 그렇게 단편 작업을 하던 중 한 잡지에 '콘돔 보이'라는 캐릭터가 등장하는 코믹스를 연재한 적이 있었다.

김: 그려줄 수 있는지?

쿠: (갑자기 종이를 찾더니 펜을 꺼내 들고서 슥슥 뭔가를 그리기 시작한다.) 바로 이 캐릭터다.

김: 콘돔 맨인데 콘돔 위에 헤어가 보인다.

쿠: 엇, 원래 위에만 있는데……. 하여간 내가 영화 작업도 한다는 것을 듣고 싱가포르 영화제 디렉터인 필립이 단편영화들을 보여달라고

졸랐다. 그래서 보여주었고, 그해 시작한 싱가포르 단편영화제에 출품하게 되었다. 이 해에 170여 편이 출품되었는데, 우연찮게 내 단편 〈바비 딕스 조〉가 5개 부문에서 수상하게 되었고, 싱가포르에서 만든 단편영화로는 처음으로 해외 영화제에까지 초청받게 되었다. 다음 단편 〈어거스트〉(August)는 낮은 시점에서 카메라를 잡을 수 있는 장치를 고안해 개의 시점에서 진행된 영화였다. 내용은 남편을 살해하려는 부인과 남편을 주인으로 생각하는 강아지에 대한 이야기다. 영화 내내 강아지는 자신의 모습으로 등장하지 않고, 시점만 제공한다.

김: 그렇게 스스로 단편영화들을 작업했고, 또 장편 작업 이후에도 〈홈 비디오〉(Home VDO) 같은 단편을 계속 작업하고 있다. 또 단편영화제의 심사위원으로 활동하며 신인들을 후원하는 것으로 알고 있다.

쿠: 그렇다. 심사위원 입장에서 한 해 생산된 여러 편의 단편들을 보고, 그중 재능 있어 보이는 감독들을 찾아내 그들의 다음 작품을 직접 제작하기도 하고, 다른 영화제작사와 연결되도록 후원하기도 한다.

김: 말하자면 싱가포르의 다른 젊은 감독들을 지원하는 플랫폼 역할을 하고 있는데, 갑작스레 든 호기심에서 하는 질문이다. 자신의 영화 작업에서 참고하는 영화적 참조틀이 있는가?

쿠: 모든 B급 영화를 좋아하는 편이다. 굳이 꼽자면 1970년대 이탈리아 영화들을 좋아했다. 호주에서 공부하던 시절에 싱가포르에서는 검열당해 잘려나갔거나, 아예 상영이 금지된 여러 영화를 볼 수 있었는데 지금 기억에 남는 영화는 존 슐레진저 감독의 〈미드나이트 카우보이〉로 사운드 디자인, 촬영 등이 마음에 들었다. 학생 시절 이후에는 아키 카우리스마키의 영화를 정말 좋아한다. 바로 이런 영화들을 볼 수 있어서 영화제라는 장이 좋다. 그외에 스파게티 웨스턴도 좋아

했고, 오즈 야스지로 또한 좋아한다.

김: (이때쯤 진행을 맡고 있던 스탭이 에릭 쿠에게 커피를 마시겠느냐고 물었고 그는 블랙 커피를 마시겠다고 했다. 나도 그러겠다고 했는데 도착한 것은 인스턴트 다방커피였다. 인터뷰 장소는 찾기 힘든 정도가 아니라 아예 불가능한 한옥의 이탈리안 레스토랑이었는데, 이탈리아식 커피 대신 다방커피를 마셨다. 매우 흥미로운 일이다.)

공통 요소는 테니스와 바나나 정도

김: 오즈 야스지로라고 하니 당신의 영화와는 꽤 거리가 있는 듯한데, 그의 영화에서 어떤 면을 보는가?
    쿠: 오즈 야스지로 영화에서 보이는 가족 관계에 관심이 있다. 그리고 이건 개인적인 변화이기도 한데, 나이 들면서 간단한 구조의 내러티브를 선호하게 된다. 숏 또한 정적인 숏이 더 좋다.

김: 지금 한국의 스크린에서도 상영되고 있는 당신의 최신작 〈내 곁에 있어줘〉를 비롯해서 다른 영화에 대해서도 얘기를 해보자면, 나는 지난해 말부터 올 초까지 몇 개월 동안 싱가포르에 있으면서 당신 영화가 DVD 박스 세트로 묶여 나온 것을 구입했었다. 그래서 나는 〈내 곁에 있어줘〉를 보고 나서 싱가포르에서 사온 DVD 박스세트를 보게 된 것이라 필모그래피상 거꾸로 보게 되었다.
    쿠: 아, 내 DVD 박스 세트를 구했나. 지금 싱가포르에서는 초기 물량 3천 세트가 매진된 상태다. (웃음)

김: 나도 그 3천 명 중 하나다. 지난번 《씨네21》에 쓴 글에도 나오는 내용이지만, DVD 살 때 점원이 "에릭 쿠 감독이 부자인 건 아시죠?"라고 친절히 설명까지 해주더라. (웃음) 자국의 한 감독에 대한 그런 관심과 열정이 보기 좋았다. 다시 영화 애기로 돌아오면 〈12층〉에서 보면 남자 유령이 계속 등장하는데, 그는 〈베를린 천사의 시〉에 나오는 그런 천사의 역할을 하는 유령은 아니다. 그가 하는 역할은 어떤 것인가?

쿠: 천사 이야기가 나와서 하는 말인데, 그는 수호천사다. 사실 그는 〈내 곁에 있어줘〉에도 등장한다.

김: 아, 그런가. 다시 한 번 봐야겠다. 이 인터뷰를 읽는 독자들도 찾아보려고 애쓸 것이다. 당신 영화에는 〈12층〉과 〈내 곁에 있어줘〉의 수호천사처럼 시네필적인 인용이랄까, 당신의 영화적 세계에 공통된 요소 같은 것이 있는가?

쿠: 글쎄. 테니스와 바나나 정도가 그렇지 않을까? 특히 바나나는 내가 만드는 영화만이 아니라 내가 제작하는 다른 감독의 영화들에도 꼭 넣도록 설득한다. (웃음)

김: 콘돔 맨으로 데뷔했다고 했는데 바나나도 뭐 너무 잘 알려진 그쪽 상징이라 별로 설명이 필요하진 않을 것 같다.

쿠: 아니, 그냥 바나나 먹는 걸 좋아해서……. (웃음)

김: 〈12층〉을 보면 딸에게 잔소리를 심하게 하는 할머니가 있는데, 이 영화의 다른 숏들은 프레이밍이 상당히 잘되어 있는 데 비해 그 할머니만 아마추어 작품에서처럼 잡고 있다. 이렇게 다른 프레이밍 방식을 택한 이유가 있는가?

쿠: 사실 그 할머니는 전문 배우가 아니고, 글을 읽을 줄 몰랐다.

〈12층〉을 찍기 훨씬 전, 10년 전쯤 노인들에 대한 다큐멘터리를 찍은 적이 있었다. 〈12층〉을 준비하던 중, 그때 기억이 떠올라 그때 그 장소로 가보았더니 놀랍게도 할머니가 여전히 그곳에 있었다. 그렇게 해서 캐스팅하게 되었다. 얘기 나온 김에 한마디 더 하자면, 이 영화에 등장하는 잭 네오는 실제 코미디언이기도 하지만, 그 영화에서는 훨씬 더 우스꽝스럽게 그려져 있다.

김: 잭 네오를 캐스팅하겠다는 생각은 어떻게 하게 되었나?

쿠: 사실 그 스스로 더 못생기게 보일 수도 있다며, 적극적이었다. 이 영화의 이야기는 다니자키 준이치로의 소설 『치인의 사랑』에 등장하는 나오미라는 캐릭터에 많은 영향을 받았다. 여기에 1996년에 실제 벌어졌던 장애 성매매 여성의 살인사건을 한데 합쳐 시나리오로 만드는 데 6개월 정도 걸렸다.

철저한 리허설로 예산 절약

김: 〈12층〉은 28만 달러 정도의 저예산으로 장편을 완성시켰는데, 제작 방식은 어떤가?

쿠: 다른 작품도 마찬가지인데, 제작비가 여유 있지 않은 편이라 모든 준비를 반복해서 철저히 한다. 우선 모든 장면을 그림 콘티로 하나하나 만들고, 스크립을 배우에게 읽혀보며 리허설을 한다. 리허설 과정은 모두 비디오로 찍어 다시 확인하기 때문에 실제 촬영 때 소요될 시간 낭비를 최소화할 수 있다. 필름값을 아끼기 위해서다. 이렇게 리허설을 거듭하다 보니, 테이크를 반복해서 가는 일은 거의 없다. 그리고 캐릭터의 설정에서는 주변의 아는 사람들로부터 다양한 조합과

가능한 여러 이야기들을 만들어낸다.

김: 영화의 마지막에 중국에서 온 아구의 아내가 마오쩌둥 상 앞에서 자신의 연인과 찍은 사진이 인상적이었다. 영화 내내 그녀는 좀 성가신 존재로 그려지는데, 마지막 그녀의 과거가 드러나면서 우리는 그녀에게 다른 연민의 시선을 보내게 된다.

쿠: 사람들은 자신의 경험과 계급 차이 등으로 고통받고, 결국 그 갈등과 모순은 언제고 드러난다. 사실 그녀 또한 엑스터시 1알을 복용한 대가로 1년 동안 감옥에 있어야 했다.

김: 당신은 싱가포르의 사람과 그 사람이 살고 있는 싱가포르 사회에 관한 영화를 만들어왔다. 싱가포르 외부의 시선으로 볼 때, 당신은 싱가포르 영화의 대표자와도 같은 인물이 되었다. 그에 대해 어떻게 생각하는가?

쿠: 그렇게까지 대표적 인물이라고 생각하지는 않는다. 사실 〈12층〉 이후 영화감독을 그만두려고 했었다. 나는 미신이라고 할 만한 것들을 믿는 편이다. 또 초자연적인 현상, 존재 또한 믿는다. 전에 어디선가 이후 영화 작업을 하게 된다면 다른 일을 하지 못할 것이라는 얘기를 들은 적이 있었다. 그래서 이번 영화를 하겠다고 결심했을 때, 촬영감독과 사찰에 가서 크랭크인 하기에 좋은 날을 받아 촬영을 시작했다. 그것이 2004년 10월 12일이었다. 사실 내 아이들 가운데 두 아이가 12일에 태어났다. 그래서 더욱 결심을 굳히게 되었다. 모든 일은 때가 있는 법이다.

김: 〈내 곁에 있어줘〉에서 특히 아름다웠던 장면은 테레사가 부엌에서 일할 때와 수영장에서 노년기의 두 명의 장애 여성이 수영하는 장면이었다.

쿠: 사실은 슬픈 장면이다. 그 수영장은 테레사에게 수영을 가르쳤던

다른 장애 여성 엘리자베스가 어린 시절 일본군에 고문당했던 바로 그 건물에 위치한 것이다. 그곳에 유일한 무료 수영장이 있기 때문에 간 것인데, 사실은 그런 상처가 있었던 것이다.

김: 수영장 장면이 유난히 감동적이었는데 그런 공간의 역사가 있어서였을 것이라고 생각하니 온몸에 소름이 돋는다.

쿠: 테레사의 삶은 그것을 모두 표현하지는 않지만, 비극적이면서도 훨씬 다채롭다. 나중에 자기와 뮤지컬을 같이하자고 하더라. (웃음) 테레사는 매우 유머러스한 사람이다. 마지막 장면에서 자신의 뒷모습이 풀로 잡힐 것을 알고서는 그렇게 잡으면 자신의 엉덩이가 크게 보일 거라고 농담을 건네기도 했다. 그리고 왜 자신의 애인으로 주름이 쭈글쭈글한 할아버지를 캐스팅했느냐고 불평했다. (웃음)

김: 나이든 남자가 정성껏 요리하는 장면도 아름다웠다. 특히 좋았던 것이 그가 음식 재료를 사러 시장에 가서 고르는 장면부터 음식하는 것, 그리고 아내에게 먹이는 일련의 과정이 다 나와 있는 것이다.

쿠: 그 배우는 매우 재미있는 사람이다. 그는 내게 〈12명의 성난 사람들〉(시드니 루멧, 1957)을 본 적 있느냐고 묻는 등 촬영 기간 내내 스태프들에게 영화감독, 프로듀서에 대한 얘기를 그치지 않았다. 사실 어릴 적부터 그는 내겐 영화 선생님이었다. 그래서 스탭들은 선생님 같은 그에게 오비완이라는 별명을 붙여줬다.

쇼브러더스에 관한 영화 기획 중

김: 〈내 곁에 있어줘〉에는 레즈비언 하위문화, 쇼핑, 아케이드, 휴대폰 메

시지 등 동시대적 아이콘뿐 아니라, 전통적 장소도 동시에 등장한다.

쿠: 그 장소와 아이콘들은 캐릭터의 특성을 고려해 연결한 것이다. 촬영감독에게 그런 장소를 찍게 하는 데 꽤나 애를 먹었다. 사실 그는 샴푸 광고 등 광고 쪽 일을 하는 사람이었는데, 그러다 보니 이번 영화처럼 템포도 느리고 대사도 거의 없는 영화를 준비한다는 것을 힘들어했다. 그래서 그를 데려다놓고 키에슬로프스키 영화를 억지로 보게 했다. 그러다 보니 결국 촬영감독이 손을 들더라. (웃음)

김: 상업 광고를 제작하는 동시에 저예산 독립영화를 지원하고 스스로 감독도 하는데, 그 사이에서 균형은 어떻게 유지하는가?

쿠: 싱가포르는 매우 작은 나라다. 모두가 모두를 알고 있다. 그러다 보니 어떤 일을 하고, 어떤 일은 안 하는지 엄격히 구분하는 것이 쉽지 않고, 그다지 큰 어려움은 없다.

김: 다음 작품으로 어떤 얘기를 구상 중인가?

쿠: 모두가 모두를 아는 싱가포르에 대한 얘기가 나와서 말하는 건데, 쇼브러더스에 대한 영화를 기획하고 있다. 그들이 상하이에 있을 때는 슬랩스틱으로, 말레이시아에 있을 때는 뮤지컬 등으로.

김: 아, 그런가? 기대되고 흥분되는 프로젝트다. 마침 스티븐 티오가 지금 쇼브러더스 연구차 싱가포르에 있다. 도움을 얻을 수 있겠다.

쿠: 잘됐다. 쇼브러더스의 창업자 란란쇼의 손자 크리스 쇼의 도움을 받아 여러 정보를 얻고 있다. 프로젝트 규모가 커져, 정부의 지원을 받으려고 추진 중이다.

김: 또 다른 진행 중인 프로젝트가 있는가?

쿠: 〈움〉(Womb)이라는 제목의 영화인데, 타이의 논지 니미부트르 감독과 작업하고 있다. 타이 호러영화에는 아시아에 통하는 한 요소가 있다. 제목과 연관지어 유추할 수 있겠지만, 아이 귀신이다. 한국에서는 뭐라고 부르나? 동자? 동자라고 하는 그런 요소가 우리에게도 있고, 타이에는 프리키야스라고 불리는 귀신이 있다. 그것에 대한 영화다. 또 다른 하나로 제작진과 함께 아버지와 아들에 대한 영화도 준비하고 있다. 타밀어로 제작할 것이다.

김: 타밀어를 아는가? 싱가포르의 무스타파 거리가 배경인가?
쿠: 아니다. 내가 전혀 모르는 언어로 할 것이다. 인도를 배경으로 눈이 내리는 장면을 기획하고 있다.

김: 눈이라고 말해서 생각난 건데, 싱가포르의 그 더위에 어떻게 영화를 찍는가? 영화를 보고 있으면 와, 땀을 얼마나 흘릴까 하는 생각이 든다. 2주 정도의 촬영으로 영화를 완성하는 것은 참으로 대단한 일처럼 보인다.
쿠: 그래서 다음 영화는 눈이 내리는 지역에서 로케이션 촬영할 생각이다. (웃음) 사실 하루 종일 그 더위에 촬영하는 것은 거의 죽을 지경이다. 그래서 나는 영화 작업에 들어가면 버티기 위해 석달 전부터 운동을 시작한다. 말 나온 김에 다음 영화는 한국에서 찍어볼까? (웃음)

테레사 챙과는 이메일로 대화한다

김: 만화를 그리고, 영화를 감독하게 된 것은 어머니로부터 받은 영향이 크다고 말했는데 어머니에 대해서 말해달라.
쿠: 어머니는 내가 무엇을 하든 응원해주셨다. 내가 8살 때 슈퍼

8mm 카메라를 주시며 뭐든 찍으라고 하셨고, 크레용을 사주시며 그림을 그려보라고 하신 분이었다. 지금은 돌아가셨지만, 정말 예술적이면서도 나의 자율적 측면을 북돋아주신 분이다.

김: 배우들의 연기가 대단하다. 테레사 챙과의 작업은 어떠했는가?
　쿠: 잘 알다시피 그녀는 광둥어만 이해하던 어린 시절 눈이 멀고, 귀 또한 들리지 않게 되었다. 그러다 보니 촬영 준비 기간의 의사소통이 쉽지는 않았는데, 이제는 다르다. 3개월 전쯤, 그녀와 같은 상황의 장애인이라도 이메일을 보낼 수 있는 장비가 있다는 것을 알고 그것을 설치해주었다. 이제는 이메일로 이런저런 얘기를 나눈다.

김: 마지막으로 당신에 대한 글에서도 이미 언급한 내용이지만, 추아벵 후아는 당신 영화의 계급적 입장에 대해 비판적 입장을 취했고, 나는 그와는 다른 견해로 당신의 영화를 긍정한다. 당신의 영화에 대한 다른 부정적 평가는 없었는가?
　쿠: 프랑스 평론가들 또한 나의 영화에 부정적 평가를 내렸다. 왜 불쌍한 노동자를 죽이느냐고. 그러나 〈내 곁에 있어줘〉의 인물들은 운명을 맞이하고, 비극을 경험하고, 또 그를 통해 다른 모두를 구한다. 나는 그런 의미에서 영웅이라 할 수 있는 인물들을 영화로 만들어냈다.

김: 정말 즐거운 시간이었고, 이번 달 말에 싱가포르 미술관에서 해야 할 강연이 있다. 그래서 다시 싱가포르에 갈 것이다.
　쿠: 오, 정말 고맙다. 싱가포르에 오게 되면 연락해라. 호커에서 만나 맥주 마시면서 얘기나 더 하자.

김소영: 그럼 못다 한 얘기는 만나서 계속하기로 하자.

영화와 멜랑콜리아, 빨리 낫기를 바래

멜랑콜리아, 검은 태양

어디서 검은 태양은 오는 것일까? 크리스테바는 다음과 같이 말한다.

> 어디서 검은 태양은 오는 것일까? 어떤 두려운 은하계로부터 그
> 보이지 않는 무기력한 빛이 내게로 와 나를 땅과 침상에 못 박고
> 침묵과 포기에 이르게 하는 것일까?

그녀는 멜랑콜리아의 고문을 받는 사람들에게 그것에 대해 쓰는 것
은 바로 그 멜랑콜리아로부터 글쓰기가 나올 때만 의미를 가질 것이라
고 말한다. 그리고 항우울증의 묘약으로서의 정신분석학에 대해 말한
다. 정신분석학의 치유 기능에 관한 언급이다. 그녀의 유려한 언어는
계속된다.

> 내가 말 건네려고 하는 것은 슬픔의 심연이며 비소통적 비애다.
> 그것은 때로, 그리고 빈번히 오랜 기간에 걸쳐 말들과 행동, 그리
> 고 삶 그 자체에 대한 관심을 잃게 할 만큼 우리를 포획한다. 그
> 런 고통은 내가 욕망과 창조를 할 수 있는 감정의 격변이기보다
> 진정으로 부정적이지만 상존하는 것이다. 침울함 속에서 내 존재
> 가 붕괴 직전에 있다면 의미의 결핍은 비극적인 것이 아니다. 그

것은 명백히 내게 황홀하고 도피 불가능한 것으로 보인다.

돌아보면 현대 영화이론의 정치적 지향성은 시네필리아가 영화와 관계하는 중요한 코드, 예컨대 치유로서의 영화, 멜랑콜리를 치료하는 항우울제로서의 영화의 역할에 대해서는 많이 다루지 않았다. 우리를 낫게 하는 영화, 그리고 그 치유의 힘과 과정을 판독 가능하게 하는 이론과 비평은 어디에 있는가?

그런 부재에도 불구하고, 극장 문을 열고 들어서는 한 사람, 그 순간에는 개체화되어 있으나 곧 관객이라는 집단체 안에 포함될 그녀는 부지불식간에 아직 시작되지 않은 영화의 속삭임을 듣는다.

"빨리 낫기를 바래."

미처 언어를 찾지 못한 개인적이고 역사적인 트라우마를 안은 그녀는 다른 관객들과 영화 안의 인물, 정황, 심상, 풍경 속에서 그 외상에 이름을 주고 화해하고자 한다. 위안을 찾는다. 아마도 그녀는 상중일 것이다. 喪(잃다)과 傷(다치다). 아픔이 누군가의 죽음에서 기원하는지 아니면 자기 자신의 죽음충동 혹은 죽음소망에서 비롯되는지는 확실치 않다. 상중 상태는 멜랑콜리아로 근접해간다. 이미 잃어버린 대상 혹은 이상, 이젠 몸의 문양이 되어버린 외상의 흔적들. 그것들이 '정동(affect)의 축제'라고 알려진, 마음을 움직여 몸까지 떨게 하는 '영화'라는 장소로, 그 비장소(non-place)로 그녀를 데리고 가는 원인이 되었을 것이다. 아마도 그녀는 바로 그 원인이 발생시킨 의미화 효과가 영화 텍스트 자체에서 기원한 것이라고 믿고 싶을 것이다. 그리하여 그녀와 영화의 사랑은 시작된다. 傷과 喪은 항상성을 가진다. 이제 탐닉과 강박과 신경증과 도착이 달라붙는다. 또한, 영화를 통해 그 완급을 조정하고 통제하는 것을 배운다. 그녀는 한편으로는 치유를 원한다. 그러나 또 다른 한편으로는 상처를 일으키는 대상을 바로 그 치유의 반복적 연행을 위해 붙잡는다. 그녀의 외상은 나아간다. 그러나 나아가면서 그것은 다시 배열을 바꾼다. 말하자면 순간적인 쾌차는 있지만 완치는 없다. 순수 공간인 원점으로의 회귀도 없다. 견뎌내게 할 뿐이다. 그 견딤 속에 아마도 자아 성찰과 타자의 외상을 눈여겨보게 공간이 열릴 것이다.

하지만 바로 그 외상의 윤곽을 알아차리게 해준 영화 텍스트는 개체를 달리하며 그녀라는 주체와 판타스마고리아적 관계를 지속한다. 이에 대한 영화산업의 대응은 작가주의와 장르, 그리고 시리즈물이다. 이 개별적이고 산업적인 관계 속에서 한 대상은 다른 대상으로 옮겨간다. 예컨대, 내 자신을 예로 들자면 가까운 시간 안에 차이밍량의 〈지금 거기는 몇 시니?〉가 왕가위의 〈화양연화〉로 치환되고, 그것이 다시 미하엘 하네케의 〈피아니스트〉, 크리스토퍼 놀란의 〈불면증〉으로 이동한다.

차이밍량의 〈지금 거기는 몇 시니?〉와 왕가위의 〈화양연화〉는 애도와 멜랑콜리에 관한 영화다. 전자는 상실한 대상을 꿈처럼 나타나게 함으로써 치유의 시간을 만들어낸다. 차이밍량은 애도와 멜랑콜리아가 광적 증상(mania)으로 옮겨가게 두지 않는다. 반면 〈화양연화〉는 과잉 멜랑콜리 속에서, 두 번의 상실을 서로 다르게 경험하게 만든다. 리첸(장만옥)과 차우(양조위)는 동일한 상품(핸드백, 넥타이)들이 자신들의 파트너에게 선물로 주어졌음을 알아챈다. 리첸과 차우는 이제 서로에게 느끼는 감정을 선물하려 하지만 이미 그것이 자신들의 파트너들에 의해 연행된 것의 반복에 지나지 않을 것임을 동시에 느낀다. 그래서 이들은 사랑할 수 있는 무드에 들어 있지만, 사랑을 성적인 것, 물질적인 것으로 행위화하지는 않는다. 목을 조이는 아름다운 의상, 서로를 스쳐 지나가야만 하는 골목과 집안 복도가 시각화하는 60년대 홍콩의 멜랑콜리아. 가끔 비가 내리고 그들은 함께 음식을 나누지만, 나머지 인생은 앙코르와트의 벽 속에 비밀로 남는다. 그리고 그 비밀의 구멍은 메워진다. "여자의 가장 아름다운 한때"라는 '화양연화'는 유적의 영구한 시간 속에 암호화된다. 그러나 두 번째 상실은 이들의 선택에 의한 것이다. 하지만 완치는 없다. 변형과 치환의 힘겨운 과정이 있을 뿐이다. 시간의 도움으로 그것은 견뎌낼 만한 것이 된다.

〈지금 거기는 몇 시니?〉의 영화적 구조는 빛을 어스레하게 나타나게 하는 디머(dimmer), 제광 장치와 같다. '끄다'(off), '켜다'(on)로 분리되지 않는다. 문제는 처음에 그렇게 어두침침하게 나타난다. 그러나 텍스트는 그 문제를 끝까지 따라간다. 어느새 디머는 그 문제의 핵을 조명하고 있다. 그래서 상중인 남자 주인공 샤오강(이강생)은 마술의 시간을 통해 죽은 아버지(티엔 미아오)를 만난다. 아니, 그 아버지를 만나는 것은 관객이다. 아버지는 샤오강과 다른 장소, 시간에 마치 프로이트와 마그리트 뒤라스가 일상에서 만나는 것처럼 급작스레 아무렇지도 않게 파리의 공원에 출현한다. 그리고 첸샹치의 떠다니는 수트케이스를 건져준다.

죽은 아버지는 샤오강 어머니가 사자(死子)의 시간, 사자의 공간이라고 생각하는 자정 무렵의 그들의 아파트 대신 파리의 빅 휠 앞에 출현한다. 첸샹치는 샤오강의 마음을 움직여 육교 가판의 싸구려 시계의 분침과 시침을 모두 파리의 시간에 맞추게 했다. 죽은 아버지는 바로 파리를 여행하고 있는 첸샹치가 잠들어 있는 공원에 등장한다. 초현실주의의 그림처럼 그는 있어야 할 곳이 아니라 다른 곳에 돌연 나타난다. 샤오강과 그의 어머니가 상실한 대상인 아버지가 구원하는 것은 첸샹치와 관객이다.

극장에 가다

멜랑콜리아가 우리를 땅과 침상에 못 박으려 할 때, 그리하여 입을 봉하고 소통을 금지시킬 때 할 수 있는 일은 영화를 보는 것이다. 그리고 아마도 영화와 멜랑콜리아에 관한 글을 쓰는 것이다. 지난 6개월, 연구년을 맞아 버클리 대학에서 한국 영화와 영화이론을 학부와 대학원에서 가르치며 보냈다. 내가 살던 곳은 버클리 시내였다.

68 시위의 중심부였던 버클리 캠퍼스의 Free Speech 카페엔 그때 학생들의 순결한 사진이 걸려 있지만, 9·11 이후의 미국은 외국인들에겐 전운이 감도는 적지와 같이 느껴진다. 북캘리포니아의 날씨도 청량하기보다는 싸늘하게 감지된다. 아침과 저녁, 차가운 안개는 이스트베이 지역의 바다 위에서 캠퍼스가 있는 쪽으로 조용히 몰려오곤 했다. 이스트베이를 내려다보는 틸든 공원으로 오르는 길에는 유칼립투스의 향기가 강렬하다. 안개와 향기 속에서 적대감을 느끼는 것은 분명 이상한 경험이다.

끊임없이 실재와 상상의 적, 타자들을 찾아 처형하는 미국의 현 상황에서 Free Speech 카페는 일종의 패러독스 혹은 생경한 섬처럼 보인다. 그러나 이 카페의 커피는 어떤 역설도 없이 훌륭하다. 수업이 있는 날, 이곳에 들려 아침 커피의 뜨거운 첫 모금을 들이키며 68의 지도자인 샤비로의 총명한 얼굴을 사진을 통해 보곤 했다. 커피를 들고 교실로 가며 당연히 그런 생각을 했다. 이곳 학생들과 나와의 교실에서의 만남은 어떤 의미를 지녀야 하는 걸까? 타자의 영화인 한국 영화를 보여주고 토론하게 해 이들로 하여금 미국이라는 국가와는 다른 독립적 생각을 할 수 있는 작은 출구를 함께 여는 것.

버클리의 학생들은 성실하고 열려 있었다. 그리고 2002년 봄은 한국 영화를 가르치기에 나쁜 계절은 아니었다.

그 봄, 샌프란시스코 영화제엔 〈봄날은 간다〉, 〈나비〉, 〈무사〉 등이 상영되었다. 아시안 DB에선 최근의 한국 영화의 비디오와 DVD를 공격적으로 판매한다. 또 〈쉬리〉가 일반 극장에서 개봉되었다. 학생들은 〈쉬리〉가 상영되는 극장에 가서 관객들과 인터뷰한 결과를 발표하기도 했다. 일본이나 홍콩, 중국 영화와 달리 뚜렷한 '한국적인' 것을 발견할 수는 없지만 잘 만들었다는 것이 관객들의 평이라고 했다. 1997년 캘리포니아대학(어바인)에서 가르칠 때 〈달마가 동쪽으로 간 까닭은?〉 외에는 어떤 비디오도 출시되어 있지 않던 상황에 비하면 불과 5년 남짓한 사이 미국 시장에서 한국 영화는 이제 조금씩 자리 잡고 있는 셈이다.

수업의 일부인 시사 시간엔 김기영, 박광수, 장선우 감독의 영화들을 비롯한 한국의 최근 영화들을 비디오와 DVD로 시사했다. 자국 중심주의 혹은 타자의 절대화를 지양하기 위한 비교 연구를 위해 유럽의 고전 공포영화와 할리우드의 여성영화를 함께 상영했다. 그리고 대만과 홍콩 영화를 한국 영화와 함께 토픽에 맞게 배열했다.

학생들이 학기말 페이퍼로 많이 다룬 것은 그 중 김기영 감독의 〈하녀〉와 장윤현 감독의 〈텔 미 썸딩〉, 그리고 민규동, 김태용 감독의 〈여고괴담 두 번째 이야기〉 등과, 일본의 〈링 바이러스〉, 홍콩의 〈천녀유혼〉 등을 비교한 것이었다. 영화이론에 대한 배경 없이 페미니즘과 영화에 입문하는 여학생들은 린다 윌리엄스(Linda Williams)의 논문 「여성이 시선을 줄 때」(When the Woman Looks)에 가장 많은 흥미를 보였다.

수업이 진행되는 드와이넬 홀의 교실을 벗어나면, 걸어갈 수 있는 주변에 4개의 극장이 있다. 랜드마크 극장이 2곳, 그리고 유나이티드 아티스트 극장이 1곳. 그리고 퍼시픽 필름아카이브가 있다. 학교에서 가장 가까운 랜드마크 극장에는 3개 관이 있는데 여기선 〈레이더스〉와 같은 주말의 컬트영화와 〈타임 아웃〉, 〈Mystic Masseur〉 등의 소위 예술영화들을 상영한다. 이 극장의 객석은 늘 적막하다. 로랑 칸테의 〈타임 아웃〉에서 실업자인 남자 주인공이 잠시 머무는 눈으로 뒤덮인 스위스 국경 지대의 버려진 샬레처럼 극장엔 약간의 푸른색 한기가 돈다. 버클리의 중심로인 쉐턱 거리의 랜드마크 극장에선 대중영화와 마이너한 영화들을 함께 상영한다. 차이밍량의 〈지금 거기는 몇 시니?〉와, 알래스카의 장엄한 산맥 아래의 모텔에 묶는 알 파치노가 불면증을 겪는 형사로 출연하는 〈불면증〉, 그리고 〈Queen of the Dammed〉가 같은 공간에서 다른 관객들을 만난다. 그런가 하면 "위대한 권력은 거대한 책임과 함께 온다"는 미국 우파의 프로파간다 같은 〈스파이더 맨〉도 이 극장에서 보았다.

유나이티드 아티스트 극장에선 웨슬리 스나입스만이 아니라 그의 암살단 블러드팩의 액션 코레오그래프와 미장센이 놀라운 〈블레이드 2〉에 가슴이 뛰었다. 기예르모 델 토로가 〈크로노스〉에서 보여주었던 트래쉬 시네마와 정교한 아트 시네마의 절묘한 결합은 〈노스페라투스〉를 인용하는 몇몇 장면들에서 탄성을 자아내게 한다. 그러나 이즈음 블록버스터의 문제점인 귀를 뚫는 듯한 사운드에 흥분한 관객들은 영화 관람 도중 서로 욕을 하고 싸우기도 했다. 또 이 극장에서 다스 베이더로 변모하기 전 상처받은 이상주의 청년 아나킨 스카이워커가 등장하는 〈스타워즈: Attack of Clones〉를 보았다. 〈스타워즈〉를 유년으로의 뒷걸음질에서 구해내는 한 인물이 있다면 그것은 분명 다스 베이더/아나킨 스카이워커다. 그는 나치를 피해 미국으로 망명한 한나 아렌트를 매혹시켰던 케네디 시절의 미국에서 부시가 지배하는 테크노 야만인의 모습으로 변한 현재 미국의 아이콘 같다. 디지털 영화의 미국 신화 만들기는 루카스를 통해 앞으로도 몇 년간 지속될 것이다.

퍼시픽 필름 아카이브에서 상영했던 1960년대 저항적 쓰레기 영화의 거장 조지 쿠차(George Kuchar)의 〈날 마구 칠해줘〉(Color me Shameless)라는 작품은 경이적이었다. 1960년대 반전, 노동, 청년운동의 저항성, 성적 리비도의 해방이 결합된 회화적이고 전복적인 작품이다. 가장 절묘한 대사는 밖에서 파업이 진행되고 있는 가운데 공장 안에서 자신에게 성적으로 접근하는 남자에게 여자가 내뱉는 것이다. "당신은 노동조합원도 아닌 쓰레기야!!"(You non-unionist slut!!)

프란시스코 시내, 레인보우 깃발이 기념비로 서 있는 게이들의 거리 카스트로 거리에 있는 극장에선 높은 천정을 가끔 올려다보며 미하엘 하네케의 가학적 심리의 정밀성이 시계 제조공처럼 섬세한 〈피아니스트〉를 보았다. 이자벨 위페르가 맡은 에리카라는 역할은 비엔나 음악 학교의 바이올린 마스터 클래스의 교수다. 아니 지라도는 그녀의 어머니 역이다.

둘의 관계는 은밀하게 가학적이고 피학적이다. 에리카는 어머니의 바람대로 슈베르트를 가장 잘 해석하는 연주자로 남기 위해 자신의 제자의 손을 깨어진 유리가루로 엉망으로 만들어버린다. 포르노 전용관에서 핍쇼와 하드코어를 보는 것이 취미인 이자벨 위페르는 한 청년이 자신에게 사랑을 고백하자, 피/가학적인 관계를 제안한다. 그러나 그 청년은 가장 범속한 방식으로 이 제안을 해석하고 오히려 에리카가 이 범속한 모델의 희생자가 된다. 그녀는 끝내 자신을 자해하고 음악학교를 떠난다.

에리카처럼 핍쇼에 대한 특별한 취미는 없지만 이 극장 저 극장을 전전하며, 이 영화 저 영화를 가리지 않고 닥치는 대로 보는 것이 내 영화적 취향인 셈인데 뉴욕과 더불어 버클리와 샌프란시스코는 미국 내에서는 이런 취향을 가진 관객들을 비교적 잘 받아들이는 셈이다. 그러나 영화관과 수업 사이에 있는 시간들에서 멜랑콜리는 습지처럼 내몸을 흡수했다. 그 검은 태양 안에서 난 푸른 바다를 그리워했다.

검은 태양과 푸른 바다

찰스 로이드가 테너 색소폰을, 그리고 랄프 피터슨이 드럼을 연주하는 〈빅서에서의 노트〉(Notes from Big Sur)는 멜랑콜리한 음반이다. 빅서는 샌프란시스코에서 영화 〈깊고 푸른 밤〉의 원작이 된 최인호의 소설에 등장하는 캘리포니아 1번 도로. 해안도로에 펼쳐져 있는 바닷길이며 그 길은 또한 높은 산을 끼고 있다. 빅서는 마술과 같은 장소다. 로스엔젤레스의 칼아츠(CalArts)에서 강의가 있어 그 도시로 가는 5번 하이웨이를 택하지 않고 1번을 택한 것은 찰스 로이드 때문이다. 〈레퀴엠〉에서 시작해 〈파리의 몽크〉를 거쳐 〈산으로의 순례〉로 이어지는 이 음반에서 난 늘 푸른 바다와 검은 태양을 동시에 느끼곤 했다. 빅서의 절벽 위로 군함새가 높이 나르고 매 굽이굽이가 낭떠러지인 그 길엔 흰 포말의 높은 파도가 운전자를 키르케처럼 유혹한다. 오손 웰즈의 〈시민 케인〉에 상상력을 제공한 허스트의 성이 가까워질 무렵 우주의 끝처럼 보이는 빅서의 수평선 위로 태양이 지고 있었다. 푸른 바다 위의 검은 태양. 영화가 약속하는 세상과 다르지 않다. "어서 낫기를 바래!"

3장 내가 여자가 된 날

위대한 아버지의 미친 딸: 〈아델 H 이야기〉

〈아델 H 이야기〉가 2003년 한국에서 DVD로 출시되었다. 이 광란의 짝사랑을 다룬 영화 안에 거듭 등장하는 독백이 있다. "젊은 여자가 대양주를 건너 구세계에서 신세계로 가 연인을 만나는 놀라운 일을 해내고야 말 것이다." 이 말을 하는 여자는 아델 H, 아델 위고로 프랑스의 대문호 빅토르 위고의 딸이다. 아델 H 역은 이자벨 아자니가 맡고 있다.

빅토르 위고의 딸의 이야기라는 데서 즉각 눈치챌 수 있듯이, 이 영화는 작가이면서 정치가이고 나폴레옹 3세의 공화당 정치에 반대해 추방을 당하기도 했던 '위대한' 아버지에 대한 딸의 반항을 다루고 있다. 그래서 알려진 대로 짝 맞춰지지 않는 사랑의 불운한 정념에 관한 영화이기도 하지만 바로 그 잘못 방향 지워진 정념을 촉발한 것이 무엇인가? 그것은 아버지가 지배하는 세상으로부터 딸은 아버지와의 '차이'를 어떻게 만들 수 있을까 하는 보다 광의의 여성주의적 질문을 포함하고 있다.

그럼, 아델 H의 행적과 면모를 보자. 그녀는 아버지와 어머니가 정치적 추방을 당해 머물고 있던 프랑스와 영국의 접경 지역에 있는 섬을 떠나 현재 캐나다 노바 스코샤 핼리팩스에 도착한다. 겨울이 사납고 무서운 곳이다. 적당한 외투도 없이 아델은 이곳에서 겨울을 난다. 그러나 우리가 그녀에게 동정을 느낄 사이도 없이 영화의 처음부터 '거짓말'하는 여주인공이 등장한다. 우선 아델은 미스 룰리라는 가명으로 행세한다. 연인인 핀슨 중위를 찾기 위해 사설 탐정을 찾아가서는 제

3의 가명을 만들어낸다. 그리고 자신은 프랑스 파리에서 온 의사의 부인인데 질녀를 위해 핀슨 중위의 소재를 파악해야 한다고 말한다. 자신의 하숙집에서도 가명을 사용함은 물론 핀슨 중위와의 관계를 교묘하게 뒤집어 말한다. 핀슨 중위가 자신과 사랑에 빠져 있다고 알려준다. 부모들에게 보내는 편지는 시종일관 거짓말이다. 행선지도 다르게 말하고, 자신과 결혼하지 못하면 핀슨 중위가 폐인이 될 것이다. 핀슨에게 도박빚을 갚으라고 돈을 다 주어놓고선 핼리팍스의 물가가 비싸다는 등 거짓말의 미로는 점입가경이다.

이 교묘한 치환, 환치, 그리고 전치를 정교하게 구사하는 아델은 두말할 나위 없이 강박과 집착에서 헤어나오지 못한다. 그런 그녀가 런던에서 만나 한때 결혼을 약속한 연인이었던 핀슨에게만 그런 심리적 강도를 보이는 것은 아니다. 아델에게는 자신의 프로젝트가 있다. 우선음반을 내는 것이고 처음 인용한 "젊은 여자가 대양주를 건너 구세계에서 신세계로 가 연인을 만나는 놀라운 일을 해내고야 말 것이다"라는 19세기 남성에게 허용되었던 세계 여행객, 낭만적 사랑의 성취자로서의 프로젝트다. 영화에서는 잘 다루고 있지 않지만 그녀는 자신의 사랑이 좌절하자 불행한 결혼을 한 여성들과 성매매 여성들에 대한 이해의 폭을 넓힌다.

핼리팍스에서 문방구와 서점을 운영하는 아델을 연모하게 되는 한 청년이 말하는 것처럼 핼리팍스에서 가장 많은 종이를 소모하는 아델의 또 다른 재능은 편지 쓰기와 일기 쓰기다. 그녀는 여러 번 아버지가 자신의 음반 출시를 서두르지 않는 것을 원망하는데, 빅토르 위고는 그녀의 병적 상태 때문이라고 변명한다. 음반을 낸 음악가가 될 수도 있었고 편지나 일기를 쓰는 속도나 양으로 보아, 그리고 상황에 따라 '소설'을 꾸며내는 능력으로 미루어 소설가가 될 수도 있었던 아델은 그런 공적 영역에서 자신의 재능을 발휘하기보다는 사적이며 불가능할 만큼 낭만적인 사랑의 영역에 혼신의 에너지를 다 바친다. 핀슨 중위라는 사랑의 대상은 사실은 쉽게 경멸할 수 있는 인물이다. 아델은 핀슨에게 아름다운 사람이라는 헌사를 보내지만, 우리의 숨을 막히게 하는 것은 그런 핀슨 앞에 나타난 성장한 아델의 모습니다. 핀슨은 도박꾼에 바람둥이 냉혈한이다. 권력과 돈, 유혹과 쾌락이 그의 세계의 전부다. 아델이 그런 핀슨을 사랑하는 이유는 핀슨이 빅토르 위고가 상징하는 세계와 공통점이 전혀 없다는 점 때문이다. 아버지가 핀슨을 반대하기 때문에 그녀는 더욱 그에게 끌린다. 이 낭만적 사랑이라는 불가능한 프로젝트를 수행하는 와중에도 아델 H는 그 사랑을 따라 신대륙으로 가는 궤적 자체가 젊은 여자로서 놀라운 모험임을 잘 알고 있다. 사실 핀슨은 핑계일 뿐이다. 이후 핀슨을 쫓아 바베이도스로 가는데, 광기가 심해져 핀슨을 거리에서 만나도 알아보지 못한다. 나는 이 장면이 (심금을 울리는지는 알 수 없지만) 통절하다. 핀슨도 알아보지 못하는 절대 광기 속에서 그녀는 일종의 휴지부를 찍는다. 이후 아델은 프랑스로 돌아와 요양원에서 정원을 가꾸고 피아노를 치고 남이 모르는 언어로 일기를 썼다. 위대한 아버지를 둔 재능 있는 여자의 마이너한 삶의 방식이기도 하다. 쓰지만, 남이 모를 언어로 쓰는 비극, 그 자폐적 수행.

여성적 숭고미: 〈내가 여자가 된 날〉

이란의 '마흐말바프 필름 하우스'에서 만들어지는 영화들은 삶과 영화의 전면적 접촉 속에서 만들어진다. 마흐말바프 가의 사람들은 집에 영화학교와 영화사를 차려, 영화를 만들다가 돈이 모자라면 그 집을 팔고, 영화의 수입금이 들어오면 다시 집을 사고……. 그래서 아예 잃어버린 집 대신 영화사 이름을 '필름 하우스'로 명명하고 '영화적 영원'을 살기로 결정한다. 가족들의 막내이자 꼬마 감독인 여덟 살 하나도 시장과 검열의 압력에 굴복하는 대신 집을 파는 것에 기꺼이 동의했다고 한다.

씨네큐브 극장에서 바로 이 마흐말바프 가의 3편의 영화를 씨네 릴레라는 이름으로 상영했다. 마르지예 매쉬키니(Marzieh Meshkini)의 〈내가 여자가 된 날〉, 사미라 마흐말바프(Samira Makhmalbaf)의 〈칠판〉, 모흐센 마흐말바프(Mohsen Makhmalbaf)의 〈사랑의 시간〉이 차례로 보여진다. 이 놀라운 영화 가족들의 힘은 어디서 나오는 걸까?

아버지 마흐말바프는 17살에 이슬람 지하조직에 가담해, 4년 반을 감옥에서 보냈다. 이후 그는 이란의 문제를 문화적 빈곤으로 보고 책을 쓰고 영화를 만드는 일에 열정적으로 매달린다. 그리고 영화학교를 세워 자신의 세 아이들과 그들의 이모인 마르지예 매쉬키니를 가르친다. 아이들의 엄마와 사별 후 매쉬키니는 모흐센 마흐말바프의 아내가 된다. 상영 중인 〈내가 여자가 된 날〉은 마르지예 매쉬키니의 영화학교 졸업 논문 격 영화이자 첫 작품이다.

관객들을 소리 소문 없이 흡입해 몰입하게 만드는 다른 이란 영화들과 마찬가지로 이 영화는 청각적, 시각적 경탄의 대상이다. 다른 이란 영화들과 다른 점이 있다면 〈내가 여자가 된 날〉은 제목처럼 매우 명료하게 여성주의적 입장을 전면화하고 있다는 것이다. 그러나 오오! 잠깐, 이 영화는 누구도 예기치 못한 방식으로 그렇게 한다. 3개의 에피소드들은 서로 동떨어진 듯 보이다가, 마지막에야 무심한 그러나 필연적인 결절의 순간을 만들어낸다. 9살 '여자가 된 날'을 맞은 소녀와, 자전거 경주에 참여한 여자와, 재산을 몽땅 털어 바닷가에 환상적인 임시 거처를 마련한 나이든 여자는, 모두 기존 질서가 요구하는 여자가 되기를 거부함으로써 자신들의 날을 맞이한다.

내가 좋아하는 에피소드는 중간에 있다. 섬 이름이 키쉬라고 한다. 절벽과 흰 포말의 파도가 현란한 이 키쉬 섬에, 자신을 잡으러 오는 친척들과 남편과 오빠들의 말발굽 소리에 쫓기는 아후(사슴이라는 뜻)의 이미지가 각인되는 순간, 그것은 여성적 장엄미라는 새로운 미학적 경험을 선물한다. 압도적 자연이 아니라 여성과 자연이 서로에게 말을 걸고 위로하는 순간 같은 것. 나는 이 키쉬 섬을 질주하는 아후의 페달이 멈추지 않기를 바랐지만, 영화는 상심을 주는 현실 원칙을 따라간다. 오빠들이 모는 말들이 광폭한 소리를 내며 그녀를 멈추게 하는 것이다. 판타스틱한 상상력과 현실의 원칙들이 이렇게 교차하면서, 영화는 마지막 에피소드까지 사유의 긴장을 놓치지 않는다. 부산영화제의 김지석 프로그래머가 공들여 소개한 것처럼 마흐말바프 가의 영화들은 늘 새로운 문을 연다. 열고 또 연다. 그중 〈내가 여자가 된 날〉이 여는 문이 난 가장 마음에 든다.

루쉰의 시선: 〈두 명의 무대 자매들〉

2006년 9월, CJ 중국영화제가 열려 중국 상하이 영화의 고전인 〈신녀〉(1934), 〈십자로〉(1937) 등이 상영되었다. 이 영화제를 다룬 기사 중에는 '대류 영화의 비밀'이라는 머리말을 단 것도 있다. 중국 고전 영화가 한국 관객에게 견고한 봉인의 비밀로 존재했던 것은 물론 냉전 때문이었다. 공산권의 영화가 들어오기 시작한 1990년대에도 당시 세계 영화제를 흥분케 했던 중국 5세대의 당대 영화들이 극장이나 영화제를 통해 소개되었을 뿐 체계적인 중국 고전 영화 프로그래밍은 없었다. 중국에서 외국으로 필름을 가지고 나오는 일 자체가 어려운 일이기도 했고, 5세대 영화가 워낙 흥분을 주었기 때문에 그 중국 영화들을 둘러싼 원시적 열정이 역사 혹은 영화사의 다리를 건너는 것을 무심코 막았을 수도 있다.

〈황토지〉, 〈붉은 수수밭〉 등의 영화로 중국 영화에 입문한 나로서는 이후 1920년대의 소위 원앙호접파 영화나 1930년대 상하이의 영화들, 예컨대 상하이 모던이라는 자장 안에서 신여성, 모던걸을 다룬 작품들은 경이감으로 다가왔다. 베이징이나 상하이를 방문했을 때, 중국 영화 고전들은 대부분 VCD로 제작되어 있어(물론 따오반, 불법이다) 쉽게 구할 수 있었다. 위의 〈신녀〉나 〈십자로〉 등은 물론 문화혁명 시기의 프로파간다 영화도 줄줄이 비디오 진열장을 채우고 있다. 이런 따오반 문화 자체가 사실 중국 영화/문화 연구의 주요 영역이 될 수도 있고, 중국 고전 영화를 시네마테크에서 보기 어려운 나 같은 사람에게 따오반 VCD는 엄청난 자료적 성격을 갖는다.

중국 영화학자 박병원은 반식민, 반봉건 도시 상하이를 재현한 영화들 중 악의 도시 상하이를 그린 〈여비천당〉(1931)에 나오는 대사를 이렇게 소개한다. "이곳이 얼마나 위험한 곳인 줄 모르느냐. 이곳의 술, 노래, 사치와 돈, 춤, 웃음은 모두 사람의 피를 빨아먹고 잡아먹는 야수다……. 이 지옥의 문을 탈출하는 것이 좋겠어!" 이외에도 1920년대 영화 〈상해일부인〉(1925), 〈맹고녀〉(1925) 등은 상해의 성매매 여성과 여성 노동자의 삶을 그리고 있다.

〈두 명의 무대 자매들〉(1964)의 감독 시에진은 바로 이런 상하이의 영화, 연극에 매혹되어 성장하다가 1948년 다퉁 영화 스튜디오에서 장준시앙의 조감독으로 영화에 입문하게 된다. 시에진이 이후 감독으로 만든 영화들은 1955년 〈개간지의 봄날〉을 시작으로 〈5번 여자 농구선수〉 등이 있다. 〈두 명의 무대 자매들〉은 1964년 문화혁명이 시작되기 전에 만들어진 것으로, 지나 마르체티와 같은 중국 영화 평자들은 시에진의 작품에서 사회주의 리얼리즘과 할리우드, 브레히트적 서사극, 그리고 영화에서 사용된 샤오싱 오페라와 같은 중국 전통 미학을 본다. 문화혁명의 시기도 다루고 있는 〈패왕별희〉가 베이징 경극을 다루고 있는데 비해 〈두 명의 무대 자매들〉은 샤오싱 지방의 극을 무대 중앙에 올리고 있다. 샤오싱 극의 특징은 여자들이 주 연희자로 남녀 역할을 다 맡는다는 것인데, 가난한 집에서 태어나 일찍 과부가 된 춘화가 자신을 팔아넘기려는 시집 식구들로부터 도망쳐 유홍이라는 샤오싱 극을 수련받는 소녀의 소품 궤짝으로 숨어들면서 둘의 오랜 인연은 시작된다. 유홍이 샤오싱 극을 후원하는 부자에게 몸을 팔지 않았다는 이유로 춘화가 대신 나무에 매달린 채 공개 태형을 당하고, 이 사건은 춘화에게 사회의 불의에 대해 뼈저리게 자각하게 만든다.

영화에서 가장 인상적인 장면은 이런 춘화가 루쉰의 10주년 기념

전시회에 가서 지팡이를 짚고 서 있는 주름진 얼굴의 노파(샹린 아주머니)를 담은 그림을 보고 자신이 공개 태형을 당할 때의 모습을 떠올리는 장면이다. 이후 춘화는 이 샹린의 아주머니를 샤오싱 무대에 올린다. 팔려가던 과부에서 샤오싱 극의 뛰어난 연희자로 자신을 연마한 출중한 춘화가 작가 루쉰의 샹린 아주머니와 만나는 이 장면은 사회주의 리얼리즘과 여성주의가 마음을 스치며 교차하는 귀한 순간이다. 이 장면이 더욱 복합적 의미를 갖는 까닭은 〈원시적 열정〉의 저자 레이 차우가 고찰한 루쉰의 시선이 이로부터 약 반세기 전 환등기에 비친 중국인 처형 모습에 머물렀고, 거기서 받은 시각적 충격 이후 루쉰은 잘 알려진 것처럼 글쓰기를 그만두고 비판적 문사로 재탄생하게 된다. 노신의 시선과 춘화의 시선이 역사적으로 맺어지는 그 반세기를 담은 영화가 〈두 명의 무대 자매들〉인 것이다.

여성의 몸에 관한 유령학
: 프란체스카 우드먼

출현해 흔적을 남기다

프란체스카 우드먼(Francesca Woodman)은 여성 사진작가다. 그녀는 1958년에 태어났다. 13세에 사진을 찍기 시작했고, 그리고 23세가 되던 생일 날, 창문에서 몸을 던져 자살했다. 맨해튼에서 일어난 일이었다. 그의 사진전을 기획했던 에르베 샹테스는 이렇게 말한다.

> 움직이고 있는 그녀 자신의 몸, 그것의 유령 같은 그리고 사라져가는 현존을 보게 하면서, 프란체스카 우드먼은 지나가는 것, 일시적인 것, 변해가는 것과 부서지기 쉬운 것을 시사한다. 유예된 순간을 잡아내는 것보다 이런 사진들은 슬며시 사라져가는 것 속에서 시간을 보게 한다⋯⋯. 항상 사라지기를 원하면서 우드먼은 자신의 주변 혹은 다른 장소들 속으로 녹아들거나 스스로를 상실한다. 그리고 사지 절단이라는 생각과 희롱하면서 조각난 몸의 폭력적 평온을 암시한다.

그렇다. 우드먼은 마치 자신이 유령인 것처럼 초상사진을 찍는다. 프랑스의 작가 필립 솔레르(Philippe Sollers)는 그래서 우드먼을 여마법사라고 불렀다. 솔레르의 이런 이름 부르기는 사실 남성 초현실주의자들의 관행을 그대로 잇는 것이기도 하다. 남성 초현실주의자들은 한편으로는 여성을 처녀, 어린아이, 천상의 피조물이라고 부르면서 다른 한편으로는 여마법사, 에로틱한 대상, 그리고 팜므 파탈이라고 불렀다.

그런 의미에서 우드먼은 마법사가 아니라 갑자기 나타난 유령이다. 그리고 더 중요한 점은 유령이 유령의 자기 초상을 찍는다는 것이다. 말하자면 자기 재현을 생생하게 유령화한다는 것이다. 마가렛 선델의 말처럼 그녀는 거듭거듭 돌아와 불안정한 어떤 지점을 보여주며 정체성이 주변에 통합되는 것을 방어해주는 깨지기 쉬운 막을 창조하면서 폭발시킨다. 이런 유령 사진작가를 불러옴으로써 우리는 여성의 몸에 대해 또한 여성의 자기 재현에 대해 무슨 말을 할 수 있는 것일까?

애나 멘디에타(Ana Mendieta)라는 사진작가이자 연행 예술가가 있다. 그녀는 「흔적으로서의 몸」이라는 글에서 다음과 같이 말한다.

> 나는 풍경과 여성의 몸(내 자신의 실루엣(그림자)에 기반한) 사이의
> 대화를 진행하고 있다. 나는 이것이 사춘기 시절 내 고향인 쿠바
> 에서 찢겨 나온 경험의 직접적 결과라고 믿는다. 나는 자궁(자연)
> 에서 추방당했던 감정에 압도당한다. 내 예술은…… 모성의 근
> 원으로의 회귀다. 내 대지/몸의 조각을 통해 대지와 하나가 된다.
> 나는 자연의 확장이 되며 자연은 내 몸의 확장이 된다.

프란체스카 우드먼이 유령처럼 나타났다가 사라지고 다시 되돌아온다면, 애나 멘디에타는 자신의 몸을 그림자, 실루엣으로 재현했다. 그리고 그 그림자는 대지에 인화된 채 사진으로 출현한다. 그녀의 〈Siluetas〉라는 연작에서 그녀와 자연의 융합은 무덤이자 자궁의 이미지다. 멘디에타는 1948년 하바나에서 출생해 1985년 37살에 34층에서 떨어져 죽었다. 그의 남편이던 유명한 조각가 칼 안드레(Carl André)

가 그녀를 살해했다는 혐의로 재판을 받았지만 무죄 선고를 받았다.

우드먼과 멘디에타라는 여성 예술가가 보여주는 여성의 몸은 현존을 통한 존재론이 아니다. 또한 부정의 힘으로서의 부재의 존재론도 아니다. 오히려 그들의 작품은 여성의 몸을 실증적으로, 경험적으로 재현하는 것을 피해간다. 거부한다. 오히려 실종과 회귀, 사라짐과 거듭 돌아옴, 바로 그 사이의 공간에서 우드먼 자신의 몸은 어떤 전사(前史)도 없으며 또 미래도 없을 것처럼 출현한다. 그런가 하면 현재는 현재성으로 고정되지 않는다. 카메라가 잡은 것은 어떤 공간과 시간을 지나가는 한 유령과도 같은 존재. 그래서 카메라는 그것을 포착하되 포획하지는 못한다. 하지만 유령화된 것은 전체가 아니라 일부다. 그녀의 몸의 반은 유령화되고 나머지 반은 실체로 잡혀 있다.

사이의 미학: 교환과 사용을 거부하다

우드먼이 자신의 몸의 자기 재현을 통해 드러내는 것은 사이의(in-between) 해방이다. 그녀는 간발의 차이를 만들어 상징화되고 고정되는 순간이 요구하는 지속성으로부터 빠져나간다. 질주와 도주와 탈주가 반-영웅적(그래서 여전히 영웅주의에 입각한) 남성의 것이라면, 사이의 공간과 시간에 살짝 나타났다가 사라지는 그러나 거듭 거듭 되돌아오는 우드먼의 유령은 여성적 상상계가 허용하는 역(liminal), 문지방의 형상화다. 반면 멘디에타는 실루엣, 그림자, 흔적을 남기고 돌아오지 않는다. 아니 돌아올 필요가 없다. 그녀는 어머니 대지로 합체되었기 때문이다. 그 융합은 수수께끼처럼 보인다. 그 융합은 너무 본질적이어서 완결이면서 또한 동시에 텅 빈 것이다.

왜 여성은 이런 형상화로 드러나는 것일까?

여성의 몸에 대한 지배적 통제와 담론을 살펴보면 이런 갑작스런 나타남이나 그림자로 남아 있음, 즉 '출현'과 '흔적'이 가지는 무의식의 정치학을 알 수 있다. 여성의 몸은 인류학적으로는 교환의 대상(레비 스트로스)이며 국가적 차원에서는 어머니의 육체로 환원된다.

모성을 갖기 이전 그녀는 사회적 노동에서 가장 하위 질서에 위치된다. 산업 자본 시대에서는 값싼 노동력이며 글로벌 자본 시대에는 비정규직 노동자로 서열화된다. 여성의 몸은 신화에서 노래하는 대로 풍요와 다산의 장소가 아니라 늘 교환되고 사용되는 무엇이다. 우드먼이 유령으로 돌아올 때 그녀의 몸은 사실 이 사용가치와 교환가치를 비껴가는 것이다. 하지만 그녀의 몸이 다 유령화되지는 못한다. 우리는 막 유령화되는 그녀의 몸의 일부가 교환가치와 사용가치의 흔적인 것인지 아니면 아직 구체화되어 있는 나머지가 그것의 흔적인지를 알 수 없다. 반인반수처럼 그녀는 어느 쪽 범주로도 쉽게 미끄러지지 않는다. 사진작가로 활동을 시작한 것이 13세, 이후 23세의 죽음은 그녀가 사용과 교환의 네트워크 그 외부에 혹은 주변에 머무를 수 있는 거의 마지막 지점의 선택이기도 할 것이다. 구체적 몸이 아니라 혹은 완벽하게 투명하게 된 몸이 아니라 반은 추상적이고 반은 구체적인 몸의 재현을 통해, 우드먼은 사라지고 싶으나 사실 사라질 수 없는 여성 육체를 실험장으로 만든 몸의 속박과 해방을 동시에 보여준다. 사라지는 순간, 그녀는 유령이 되지만 몸의 반은 그 투명함, 추상화를 거부하면서 구체성으로 남아 있다. 유령이 되는 순간 그녀는 여자 귀신, 여귀가 되는 것이며 구체적이 되는 순간 그녀의 몸은 사용과 교환의 기호가 되는 것이다. 그녀의 사진은 이 이중의 속박의 양날을 밀어내면서 바로 그 사이 공간에서 미학적 자기 배려의 순간을 만든다. 그래서 사라지는 순간이 갑자기 나타나는 순간인 것 같고 또 그 반대처럼 보이기도 한다. 그녀의 미학적 숭고함은 그로테스크하며 바로 그 기이함이 여성적 숭고의 근간이다.

그러나 프란체스카 우드먼의 사진에서 여성의 이 같은 미학적 자기배려가 사진의 프레임과 스튜디오 외부에서도 지속될 수 있다는 희망을 찾을 수 있는 것은 아니다. 다만, 그녀가 자신의 몸의 재현의 통해보여주는 것은 구체와 추상이 비껴나가듯 결합된 여성의 몸에 대한 존재론이며, 이 존재론에서 출현하는 것이 실험적 여성 형상이며 여성의몸이다.

소녀들, 몸을 숨겨라. 전쟁이다!

'몸을 숨겨라. 전쟁이다!' 체코의 초현실주의 여성 화가 토옌은 2차 세계대전을 맞아 이와 같은 선언적 제목으로 지하 예술운동을 펼쳤다. 이즈음 한국의 소녀들을 볼 때면 난 토옌의 전쟁이 생각난다. 소녀들의 몸 자체가 그야말로 전쟁터로 변했기 때문이다. 영화 〈여고괴담〉을 낳은 공포스런 학내 폭력과 입시 경쟁은 이미 익히 알려진 일이다. 가난과 폭력에 밀려 혹은 또래 그룹의 유혹에 끌려 가출한 여중생, 여고생들의 이야기도 그치지 않는다. 이즈음의 괴담은 시장에서 발생한다. 한편으로는 고도의 상품 자본주의가, 또 다른 한편에선 원조라는 이름의 성매매가 소녀들의 몸을 매개로 기괴한 시장을 형성하고 있다. 그것은 히드라처럼 다수의 머리를 흔들며 공존한다. 디자이너의 이름이 새겨진 상품들과 성인 남성의 소녀에 대한 욕망, 또 상품들과 그런 욕망에 의해 정체성을 인준 받으려는 소녀들의 욕구가 그 히드라의 머리들이다. 신화적 차원의 이런 이미지는 인터넷과 핸드폰이라는 하이테크를 통해 현실의 공간으로 불려와 소녀의 몸을 통해 구체화된다. 그들의 육체는 한국사회의 병적 징후들이 모여드는 일종의 저수지다. 그러나 생각해보라. 10대의 아이들이 흐르지 못하는 저수지라니. 그들이 사회의 그로테스크한 상징으로 남아 있어야 한다니.

사태는 정말로 난감하다. 그 와중에 다음과 같은 발표가 있었다. 즉 정부규제개혁위원회가 올해(2000년) 10월 3일 밝힌 내용은 원조교제 범죄자의 신상정보를 관보와 정부 중앙청사 및 16개 시/도 게시판에 1개월간, 청소년보호위원회에 6개월간 공개하겠다는 것이었다. 이런 규제에 대해 70%의 네티즌들이 신상 공개를 찬성했다고 하지만 다음과 같은 의견을 낸 사람도 있다. 예컨대 "원조교제는 강간과는 다르게 계약상 이루어지는 만큼 여성 쪽에도 책임을 물어야 한다." 이 어처구니없는 견해가 간과하고 있는 점은 원조교제는 '여성'과의 '계약'이 아니라는 점이다. 계약은 권리와 책임을 동시에 질 수 있는 성인 주체들 사이에서나 이루어지는 것이다. 원조교제는 사회가 책임져야 할 미성년을 유괴하는 것이다. 그러나 여기서 더 중요한 점은 이런 규제도 그에 대한 반성이나 찬성도 혹은 그에 대한 비판도 사태 해결의 근본에 이르지 못한다는 점이다. 이때의 근본은 라틴어로 뿌리(radix)를 가리키며 종종 급진적이라고 번역되는 래디컬의 의미다. 전쟁터가 된 소녀들의 몸이 성장과 생성의 터로 바뀔 근본적인, 래디컬한 출발점은 무엇인가?

난 그 질문에 대한 대답이 제도 속 규제가 아닌 막 수면에 떠오르기 시작한 소녀들 스스로의 자기 재현물들과 그들이 꾸려나가는 공간에서 발견되어야 한다고 믿는다. 즉, 자신들의 몸이 스스로에게 적대적인 그 무엇으로 변해가고 있음을 인식하는 순간은 바로 그들이 정치화될 수 있는 계기적 순간이기도 하다. 이제 많은 소녀들이 비디오나 디지털 카메라를 들고 거리로 나서고 있다. 자신의 주변을 기록하고 해석한 작품들을 영상제 등을 통해 공개하고 토론하고 있다. 하자센터와 같은 대안적 공간도 생기고 있다. 사회의 다른 진보적 부분들이 이런 변화들에 어떻게 반응하고 연대하느냐에 따라 그것은 뿌리로 이어지기도 하고 다만 순간적 몸짓으로 남기도 할 것이다. 전쟁이다. 과연 무엇을 할 것인가?

여성환상도래
: 그녀는 내 안의 말 없는 질문에 대답했어!

파트리샤 로제마는 총을 뺀 〈델마와 루이스〉를 어떻게 만들었나?

〈밤이 기울면〉의 백인 여주인공 카밀은 은밀하고 친밀하게 성적 관심이 오갔던 자신의 상대, 흑인 여성 페트라에게 친구 관계를 제안하면서 〈델마와 루이스〉를 그 모델로 제시한다. 그리고 덧붙인다. 총은 빼자고. 이렇게 해서 〈밤이 기울면〉은 로드무비 장르가 되지 않았을 뿐 아니라, 또 그럼으로써 〈델마와 루이스〉가 되지도 않았다. 말하자면 분노의 여자 저격수나 몸의 해방감을 대신해주는 끝없는 자동차 여행이 등장하지 않는다. 그렇다면 〈밤이 기울면〉은 무엇인가?

토론토라는 메트로폴리스에서 진행되는 이 영화에는 이해할 수 없는 비동시대성 혹은 시대착오적 요소가 있다. 도시의 몇 개의 블록들과 기독교 대학, 그 외곽 지역을 주요 배경으로 삼고 있으면서도 도시의 광기와 속도감이 배제되어 있다. 대신 서커스단이 도시의 한 구석을 차지하고 있다(이 서커스단이 뉴웨이브 스타일이긴 하다). 영화는 이 서커스단의 스펙터클을 중심으로 일종의 펠리니 스타일의 레즈비언 영화(여성들 간의 성행위를 그로테스크한 양식으로 경축하는) 혹은 메리 루소가 열광하는 여성적 그로테스크가 될 수도 있었다. 〈밤이 기울면〉은 그것이 아니다.

또 다른 한편으로 이 영화는 심각한 정신분석적 태도를 지닌 영화가 될 수 있는 요소들을 영화 전반부에 배치하고 있다. 〈밤이 기울면〉은 판타지에서 시작한다. 카밀의 것인 그 판타지는 '막 동결되는 순간 (죽음), 엿보기, 성적 욕망, 그리고 탈출이나 해방에의 일별'로 가공되어 있다. 이후의 서사는 사실 도입부의 이런 세팅에 대한 전사(前史)이며 후일담이다. 더구나 그녀는 보수적인 기독교 대학에서 신화학을 가르친다. 정신분석적 소재들로 충만한 꿈, 기독교라는 종교, 그리고 신화론. 이 정도면 억압과 숭고의 드라마가 나올 법하다. 〈밤이 기울면〉은 이것을 암시하기는 한다 ─ 카밀의 아버지는 목사였으며, 현재 결혼을 하라마라 하며 그녀의 미래를 좌지우지하려는 대학의 책임자도 목사이고 남자 친구도 목사 후보생이다. 여기에 마술사 페트라가 나타나 그녀를 말 그대로 육체적 동면으로부터 구원한다. 그러나 영화는 억압의 창고인 무의식의 섬뜩한 세계로 결코 깊이 하강하지 않는다. 영화 도입부의 꿈이 영화 후반부로 다시 되돌아오지만 그것에는 억압된 것의 귀환이 가지는 폭발력이나 귀곡성이 없다. 영화는 단순하며 느리고 음악은 드보르작이나 레너드 코헨 등의 것이다. 이렇게 해서 영화는 정신분석학의 드라마를 비스듬히 비켜나간다. 스릴러나 공포영화가 되지도 않는다.

이 영화가 만들어진 1990년대 중반이면 레즈비언 커뮤니티나 레즈비언 성애에서 작동하는 S/M 판타지, 급진적 퀴어 주체를 다룬 영화들이 이미 관객들에게 소개되던 시기다. 이 영화에서는 카밀도 페트라도 그런 커뮤니티와는 어떤 관계도 없다. 다만 동성애를 신성모독이라고 생각하는 카밀의 학교 동료들과는 달리 페트라의 서커스단 동료는 그에 대한 어떤 편견도 드러내지 않는다. 이들의 성적 관계는 S/M과는 관계가 멀다. 레즈비언 커뮤니티 영화도 아니며 급진적 퀴어 영화도 아닌 〈밤이 기울면〉은 그렇다면 매우 낭만적인(도피주의라고 말하고 싶은 사람도 있을 것이다) 이성애적 사랑의 이상적 방식을 동성애 커플에 그

대로 적용시킨 영화인가? 두 여성 간의 계급이나 인종적 차이도 구체적으로 문제화하지 않는 비정치적 영화인가? 백인 여성의 시각에서 구성된 성적 판타지, 탈출의 판타지인가? 두 여자가 사랑을 나눌 때 그녀들의 몸이 재현되는 방식은 남성중심적 시선으로 포착된 것이 아닌가?

나는 이 영화가 분명 이런 질문에 그렇다고 대답하게 하는 점들을 갖고 있다고 생각한다. 그러나 내가 이 영화에서 주목하는 점은 카밀의 꿈 장면이다. 벗은 그녀는 차가운 물속에 있다. 얼어들어가는/동결 직전의/죽음이 임박한 상태, 거기서 그녀는 얼음 사이로 무엇인가를 본다(이 장면이 강아지의 유사-죽음으로 연결된다). 이 장면이 영화의 종결부쯤에 가 재연되면서 그 후반부가 드러난다. 그녀가 본 것은 페트라와 자신의 성행위 장면이다.

이 장면은 구조적으로는 부모의 성교를 목격함으로써 자신의 기원과 성차를 인지하는 전형적인 원초적 장면으로 보인다.

원초적 판타지 장면에서 아이는 관람자인 다른 참여자들과 교환될 수 있다. 부모 중의 한 사람이 될 수도 있고 심지어 아이가 보고 있다는 것을 발견하는 사람이 될 수도 있다. 욕망의 미장센으로서의 판타지는 가지고 있는 것, 현존하는 것을 제시하기보다는 부재하는 것, 결핍을 두드러지게 한다. (Elizabeth Cowie, "Fantasia," *m/f*, no. 9, 1984)

영화의 도입부에 선보였던 판타지의 편린 중 결핍된 것을 영화의 서사는 채워나가게 되는데, 여기서 주목할 것은 성차에 대한 인지가 일어나는 원초적 장면이 두 명의 여성 파트너로 구성되어 있다는 것이다. 여성을 위한 정신분석학이 아직 정교화되거나 대중화되지 못했다면 거세로 이어지는 주체 기원의 판타지에 봉합되지 않는 조각들과 단편들을 전유해(로제마가 중층적인 정신분석학적 시나리오로 내려가지 않고 표면의 상흔들만을 건드린 것은 오히려 그것이 가지고 있는 무거운 역사성의 덫에 빠지지 않는 장점이 있다) '여성적 판타지'를 구성하는 것은 하드코어 정치학도 아니며 그다지 정치적으로 올바른 행위도 아니지만 정치적 시학은 될 수 있다. 이런 시학은 주체의 기원에 관한 판타지/신화에 대한 재기술이 될 수도 있다. 이런 점에서 카밀이 신화학을 전공하며 페트라가 마술사라는 것은 흥미롭다.

이런 도입부의 판타지 뒤에 페트라는 카밀의 세탁물을 가져감으로써 그녀가 자신의 서커스단으로 오도록 유도하는데, 카밀이 페트라의 '빛의 공'에 매혹되는 것, 또 페트라가 당신의 몸이 불타오르는 것을 보고 싶다고 말하며 유혹하는 것은 최초의 판타지 장면의 얼음물/동결/죽음의 이미지와 관계가 있다. 그리고 카밀이 페트라와의 관계를 일종의 전상징적 질서 속에서 규정하는 것—그녀는 내 안에 있는 무언의 질문에 대답했어(She answered a wordless question in me)—에 비해, 그녀의 동성 파트너의 존재를 알게 된 남자 친구는 카밀이 그 사실을 고백하려 하자 다음과 같이 말한다. "우리는 우리가 말하는 바대로의 존재야. 당신이 하는 말을 조심해."

물, 무언, 여성 파트너. 카밀의 판타지를 구성하는 요소들은 전 오이디푸스 단계에 근접해 있다.

할리우드 영화에서 가장 빈번하게 악용되는 싸구려 프로이트적 장면은 소년/소녀가 열쇠 구멍으로 부모의 성교를 지켜보고 그것이 트라우마가 되어 살인자나 성적 도착자가 되는 것이다. 그것이 하도 빈도 높게 재현되기 때문에 아마 우리 중 그 누구도 이제 원초적 장면을 그것과 전혀 무관한 방식으로 시각화할 수 없을 것이다. 말하자면 할리우드 스크린은 이제 우리 주체의 기원지가 되어가고 있는 중이다.

여성영화라는 범주가 일종의 문화적 저수지 역할을 하는 스크린으로서 성차에 근거를 둔 주체성 기원의 역사를 다시 쓸 것인가? 그리고 여성의 성애 역시도.

환상 양식과 비전

고대의 신화, 신비주의, 민담, 전설 등에 기반을 둔 현대의 환상 양식, 보다 정확하게 서구의 후기 낭만주의 문학에 대한 가장 영향력 있는 연구는 츠베탕 토도로프의 연구 『환상: 문학 장르에 대한 구조적 접근』(The Fantastic: A Structural Approach to a Literary Genre, 1973)이다. 이전의 비평가들의 문학적 판타지에 대한 연구가 주로 인상주의적이고 의미론적이었던 것에 비해 토도로프는 판타스틱에 대한 보다 구체적인 규정을 제공할 구조적 특성들을 찾는다.

로즈매리 잭슨(Rosemary Jackson)은 『환상: 전복의 문학』(Fantasy: Literature of Subversion, 1981)에서 이 분야에 대한 토도로프의 공헌을 인정하면서도 그의 저작이 문학적 형식들의 사회적·정치적 함의를 간과했다고 비판한다. 말하자면 토도로프의 연구는 텍스트의 효과와 그것의 작동 방식에만 머물러 있었다는 것이다. 그녀가 제시하는 것은 토도로프의 판타스틱의 시학을 넘어서는 '형식의 정치학'이다. 또한 잭슨은 토도로프의 연구에서 간과된 정신분석학 역시 판타지 연구에 필수적이라고 주장한다. 즉 문학에서의 판타지는 무의식적 소재들을 다루고 있기 때문에 정신분석학이나 정신분석학적 텍스트 독해 없이 그 의미를 이해할 수 없다는 것이다. 또한 사회적 구조와 규범들이 재생산되고 견지되는 것은 바로 무의식 속에서이기 때문에 바로 이 부분에 비평적 관심을 기울임으로서만 사회와 개인의 관계가 규정되는 방식을 지각할 수 있다는 것이다. 다음이 잭슨의 판타스틱 양식에 대한 연구의 개요다.

그녀는 우선 라틴어/그리스어에서 판타스틱의 의미가 어떤 것을 가시화하는 것, 표면화하는 것임을 상기시킨다. 일반적으로 이야기하자면 모든 상상적 행위가 판타스틱이며 또 모든 문학 작품들이 판타지들이라는 것이다. 비평적 용어로서의 판타지는 현실적 재현이 우선하지 않는 문학에 다소 무차별적으로 적용되는 경향이 있으며, 그래서 신화, 전설, 민담, 요정 이야기, 유토피아적 알레고리, 꿈의 비전들, 초현실주의 텍스트들, 공상과학, 공포 이야기들 등이 대체로 판타지 속에서 이해된다. 이런 판타지들이 모두 전복적인 것은 아니지만 적어도 예술적 재현과 문학이 '현실'을 재현하는 '규칙'을 교란한다. 판타지 문학의 전복적인 기원에 주목한 사람은 미하일 바흐찐으로, 그는 「도스토예프스키의 시학의 문제점들」에서 고대 기독교와 비잔틴 문학, 그리고 중세, 르네상스, 그리고 종교개혁 시기에 존재하던 메니피안 풍자를 계승한 현대의 판타지가 바로 호프만, 도스토예프스키, 고골, 에드거 앨런 포, 장 폴 등의 작품이라고 주장한다. 그리고 바흐찐은 이런 작품들에서 판타지가 하는 역할을 다음과 같이 규정한다.

여기서 판타스틱이 수행하는 것은 진실의 긍정적 구현이 아니라 진실을 모색하는 것이며 그것을 도발하는 것이고 가장 중요한 것은 그것을 시험하는 것이다.

판타스틱 문학에 대한 잭슨의 연구에서 비전과 보는 것(Looking)의 문제에 연루되어 있는 영화 매체와 관계해 가장 흥미로운 부분은 '현실성'과 관계된 그녀의 동위축(par-axis) 논의다. 판타스틱의 공간이 바로 중심축 양쪽에 있는 동위축이라는 것이다. 왜냐하면 동위축이 함의

하는 바는 그것이 그림자를 드리우고 위협하는 '현실'이라는 중심체와 연결되어 있기 때문이다. 또한 이 단어는 빛이 렌즈나 거울에 굴절되어 상(이미지)이 맺힐 때 렌즈와 이미지 사이의 영역을 가리킨다. 이 영역에서 대상과 이미지가 상충하는 것처럼 보이지만 사실은 대상도 또 재구성된 이미지도 사실은 거기에 있는 것이 아니다. 실은 거기엔 아무것도 없다. 바로 이 영역이 판타스틱의 괴이한 영역을 재현할 수 있는 것으로, 판타스틱의 상상계적 세계는 완전히 '현실적(대상)'이지도 완전히 '비현실적'(이미지)이지도 않으며 바로 그 둘 사이 어딘가에 놓여 있다는 것이다. 그래서 바로 토도로프의 분류처럼 판타스틱은 한편으로는 완전히 초자연적인 경이의 세계와 끝내 현실에서 미지의 사건의 대답을 구하고 마는 친숙한 낯선 세계 사이에서 동요하게 된다. 렌즈(거울)와 이미지 사이의 동위축 영역은 다른 말로 풀이하면 초자체(硝子體, 안구의 수정체와 망막과의 사이를 채우고 있는 유리와 같이 투명하고 연한 물질. 사진의 어둠 상자와 같은 구실을 함)가 들어 있는 공간이기도 하다.

어떤 것을 보이게 하는 것, 가시화하는 것이라는 판타스틱의 기원적 의미, 그리고 재현물로서의 환상 양식이 렌즈나 거울 이면의 이미지와의 중간 지대를 재현하고자 한다는 잭슨의 정의는 영화라는 매체가 구성하는 판타스틱의 세계로 들어갈 수 있는 지점을 제공한다.

토도로프는 판타스틱 설화에서 초자연적 요소가 등장할 때 시각의 영역에 속하는 요소들이 함께 소개되고 있음을 지적하고 있는데, 예를 들자면 경이로운 세계로의 침투를 허용하는 안경과 거울 등이 그것이다. 잭슨 역시 현대 환상 양식들의 지형학이 거울 안에서 또 거울을 통해 혹은 거울 너머에서 구성되고 있으며 또한 비전과 가시성의 문제에 사로 잡혀 있음을 강조한다. 즉 거울과 안경뿐 아니라 그림자, 초상화, 눈 등을 동원해 친숙한 것을 낯선 것으로 변형시켜 놓는 것이다. 이렇게 판타스틱의 중요한 주제적 관심을 '비전의 문제'로 잡게 되는 것은

'현실'을 '보이는 것'과 등가시키고, 그리고 다른 감각기관보다 눈을 더 중요시하는 문화에서 비현실은 곧 보이지 않는 것이 된다. 이때 보이지 않는 것, 그리고 보이지 않을 수 있다는 위협은 '나는 본다'라는 것과 '나는 이해한다'라는 것을 동일하게 취급하는 인식론적이고 형이상학적인 체계에 대한 전복적 성격을 갖는다. 보는 것의 힘을 통해 지식, 이해, 이성이 성립되었고 또 주체의 대상에 대한 관계 역시 시각의 영역을 통해 구조화되어 있는 것이다. 판타스틱 예술에서 대상은 시선을 통해 쉽게 전유되지 않는다. 대상들은 그를 소유하고자 하는 강력한 눈이나 주체로부터 미끄러져나감으로써 왜곡되고, 붕괴되며 편파적이 되며 비가시성 속으로 떨어진다.

페미니즘과 동화적 세계: 안젤라 카터와 닐 조던의 〈늑대들과의 동행〉

속임수와 환영을 만들어내는 영화의 힘은 공포영화나 공상과학 영화와 같은 판타지 장르에서 가장 빛난다. 가장 고전적인 공포영화 중 하나가 뱀파이어가 등장하는 칼 드라이어 감독의 〈뱀피르〉(1931)다. 19세기의 작가 쉐리단 르 파누(Sheridan Le Fanu)의 2개의 이야기에 기초한 이 영화는 데이비드 그레이라는 젊은이가 뱀파이어 때문에 고통받는 한 마을을 방문하면서 시작한다. 마을의 성주에게는 두 딸이 있는데 한 명은 이미 뱀파이어가 되어 있다. 아버지가 뱀파이어에게 살해당하면서 데이비드 그레이는 뱀파이어 사냥에 나서게 되고 성주의 딸인 지젤과 사랑에 빠지게 된다. 이 영화를 고전으로 남게 한 것은 사실 위와 같은 서사의 힘보다는 꿈과 같은, 그리고 판타스틱한 분위기를 자아내는 내레이션과 비주얼이다.

드라이어 감독 영화의 흡혈귀가 여자라면, 남자 흡혈귀가 등장하는 또 다른 고전이 F. W. 무르나우의 〈노스페라투〉(1921)다. 이 영화 역시도 〈뱀피르〉와 마찬가지로 꿈으로 흘러들어가는 듯한 시적 분위기를 갖고 있다. 주인공 드라큘라 백작은 막스 슈렉이 맡았는데 긴 귀와 손가락, 그리고 해골처럼 마른 얼굴로 곧 들이닥칠 파시즘의 유령을 예시적 악몽처럼 보여주었다. 과학적 이성에 대한 비판 이외에도 이 영화에는 드라큘라 백작과 여주인공 니나 사이의 성애에 대한 암시를 통해 공포와 쾌락과 힘들 사이의 은밀한 내통을 드러내고 있다. 이 영화는 뉴 저먼 시네마의 감독 베르너 헤어조크에 의해 1979년에, 그리고 미국의 프랜시스 포드 코폴라에 의해 1992년에 리메이크되었다. 비천한 반인반수를 통해 사회적 금기나 억압된 섹슈얼리티 등을 우회적으로 표현할 수 있다는 것 때문에 판타지 장르는 여성 작가들이 금기를 돌파하는 모험을 할 수 있는 공간이기도 하다. 영국 작가인 안젤라 카터(Angela Carter)는 뱀파이어나 늑대인간과 같은 전설들을 여성주의 시각으로 다시 쓴 것으로 유명하다. 그녀의 소설집 『피로 물든 방』에 수록된 「늑대들과의 동행」은 소녀와 성인의 문턱에 선 여자아이가 젊고 멋진 젊은이로 변장한 늑대인간을 만나는 이야기다. 두려움과 매혹의 아슬아슬한 경계에서 성애를 발견하게 되는 이 여자아이의 모험담은 1984년 닐 조던에 의해 영화로 만들어졌다. 닐 조던은 앤 라이스(Anne Rice)의 소설을 영화화한 〈뱀파이어와의 인터뷰〉나 〈크라잉 게임〉 등으로 우리 나라에 알려져 있다. 그는 「늑대들과의 동행」에서 젊은 여성의 감각에 포착된 성적 유혹의 세계, 잔혹함과 경이감을 동시에 느끼기 때문에 더욱 치명적인 그 세계를 아름다운 영상으로 전하고 있다. 닐 조던이 해석한 안젤라 카터의 어둡고도 현란한 세계는 다른 고전적 판타지 영화들이 그렇듯 무의식의 문을 하나 더 발견한 듯한 느낌을 남긴다.

인디아라는 이름의 소녀: 〈스토커〉

한국 감독들이 할리우드에서 작업하는 시절이다. 박찬욱의 〈스토커〉, 김지운의 〈라스트 스탠드〉 등이 개봉했고, 봉준호의 〈설국열차〉가 LA에서 마지막 후반 작업을 하고 있다.

박찬욱의 〈스토커〉는 매혹적인 영화다. 그 매혹은 이 영화의 불가지, 알 수 없음에 대한 탐구에서 온다. 불가지의 대상은 18세 소녀. 여성이 되어가는 소녀. 인디아라는 한 대륙의 이름을 통째로 가진 소녀(미아 바시코프스카)다. 성년의 생일을 맞은 그녀는 동시에 아버지의 죽음을 맞게 된다. 삼촌이라고 주장하는 찰리(매튜 구드)가 아버지의 죽음 이후 인디아와 그녀의 엄마 이블린(니콜 키드먼)이 함께 사는 집에 기거하게 된다. 영화는 찰리의 등장으로 깨어나는 인디아의 천성, 제2의 본능을 원재료로 살인이라는 극단적 사디즘과 성적 판타지를 엮어나간다. 이블린과 인디아가 사는 미국 교외의 우아한 저택 정원에는 조각들이 놓여 있다. 이 조각들은 찰리의 손에 죽어 나가는 사람들이 묻히는 낮게 판 무덤들을 덮는 죽음의 봉인이 된다.

스릴러로서의 이 영화가 가지는 재미도 있지만 내가 흥미롭게 생각했던 것은 이 영화의 카메라가 배우들을 바라보는 시선이다. 그리고 편집 방식이다. 영화는 클로즈업과 롱 숏을 대비시켜 아슬아슬한 패턴을 완성시키는 장면을 잘 구사해낸다. 예컨대 인디아는 엄마 이블린의 머리를 빗겨준다. 금발의 머릿결, 가닥가닥이 익스트림 클로즈업되면서 그것은 황금색 들판으로 이중인화된다. 블론드 머리와 황금 들판의 강

280

조와 더불어, 카메라는 인디아와 이블린, 그리고 찰리의 푸른 눈동자에 깊이 탐닉한다. 홍채, 동공, 각막의 푸른색과 황갈색, 흰색 등이 초현실적으로 확대되고 카메라는 수정체, 망막까지 파고들 기세다. 배우들은 짙은 색깔의 콘택트렌즈를 착용하고 있는 듯 느껴진다.

블론드와 블루 아이즈에 대한 카메라의 호기심과 탐닉은 예의 한국 감독의 할리우드 진출과 함께 보면 일종의 오리엔탈리즘에 대한 거울 담론 옥시덴탈리즘(occidentalism)처럼 보이기도 한다. 찰리는 사이코패스이기도 하지만 이런 재현의 관점에서 보면 파란 눈의 괴물, 에일리언이다. 인디아와 이블린도 마찬가지다. 이들이 누리는 미국 교외 지역의 삶의 터전 역시 그로테스크함으로 가득 차간다. 냉동고는 아이스크림과 시체로 채워지고 정원 역시 그렇다. 인디아의 이름과 검은 머리가 찰리와 이블린의 전형적 푸른 눈과 블론드의 색 균형을 흔든다. 그녀가 이 살인 게임의 승리자로 설정된 것이 놀랍지 않다.

조금 확대 해석하자면 〈스토커〉는 미국사회에 대한 한국 감독의 매혹과 비판의 양가적 응시이며, 그 속에서 파란 눈의 금발 배우들은 유혹적이고 치명적인 에일리언 파탈이다. 찰리에는 〈사이코〉의 노먼 베이츠가, 인디아에는 〈아담스 패밀리〉의 웬즈데이 아담스가 중첩된다.

작게 보자면 영화는 석호필(〈프리즌 브레이크〉의 작가 마이클 스코필드의 한국식 애칭)의 히치콕 버전을 박찬욱 감독이 완성한 것이고 소녀에서 여성으로 나가는 인디아에게 보내는 이 영화의 감탄은 인상적이나, 성인 여성 이블린을 부르주아 섹스 토이 정도로 보는 시선은 단순하고 악의적이다. 그 연기 잘하는 니콜 키드먼조차도 왜 내가 이 대사를 해야 하지, 하고 의아해하는 것으로 들린다(특히 인디아 대신 자신을 취해달라는 후반부). 그러나 감독의 할리우드라는 낯선 영화 현장에 대한 장악력, 촬영의 정교함 등 장인으로서의 박찬욱 감독의 재능과 노력이 탁월해 보이는 영화다. 다음 여정이 기대된다.

외상 속에 웅크리고 있는 피로 물든 무엇
: 〈인 더 컷〉

〈인 더 컷〉, 그 제목부터 물어보자. 상처 안에 무엇이 있는 걸까? 혹은 무엇이 상처를 만들고 있는 걸까?

수잔나 무어의 동명의 스릴러 소설이 바탕이 되었는데, 소설처럼 영화는 열정적인 관객과 적대적인 그들을 동시에 생성시키는 것 같다. 영화의 제목 〈인 더 컷〉은 영화 크레딧 타이틀에서 스케이트 날이 잘라낸 빙판 조각을 의미하지만, 보다 은유적으로는 상처, 혹은 외상 속에 웅크리고 있는 피로 물든 그 무엇이다.

제인 캠피온의 영화는 포스트 9·11의 뉴욕을 배경으로 하고 있다. 이미 대량 파괴가 일어난 뉴욕의 디스토피아적 거리는, 여자들을 대상으로 잔혹한 연쇄 토막 살인이 일어나는 스릴러의 배경으로 완벽할 만큼 음산하다. 골목에 쌓인 검은색 쓰레기 봉지는 갑자기 무언가 터져 나올 듯 하나하나가 의심스러워 보인다. 촬영감독 디온 비브의 강한 명암 대비와 골목들을 강조한 누아르적 화면과 대담한 커팅은 뉴욕이라는 도시를 공포의 민속지로 바꾼다.

도리스 데이의 〈케 세라 세라〉를 단조로 바꿔 노래하면서 영화는 시작하는데, 그 노래 속에서 소녀는 묻는다. "엄마, 난 자라서 무엇이 되면 좋을까요?" 엄마는 답한다. "맘대로 하렴." 그래서 정말 〈인 더 컷〉의 두 여자는 맘대로 한다. 연쇄살인범인지도 모를 남자와 섹스에 빠지고, 기혼자와 사랑에 빠진다. 물론 여자들이 제멋대로 살기에 세상은 잔혹하다. 그런 여자들을 살해하고 싶은 충동에 빠진 남자가 있는 것이다.

이제 유년기를 함께 헤쳐온 두 여자가 영화 안으로 소개된다. 프래니(맥 라이언)와 폴린(제니퍼 제이슨 리)은 이복 자매로 서로에게 다정하고 솔직하다. 제니퍼 제이슨 리는 이제 마흔이 넘었지만 여전히 소녀처럼 콧소리를 섞어 말하고, 금방 무너져 내릴 듯하지만, 제멋대로다.

〈해리와 샐리〉의 맥 라이언은 예의 애교스런 콧잔등 주름을 버리고, 버지니아 울프의 『등대로』에 탐닉해 영문학을 가르치는 동시에, 슬랭도 함께 가르치는 선생님으로 등장한다. 맨해튼을 배경으로 한 TV 드라마 〈섹스 앤드 더 시티〉의 가벼운 성애 판타지와는 달리, 〈인 더 컷〉은 강성이다.

지하철의 모든 글자들을 다 읽고 다니는 프래니는 슬랭 수집차 바에 들렀다가 한 여자와 팔에 문신을 한 남자가 오럴 섹스에 빠져 있는 것을 목격한다. 연쇄살인 수사를 위해 자신을 찾아온 형사 말로이(마크 러팔로)의 손목에서 그 문신을 발견한 프래니는 자신이 응시한 장면, 그 행위에 대한 강렬한 호기심 때문 말로이에게 끌린다. 거침없이 남성적 슬랭을 구사할 뿐 아니라 원하는 것을 해주겠다는 행위에 대한 약속 때문에 프래니는 말로이라는 위험한 욕망의 대상으로부터 떠나지 못한다.

위태로운 지경에 처해 있기는 제니퍼 제이슨 리도 마찬가지다. 그녀는 결혼하지 않은 상태에서 자신을 낳았던 어머니를 생각해 한 번만이라도 결혼하고 싶다고 말하지만 기혼자를 사랑한다. 이렇게 불가능한 욕망의 구조 속으로 빠져드는 두 사람에 대한 배경으로 영화는 동화 같기도 하고 정신분석 같기도 한 장면들을 보여준다. 영화 초반부 프래니의 어머니가 낭만적으로 구애받던 장면이 재생되면서, 아버지의 스케이트 날은 어머니의 다리를 세 동강으로 자른다. 이성애적 사랑의 양날, 낭만과 잔혹, 매혹과 죽음이라는 이중무가 악몽의 동화로 재연되는 것이다. 아버지에게 버림받은 프래니, 그리고 그 아버지에게 버림받은 어머니를 둔 폴린의 상처가 이런 이성애의 근본적 외상에 더해지면서 영화는 자기 설명을 마친다. 제인 캠피온은 스릴러 〈인 더 컷〉을 〈클루트, 알란 파쿨라〉(1971)의 선상에서 여성주의적으로 해석하고, 로맨틱 코미디의 여주인공 멕 라이언의 이미지를 전복적으로 사용함으로써, 영화를 장르 신봉주의자와 반여성주의자로부터 구출한다. 주류 속에서 행하는 주류에 대한 치명적 도전이다. 인 더 컷.

외상을 진단하고 위무하는 '정동의 정치학'?
: 〈친절한 금자씨〉

좀 '두부스럽게' 시작해보자. 〈친절한 금자씨〉의 앞부분, 매서운 추위가 몰아닥친 가운데 영화는 그로테스크한 동화처럼 열린다. 교도소 밖, 산타 모자를 둘러쓴 성가대가 늘어서 있다. 형기를 마친 수감자들이 나오기 시작한다. 그러곤 아, 그 유명한 금자(이영애)씨의 레트로 물방울 원피스가 보인다. 전도사는 하얀 접시에 하얀 두부를 얹어 깨끗하게 살라며 그녀에게 먹이려고 한다. 물론 금자씨는 먹지 않고, 아니 먹기는커녕 오히려 전도사에게 "너나 잘하세요"라고 말한다. 전도사도 놀라고 붉은 성가대도 놀란다. 아니, 속죄의 두부를 거부하다니.

이제 케이크로 끝내보자. 영화가 끝날 무렵, 아직 겨울이다. 금자씨는 딸에게 줄 하얀 케이크를 들고 가다가 길에서 딸을 만나자 아마도 속죄와 관계 있을 법한 말을 중얼거린 뒤 케이크에 얼굴을 파묻는다. 흰 눈이 골목길을 채우고 있다. 〈올드보이〉의 마지막 장면처럼 흰 케이크와 흰 눈은 회귀 불가능한 순수의 지점을 표식할 수 있다. 그러나 모호하다는 것 말고는 이 결론에 대해 나는 아직 결론을 내지 못했다.

이 영화가 불러온 일련의 기대(《대장금》과 CF 스타 이영애의 변신)는 충족된 것으로 보인다. 모범수 금자씨가 노란색 유니폼을 입고 생뚱맞게 웃을 때, 그녀는 분명 재벌 회사의 명품 모델 이미지만은 아니다. 오히려 명품 이미지의 망가짐을 즐기는 관객의 가학적 태도를 충족시키는 것처럼 보인다. 이 변신이 흥미로운 만큼이나 나는 흰 두부가 흰 케이크로 치환되는 사사로우나 다소 의미심장한 부분에 관심이 간다. 문제의 케이크 만들기는 스무살에 유괴, 살인죄로 무고하게 13년간 복역하는 동안 금자가 탁월하게 성취해낸 것이다. 좀 더 젊은 시절, 사람들이 뒤돌아보는 미모이긴 하나 까다롭지 않았던, 잔혹 복수극의 주인공 치고는 별다른 무공이 돋보이지 않는 금자가 가진 비상한 손재주가 바로 제빵 기술, 특히 케이크 만들기다. 〈올드보이〉의 군만두에서 보듯 어떤 음식물에 대한 강박은, 복수에 대한 강박만큼이나 박찬욱 감독의 영화에서 절대적이다. 잊었는가? 군만두가 수수께끼의 첫 번째 실마리를 푸는 단서였음을……. 나도 〈친절한 금자씨〉가 차용하는 쿠엔틴 타란티노 류의 하위 장르적 정신을 따라 여기서 농담을 섞는 것이지만, 프로이트는 언제나 농담은 일말의 진실에 가깝다고 말한다.

나는 이 작품으로서 영화의 성패가 하얀 두부를 하얀 케이크로 변모시키는 공력의 성패와 관계있다고 생각한다. 〈친절한 금자씨〉는 생활의 때가 묻어 있다기보다는 세트 디자인이 두드러지는 영화다. 충무로 영화를 포스트 충무로 영화로 변화시키는 작품인 만큼 제작진 중 조명, 의상, 프로덕션 디자인의 역할은 홍보에서도 중요한 부분이다. 세트의 인공성이 관객의 시각적 주목을 애타게 요하는 영화, 예의 죽여주는 벽지들이 주름잡는 영화들처럼 금자씨의 은둔처가 되는 무허가 미용실을 개조한 작은 방은 홍보 문구를 빌리면 "붉은색 화염 무늬" 벽지로 덮여 있고 이 방에 들어서는 것이 "지옥에 떨어지는 느낌"을 주도록 설계되었다고 한다. 지리멸렬한 생활의 때가 묻은 삶의 지옥이라기보다 세트로서의 지옥, 인공 지옥이다. 그런 면에서 교도소 밖 하얀 두부로 엇비슷하게 시작하지만 이 영화의 세트는 〈오아시스〉의 임대 아파트 설정과는 하늘과 땅 차이다. 이렇게 리얼리즘이나 리얼리티의 도움을 받는 대신, 인공성 자체를 구조의 핵으로 삼은 이상 영화가 갈 길은 하나다. 인공성 자체를 정말 실감나게, 사실보다 더 사실적으로 그려서 결과적으로 판타스틱하게 구현하는 방향 말이다. 성우 김세원의 건조하면서도 은근히 동의를 구하는 듯한 보이스오버("그래도 그렇기 때문에 나는 금자씨를 좋아했다" 등)는 이 영화에 마치 라디오 드라마 같은 향수 어린, 아이러니한 거리감을 자아낸다. 귀에 익숙한 그러나 이질감을 자아내는 좋은 장치다. 이영애의 양가적인 이미지와도 잘 맞는다.

그러나 이 감탄의 마음은 유감스럽게도 끝까지 견지되지 못한다. 판타스틱!하다고 손을 치켜올리기에 영화의 후반부는 어설프게 인공적이다. 금자씨의 감방 동기들의 연기, 플래시백이나 화면 전환은 혁신적이고 다음 장면을 기대하게 한다. 반면에 집단 복수를 위해 모인 희생자의 부모 그룹은 유괴 뒤 충격과 외상, 그것이 잉태한 불타는 복수극을 감행하는 퍼포먼스를 하는 데 강도가 많이 떨어진다. 사실 이 시퀀스는 굉장한 것이 될 수도 있었다. 자신의 아이가 유괴 당한 뒤 교수형 당하는 장면을 회고적으로 지켜봐야 하는 부모의 시선만큼 삶의 돌이킬 수 없는 비극을 환기시키는 것이 있을까? 특히 아이에게 두건을 씌운 교수형 장면은 고 김선일 씨 사건의 이미지마저 불러오는 참혹한 것이다. 사실, 난 이 장면 이후 이들의 외상을 진단하고 위무하는 '정동의 정치학'을 기대했다. 그러나 영화는 유괴범의 돈을 입금해주기를 바라는, 자식 잃은 이들이 건네는 계좌번호 쪽지를 보여준다. 김기영 감독도 곧잘 사용했던 이런 이중적 장면은 인간의 탐욕에 대한 신랄한 시사이기는 하지만, 어린아이 유괴 사건에 적절한 교훈은 아니다.

하여간 〈친절한 금자씨〉가 충무로 영화의 어떤 코드, 억울하게 당하고 감옥에 갔다가 울면서 하얀 두부를 먹고 갱생의 삶을 결심하는 신파의 세계를 떠났음은 자명하다. 그렇다고 말끔한 하얀 케이크로 변환했느냐 하면 또 그건 아니다. 그러나 어찌 보면 이 주춤거림이 현재 충무로와 글로벌, 이 양자에 발을 드리운 채 작업하는 박찬욱 감독에게 뜻밖의 추동력이 될 수도 있겠다.

김소영이 만난 〈친절한 금자씨〉 박찬욱 감독

〈공동경비구역 JSA〉와 〈올드보이〉의 흥행에 더해 지난해 칸영화제 심사위원 대상 수상으로 박찬욱 감독은 명실공히 한국 영화의 간판 감독이 됐다. 그 스스로 '복수 3부작'의 완결편이라고 말하는 〈친절한 금자씨〉의 개봉(29일)을 앞두고 영화평론가인 김소영 교수가 박 감독을 인터뷰했다(둘은 서강대 영화 동아리 선후배 사이이기도 하다). 분노, 죄의식 등 박 감독의 영화에 반복해 등장하는 모티브의 개인적인 연원을 묻는 질문에서 박 감독의 대답은 비껴가는 듯 했지만 〈친절한 금자씨〉의 음악 사용과 동화적 표현에 대해서는 공감대를 형성했다.

김소영(이하 '김'): 박찬욱 감독은 지금 한국 영화계의 가장 '핫'한 위치에 있는 감독 중 한 명이다. 이런 위치가 영화를 만들 때나 관객을 의식할 때 어떤 영향을 끼치지 않는가.

박(이하 '박'): 전혀 안 끼친다. 나는 영화 한 편 만드는 데 시간도, 돈도 꽤 드는 타입이기 때문에 정말 내면의 절실한 욕구나 동기가 없다면 못 버틸 정도로 지친다. 흥행하고 싶단 생각은 데뷔 전부터 지금까지 늘 생각해온 것이라 내면화돼서 특별히 더 의도할 필요도 없다.

김: 영화를 만들게 하는 힘을 절실함 또는 맺힌 것이라고 표현한다면 박

감독 작품에는 이런 맥락에서 꾸준히 표현되는 것들이 있을 거다. 비교하는 게 적절한 지 모르겠지만 김기덕 감독 경우 누가 봐도 그의 내면에 맺힌 것에 대해서 떠올릴 수 있는데 박 감독에게 이런 것을 한마디로 압축해서 이야기한다면 뭘까?

박: 음……. (한참, 고민) 내 영화에는 어떤 어리석은 짓, 실수를 저지른 사람들이 등장한다. 그 사람들은 거기서 원래의 순결한 상태로 돌아가려 한다. 〈친절한 금자씨〉에서 사용된 용어로 하자면 영혼의 구원을 얻으려 하고 그것이 대개는 좌절되지만 어쨌든 노력한다는 그런 이야기들이다. 대답이 된 건가?

김: 박 감독의 인생에서 유년의 트라우마라거나 또는 첫 번째 실수라고 기억하는 것들 중에 현재의 작품 세계에 영향을 끼치거나 모티브로 작동하는 것이 있나.

박: 개인적 체험이라는 게 너무 범위가 좁고 평범하기 때문에 거기서 나올 만한 건 별로 없다. 떠올릴 수 있는 거라야 가톨릭 가정에서의 성장 정도? 그렇지만 한국 가톨릭이라는 게 유럽처럼 죄의식을 강요한다거나 하는 보수적 전통도 강하지 않은데 왜 이렇게 됐는지 모르겠다.

김: 〈친절한 금자씨〉는 금자 씨가 자기가 저지르지 않은 죄까지도 속죄하고 싶어하고 그로 인해 고통받는 것을 강조하면서 매우 섬세한 윤리적 부분을 건드린다.

박: 금자는 고지식하고 유치한 면이 있지만 뻔뻔한 인물이 아니다. 그래서 각본 초기 단계에서 논란이 많았다. 명색이 복수극이라면 아이가 죽는다거나 15년 동안 감금됐다거나 하는 좀 더 강력한 동기가 부여되어야 하는데 금자에게는 그만큼 강한 동기가 없었기 때문이다.

그런데 〈친절한 금자씨〉는 바로 거기서 출발한 이야기다. 꼭 자기가 뒤집어쓰지 않아도 되는 죄의식을 자청한 사람, 남보다 그런 문제에 민감한 사람의 이야기를 하고 싶었다.

김: 복수 3부작의 완결편이기 때문에 영화를 보면서 전작들을 자연스럽게 떠올리게 되는데 〈복수는 나의 것〉은 마지막 장면에서 주저함이나 가차없이 탁 베면서 끝이 났고, 그게 평론가들이 그 영화를 좋아하는 이유 가운데 하나였다. 거기에 비하면 〈친절한 금자씨〉의 결말은 무자비하지 않다. 그런 부분들이 비평적으로는 좀 의아하다.

박: 금자는 잘못된 방식으로 속죄를 시도해서 스스로 후회도 하고 죽은 아이의 용서를 얻지도 못했지만 그 노력이 가상하다고 생각했다. 어리석고 실속도 없지만 애쓰는 것에 대해서 예쁘게 봐주고 싶었다. 그렇다고 결말이 결국 평화를 되찾았다거나 행복한 가정을 이뤘다거나 하는 게 아니라 모든 게 불확실한 상태로 남아 있다. 마지막에서 딸과 끌어안는 게 감상적으로 보일지 몰라도 내 생각으로는 안정된 결말은 아니다.

김: 이 영화에서 가장 중요하게 기능하는 소품이 흰 두부와 흰 케익이다. 흰 두부가 우리 사회의 전통적 가치 체계를 상징한다면 금자가 직접 만들어서 먹는 흰 케익은 서구적인 것으로 볼 수도 있을 것 같다. 지금 한국사회는 두 가치 체계가 혼합되어 있기는 하지만 속죄나 구원 같은 영화의 질문들은 내재된 절실함에서 나왔다기보다 외부로부터 부가된 것으로 느껴지기도 한다.

박: 그렇게 볼 수도 있겠지만 영화 만드는 입장에서 이게 어디서 왔든 간에 실제로 한국에서 현재 살고 있는 사람에게 중요한 문제라는 거다. 누구든지 살면서 실수하고 그러고 나서 괴로워하고 되돌리고

싫어하고, 그건 현실이다.

김: 구체적으로 말하자면 전도사 같은 인물을 통해서 기독교를 비판하기도 하지만 동시에 문제 제기 자체가 기독교적인 사유의 회로 안에서 이뤄지고 해결 과정도 그걸 벗어나지 않는 느낌이다. 물론 박 감독만의 독특한 시각과 정교함으로 한국의 현실을 탁월하게 이야기하고 있지만 이를테면 〈복수는 나의 것〉에서의 아나키즘을 통한 해방적 결론에 비하면 폐쇄회로 안에 갇혀 있는 것 같다.

박: 듣고 보니 그런 것도 같다. (웃음) 특정 종교에 대해서 이런 이야기가 나올 수밖에 없을 거라고 예상은 했다. 그러나 중요한 건 그 관념이 어디에서 왔든지 지금 한국에서 매우 현실적인 문제라는 게 내 생각이었다.

김: 복수 3부작이라는 맥락에서 보면 1편 〈복수는 나의 것〉이나 2편 〈올드보이〉에서는 계급이 중요한 문제였고 이 영화에는 주인공이 여성이라는 젠더 문제가 결합한다. 구체적으로 착취당한 여자의 되갚음에 대한 이야기인데 두 가지 해석이 가능할 것 같다. 1, 2편에서는 없었던 약간의 위안이나 희망을 주고 캐릭터, 사운드 사용 방식 등을 통해 여성성에 대한 공감이나 친밀함을 보여주는 게 긍정적으로 평가될 수 있지만 한편으로는 전작들이 끝까지 밀고 갔던 것과 달리 여성성에 깊이 들어가지 못했다는 지적을 받을 수도 있을 것 같다.

박: 여성 주인공을 앞세우면 결국 이래도 욕먹고 저래도 욕먹을 거라 생각했다. (웃음) 내가 여성이 아닌 이상 한계가 있기 때문에 오히려 너무 여성주의적으로 가려는 욕심을 부리지 않으려고 했다. 내가 바랬던 건 능동적, 독립적인 여성이 주인공으로 홀로 이야기를 끌고 간다 정도였다.

김: 금자가 두부를 던지고 꽃잎 모양의 아름다운 케익을 만드는 모습은 박 감독이 웰메이드를 지향하는 태도와 친연성이 있는 것 같다.

박: 웰메이드라는 표현은 좀 거북하다. 내 영화는 툭툭 튀는 구석이 많고 거칠기도 하고 엉뚱하게 진행되기 때문에 내가 아는 웰메이드와는 거리가 멀어도 많이 멀다. 윌리엄 와일러 같은 감독이 정말 흠 잡을 데 없고 보편적인 웰메이드 영화를 만드는 사람인데 내 영화에는 그런 보편성도 없고.

김: 옳은 지적이다. 박찬욱 감독에게 웰메이드라는 건 프로덕션 세트 디자인 완성도 같은 데 한정해서 생각해야 한다. 오히려 두부와, 웰메이드처럼 보이는 케익 사이의 주저함에서 박 감독 영화의 힘이 있는 것 같다. 〈공동경비구역 JSA〉 때부터 외부로부터 감독을 보는 인지도가 바뀌었는데 실제로 본인에게도 그 영화 만들면서 또는 만든 뒤에 변화가 생겼나.

박: 영화 경력에서 가장 큰 전환점은 〈공동경비구역 JSA〉 직전에 만들었던 단편 〈심판〉 때였다. 일단은 단편이기 때문에 무보수로 배우를 기용하는 상황이었고 배우들이 기주봉 씨 같은 연극계 고참이었다. 보수도 없이 형님들 모시고 찍어야 하는 상황이었기 때문에 맘대로 시키기보다는 의견을 듣고 설득하면서 촬영을 했다. 그런 과정에서 배우들과의 의사소통이 뭔지, 이 소통이 영화에 어떤 결과를 가져오는지 또 배우들이 얼마나 존중받아야 하는 사람들인지도 알게 됐다. 서서히가 아니라 극적으로 바뀌었고 그게 내 인생에서 가장 큰 변화였다.

김: 박 감독과 자주 만나는 사이는 아니지만 대학 때 함께 동아리에서 영화 공부했던 게 생각난다. 그때 박 감독은 바바리 코트를 자주 입었고 아웃사이더처럼 주변에 개입하지 않고 눈에 띄려고 하지 않지만 눈에 띠

는 스타일이었던 걸로 기억한다. 그 당시 같이 영화 공부하던 사람들보다 수줍은 편이었다.

박: 그래서 이런 일을 할 수 있느냐, 많이 주저했다. 리더십이나 적극성, 저돌성이 요구되고 때로는 일전불사하는 자세로. (웃음) 터프한 사람들이 하는 일이라 생각했기 때문에 겁을 많이 먹었다. 막상 들어와 보니까 진짜 그렇더라. (웃음) 그래서 적응하기 참 힘들었다. 일하면서 조금씩 내 성격도 변했다. 지금도 터프하지는 않지만 다른 방식으로 주변 사람들을 잘 달래고 설득하고 칭찬해주고 그러면서 끌어간다.

김: 다음 작품은 뭔가?

박: CJ엔터테인먼트의 HD 프로젝트 중 한 작품인데 지금까지 내 영화 세계와 완전히 다른 영화다. 그동안의 영화가 넓은 의미의 스릴러였다면 이번 작품은 보통 드라마다. 자기가 사이보그라는 망상에 빠져 정신병원에 입원한 사춘기 소녀가 환자들과 의사들을 만나 사랑에도 빠지면서 자신의 병을 인식하게 된다는 이야기인데 판타지적 요소가 매우 강하다.

김: 〈친절한 금자씨〉에도 판타지나 그로테스크한 구전동화적 요소가 곳곳에 드러난다.

박: 맞다. 한참 공부하던 1980년대 초중반을 지배했던 담론이나 당시의 리얼리즘 논의가 나한테는 언제나 좀 답답했다. 그렇지만 지배당한 의식이기 때문에 완전히 자유로울 수는 없었다. 그래서 처음부터 〈친절한 금자씨〉처럼 만들 생각을 못했던 건데 차츰 그 방향으로 가고 있는 것 같다.

(정리: 《한겨레신문》 김은형 기자)

나이 든 여자의 섹스: 〈마더〉

스페어룸에서의 섹스

살아 있음을 느끼고 싶다는 간절함을 갖게 될 때, 무엇을 할 것인 가? 〈마더〉의 메이(앤 레이드)는 대런(다니엘 크레이그)에게 여분의 방(스 페어룸)으로 함께 올라가겠냐고 묻는다.

60대 후반의 메이는 30대의 대런 앞에서 옷을 벗으며 자신의 몸에 대해 묻는다. "무엇이 보여? 형태 없는 덩어리?" 메이와 대런은 성관계 를 갖게 된다. 그들은 만족스럽게 느낀다.

평소에 사람이 들지 않는 이 간소한 스페어룸에는 미풍이 불어오 고, 메이는 "아, 너무나 더워"라고 말하며 찬물에 얼굴을 씻는다. 세면 기 아래 놓인 카메라가 포착하는 물방울들은 정결하고 아름답다. 나무 랄 데 없는 장면이다.

그러나 바로 이 관계가 있기 전 만들어져 있는 많은 관계들과 상황 들이, 이 장면을 불편하게 혹은 더 심하게는 불가능한 것으로 보이게 한다. 우선, 대런의 여자 친구 폴라는 메이의 딸이다. 또 메이는 남편 을 얼마 전에 잃어 상중이다. 애도의 시점에 있는 것이다. 그리고 위의 여분의 방은 아들의 집에 있는 것이며, 거기서 메이는 임시로 거처하고 있다. 남편의 유품이 남아 있는 북잉글랜드의 집을 떠나 머물고 있으 나, 아들은 형식적이며 며느리는 차갑고 손자들은 멀다. 남편을 잃고, 노년의 시간에 접어든 메이에게 자식들이 거는 기대는 많지 않다. 까다툽게 굴지 말고 조용히 지내라는 것이다. 그러다 보면 곧 죽음을 맞게 되겠지…….

남편과 함께 런던의 자식들 집을 방문했다가, 남편의 급작스런 죽음을 맞고 자신이 살던 북잉글랜드 지역으로 내려온 메이는, 아들을 따라 다시 런던으로 올라간다. 혼자 남은 집 안의 죽음과 같은 적막을 못 견디는 까닭이다. 아들 집과 딸 집을 번갈아 오가던 메이는 예의 아들의 친구이며 딸의 남자 친구인 대런을 알게 된다.

흥미로운 것은 메이가 대런에게 흥미를 갖게 되는 계기다. 딸 폴라는 작가 지망생이고 싱글 마더인데, 결혼한 상태이고 아들이 있는 대런과 불안정한 혼외 관계를 갖고 있다. 메이는 폴라가 데이트를 하러 나가도록 자신이 아이를 돌보아주겠다고 자원한 뒤, 자애로운 할머니처럼 손자와 함께 잘 놀아준다. 그러다가 잠결에 소리를 듣고 깨어나, 딸과 대런의 섹스 장면을 보게 된다. 딸이 절박하게 대런에게 사랑을 갈구하는 호소를 듣게 된다. 다음날 메이는 중산층 어머니답게 폴라에게 이 관계의 부적절함을 지적한다. 어느 정도 계급적 하대도 있다. 그러자 폴라는 대런이 비록 노동자이긴 하지만, 얼마나 마음이 따뜻하고 반할 만한 사람인가 설명한다. 아내와 관계가 소원하지만 자폐증인 아들을 사랑하기 때문에 이혼하지 않는 것일 뿐이라고도 한다.

이 두 가지를 계기로 메이는 대런에게 관심을 갖게 된다. 흥미롭게도 딸과 그의 섹스, 그리고 딸의 사랑의 언어가 메이를 그 남자에게로 데려가 간 것이다. 딸이 메이와 대런의 관계를 중재하고 촉발한 것이며, 보다 심층적으로는 '살아 있음'을 느끼고 싶다는, 메이의 욕망이 대런의 육체와 따뜻함에 이끌린 것이다. 대런은 이 영화의 구성상 필연적으로 여자의 남자이며, 매력적으로 보이게끔 되어 있는 사람이다. 즉흥적이고 바람둥이지만 시와 미술에도 관심을 보이고 부드럽고, 동시에 자신이 필요한 것(예를 들면 돈)을 직설적으로 요구한다. 이제 메이의 입장에서 다시 한 번 묻기로 하자. 살아 있음을 느끼는 데 필요한 것에는 무엇이 있을까? 메이에게는 극도의 궁핍에 빠지지 않을 연금이 있고, 자식들이 있으며, 긴 세월 남편이 주도권을 잡고 있던 가정이 있었다. 메이는 대런과 스페어룸으로 가기 전 남편이 살아 있을 때 자신이 가졌던 혼외 관계에 대해 언급한다. 대런은 묻는다. "좋았나요?" 메이는 물론이라며 야반도주하려고 했지만 가족들에게 일대 소동이 일어날 것 같아 참았다고 말한다.

엄마 메이와 딸 폴라

이 영화에서 가장 복잡한 관계는 그러나 메이와 대런 사이에서라기보다는 메이와 딸 폴라 사이에서 일어난다. 대런에 대한 욕망을 어머니에게 촉발시킨 것이 딸 폴라였다고 말했듯이, 이 영화에서는 어머니와 딸의 규범적 역할이 뒤집히거나 꼬인 방식으로 전개된다. 폴라는 현재 작가로서의 성공도 미지수인 상태다. 게다가 심리치료를 받고 있는데 그것이 어머니가 유년 시절 자신에 대한 책임을 방기했기 때문이라고 믿고 있다. 남편의 돈으로 편안하게 살던 어머니가 딸에게 무엇인가 성취할 수 있다는 확신을 주지 않았다는 것이다. 딸 폴라는 메이를 부를 때 엄마, 어머니로 꼭 두 번씩 호칭하는데 관계의 소원함과 친밀함이라는 양가적 감정을 표현해내는 이 이중 호칭은 이 영화에서 가장 정교하게 세공되었어야 하는 부분이다. 교외에서 남편의 월급을 받으면서 평범한 가정주부로 평생을 산 어머니와 런던의 지하 플랫에서 아들을 혼자 키우며 생계를 꾸리는 작가 지망생이기도 한 딸 사이의 간극은 사실 메이와 대런 사이의 약 30년이라는 나이 차만큼이나 큰 것이다. 딸은 어머니/엄마의 편안했던 삶을 부러워하면서 자신의 삶의 궁핍을 한탄한다. 어머니 메이가 딸의 남자 친구를 섹스 대상으로 선택하는 과정을 보면 그녀 역시 자신과는 다른 삶을 다소 위험스럽게 살아가는 딸에 대한 동경을 갖고 있다. 형제나 자매 간의 치명적 경쟁관계에 대한 서사는 많지만, 사실 한 남자를 둘러싸고 일어나는 어머니와 딸 사이의 경쟁, 질투, 소원함에 대한 이야기는 모성성에 대한 숭고한 신화 때문에 금기의 영역이다.

딸이 지도하는 작가 워크숍에 가서 메이는 이제까지 차마 이야기하지 못했던 어머니로서의 책임을 방기하고 싶어 먼 술집으로 나들이 갔던 경험에 대한 에세이를 써 딸 앞에서 발표한다. 딸은 말을 잃는다. 그러나 그 에세이가 딸의 지도를 받고 있는 한 남자 노인의 관심을 끌어 그녀는 데이트 신청을 받는다. 반면, 딸은 어머니가 대런과 섹스했다는 것을 알고는 자신이 이제까지 썼던 글들을 불태워버리고 가망 없는 작가로서의 꿈을 포기하겠다고 말한다. 화해에 이르지 못할 이 둘의 관계는 이 영화에서 가장 다루기 까다로운 부분이고, 〈노팅힐〉을 만든 로저 미첼의 능력 밖에 있다. 『마더』의 작가인 하니프 쿠레이시(Hanif Kureishi)의 또 다른 소설 『인티머시』를 가지고 동명의 영화를 만들었던 파트리스 셰로 감독이었다면 어땠을까?

어머니 메이의 스케치북

〈인티머시〉에서는 15분여에 이르는 남성 성기, 여성 음모, 실제 삽입 등이 홍보용 흥분제로 사용된 데 비해, 영화 〈마더〉에서는 위의 부분들이 대단히 흥미롭게도 어머니 메이의 삽화로 재현된다. 나는 이 부분이 영화에서 가장 치명적인 매혹, 재현의 성정치학을 보여줄 수 있었던 장면이었을 것이라고 생각한다. 가정법을 쓰는 이유는 물론 이 영화가 그 방향을 가리키면서 소개만 하고 있을 뿐이기 때문이다. 폴라는 우연히 어머니의 스케치북에서 대런의 초상과 누드를 보게 되는데, 거기에는 삽입 성교를 제외한 다양한 체위의 성관계가 비교적 그래픽하게 묘사되고 있다. 그것을 본 폴라는 "어머니가 대런을 받아들이고 있어"라고 말하고 아들은 "설마, 어머니의 환상이겠지"라고 반응하다가 곧 폴라의 말을 긍정한다. 난, 이 두 개의 진술이 모두 진실을 가리키고 있다고 생각한다. 메이는 다렌과 실제 성행위를 할 뿐 아니라 그를 자신의 환상적 무대에 세우고, 그것을 스케치북에 그려낸다. 실제와 환상이 뒤얽혀 스케치북에 재현된 것이다. 이 영화에서 응시와 시선을 보내 그 대상물을 어떤 재현물로 옮기는 사람은 두말할 필요 없이 어머니다. 사실, 삶의 마지막 부분에서 그녀는 짧게 불타오른다. 너무나 덥다고 얼굴에 차가운 물을 끼얹어야 할 만큼만. 딸의 분노를 사, 바로 그 얼굴에 따귀를 맞지만, 그건 살아 있다고 느낀 순간에 대한 만큼의 매질이다. 딸은 어떻게 하고? 젊은 그녀는 이제 치료를 끝내고 어머니에 대한 원망을 끝낸 후 자신의 삶을 살아갈 것이다. 어쩌겠는가? 생각해보니 "젊은 너야 앞으로도 기회가 많으니……"라는 말은 어머니들이 딸에게 건네는 레퍼토리 중 하나다. 그러나 그 누가 알 수 있었으랴! 거기에 젊은 남자 친구도 포함될 수 있음을…….

〈사랑도 통역이 되나요?〉를 해석하는 두 가지 키워드

망설임, 환상적인

감독인 소피아 코폴라는 《인디와이어》와 인터뷰를 하면서 〈사랑도 통역이 되나요?〉의 몇 장면들을 가벼운 영화 카메라로 조명을 하지 않은 채 다큐멘터리처럼 찍었다고 말한다. 《인디와이어》가 그럼 왜 디지털 카메라를 쓰지 그랬느냐고 하자, 소피아 코폴라는 이 영화가 '사랑과 기억'에 관한 것이기 때문이라고 말한다. 재미있는 대답이다. 이유는 〈사랑도 통역이 되나요?〉는 오히려 역설적으로 사랑과 기억에 못 미치는 경험의 생성, 그 과정을 영화화하고 있기 때문이다. 한계 체험이라기보다는 어떤 체험을 한계, 그 정점까지 끌어올리지 못하게 하는 망설임이라는 애매모호하고 흐릿한 정서의 영역을 미묘하게 건드리고 있는 것이다.

말, 억양, 몸짓, 그 모든 것을 포함하는 기호가 한 사람으로부터 다른 사람에게로 건너갈 때, 어떤 의미의 상실도 없었으면 하고 간절히 바라는 순간 중 하나는 사랑을 시작했으면 하는 때다. 섹스는 아직 수평선 너머에 있고 혹은 불가능해 보이며 그래서 섹스를 제외한 온갖 기호를 통해 둘 사이의 친밀성을 만들어야 할 시점 말이다. 그러나 친밀함의 기호는 그 둘 사이를 횡단하며 늘 몇 부분을 잃거나, 먼지를 뒤집어쓰거나 아니면 과도하게 부풀어오른다. 번역과 통역이 겪는 운명이다. 번역은 늘 배신하고 변절하지만 소통의 기대 때문에 버릴 수 없는 연인과 같다. 여기에서 저기로, 그리고 나로부터 타자로 혹은 그 역으로 여행하면서 번역은 원래의 의미를 지워낸다. 동시에 때론 오해를 통한 창조적 이해를 가져온다. 그래서 벤야민은 이렇게 간절히 말한다. "번역은 원전의 의미를 따라가는 대신 그 원전이 의미화되는 양식을 사랑스럽고 구체적으로 끌어안아야 한다……."

이 영화는 여러 층위에 걸친 이 번역의 이야기다. 그리고 대사가 매우 중요한 역할을 한다. 영화에서 배우로 등장하는 밥 해리스(빌 머레이)의 자근자근한 농담은 중요한 증후적 말실수처럼 행위로 번역되지 못하는 진담을 전한다. 우리에게 〈고스트 버스터즈〉로 알려진 빌 머레이는 적재적소에 농담을 던짐으로써 근사한 중년의 남자가 된다. 밥이 샬롯에게 "이 호텔이 감방처럼 지켜우니 함께 도망갈까"라고 하자 그녀가 "짐 챙겨 올 테니 기다려"로 응답하는 대사는 이 영화가 현재의 결말 대신 거둘 수 있는 다른 결말을 슬쩍 내비친다. 이렇게 농담과 진의, 영어와 일본어, 중년 남성과 20대 여자의 언어, 부부의 언어 그리고 미국과 일본이라는 다른 시간대와 공간 등이 배려로 차 있거나 혹은 속 빈 의미들 사이를 가로지르며 교통한다. 특히 주인공 둘이 일본이라는 공간으로 여행하면서 일어난 공간적 치환은, 시간적 지체, 시차(jet-lag)와 함께 중년과 20대 남녀 사이에서 일어나는 친밀과 사랑의 경계에서 발생하는 기호의 교환에 긴장을 불러일으킨다. 그들의 일주일간의 밤은 불면과 둘만의 외출로 채워지고 침대 위에서의 긴 대화로 이어진다.

영어 원제로 하자면 〈번역 속에서 사라지다〉(Lost In Translation)에서 가장 흥미로운 점은, 번역 그리고 소통 속에서 사라진 것의 내용이 그리 중요하지 않다는 것이다. 예컨대 원전, 원래의 의미에 대한 강박에서 나오는 번역문, 번역자에게 충실함을 따져 묻는 태도는 처음 조금 등장하다가 사라지며, 또 번역자도 원전에 대한 정절을 그리 중요하게 생각하지 않는다. 여러 면에서 그런데, 우선 도쿄에 와 산토리 위스키 광고를 찍는 배우 밥 해리스는 촬영장에서 감독의 말을 자신에게 통역해주는 여자 통역사가 심각한 오역을 하는 것을 금방 알아채지만 수수하게 받아들인다. 한술 더 뜨는 것은 통역사다. 밥 해리스의 "그 말뿐이요?"라는 문제 제기에 당당하게 그렇다고 맞선다. 두 문화 사이, 두 언어 사이에서 벌어지는 '번역 속에서 사라진' 것은 농담 속에서 약간 날을 세운 채 남아 있지만 두 사람 모두 이 사라진 것을 굳이 복원시키지 않는다.

원전에 대한 번역의 정절이 크게 문제시되지 않는 것은 관계에서도 마찬가지다. 밥과 샬롯은 결혼 상태다. 밥과 아내 사이는 중년의 많은 부부들이 그렇듯 가정을 공동으로 경영하는 정도의 관계다. 서재의 카펫 색깔을 함께 결정하고 아이들을 돌보는 것이다. 샬롯은 갓 결혼한 남편이 누구인지 모르겠다고 고백한다. 밥은 호텔 재즈 바의 가수와 원 나잇 스탠드를 하게 되는데, 그것을 알게 된 샬롯은 놀라긴 하지만 둘의 관계를 결정적으로 파기하지는 않는다. 영화의 끝 시퀀스, 밥이 샬롯에게 귓속말을 하는 것이 관객에게 전달(통역)되지 않는데 그렇다고 그것이 영화의 결정적 퍼즐이 되는 것도 아니다. 관객이 고개를 갸웃거리며 극장을 떠나게 하는 것이 이 영화의 목적은 아니기 때문이다.

전달 속에서 사라진 의미를 향수하게 하는 것, 그 사라진 것을 궁금해하는 것. 영화는 그것들을 자신의 핵심 과제로 삼기보다는 사라질 수밖에 없는 그 의미들을 매 순간 잠시 포착할 뿐이다. 영화는 줄곧 현재형이다. 그래서 이 영화는 소피아 코폴라의 진술과는 달리 사랑과 기억에 관한 영화가 아니다. 다시 말하건대 미처 사랑과 기억이 가지고 있는 통상적 의미를 꽉 채우지 못하는, 거기까지 가기 전에 사라지는 것들을 재현하고 있는 것이다. 그런 의미에서 좀 더 많은 화소들로 프레임을 꽉 채우는 것이 목표인 디지털이라는 매체보다 작고 거친 알갱

이들로 이루어진 광 감도가 높은 (ASA) 필름을 선택한 것은 다행이다. 경계에 놓여 있는 관계와 그로부터 파생되는 감정들이 필름의 입자 속에 숨 쉬듯 들어서기 때문이다. 그리고 샬롯과 밥의 허스키한 목소리는 그 감정과 입자들과 좋은 짝을 이룬다.

어딘가?— 비장소

샬롯이 도쿄 시내에서 넋을 잃고 보게 되는 거대한 전광판 위로 느리게 지나가는 공룡의 환상적 이미지에서 처음 얼핏 느껴지는 것처럼, 영화는 공상과학소설(Science Fiction) 장르가 아님에도 불구하고 샬롯과 밥이 잠시 머무는 도쿄를 SF 공간처럼 그려낸다. 전광판과 호텔, 가라오케, 밥의 이미지가 담긴 산토리 위스키 광고를 싣고 달리는 버스들은 도쿄를 거주지가 아닌 통과(passage)의 공간으로 감지하게 한다.

〈사랑도 통역이 되나요〉의 번역, 통역의 문제만큼 의미 있는 것이 공간의 문제다. 도쿄는 여기서 인류학적 공간이라기보다는 기하학적 공간에 가깝다. 그리고 초근대의 공간처럼 보인다. 빈번한 항공 여행으로 축소된 지구의 한 곳과 다른 곳의 거리. 미국에서 도쿄로 날아든 사람들은 시차로 불면을 보내지만, 호텔이라는 세계적으로 표준화된 공간에서 소살리토 그룹의 재즈 공연을 듣고, 헬스클럽에서 러닝머신을 타며, 팩스를 받고 전화를 한다.

샬롯이 교토를 방문할 때 영화는 교토의 이국적인 정취와 제의를 오리엔탈화하는 것으로도 보이지만 도쿄의 도시 정경 묘사는 기존의 오리엔탈리즘으로부터 기묘하게 벗어나 있다. 서양이 구축한 "기호의 제국" 일본과 유사한 식의 접근이 아주 없는 것은 아니다. 그러나 영화는 두 명의 미국인이 도쿄에 와 겪는 문화적 차이를 낭만화하거나 추상화하지 않는다. 그리고 오히려 일본 내의 '미국'과 접촉한다. 예컨대 샬롯과 밥은 손님이 직접 재료를 넣고 끓여 먹어야 하는 일본식 전골 요리를 싫어할 뿐 아니라 도쿄가 지루하다고 말한다. 또 그들의 일본인 친구들은 찰리 브라운 등과 같은 노골적인 미국 이름을 갖고 있다. 그들이 머물고 있는 파크 하야트 호텔은 글로벌 체인이다. 밥이 머무르는 7일간, 샬롯과 밥은 도쿄에 있으면서도 사실 도쿄에 있는 것이 아니다. 이들에게 도쿄는 장소이면서 동시에 '비장소'다.

비장소는 인류학자인 마르크 오제가 제안한 용어로 이제까지 인류 학적 장소들이 언어, 지역성, 삶의 방식 등에서 비롯되는 정체성과 관련 있다면, 비장소들은 여행객이나 손님과 같은 일시적 정체성과 관계된다. 대표적 비장소는 통과 공간들이다. 즉, 임시 주거지(호텔, 모텔 등), 기차역, 망명 캠프, 공항 등이 그 예다. 마르크 오제는 현대를 슈퍼 모던, 초근대의 시대라고 부르면서 바로 이 초근대가 비장소를 생산하고 있다고 본다. 이렇게 흘러가는 비장소적 세계가 초근대의 특징이 되는 것이다. 〈사랑도 통역이 되나요?〉만이 아니라 1960년대와 1970년대의 모더니스트 영화 이후 세계 영화의 특징 중 하나는 이런 비장소들에 대한 무한한 매혹과 집착이다. 아르메니아인으로 이집트에서 태어나 캐나다에서 영화를 만들고 있는 이산민 감독 아톰 에고이얀의 〈스피킹 파츠〉(Speaking Parts)와 〈조정자〉(The Adjuster)는 영화의 주요 공간이 호텔과 모텔이다. 차이밍량의 〈거기 지금 몇 시니?〉의 주 무대 중 하나도 파리의 호텔이다. 왕가위의 〈중경삼림〉의 청킹 맨션 역시 임시 거주지다. 슈퍼 모던의 시대, 많은 사람들이 집을 떠난 이산민이고 여행객이며 이주민인 시대적 감수성과 삶의 스타일을 표현해내는 공간으로 호텔과 모텔 그리고 펜션이 자주 등장하는 것이다. 〈사랑도 통역이 되나요?〉의 파크 하야트 호텔은 밥의 표현대로 감옥이기도 하지만 또한 불면의 밤, 두 남녀의 즉흥적 접촉을 가능케 하는 재즈 바가 있는 곳이기도 하다. 그러나 아톰 에고이얀과 차이밍량의 생존과 존재를 위협하는 고독한 임시 거주 공간의 상징으로서의 호텔과는 달리 〈사랑도 통역이 되나요?〉의 호텔은 고만고만한 외로움을 표현하는 공간이다.

밥은 포르셰를 사야 하나를 망설이는, 광고 촬영 한 번에 200만 달러를 받는 고소득자이며, 샬롯의 남편 역시 최상급 대우를 받는 광고 사진 작가다. 그들은 자본과 초근대의 징후를 동시에 가지고 있다. 바로 그렇기 때문에 그들의 멜랑콜리는 감상적이며 영화도 종국에 가서는 그렇다. 재능 있고 부유한 여성작가가 만들 수 있는 슈퍼 모던판, 권태로울 수 있는 부르주아의 은밀한 매력에 관한 영화다. 어딘가로 떠났지만 집으로 돌아가는 여행객의 이야기다.

부산국제영화제의 한국 영화들
: 〈여자, 정혜〉, 〈귀여워〉

　　제9회 부산국제영화제의 경쟁 부분인 뉴 커런츠에서 수상한 이윤기 감독의 〈여자, 정혜〉는 내년쯤에나 개봉할 예정이라고 한다. 현재 극장에서 상영 중인 영화를 리뷰하는 것이 영화비평 릴레이가 독자와 맺고 있는 약속이지만, 뉴 커런츠 부문 한국 영화 상영작 중 두 편인 〈여자, 정혜〉와 김수현 감독의 〈귀여워〉를 소개하고자 한다. 언젠가 이 지면에서 투덜거렸듯이 저예산 영화의 극장 상영이 점점 힘들어지고 있기 때문에 이런 비평적 공간이 상영 공간으로 이어지기를 바라는 마음에서다.

　　〈여자, 정혜〉는 혼자 주공아파트에 살면서 우체국에 나가 소포의 무게를 재고 우표를 붙이는 일을 하는 정혜 (김지수)의 일상을 그린다. 또 그 일상을 헤집어 아찔하게 만드는 기억과 교차시킨다. 그 결과, 영화는 정감 있고 정확하다. 정혜는 버려진 작은 고양이를 데리고 와 기름진 참치를 먹이고, 자신의 김밥 속을 골라 먹지만 나쁜 기억을 숨아내지는 못한다. 영화 마지막 부분, 어떤 결정적 상처가 유년에 가해지는 장면이 필요 없다고 느껴질 만큼 〈여자, 정혜〉는 매 장면을 작은 긴장들로 은근하게 채운다. 아마도 허진호 감독의 영화 스타일을 연상하는 사람들도 있겠지만 이 영화는 허 감독의 영화처럼 슬쩍 무심하다기보다는 번쩍 유심하다. 실제로 여자 정혜가 '미안하다'고 속삭이며 아기 고양이를 다시 밖에 내려놓는 장면에서 나는 얼른 뛰어가 그 고양이를 돌보고 싶었다.

한편, 김수현 감독의 〈귀여워〉는 부산국제영화제 허문영 프로그래머의 표현처럼 에밀 쿠스트리차를 불러들이는 것처럼 보인다. 그렇다고 해서 이 영화가 대단히 공을 들이고 있는 서울 황학동에 대한 지정학적, 인류학적 고찰이 한국적이지 않다는 이야기는 절대 아니다. 황학동 철거 지역을 공간적으로 탐사함과 더불어, 이 영화의 가장 파격적인 창안은 아버지와 아들 세대의 공생을 해학적으로 들여다본 것이다. 장선우 감독이 연기한 무당이자 바람둥이인 아버지 역에는 최우수 연기상이라도 주고 싶을 정도다. 그는 권력은 없으나 매력은 남아 있는 저물어가는 중년 남자를 참 태연하게 잘도 연기한다. 반면 아버지와 세 아들 모두에게 마술 같은 사랑을 발휘해 그들을 이상한 성적 공동체로 만들어버리는 여자 순이 역의 예지원은 그야말로 차도에 뛰어드는 등 혼신의 노력을 기울여 연기함에도 불구하고, 완벽한 미스캐스팅이다. 안타깝다.

한국뿐 아니라 전 세계적으로 멀티플렉스 극장이 확산됨에 따라 아트 하우스 극장들이 감소하고, 생산자의 의도와는 달리 오직 영화제에서만 볼 수 있는 영화제용 영화들이 늘어가고 있다. 〈여자, 정혜〉가 그 운명에 빠지지 않기를 바란다.

엄마의 처절한 정의 구현: 〈오로라 공주〉

이중의 징벌

〈오로라 공주〉는 피눈물을 흘릴 만한 상실을 영화의 핵으로 취한다. 영화는 여자 복수극, 정확하게는 딸을 두었던 엄마의 복수극이다. 여섯 살짜리 딸이 성폭행을 당한 후 살해되어 쓰레기 매립장에 버려진 사건 이후 펼쳐지는 최강 복수극이다. 외제 자동차 딜러이자 싱글 마더인 정순정(엄정화)의 지극히 연민을 불러일으키는 살해 동기가 밝혀지기 전, 영화는 몇 개의 연쇄살인 사건을 보여준다. 예컨대 양딸을 백화점 화장실에서 구타하던 여자는 하드 고어 피범벅이 되어 죽는다. 밥을 늦게 배달한 식당 집 아주머니를 하대하던 여자는 고급 스킨 클리닉에서 석고 팩 마사지를 받다 말고 질식사로 죽는다. 그녀의 나이 들고 느끼한 남자 친구는 멋대로 여자를 유혹하다가 독극물을 마시고 죽게 된다. 그는 늘 바람이나 피우며 놀러 다니지만 부유하다.

여기까지 영화는 이들이 연쇄살인을 당할 만한 결정적 증거를 제시하지 않는다. 하지만 정황적 증거는 있다. 이들은 사회적 혐오의 대상으로 영화 속에 자리 잡는다. 물론 잔인한 죽임을 당할 정도는 아니다. 하지만 인지 가능하고 공감 가는 사회적 적대감을 이렇게 영화의 전반부에 가동시키는 것은 모성 복수극에 초점을 맞추게 되는 〈오로라 공주〉에 보다 확대된 관객의 지반을 제공해주는 역할을 한다. 즉, 모성을 체감할 만한 일정한 연령대의 여자 관객뿐 아니라 사회적 적대감을 지닌 다른 계층의 사람들을 함께 특권화된 관객의 위치로 초대하는 것이다. 그 위치에 서서 보면 연쇄살인의 대상이 되는 인물들은 전혀 호의적으로 보이지 않는다. 펀드 매니저를 공공의 적으로 설정한 영화 〈공공의 적〉이 구사한 전략도 바로 이 사회적 적대의 동원이었다. 〈오로라 공주〉는 젠더와 계급의 위계, 차이의 상층을 점유하는 사람들에 대한 적대를 일찌감치 영화 초반부터 설정해 관객들이 선뜻 들어설 수 있는 윗자리를 마련해준 것이다. 동시에 이들을 살해하는 정순정의 사정을 헤아릴 공간을 확장시키는 역할을 하기도 한다. 모성의 멜로드라마 〈미워도 다시 한번〉과는 달리 모성의 스릴러 〈오로라 공주〉가 말 걸려는 대상이 물론 여자 관객이 주인 것은 사실이나 그렇다고 여성 관객들에게만 말하고 있는 영화는 아니다. 이것은 이 영화의 강점이기도 하고 단점이기도 하다.

위의 사회적 적대감을 초반부에 설정하는 것은 결과적으로 영화에 이중의 긴장 혹은 궁금증을 부여한다. 혐오의 대상일 수는 있으나 죽어야 될 정도는 아닌 사람을 죽이는 연쇄살인범은 정신병자일까? 만일 그게 아니라면 연쇄살인을 당한 사람들이 연쇄적으로 저지른 공통적 범죄란 무엇일까? 이 긴장은 관객들이 〈오로라 공주〉에 초반 감정 투자를 할 수 있는 좋은 장치다. 그러나 곧 밝혀지듯이 이상의 것들은 사실 영화의 오로라 혹은 아우라를 만들어주는 껍질과도 같다. 살인이 연쇄로 번진 이유를 보여주는 하나의 시퀀스는 이 영화의 핵에 해당한다. 엄마가 혼자 양육하고 있는 6살짜리 소녀가, 그 누구로부터도 도움받지 못하고 길을 헤매다가 납치되는 장면은 참혹하다. 그리고 이 장면은 즉각 심각한 사회적 함의를 띠게 된다. 혼자 아이를 키우며 일하는 싱글 마더가 처한 곤궁, 그리고 엄마가 일하는 사이 아이가 부딪혀야 하는 일상의 위험들. 싱글 마더가 아이를 맡길 수 있는 사회적 공공 안전장치가 없는 상태에서 돌봐줄 친지도 돈도 없는 모녀의 위태로운 일상이 그려진 이 시퀀스는 깊은 연민을 갖게 한다. 또 이 시퀀스에 연쇄적으로 배치된 사람들 중 한 사람만이라도 끝까지 도와주었더라면 소녀의 죽음만이 아니라 이후의 연쇄살인이 방지될 수 있었다는 점에서 모두에게 사회적 책임을 묻고 있는 것이기도 하다. 형사적으로 보자면 이 시퀀스에 등장하는 사람들은 미필적 고의, 과실치사, 그리고 인식 있는 과실 등을 저질러 6세 소녀의 죽음을 공모했던 것이다. 이 시퀀스 이후 스릴러로서의 〈오로라 공주〉가 끝나고, 신파(난 절대 신파를 폄하적으로 사용하는 것이 아니다)로서의 그것이 시작된다. 스릴러는 기본적으로 사건에 대해 회의하고 추리하며 때로는 가치 평가하는 일련의 논리적 추론과정을 거치는 반면, 신파는 기본적으로 몸과 정동을 중심으로 한 (비)언어적 윤리의 드라마다.

〈오로라 공주〉는 영화를 거의 반분해 스릴러와 신파를 배치시킨다. 그리고 이렇게 장르적으로 반분되었다고 생각이 미치는 그 지점 뒤에 다시 계산된 행동을 논리적으로 펼쳐낸다. 즉 스릴러의 도입, 신파적 개입, 다시 회복된 스릴러로 구조화된 것이다. 이런 장르적 믹스는 엄마의 복수를 다루는 영화에서 특히 매우 효율적으로 작동한다.

〈스텔라 달라스〉와 같은 모성의 멜로드라마가 자식의 행복을 위해 희생하는 어머니의 드라마라고 한다면, 〈오로라 공주〉는 이미 남편도 아이도 없는 텅 빈 집, 그렇게 집을 비우게 한 원인 제공자를 찾아 복수하는 이야기다. 이 복수도 희생적이기는 마찬가지다. 복수의 과정에서 정순정은 딸만을 위해 존재할 만 아니라, 에고의 분열이 일어나 딸로 변하기도 한다. 반면 막스 오퓔스의 1949년작 〈무모한 순간〉(reckless moment)의 어머니는 딸이 살인을 저질렀다고 믿고 그 사체를 몰래 버린 후 공갈협박에 시달리지만, 그녀를 어머니로서만이 아니라 여성으로 인지하게 되는 바로 그 협박범의 도움으로 사지를 빠져나온다. 그래서 〈무모한 순간〉은 모성애와 섹슈얼리티가 얽혀드는 까다로운 서사와 스펙터클을 취한다. 이렇게 놓고 보면 비교적 젊은 나이인 정순정이라는 인물에는 모성을 제외한 다른 여성성은 투사되어 있지 않다. 다른 남자들을 유혹하고 섹스하는 행위는 그들을 상처내기 위한 도구다. 그리고 자신의 정체성을 연변 처녀나 매우 쿨한(사실은 노심초사하면서도) 카 딜러 그리고 정신이상자로 변장하고 있다. 반면 전 남편인 오성호(문성근)와의 섹스는 수동적이다. 정순정이 적극적인 행위자로 나설 때는 '나, 민아 엄마야!'라며 딸의 복수를 하는 엄마로서의 순간이다.

왜 정순정에게 여자 친구 하나 없을까?

정순정 역을 하는 엄정화는 노력을 기울여 연기하며, 강력반 형사 오성호 역을 하는 문성근의 무기력하다가 갑자기 민완해지는 연기도 일품이다. 딸 역을 맡은 6살짜리 소녀가 눈물에 젖은 채 예의 서울 거리를 걷는 장면도 마음을 움직이게 한다. 곳곳이 위험에 처한 서울의 풍경 묘사도 〈텔 미 썸딩〉 이후 오랜만에 새롭게 본다. 그러나 내게서 떠나지 않는 질문은 왜 정순정에게는 여자 친구, 혹은 조력자 하나 없는가 하는 점이다. 〈친절한 금자씨〉에서 경과야 어찌되었건 금자의 복수극을 도와주던 그 많던 여자 조력자들은 다 어디로 갔단 말인가? 〈오로라 공주〉선 친구인 듯 등장한 여자가 정순정에 의해 곧 살해되고 난 후 이 질문은 좀 더 목소리를 키운다. 이제 이 질문을 우회해 들여다보자.

한마디로 영화에서 모성은 사무치는 그 무엇이다. 여주인공 이름처럼 정말 순정의 그 무엇이다. 그러나 나는 이 영화가 모성, 어머니와 딸의 관계를 귀하게 다루면서 엄마와 딸의 관계, 엄마로서의 여자를 제외한 다른 여성들, 여성성에 이상한 무의식적, 의식적 적대감을 보이고 있는 것이 의아하다. 영화에서 남자들만 여자를 괴롭히는 것이 아니라 계층이 다른 여자들은 서로를 하대하고 경멸하고 돌보지 않고 죽인다. 정순정 자신에겐 엄마도 여자 친구도 없다. 영화는 모녀를 제외한 여자들끼리의 연대에 대한 일말의 가능성도 시사하지 않는다. 물론 나는 억지춘향으로 여성들 간의 차이보다는 연대를 강조하는 영화가 더 여성주의적이라거나 정치적으로 올바르다고 주장하려는 것은 아니다. 다만 〈오로라 공주〉에 이런 결정적 부재의 징후가 있다고 말하는 중이다. 이 부재가 사회적으로 더 설득력이 있을 수는 있으나, 그 부재로 말미암아 영화는 이혼한 남편 오성호의 무력한 가부장성을 비판하는 쪽에 다른 무게중심이 실리게 된다.

이제 난 알아요, 아빠의 마음을?

그래서 인상적이기는 하지만 납득이 잘 가지 않는 것은 영화 내내 흐르는 딸의 노래 가사다. 민아의 테마라고 알려진 노래의 가사는 다음과 같다. '이제 난 알아요, 아빠의 마음을. 인생은 혼자라고……' 왜 엄마 정순정은 이혼한 후, 오로라 공주를 좋아하는 여섯 살 난 딸에게 아빠에 대한 노래를 계속 부르게 했을까? 별명이 오로라 공주였다면, 바로 그 오로라 공주와 관련된 노래를 부르거나, 부르게 하는 것이 논리적이지 않을까? 노래 가사가 아이러니를 담고 있는 것은 분명하지만, 살해될 아이가 그 노래를 부르고 영화 내내 그것이 흐르는 것은 잘 납득이 가지 않는 상황이다. 아빠가 없는 상황에서 어린 소녀로 하여금 엄마 옆에서 위와 같은 노래를 계속 부르게 하는 것은 치유적이라기보다는 도착적이다. 딸을 목욕시키는 장면에서 정순정은 부드러운 톤이기는 하지만 딸을 나무라면서 벌로 노래를 불러보라고 한다. 그때도 딸은 위와 같은 노래를 부른다. 액면 그대로 보자면 딸이 늘 부르고 있는 노래는 이미 연행성의 맥락에서 보자면 처벌과 관계가 있다.

그러니까 뒤집어서 보면 복수혈전을 부르는 예의 사무치는 모성애는 사회적 도움 없이 아이를 양육해야 하는 싱글 마더에게 사회가 거꾸로 가지라고 종용하는 죄의식이 치환된 양상일지도 모른다. 그래서 정순정에게 그토록 과잉 모성애가 부여된 반면 그녀의 섹슈얼리티나 다른 여성과의 관계는 괄호 쳐지거나 변장의 양태로만 드러나는 것일 것이다.

영화는 복수를 감행하는 강력한 모성과, 미래의 목사를 꿈꾸는 형사 아버지의 허약과 무책임을 대비시키면서 실패한 가부장을 비판하고, 엄마의 정의 구현에 의존할 수밖에 없는 부패한 시스템을 노출시킨다. 위의 몇 가지 의문에도 〈오로라 공주〉는 여성 감독이 여성에 관한 이슈를 사회적 문제들 속에서 진단한 성공적인 대중영화다. 용감하고 짜임새 있는 데뷔작을 만든 방은진 감독과 영화를 만든 모두에게 축하할 일이다.

외계인 나영: 〈아는 여자〉

태풍 전야처럼, 극장가도 여름용 2차 대박 영화가 폭발하기 일보 직전의 전야다. 〈트로이〉 등을 비롯한 1차 대박 영화가 한차례 지나가고, 〈해리포터와 아즈카반의 죄수〉와 〈스파이더 맨 2〉가 대기하고 있는 사이, 〈아는 여자〉와 〈인어공주〉 등의 비교적 작은 영화들이 폭염 속에서 관객을 찾고 있다.

〈아는 여자〉는 한이연이라는 이름의 평범한 여자 역을 맡은 이나영의 연기가 없었다면, 상영 시간을 다 채우기 힘든 영화일 수도 있다. '나영 외계인'이라는 팬사이트 제목처럼 이나영은 그와 유사한 이미지를 찾기 힘든 희귀한 배우다. 내가 그녀에게 반한 것은 〈천사몽〉(2000)이라는, 기획 의도는 좋으나 좋은 것은 바로 거기까지인 영화에서 미래의 전사 역을 할 때다. SF 장르에 어울리는 고감도의 긴장감을 내장한 그녀 때문에 나는 그 영화를 끝까지 보았다. 불행하게도 〈영어완전정복〉도 이나영이 아니었다면 보기 힘들었을 것이다. 재능 있는 여배우 혼자서만 분투하는 영화들을 계속 보기란 얼마나 안타까운 일인가?

여하간, 2군 야구선수 동치성(정재영 분)의 시침 뚝 뗀 내레이션으로 시작하는 이 영화에는, 웃기 애매한 유머와 잘 넘어가는 웃음이 적당히 혼재한다. 동치성은 여자 친구에게 이별 선언을 들은 날, 시한부 생명 선고까지 받는다. 바에서 술을 마시다 정신을 잃은 그는 바텐더에 의해 여관으로 옮겨지는데, 바로 그 바텐더가 동치성을 오랫동안 사모해온 한이연(이나영)이다. 서울의 비교적 한적한 주택가, 구옥과 양옥이 사이좋게 섞여 있는 동네가 영화의 주 공간인데, 결과적으로 한이연은 사실 동치성의 이웃 처녀였으며 '아는 여자'다. 그런 줄도 모르고 동치성은 잘 모르는 여자들과 십여 년 만나느라 허송세월을 하면서 아직 첫사랑도 하지 못했다. 반면, 한이연은 동치성의 행보를 좇아 삶의 계획을 짜느라 동치성이 출입하는 바의 보조 바텐더로 취직하는 등, 심약한 스토커로 꽃다운 인생을 허송세월하고 있다.

이 둘의 허송 인생이 질적 전환을 하는 계기는 물론 우연이 만들어준 필연에 의해 마련되는데, 그것은 로맨틱 코미디 장르 텍스트에 견디기 힘든 하중을 부가하는 이미 발생한 죽음과 예견된 죽음이다. 이 두 남녀가 사실 이웃집 처녀, 총각임은 이미 지적한 사실. 그들의 부모들이 동네 주민 단체여행을 함께 떠났다가 비행기 사고로 죽은 것이 전자요, 동치성의 악성 종양에 의해 촉발된 시한부 인생이 후자다. 영화 〈아는 여자〉는 로맨틱 코미디와 어긋나는 그 참을 수 없는 하중을 아는지 모르는지, 미약하기 짝이 없는 소소한 에피소드로 일관한다. 그러다가 부모들의 죽음은 이해할 수 없는 블랙 코미디류로 처리하고, 악성 종양은 오진으로 돌려버린다.

이런 지리멸렬 속에서도 이나영은 10여 년을 짝사랑하는 여자다운 눈물을 신빙성 있게 흘리고, 좋아하는 남자와 차마 눈길 마주치지 못하는 불안한 시선을 곧잘 처리한다. 그리고 헐렁한 트레이닝복과 단순한 흰색 셔츠를 입어도 예쁘기만 하다. 지난 번 〈내 여자 친구를 소개합니다〉에서도 지적했지만, 이즈음의 로맨틱 코미디는 육체적으로는 성인이며 사회적 관계에서는 유아인 남녀의 소위 순수한 첫사랑을 보여주느라 영화 내내 키스 한 번 제대로 하는 법이 없다. 섹스 담론 과잉인 동시대에 대한 반응인 듯도 싶지만 영화가 끝나도록 자라지 않는 성인인 소년, 소녀 이야기는 무더위 속에서 그리 상쾌하지 않다. 이나영을 정말 뭔가 아는 여자로 재현해내는 영화가 보고 싶다.

앎에 대한 사랑: 〈다빈치 코드〉

앎에 대한 사랑

소설 『다빈치 코드』는 몰아치는 한 번의 숨결, 즉 단숨에 읽는다는 표현이 적합한 소설이다. 기호학이 대중적 지식으로 전화하면서 상용화된 몇 개의 용어가 있다면 그것은 코드와 인코딩, 디코딩과 같은 것이다. 또 기호학자 소쉬르가 이론화하고자 했던 유태교 카발리스트 전통에서 비롯된 아나그램(철자 수수께끼 맞추기)이다. 영화 〈다빈치 코드〉는 기호학과 예술품의 독해, 그리고 여신과 남신이 함께 우주적 기호의 완성을 이루는 이교의 전통을 '매 장면이 서프라이즈로 가득 차게 하라!'라는 블록버스터의 공식을 따라 숨가쁘게 뒤섞는다. 소설을 읽다 보면 각 장이 반전의 연속이다. 특히 이 수수께끼가 예수와 그의 12명의 남자 제자를 중심으로 한 기독교 문명의 기원의 전복이라는 것을 달성해낼지도 모른다는 기대는 이 베스트셀러를 일부 구원하는 기제다. 말하자면 마리아 막달레나는 그 기원 전복의 결정적 코드 제공자가 될 수 있는 것이다.

영화 〈다빈치 코드〉는 비교적 대중적으로 인지 가능한 기호학적 용어들을 하버드대 교수인 주인공 로버트 랭던(톰 행크스)과 프랑스 경찰국의 암호 해독 담당 소피 느뵈(오드리 토투)로 하여금 보다 평이하게 활용한다. 또 다른 한편 서구 역사에 패러다임 전환을 가져온 인물들, 예컨대 예수와 다빈치, 그리고 뉴턴을 한 괘로 묶어 거의 영원한 미스터리와 수수께끼의 공급자들로 만들고 오푸스 데이 종교 집단과 역사가이자 대단한 자산가인 리 티빙(이안 메켈런) 등을 로버트 랭던과 소피 느뵈 등과 더불어 위의 미스터리와 수수께끼의 추적자로 만든다.

'앎에 대한 사랑'이라고 불리는 욕동이 있다. 이 알고자 하는 욕동은 특히 미스터리, 탐정소설과 같은 장르에서 독자를 열중하게 만드는 힘이다. 예를 들면 〈대장금〉은 바로 이 앎에 대한 욕동을 최대치로 끌어올린 TV 드라마다. 〈대장금〉은 독자에게 두 가지 층위의 즐거움을 선물한다. 그 하나가 서사적 층위, 통시적 차원으로 드라마 초반부에 던져진 코드들, 세 명의 여자들에 대한 예언, 병의 원인들에 대한 대답을 찾게 만드는 것이다. 그리고 다른 축은 공시적 차원으로 즉각적 만족을 주는 것이다. 예를 들어 음식의 재료, 조리 과정의 비밀, 그 맛(효과)이 드러나고, 올바른 진단과 처방이 이루어진다.

앎에 대한 사랑은 정신분석학에 에피스테모필리아(epistemophilia)라는 이름이 있다. 샤론 로스라는 미디어 학자는 《플로우》(flow)라는 웹라인 저널에서 최근 미국의 드라마들 〈닙/턱〉, 〈위기의 주부들〉, 〈로스트〉, 〈미디엄〉 등을 '의미 있는 미스터리'라 칭한다. 이 미스터리들은 소위 절차상 법정에서의 진실과 '미스터리의 해결'을 최고의 가치로 삼는 미국 문화의 지배적 흐름과 달리, 보다 커다란 미스터리를 해결되지 않은 상태로 남겨두는 것을 그 미덕으로 평가한다.

그리고 이런 '의미 있는 미스터리물'들이 유행하는 것에 대해 추론을 한다. 보통 미스터리물들이 '다음엔 무슨 일이 일어날까?'라는 예측의 즐거움을 주는 데 반해 이런 보다 커다란 미스터리를 내장한 작품의 경우 '미스터리 자체의 의미는 무엇일까'라는 광의의 의문을 던지게 한다는 것이다. 즉 앎의 욕동을 자극하는 것이다.

대중문화 버전의 여성주의

〈대장금〉이나 〈위기의 주부들〉, 〈다빈치 코드〉가 가동시키는 것은 앎의 욕동과 함께, 여성주의에 대한 친화성이다. 위대한 장금 탄생 이야기는 물론, 주부들의 비주부적 욕망을 그린 〈위기의 주부들〉, 마리아 막달레나를 제도화되는 기독교 역사에서 숙청된 인물로 보는 소설 『다빈치 코드』는 잠재적으로 우리의 앎의 질서를 여성 차이성에 친화적인 것으로 코드 전환할 수 있는 재료를 가지고 있다. 21세기 대중문화가 이런 성차에 민감한 지형도를 그려내는 것은 사실 희망적인 일이다. 20세기 여성운동이 대중문화에서 적극적으로 번역되고 있는 셈이다.

이제 영화 〈다빈치 코드〉가 이를 어떻게 시각적인 것으로 번역해내는지 살펴보자. 앞서 밝힌 대로 원작 소설을 단숨에 읽은 내가 한걸음에 극장으로 달려가지 않은 이유는 주연 배우들과 감독 때문이다. 〈포레스트 검프〉의 톰 행크스가 기호학자인 것도 기호에 맞지 않지만, 오드리 토투가 소피 느뵈라는 것도 매우 불만족스럽다. 그러나 이번 주에 평을 쓰려던 〈포세이돈〉이 '별 한 개도 없음'으로 리뷰를 완성할 만한 재앙적 재앙영화로 판명되어 어쩔 수 없이 〈다빈치 코드〉를 보러 갔다.

예상대로 이 영화에서 유일하게 연기를 하고 있는 사람은 이안 맥켈런인데 그가 영화의 종반부 톰 행크스와 오두리 토투를 앞에 놓고, 예의 앎의 욕동(에피스테모필리아)에 사로잡혀 광기의 상태를 설득력 있게 연기하는 장면은, 상대방 두 사람의 '난 아무것도 모르겠어'라는 표정과 비조화를 이루어 측은하기까지 하다. 그러나 그가 이 영화에 대한 기독교계의 논란을 두고 했다는 논평, "아니, 예수가 이성애자라는데 왜 그러지?"는 촌철살인 격이다.

여하간, 우리를 마리아 막달레나로 이끌어가야 할 오드리 토투는 연기의 목표가 오직 〈아멜리에〉를 벗어나면 해결된다고 생각하는 듯

시종일관 지적이고 아름답고 신비한 소피 느뵈라는 인물과는 관계없는 경직된 분위기 일색이다.

배우에 대한 불평은 접어두고 이 영화에서 컴퓨터 그래픽이 치닫는 가장 숭고한 목표는 성배(여기서 성배는 우리가 알고 있는 그리스도의 피의 잔과는 거의 관계없는 그 무엇이다)의 형상화다. 의미론적으로도 이 영화의 결정적 코드는 성배다. 두말할 것도 없이 성배에 대한 해석과 그것을 찾는 모험이 다빈치 코드의 핵심인데, '창녀' 마리아 막달레나가 아닌 예수의 파트너이자 사도로서 그녀를 복원시키려는 것이다. 큰 맥락으로 보아 이 영화가 주장하는 것은 오늘날의 기독교 이전 비교적 성 평등적인 것으로 묘사되는 남신과 여신의 공존이라는 이교도적 전통이다. 사실 예수 당대의 교리는 그것과 크게 다르지 않은데 이후 교회가 제도화되는 과정에서 마리아 막달레나의 존재를 지우면서 여성의 존재가 미미해진 것이다. 그러나 소설과 영화 〈다빈치 코드〉는 이런 잠재적으로 전복 가능한 성배를 형편없이 봉건적 사유인 "황실의 피"(Sangre Royal)로 치환시키고, 인준하는 절차를 밟아 예수와 마리아 막달레나의 자손이 메로빙거 왕조가 되고, 또 현재까지도 살아 있는 성스러운 피, 황실의 피이자 성배인 것으로 귀납시킨다. 결국 봉건적이고 보수적이고 지루하기 짝이 없는 아나그램, 철자 바꾸기가 되는 것이다. 그래서 주류 교회로부터 짓밟힌 여성 마리아 막달레나는 리 티빙의 주장대로 소수자, 주변인의 대변자가 아니라 프랑스 왕조의 시모로 변한다. 이 현란한 아나그램의 기묘한 자리 바꾸기 속에서 그래서 여성주의 친화적 코드 혹은 기독교 비판적 코드는 봉건적 황실의 피의 존속을 인정하는 것으로 후퇴한다. 우리의 불타오르던 앎의 욕동, 여성주의 독해의 행보는 여기서 그야말로 P. S.다. 공주 소피를 만남으로서 그것은 멈춘다. 이는 앎의 욕동의 질주로서의 〈대장금〉, 평민이 된 산부인과 여의사로서의 장금이 공주 소피를 넘어 전위로 나서는 순간이기도 하다.

평범 소녀의 백일몽, 미소년들의 판타지
: 〈늑대의 유혹〉, 〈그놈은 멋있었다〉

성장통을 감상으로 바꿔버린 〈늑대의 유혹〉, 〈그놈은 멋있었다〉

많은 사람들이 그랬던 것처럼 이야기바다 사이트, 작가 귀여니의 홈페이지를 방문해보자. 관리자는 〈그놈은 멋있었다〉에 다음과 같은 소개말을 두고 있다. 어른이라면 멀찌감치 바라볼 수밖에 없었던 10대의 세계에 깊숙하게 발을 들여놓은 기분이 들 것이며, 10대는 자신들의 언어로 구사되는 자신들의 판타지에 열광할 수밖에 없다고······. ^0^ 판타지!!!!!!!!!!!

〈그놈은 멋있었다〉와 〈늑대의 유혹〉에서 동원되었다고 말해지는 판타지의 핵심은 매우 평범한 소녀가 대단히 잘난 소년들의 유혹을 받는 것이다. 〈그놈은 멋있었다〉에서 한예원(정다빈)은 지은성(송승헌)의 유혹을 받는다. 그리고 〈늑대의 유혹〉에서 정한경(이청아)은 반해원(조한성)과 정태성(강동원) 둘로부터 적극적 구애를 받는다. 이 두 영화 모두 다소 불가능해 보이는 이런 유혹의 시나리오를 가능케 만들기 위해 필사적인 노력을 기울인다. 그래서 우연과 필연의 변주로 분주하고 시끌벅적한 서사 공간을 채우는 것은 한편으로는 휴대폰과 이모티콘 중심의 커뮤니케이션, 그리고 패싸움과 같은 10대 문화이며, 또 다른 한편으로는 출생과 성장의 비밀에 얽힌 가족 로맨스다.

소년들의 외상과 유혹의 환타지

그러나 잠깐, 판타지와 백일몽은 다르다. 아름다운 소년으로부터 사랑받기 어렵다는 것을 직감하는 보통 소녀는 백일몽을 꾼다. 이 백일몽에서 그녀는 상대가 빠져나갈 수 없는 그물을 짜기 시작한다. 그 소년의 곁을 맴도는 다른 아름다운 소녀가 도저히 제공할 수 없는 것을 찾는다. 그것은 피로 맺어진 관계 혹은 유사 혈연관계 속의 한 위치를 점하는 것이다. 〈늑대의 유혹〉에서 정한경은 정태성의 이른바 배다른 누이로 밝혀지며, 〈그놈은 멋있었다〉에서 한예원은 지은성의 마누라, 그리고 부재한 어머니 역할을 수행함으로써 모든 잠재적 경쟁자들을 따돌린다. 다시 말하자면 미소년의 사랑을 얻기 위해 보통 소녀는 매우 낡았지만 여전히 심금을 울리는 멜로드라마의 어떤 관행 속에서 자신의 백일몽을 진행시킨다. 피할 수 없는 천륜의 상황을 만들어버리는 것이다. 그래서 육체적 연령으론 10대지만 사랑의 기술이 치환된 소녀의 허구화 기술은 파파노파의 그것이다. 파파노파의 픽션을 10대 문화의 그것으로 보이게 하는 것은 귀여니의 그야말로 귀여운 10대 하위문화 장치들이다.

각각 101화(《그놈은 멋있었다》), 120화(《늑대의 유혹》)로 이루어진 인터넷 시리즈 연재물이라는 형식, 이모티콘 겁 없이 무제한 사용하기, 유머라기보다는 일종의 익살 만발(쏘사 쏘사 맙쏘사 등), 간략한 대화체, 발랄한 의성어(벨레레레 벨레레레레—도시의 전화벨 소리)가 노파의 얼굴 위에 놓인 발칙한 가면 위의 장식들이다. 그래서 사실 소녀는 낡은 외투를 입은 채 백일몽을 꾸고 있고, 두 편의 영화에서 외상이 만들어내는 판타지극의 주인공은 미소년들이다. 정신분석학의 초창기부터 판타지는 주 관심의 대상이었다. 프로이트는 판타지가 외상(트라우마), 그리고 성애와 배열을 이루는 심리적 현실이라고 했다. 성의 형성과 판타지, 그리고 증후는 인과관계를 갖고 있다. 판타지가 백일몽과 다른 점은, 백일몽이 처음부터 허구로 소개되는 반면 판타지는 분석의 결과물로 나타난다는 것이다. 증후의 배후로 밝혀지는 잠재된 내용이다. 외상적 기억의 상징에서 증후는 판타지들의 무대가 된다(「판타지와 성애의 기원들」(Fantasy and the origins of sexuality), 장 라플랑쉬 외).

정태성 역을 맡은 강동원의 외상은 불륜에서 비롯된 자신의 출생에서 비롯된다. 지은성 역의 맡은 송승헌의 외상은 유년 시절, 아버지가 에이즈로 사망함으로써(소설에서는 참을 수 없는 여자 관계가 빚어낸 병으로 설명), '소문'이라는 미시 권력에 의해 주변으로부터 왕따를 당한다. 에이즈 간접 감염 공포 때문에 아이들이 자신과의 접촉을 기피하는 것을 경험한, 10대 후반의 지은성이 특히 혐오하는 것은 육체적 접촉이다. 〈그놈은 멋있었다〉는 멜로드라마적 순간에 '그놈'의 외상을 전면적으로 확대시키고, 또 영화의 마지막에 다시 결정적으로 이 외상을 불러와 그 치유를 시도한다. 영화의 결절 부분들은 다 그놈의 외상과 관련이 있는 에피소드로 점철된다. 처음 지은성과 한예원이 상고 대 도일여고의 리플 사건으로 쫓고 쫓기는 에피소드, 한예원이 학교 담을 넘어 도망치다가 '그놈'의 입술에 정면으로 입술을 부딪히는 장면, '내 입술에 입술 비빈 눈은 니가 첨이었어. 책임져(원문 이모티콘 생략)'라는 데서부터, 입원한 지은성에게 한예원이 보내는 모성적 애정, 그리고 유치원에서의 생일 파티, 모든 아이들이 지은성에게 다가가는 것을 피하고 있을 때 한예원만이 예외적으로 다정하던 장면의 회상 등, 영화는 제목처럼 결정적으로 상처받은 그놈을 진단하고 치유하는 것으로 일관한다. 예컨대 영화는 소녀적 백일몽에서 출발해, 소년의 외상과 판타지를 멜로드라마적으로 구성하고, 액션영화의 관행을 도입해 소년들의 그린 듯한 미모와 움직이는 육체를 숭배하게 한다. 소녀가 어머니의 자리로 걸어들어가 외상을 치유해주면서, 그리고 동년배인 소녀의 위치에서 그놈을 숭배하면서 소년은 완벽해진다. 그놈은 미모뿐 아니라 심리적 정상성을 회복한다. '그놈은 멋있다.' 이때 물론 소녀의 백일몽은 그런 소년을 자신이 단독으로 소유하는 것이다.

〈늑대의 유혹〉은 외상과 유혹의 판타지가 좀 더 입체적으로 전개된다. 정신분석학에서 외상은 적어도 2개의 사건과 관계되어 있는데, 그 첫 번째가 유혹 장면으로, 어른이 성적으로 접근하는 상황에 처한 어린아이는 어떤 성적 흥분도 느끼지 않는다. 이때가 전 성기적인 성애 상태다. 그리고 두 번째는 사춘기 이후에 일어나는데, 바로 이때 첫 번째 장면의 성적인 흥분이 회고되면서 일종의 병리학적 방어를 하게 된다. 심리적 외상은 이미 거기에 있던 것, 즉 첫 번째 장면을 회상하면서 발생한다. 10대 후반들을 대상으로 하는 영화, 청소년들의 영화는 바로 사춘기 이후 두 번째 장면을 주무대로 삼는다. 강동원의 정태성이 표상하는 멜로드라마적 상처의 근거다.

방금 상경했을 뿐 아니라 친구에게 남자 친구를 잃어 멍멍한 상태의 정한경(이청아)에게 버스에서 실내화를 던진 뒤 스스로를 정한경의 남자 친구로 소개하게 되는 반해원(조한성)은 별다른 외상이 없는 청소년이다. 반면, 유년 시절 자신의 신원을 숨긴 채 아버지의 식구들, 이복누나 정한경을 만난 적이 있고 그것을 기억하는 정태성은 유혹과 외상과 판타지의 연쇄적 시나리오를 체화하게 된다. 그러나 이 외상과 판타지는 몇 개의 안전핀을 꽂고 있다. 우선 스타 이미지다. 외상과 상처는 꽃미남의 외양, 그 표면에서 내릴 곳을 찾지 못하고 미끄러지거나, 그 아름다움에 약간의 우수와 비애를 덧칠하는 브러시가 된다. 그리곤 외상은 감상이 된다. 폐부를 찌르는 성찰적 상처, 그리고 성장통이 되는 대신 말이다. 10대 대중을 소구하는 소설과 영화적 재현에서 이 상처받은 아이는 또 멀리 호주로 떠난 다음 이윽고 저 세상으로 사라진다. 정한경은 바람둥이 반해원의 바람을 잠재운 뒤 함께 살게 된다. 매우 현실적인 선택이고 불행 중의 해피엔딩이다. 근친상간적 모티브는 순애보로 치환되고, 그 순애보는 보통 소녀와 미소년의 만남을 위한 거름으로 쓰인다.

안전하게 성장통을 치러내기. 외상을 감상으로 바꾸기. 익살로 난국을 타개하기. 보통 소녀의 백일몽으로 미소년의 판타지를 그려내기 등 〈늑대의 유혹〉과 〈그놈은 멋있었다〉는 소녀 작가에 의해 쓰였으나, 소녀의 삶에 대한 전복적인 시선은 없다. 그 시선은 패싸움을 하는 소년들의 빠른 몸놀림에 보내진다. 이렇게 소녀들은 반항적인 소년들에게 시선을 위탁하지만 사실 그 소년들 역시 삶의 난국을 돌파할 수 있는 수행성이 있는 것은 아니다. 또한 소설이 영화로 옮겨오면서, 영화의 짜릿한 액션 장면들은 더욱더 소년들을 영화의 주인공 자리로 옮겨놓는다.

처음 시작했던 소개말에 다시 기대자면, 나도 두 편의 소설들과 영화로 10대의 세계에 깊숙이 발을 들여놓을 수 있기를 바랐건만, 문지방 너머 펼쳐지는 공간이 그리 깊은 것 같지는 않다. 하지만 문지방을 놓는 일, 건너는 일이 그리 쉬운가? 10대에 의한 10대들을 위한 소설이 청소년기에서 성년으로 횡단하는 새로운 문지방을 놓기를 바랄 수밖에……! "그 10대는 멋있었다!!!!!!!!"??????

"희망이 지도를 만든다"

: 아시아 여성영화 포럼에 관한 보고서

서울여성영화제가 올해(2001년)로 제3회를 맞는다. 1997년, 제1회 여성영화제를 이혜경 집행위원장과 준비하면서 내 역할은 프로그램 디렉터였다. 우리들은 영화제가 일회성 행사가 되지 않기를 바랬다. 영화제 자체가 여성문화의 새로운 폴리스, 영화를 통해 공유되는 '공론 영역'이 되기를 소망했다. 그래서 여성영화제 기간 동안 극장에서 상영되는 영화의 프로그램만큼이나 말과 행위의 장인 포럼과 심포지엄이 매우 중요한 장으로 자리 잡게 되었다. 그래서 4월의 햇살로 일렁이는 동숭동에서의 일주일은 관객과 논객이 함께하는 시간이 된다.

우리는 가난하게 출발했다. 하지만 우리의 꿈은 서울여성영화제가 동아시아, 넓게는 동남아시아 여성영화와 연대를 이루어냈으면 하는 것이었다. 하지만 그들을 초청해 이야기를 나눌 수 있는 실질적 재원이 없었다. 그리고 5년의 시간이 흘렀다. 아시아 여성영화 포럼이 제안되고 김은실 교수(이화여대 여성학과)가 조직·집행을 맡았다. 대만여성영화제를 만든 황위샨 감독(대만예술국립대학 교수), 일본 야마가타 다큐멘터리 영화제의 아시아 뉴 커런트 부문 코디네이터인 후지오카 아사코 씨, 그리고 중국의 다이진후아 교수(북경대 비교문학과), 인도의 테자스위니 니란자나(사회문화연구소 수석연구원) 등이 쾌히 참석 의사를 밝혔다. 또 국내에서 활동하는 여성영화인 중 베이징 영화아카데미 졸업생이자 영화를 준비하고 있는 도성희 씨, 영화사 봄에서 홍보를 맡고 있는 변준희 씨도 이런 연대에 동참하기를 원했다. 예컨대, 학자, 영화 산업 관계자가 함께 모여 아시아 여성영화라는 범주를 논하면서 그에 어울리는 생산과 유통양식을 갖출 방법을 함께 모색하기로 한 것이다.

그러나 막상 포럼이라는 형식을 펼쳐놓고 아시아 여성영화를 이야기하는 데는 몇 가지 어려움이 있다. 반복되는 지적이지만 '아시아'에 관한 담론 영역의 구성에서 발견되는 오리엔탈리즘이라는 유령, 일본의 신동아공영권이라는 영토주의, 초 중국을 꿈꾸는 문화 중국주의, 아시아적 가치라는 이름으로 재포장된 신유교주의 등이다. 또 '여성영화'라는 담론의 계보학적 기원에는 서구중심적 페미니즘이 있다. 이것이 바로 아시아 여성영화라는 범주의 설정에 따르는 이론적·역사적 짐이다. 또 실제적으로 아시아의 여성 지식인들이나 영화인들은 서구를 경유(학술회의, 영화제)하지 않고 서로 만나는 일이 매우 드물기 때문에 이 새로운 공론장에서 어떻게 서로에게 말을 걸 것인지 소통의 양식 자체를 창안해야 한다. 그러나 이런 곤궁들이 일단 가시화되어 문제로 설정되면 그 난제를 풀어나가려는 노력 역시 서서히 출현하기 마련이다. 사람이 길을 만들고 희망이 지도를 그리게 하는 것이다.

황위샨이 펼쳐 보인 대만여성영화제의 지도는 귀감이 될 만한 것이었다. 일본에도 2개의 여성영화제가 있지만 여유 있는 여성들의 영화 나들이에 지나지 않는데 반해, 올해 제7회째를 맞는 대만여성영화제는 여성 운동가들과 영화 전문가들이 함께 만들어가는 영화제로, 대안적인 사회운동으로 성장하고 있다고 한다.

반면 후지오카 아사코 씨가 전하는 일본의 상황은 다르다. 야마가타영화제나 피아영화제와 같은 다큐멘터리나 비주류 영화들을 상영하는 영화제가 존재할 뿐 아니라 여성들이 국제적인 영화 관련 행사의 중요한 자리에 포진하고 있는데도 여성 문화운동과 맥을 함께 하는 여성영화제나 여성 영화인 네트워크는 일본에 존재하지 않는다고 한다. 이

것은 일단 여성영화나 여성 영화인으로 분류되는 경우 마치 자신들이 게토화되는 듯하다는 생각 때문이다.

인도의 여성영화는 주로 다큐멘터리 장르에서 찾아볼 수 있다는 것이 인도의 테자스위니 니란자나의 설명이었다. 즉 1970년대에 이르러 외국 혹은 인도의 영화학교에서 감독 수업을 받은 여성 감독들이 등장했으며 대다수가 다큐멘터리를 제작하고 있고, 각 텔레비전 채널 또는 정부 각 부처의 지원을 받거나 해외 자금의 지원을 받고 있다.

중국 베이징대학의 다이진후아 교수는 「고통과 온정의 배후: 〈예쁜 엄마〉와 그 밖의 영화 몇 편」이라는 글에서 현재 중국 영화에 나타나는 여성문제 재현에 대해 날카롭게 비판하고 있다. 예컨대 공리라는 세계적 스타를 하층민 여주인공으로 등장시키는 〈예쁜 엄마〉는 한편으로는 '쿠칭시'(눈물 짜는 이야기)라는 중국 특유의 영화 서사를 사용하면서 또 다른 한편으로는 성과 계급이 얽힌 사회적 문제를 모성의 문제로 환원시킨다고 분석한다. 김소영은 아시아 여성영화라는 범주를 미학적인 것이 아닌 양식적 문제로 접근하자고 제안한다. 즉 여성영화를 여성의 문화 내부에서 발견되는 표현 양식의 맥락에서 이야기한다면, 여성적 양식은 자수, 회화, 영화, 비디오, 디지털과 같은 다채로운 매체를 동반하며, 여성의 일기, 편지, 제문, 이야기, 자서전 등의 다양한 장르를 수반한다. 중국의 여성 문자인 누수나 조선시대의 여성 장르인 언문제문과 같은 과거의 여성 문화를 현대적 매체로 번역할 때, 현대의 여성들이 어떻게 그들을 타자화하지 않은 채 수행성을 현재화할 수 있을지와 같은 고민이 여성적 양식 속에서 제기될 수 있다.

이상의 포럼을 통해 일단 첫 번째 만남은 이루어졌다. 과연 아시아 여성영화는 서구중심적 인터내셔널 페미니즘과 아시아의 배후 담론들, 그리고 영화의 지배적 재현 양식 등 이 모든 것에 대한 대항의 서사와 비주얼을 짜나갈 준비가 되어 있는 것인가?

4장 영화와 재난 사회:
남자의 몸은 부서지고, 하늘은 무너지고

영화와 재난 사회
: 남자의 몸은 부서지고, 하늘은 무너지고

영화와 재난 사회

최근 일본 영화는 3·11 재난에 관해 성찰한다. 〈열대어〉 등으로 일본 사회의 파시즘적 단면을 잔혹하게 도려내던 감독 소노 시온은 작년에 〈두더지〉에서 3·11의 여파를 다루더니 이번에는 〈희망의 나라〉로 그 사건을 정면으로 다룬다.

나는 쓰나미, 원전 재난 이후 일본 사회를 다르게 이해하게 되었다. 일본 근대를 추동했던 사회적 테크놀로지의 급속한 건설에 대지진이나 재난에 대한 공포가 있었음을 새삼 깨닫게 된 것이다. 한국 영화에서 술잔이 흔들리는 것이 임박한 전쟁을 나타낸다면(〈최종 병기 활〉), 일본 영화에서 무엇인가 흔들린다면 그것은 지진이 오고 있다는 신호다. 자연의 긴급 상황이 사회적 비상사태로 옮겨가는 것이 재앙, 재난영화의 공식이다. 최근 들어 일본만이 아니라 세계적으로 재난영화들이 만들어진다. SF와 만나기도 하고 액션과 결합하기도 하면서 가족, 공동체와 같은 집합체의 결속을 재확인하게 한다. 반면 〈미스트〉(2007)와 같은 영화에서 공동체는 파괴되고 가족 중 일부만 남게 되고, 〈더 로드〉에서는 가족, 공동체는 물론 인류가 최상위 포식자가 된다.

자연적·사회적 재난의 파고가 높은 시대, 수퍼스톰 샌디가 미국 맨해튼과 월스트리트를 마비시키고, 전기와 인터넷을 끊어버린다. 트위

터, 새처럼 지저귀면서 '고독을 잃어버린 시간'을 살던 사람들은 재난의
고독에 빠진다. 다시 아날로그라는 원치 않는 상황에 처한다.

유튜브 혹은 디지털이 원수가 된 아날로그 스파이

재미로 보던 007 시리즈에 내가 관심을 가지게 된 것은 다니엘 크레
이그가 새로운 제임스 본드로 등장하는 〈카지노 로얄〉부터다. 다니엘
크레이그는 피투성이에 벌거벗겨진 채 심한 고문을 받는다. 이전 숀 코
너리와 피어스 브로스넌 등의 007 스타들에선 보이지 않던 재현이다.

백인 남성, 날것의 몸에 대한 이런 잔혹한 학대는 포스트 냉전 시기
스파이, 액션물의 특징 중의 하나다. 이전의 007들이 갖가지 발명품(만
년필 총, 만능 자동차)에 의존하고 남성 주인공의 육체는 재단이 잘 된
양복에 감싸여 있다면, 냉전 이후엔 테크놀로지를 버린 채 벌거벗은
몸으로 부딪혀야 한다. 최근의 '배트맨' 시리즈 〈다크 나이트 라이즈〉에
서도 마찬가지다. 변화무쌍한 배트맨 차를 여전히 애용하기는 하지만
배트맨은 구타당하고 벗겨진 채 천길 지하로 내팽개쳐진다.

이런 백인 남성 영웅의 벌거벗은 몸은 한편으로는 에롤 모리스 감
독의 〈스탠다드 오퍼레이팅 프로시저〉(S.O.P.)가 다루는 관타나모 수
용소의 포로 고문, 학대를 상기시킨다. 하지만 이것이 백인 남성에게
가해지는 날것의 폭력이라는 면에서 오히려 동시대의 실상을 전도, 차
용한 재현이기도 하다. 또 다른 한편 이런 방식의 재현은 이제 극소수
의 상위층을 제외하고는 그 누구도 폭력과 재앙으로부터 안전하지 않
다는 신호이기도 하다.

벌거벗은 007의 고문 장면은 포스트 냉전 시대, 이전의 냉전 시기
에 고안된 스파이물이 불가피하게 선택하게 되는 몸 액션이다. 〈카지노

로얄〉, 〈퀀텀 오브 솔라스〉 이후 이번의 007 시리즈 〈스카이폴〉에서도 주인공은 기차 위에서 몸싸움을 하다가 같은 편의 총을 맞고 죽었다가 (죽은 것처럼 보였다가) '부활'한다. 그의 몸엔 총알 자국이 선명하고 몸이 부서질 만큼 싸워야 한다.

이 영화에서 이원화되어 대립되는 가치는 디지털 대 아날로그, 노쇠한 유럽과 스펙터클한 상해와 마카오, 개인과 집단 등이다. 그러나 이런 이원화는 내부의 적 '실바'라는 인물 앞에서 모두 해체된다. 실바라는 버림받는 정보 요원 역은 〈노인을 위한 나라는 없다〉의 절대악 하비에르 바르뎀이 맡았는데, 그는 영국 정보 요원들의 신원이 든 정보를 훔쳐 한 사람씩 유튜브에 공개한다. 이렇게 만인이 정보에 접속 가능한 디지털의 시대, 정보 요원들이 왜 필요하냐는 질타도 정부로부터 쏟아진다. 결국 제임스 본드는 자신으로서는 가장 원초적인 방식으로 내부의 악과 싸운다. 이런 007 시리즈가 그 태생을 냉전에 빚지고 있고, 포스트 냉전 시대 자신의 존재 이유 자체를 부정하는 내부의 모호한 세력과 싸우고 있다면, 인지자본주의적 '인지' 능력을 가장 화려하게 구사하는 새로운 시리즈는 '본 아이덴티티' 시리즈로, 구글과 같은 검색 엔진과 감시 카메라의 위치 판별력, 글로벌 도시들에 대한 인지적 매핑 등을 무기로 사용한다. 반면 〈스카이폴〉의 007에게는 지문 인식이 되는 총한 자루와 라디오 시그널의 추적 장치 무기가 전부다. 만년필 총조차 없다. 반면 적 실바는 디지털 기술을 장악한 해커다. 결국 이 둘의 대결은 칼을 사용하는 것으로 끝이 난다.

위에서 이런 영화들이 실제로 고문이 일어나는 수용소의 고문실을 전유해오는 기능도 한다고 이야기했는데, 2012년 11월 22일 개봉하는 〈남영동 1985〉은 국가 폭력이 남성의 몸에 가하는 생정치에 대한 정지영 감독의 용기백배의 영화다. 하늘은 무너지고 몸은 부서지고 있으나 혹은 바로 그 때문에, 삶을 향한 영화 제작은 멈추지 않고 있다.

기독교와 자본주의가 서로를 끝장내다
: 〈데어 윌 비 블러드〉

〈데어 윌 비 블러드〉를 본 뒤 다른 영화에 대해 쓰기 어렵다. 2008년 3월 6일 개봉이니 아직 객잔에 들어올 때가 되지 않은 영화이나, 내겐 〈노인을 위한 나라는 없다〉를 압도하는 작품이라 순서를 바꾸어 쓴다. 정성일 평론가의 「할리우드 영화에 대처하는 새로운 사유 훈련법」(저자는 유격훈련, 《씨네21》 640호), 허문영 평론가의 「스필버그의 분신술」(《씨네21》 633호), 그리고 〈아메리칸 갱스터〉의 화법에 대한 정한석 기자의 글(《씨네21》 635호)에 이어 이 글은 최근 미국 영화의 걷잡을 수 없이 수상한 기후에 대한 보고서다.

배경을 밝히자면 이 글은 듀크대학이 있는 미국 더럼에서 쓰고 있다. 8주간 강의를 하러 왔는데 내가 머물고 있는 곳 이웃에는 15개의 스크린이 있는 윈송 멀티플렉스가 있다. 15개 관 어디에 들어가건 커다란 팝콘 박스를 든 한 쌍의 관객과 내가 주로 영화를 보게 된다. 극장 관객점유율 1~2% 범위에 내가 있는 셈이다. 다이앤 레인 때문에 본 스릴러 〈추적불가〉(Untraceable) 때는 한 쌍이 아니라 한 남자가 뒤에 앉아서 팝콘을 먹고 있었는데 스릴을 넘어 공포였다. 나는 극장에서 돌발 사고가 일어나는 영화들을 생각지 않으려고 애썼다(참고로 듀크대학의 캠퍼스 가까이 총격 사고가 일어나서 박사 과정에 있던 학생이 죽었다).

악마의 화신으로 분한 대니얼 데이 루이스의 경이로운 연기

〈데어 윌 비 블러드〉는 예고편이나 평을 읽어보면 언뜻 고전적인 성공 실패담처럼 보인다. 〈아버지의 이름으로〉(1993), 〈갱스 오브 뉴욕〉(2002) 등에 출연한 대니얼 데이 루이스가 주연인 데다 그가 자수성가하는 석유 왕의 역할을 해내기 때문이다. 물론 그런 고전적인 면도 있다. 그러나 자기가 '유튜브인 줄 알고 있는'(정성일) 〈클로버필드〉나 미국의 영웅/반영웅담을 연설하고 있는 〈아메리칸 갱스터〉, 스필버그의 디지털-아날로그 조합과 변주, 이를테면 유튜브와 매끄러운 화술과 변신이 특장인 미국 영화의 세계에서 이 영화는 통각, 예컨대 피부와 몸 안을 아프게 자극한다. 육체적 고통이 살아 돌아온 영화인 것이다. 〈부기맨〉과 〈매그놀리아〉의 폴 토머스 앤더슨의 작품이고 아메리칸 리얼리즘 작가라고 불리는 업튼 싱클레어의 『오일』(Oil, 1927)을 원작으로 하고 있다.

〈데어 윌 비 블러드〉의 처음 15분간 대니얼 플레인뷰(대니얼 데이 루이스)의 은 채굴 장면에서 관객은 그와 함께 갱도에 들어가 있는 듯한 느낌을 받는다. 뉴멕시코의 지글지글 타는 듯한 뜨거운 열기도 그대로 느껴진다. 대니얼 플레인뷰는 결국 광석에서 은을 캐다가 다리를 다치는데 최근 본 영화 중 그렇게 절절하게 통증이 전달되는 영화도 드물었던 것 같다. 예컨대 〈펄프 픽션〉 이후 대부분의 과잉 폭력은 캐리커처화되었고 폭력을 당한 사람이 느끼는 통증 대신 영화는 절단되고 훼손되고 파편화된 신체 부위를 있는 그대로 던져서 보여주는 편이다. 게다가 플레인뷰는 이후 다친 다리를 내내 절룩거리기 때문에 그 통증은 지속, 상존하는 영화적 통각으로 관객을 따라다닌다. 조니 그린우드가 음악을 맡았는데 뉴멕시코의 황막한 사막 위로 사이렌 소리를 불길하게 흘리곤 한다. 상식적이면서도 부조화연하는 경향을 보인다. 괜찮은

음향 효과다.

이렇게 초반 15분간 영화는 관객으로 하여금 플레인뷰의 육체적 고통에 동참하게 한 뒤 곧 그의 태연한 거짓말, 사기극에 말려들게 한다. 먼저 그의 자기 소개다. 광산에 고아로 남겨진 아이를 자기 아이로 속이고, 플레인뷰는 자신이 가족의 가치를 아는 사람이라고 선전하고 다니면서 사회적 신뢰를 얻는다. 그에게 행운의 반전을 가져다주는 유전의 발견도 비밀리에 얻은 아들 H. W. 플레인뷰의 존재에 힘입고 있다. 그러나 플레인뷰가 갱도에서 다리를 다친 것과 유사하게 아들 H. W.도 유전이 발견되고 폭발이 일어나면서 사고를 당해 청력을 잃는다. 한편 이 유전이 발견된 땅 주인의 쌍둥이 아들인 일라이 선데이(폴 다노)는 엑소시즘을 통해 교인을 사로잡는 선교 활동을 펼치면서 플레인뷰에게 교회에 성금을 내라고 유도한다. 플레인뷰는 그런 선데이에게 심한 모욕을 가한다. 이 염치없고 무자비한 자본가와 엑소시스트 선교사의 암투는 영화의 주요 적대로 자리잡는다.

플레인뷰에게 이복동생이라고 주장하는 헨리라는 남자가 등장하고, 플레인뷰는 헨리에게 처음으로 자신의 마음을 털어놓는다. 핵심은 인간이 싫고, 경쟁자를 증오한다는 것이다. 사업가로 성공할수록 플레인뷰는 알코올에 빠져들고 아들을 증오한다. 영화의 뒤로 가면 플레인뷰와 선데이 사이에 한판 대결이 벌어지는데, 제목 '피를 부르리라'가 제값을 하는 순간이다. 〈There Will Be Blood〉라는 영화 제목의 폰트는 드라큘라나 뱀파이어 영화의 피가 뚝뚝 떨어지는 서체인데, 선데이도 플레인뷰도 사람들의 정신과 노동을 흡혈하고 착취하는 드라큘라다.

영화 도입부의 통각이 폐부에 사무쳤다면 마지막 대사 "I am finished!"는 성서적 인용이면서 존재론적 패망과 승리를 동시에 가리키는 절절한 대사다. 나는 이 대사를 마지막으로 영화가 휙 끝나버려 극장을 나오면서 몸이 약간 휘청하는 느낌까지 받았으나, 곧 웃었다.

정말 통렬한 영화였다. 기독교와 자본주의를 경쟁시켜 둘 중 어느 것이 더 악한지 절치부심 경주하게 하다가 막상막하로 서로를 '끝장'내게 하는 영화다. 한창때면 이것을 기독교 자본주의의 '내파'라고 부르면서 좋아했을 것이다.

19세기 말에서 시작해 미 서부의 석유 재벌의 탄생과 그 자본을 필요로 하는 기독교 간의 사납고 맹신적 탐욕을 한 방울의 동정도 없이 그려나간 것이다. 잡지 《롤링스톤》에서는 이 영화를 〈시민 케인〉에 비교하기도 한다.

대니얼 데이 루이스의 기를 현장에서 도저히 이기지 못해 촬영 도중 배우가 한 번 갈리기도 했다는데, 일라이와 폴 선데이, 두 역을 맡게 된 폴 다노의 연기는 그가 동안임에도 불구하고 신빙성을 준다. 그야말로 악마가 자본가로 환생한 듯하다. 플레인뷰 역을 맡은 대니얼 데이 루이스는 정말 경이롭게 그 역할을 해낸다. 그래서 이 영화를 보고 나면 〈노인을 위한 나라는 없다〉가 좀 덜 급진적으로 느껴진다. 하비에르 바르뎀(안톤 쉬거 역)조차 연기 면에서 악마의 가면을 쓴 것으로 느껴지지 대니얼 데이 루이스처럼 악마의 화신으로 비치지는 않기 때문이다.

그러나 두 영화 모두 미 서부의 어떤 광포, 광기, 노다지를 환유하게 된 사막 혹은 준 사막 풍경에 매혹되어 있다. 시체가 뒹굴거나 석유가 솟아오르거나, 거기에는 피를 부르는 탐욕이 있다. 〈데어 윌 비 블러드〉는 19세기 말의 미국의 지옥화이고 〈노인을 위한 나라는 없다〉는 1980년대가 배경인 지옥도다. 이 사막의 지옥은 한편으로는 당연히 미국의 서부지만 여기에 중첩되는 것은 '데저트 스톰'의 아프가니스탄의 피의 사막, 석유의 사막이다.

아날로그 추적 장치만으로 극도의 긴장감을 부르는 코언 형제

〈노인을 위한 나라는 없다〉의 촬영과 연기, 긴장감, 그리고 풍경을 포착하는 솜씨 등은 코언 형제의 작품답게 매우 탁월하지만, 이 영화에서 내 주의를 끈 것은 로테크가 자아내는 긴장이었다. 예컨대 모스(조시 브롤린)가 240만 달러가 든 가방을 들고 모텔을 전전할 때 살인청부업자 안톤 쉬거가 귀신같이 그를 찾아내는 것을 보고 모스 못지않게 나도 궁금해하던 차에 지폐 사이에 숨겨진 추적기를 보고 그 내막을 알게 된다. 할리우드 영화에서 기막힌 발각과 추적 장면은 부지기수로 등장해왔지만 기억에 남아 있는 것은 리처드 도너 감독의 〈컨스피러시〉(1997)다. 샐린저의 『호밀밭의 파수꾼』이라는 책을 사자마자 그 정보를 입수한 특공대가 맨해튼 상공에서 그 책방으로 낙하하는 것을 보고 '우와!' 하고 감탄한 적이 있는데 '본 아이덴티티' 시리즈는 그 감시의 기술공학을 최대치로 끌어올리고 있다. 이런 하이테크 감시 기술의 업그레이드 경쟁 체제에서 1980년대의 추적 장치에 그런 긴장감을 불어넣을 수 있다는 점이 놀랍다. 텍사스의 누추한 모텔방 밖으로 쉬거가 발신 장치를 찾아 도착할 때, 모텔의 사인과 차들이 보이고 모스의 돈가방에 동일시하게 된 '우리'가 곧 벌어질 피바다를 근심하게 되는 것이다.

〈데어 윌 비 블러드〉와 〈노인을 위한 나라는 없다〉가 미국사회에 대한 무정부적 내파라고 한다면, 〈마이클 클레이튼〉은 자기모멸을 통한 자기갱신, 일종의 'Rehab' 사회 복귀 훈련 치료라고 볼 수 있는데 변호사가 자신의 역할을 '청소부'로 정의하면서 부자들과 부패한 기업의 해결사 노릇을 하다가, 시민의 편이 되는 과정을 다룬다. 마지막에 마이클 클레이튼(조지 클루니)이 자신을 설명하는 부분이 흥미롭다. '많지 않은 돈으로 자신을 매수할 수 있었는데 왜 살해 기도를 하느냐'는 항의다. 물론 이것은 진실이 아님이 밝혀지지만 이런 수사법이 자신의 진실을 전달하는 화술로 기능할 수 있다는 것이 미국 기업의 문제라고 영화는 소리 질러 고발한다.

힐러리 클린턴과 버락 오바마가 유례없이 민주당 대통령 후보 경선에 돌입해 있는 미국 남부, 노스캐롤라이나의 극장에서 미국 영화의 난데없는 선전을 보고 있다. 미국이 아직도 세계 강대국이니 여기 정치 상황이 진보적으로 변해야 세상이 편할 텐데……라는 마음에서 폴 토머스 앤더슨과 코언 형제의 분투를!!

멀어지는 '시대적 공포': 〈반 헬싱〉

데이비드 스칼이라는 뱀파이어 마니아는 『뱀파이어를 위한 V』라는 컬트 책에서 뱀파이어 이미지에 대한 대중들의 중독 증세는 도대체 왜 일어나는 것일까를 자문하며 다음과 같은 추론을 하고 있다. 1962년 쿠바 미사일 위기가 닥쳤을 때, 가장 인기 있던 노래가 바비 "보리스" 피켓의 〈괴물 매시〉라는 곡이다. 거기엔 미친 과학자와 인간이 창조한 괴물들, 또 늑대 인간들과 무덤을 파헤쳐 송장을 파먹는 귀신, 그리고 어김없이 뱀파이어가 등장했다. 대중문화 안에 이런 괴물들이 종횡무진 출현해 인간 세계에 살육의 추문이 퍼질 때, 그것은 어떤 시대의 불온한 위기, 또 동시에 그 위기를 초인적으로 넘을 수 있는 어떤 가능성을 암시할 수 있다.

각종 흡혈귀를 통칭하는 뱀파이어나 동유럽 트란실바니아의 전설적인 '피의 백작' 드라큘라와 그에 희생당하거나 맞서는 사람들의 이야기는 결국 지배와 복속, 그리고 저항과 전복을 상징하기 때문이다. 결국 피! 피! 피를 부르는 싸움인 것이다.

이 싸움에서 드라큘라가 뿜어내는, 타락한 귀족적 카리스마는 역으로 계급 전복의 팬터지를 불러일으키기도 하고, 1931년작 〈드라큘라〉에서 벨라 루고지가 남자를 유혹하는 장면은 이성애적 에로티시즘을 휙 비껴간다. 또 프랜시스 코폴라의 〈드라큘라〉는 에이즈 시대의 공포를 만화경처럼 펼쳐낸다.

〈반 헬싱〉은 이런 드라큘라의 서사 역사와 다른 괴물들을 뒤범벅

〈매시〉한다. 그러나 위에서 잠깐 언급한 〈괴물 매시〉라는 노래가 맺었던 시대와의 직접적 관련성은 그리 두드러지지 않는다. 오히려 애타게 관계하려는 것은 다른 판타스틱 영화에서 형성된 스타 이미지와 장르들이다.

돌연변이들과 인간의 싸움을 다룬 〈엑스 맨〉 시리즈에서 돌연변이 늑대 인간 역을 맡고 있는 휴 잭맨이 주인공 반 헬싱 역을 하고 있다. 또 순수 혈통의 드라큘라 아버지 대역에게 도전하는 인간 혈통의 뱀파이어 역을 〈언더월드〉에서 맡았던 케이트 베켄세일은 뱀파이어 송곳니를 어느새 밀어 넣고, 오히려 뱀파이어 사냥꾼으로 등장한다. 반면, 브램 스토커의 소설 〈드라큘라〉에서 흡혈귀를 추적하는 과학자 애이브 러햄 반 헬싱의 이름이 가브리엘 반 헬싱으로 바뀌어 있다.

그런가 하면 대영 제국에 도전하는 악의 무리를 소탕하는 헬싱기관이 등장하는 일본 애니메이션 〈헬싱〉에 대한 참조도 보인다. 거기다 반 헬싱이 각종 신종 무기를 증여받는 장면은 '007' 시리즈에 대한 인용이다. 기존의 드라큘라 시리즈와 구분되는 〈반 헬싱〉의 호감 가는 지점은 드라큘라의 성이 위치한 트란실바니아 주민들과 드라큘라 무리의 싸움이다. 반 헬싱이 교황청에서 특파된 뱀파이어 사냥꾼이라고 한다면, 케이트 베켄세일이 맡은 역의 안나라는 인물은 트란실바니아의 귀족으로 주민들과 함께 마을에 출몰하는 뱀파이어들과 맞서 싸운다. 다른 드라큘라 영화에서 드라큘라 성 주변의 주민들이 방어 능력이 전혀 없이 피를 바치는 희생자로 그려지고, 외지에서 온 사냥꾼이 나홀로 영웅이 되는 데 비해, 〈반 헬싱〉은 주민들의 필사적인 자구책에 관심을 둔다. 안나는 그들이 의존하는 여성이다. 드라큘라 전설이 원래 주민들의 피를 말리며 착취하던 트란실바니아의 드라큘라 백작에서 기인하고 있음을 생각할 때 위와 같은 변용은 원전 문맥으로의 환영할 만한 귀환이다.

여기에 〈반 헬싱〉은 드라큘라의 신부들에게 천사와 같은 날개를 달아주고 있는데, 이들이 흰 날개를 펴고 송곳니를 드러낸 채 마을 위를 배회하며 나는 장면은 전율스런 공포를 불러일으킨다. 그러나 워낙 이 것저것을 맥락없이 뒤섞다 보니, 이 영화가 기대고 있음직한 시대적 공포는 어느새 멀어진다. 즉, 영화 속에서 드라큘라는 자기 종족의 대량 복제를 감행하고 있는데, 이것은 DNA 복제 기술에 의한 인간 대량생 산이라는 시나리오에 얽혀 있는 두려움을 드라큘라 대량생산으로 치환시킨 것이다. 그러나 저 장면을, 저 인물을 어디서 봤더라 하고 중얼거리는 사이 시대적 공포는 슬그머니 자취를 감춘다.

103분간의 영화 운동
: 개인과 사회의 윤리, 〈아들〉

이 영화는 매우 육체적이다. 이 영화를 보는 것은 노동과 유사하다. 〈아들〉을 보고 난 후, 한없는 갈증과 허기를 느낄 수도 있다. 독한 커피를 마시고, 새벽녘에 정신없이 무엇인가를 먹어야 할지도 모른다. 정말 오랜만에 영화가 사람을 지독하게 흔들어대는 느낌이 들고, 그것은 숨막히는 진통에 가까울 것이다. 관객의 한계 체험을 요구하는 이 영화에는 극찬이 어울린다.

상영시간 103분 동안 핸드헬드 카메라는 한순간도 쉬지 않고 움직인다. 모든 순간이 일촉즉발, 금방이라도 폭발할 것 같다. 그러니 상상해보라. 103분의 영화적 시간을 완급 조정도 없이 긴장과 위험으로 채워가는 영화를!

관객들은 영화가 시작되면 자신의 촉수로 현장을 더듬어가는 듯한 느낌을 받는다. 그 현장은 재활교육센터다. 이런저런 이유로 소년원에 갇혀 있다 풀려나온 소년들은, 이곳에서 목수 일을 배운다. 노련한 목수 주인공 올리비에(올리비에 구르메)를 가까이서 관찰하고 추적하고 묘사하는 이 영화는, 나무를 다듬고 옮기고 또 무엇인가를 만드는 과정을 지극히 세밀하게 묘사한다. 목수 올리비에는 실제 거리를 눈어림으로 정확히 측정하는데, 영화의 숏들과 시퀀스의 지속 시간도 그야말로 자로 잰 듯 엄격하다. 숨 돌릴 여유를 주지 않는 초반부 30분, 올리비에가 뾰족한 끌을 들고 있거나 아니면 누군가, 무언가를 엿보고 있는 장면들은 영락없는 스릴러나 공포영화 장르의 관행을 따르고 있다. 그러나 어떤 사건도 일어나지 않을 뿐 아니라, 관객에게 여전히 이 상황에 대한 어떤 정보도 주어지지 않는다. 작업장에서 집으로 돌아간 올리비에에게 이혼한 아내가 찾아와 재혼을 한다고, 그리고 임신을 했다고 말하자 그는 아들인가, 딸인가를 묻는 등 관심을 표시하지만 그뿐이다. 그러나 올리비에가 막 떠나려는 그녀의 차를 쫓아가 거의 뛰어들다시피 하는 장면에서, 극도의 심리적 긴장과 불안이 다시 드러난다. 이후 올리비에가 주유소에서 일하고 있는 그녀를 찾아가 이야기를 털어놓을 때에야 비로소 이 영화의 긴박함이 어디서 유래했는지가 밝혀진다. 그들의 어린 아들을 죽인 프란시스가 소년원에서 풀려나와 재활교육센터에서 목공 일을 배우고 싶어하는 것이다. 이것이 올리비에가 그의 전처에게 밝힌 이야기이지만, 사실 관객들은 이미 이것보다 조금은 더 알고 있다. 올리비에는 프란시스를 이미 맡아 가르치고 있었던 것이다. 이 지점에서 영화는 그저 일상적 표현이거니 하고 지나쳤던 이전의 장면들의 의미를 죄다 되돌려 다시 생각하게 한다. 예컨대 왜 올리비에가 그토록 불안하게 보였는지, 카메라의 운동 역시 왜 그러했는지, 또 전처가 임신한 사실에 왜 그런 반응을 보였는지. 또 영화에서 사용된 핸드헬드 기법에도 전적으로 동의하게 된다. 이후 〈아들〉은 생물학적 아들을 죽인 아이가 당신에게 사회적 아버지(후견인)가 되기를 원할 때, 어떻게 무엇을 할 수 있을 것인가와 같은 까다롭고 고통스런 윤리적 질문을 던진다. 목수 올리비에는 이런 질문에 답할 수 있는 매우 특별한 사람이다. 그는 나무 결들의 섬세한 차이들을 통해 세상을 분간하는 사람이고, 나이테의 중요성을 아는 사람이다. 거친 나무가 어디에 쓰이는지, 여린 나무가 무엇에 유용한지를 한눈에 척 분별하는 사람이다. 자신의 아들은 나이테를 갖지 못하고 죽어갔지만, 프란시스는 목수 훈련을 통해 다른 그 무엇으로 태어날 수도 있을 것이다. 이것이 우리가 감지할 수 있는, 그러나 영화에서 결코 말해지지 않는 올리비에의 심상을 떠도는 생각들이다. 영화적 설정으로 보자면 아이를 다시 임신한 전처가 결코 이해할 수 없는 것이 사회적 아들에 대한 올리비에의 이와 같은 마음의 행로다. 한 번도 카메라를 멈춰 세우지 않고, 영화 〈아들〉은 이렇게 개인적 윤리와 사회적 윤리의 지독한 교착점과 교차점을 동시에 다룬다. 또, 연기자들의 정확한 동선과 그것을 담아낸 숏들의 편집은 현장을 다루는 영화들의 교과서가 될 만하다.

〈강적〉이라는 부동산 활극

두말할 필요도 없이 이즈음의 남성 버디 영화에서 문제의 핵심은 재/개발을 둘러싼 이권 다툼이다. 〈비열한 거리〉에서 병두(조인성)는 엄마와 동생들이 살고 있는 자신의 집이 철거되는 상황을 맞아 전세금을 구하러 고군분투한다. 그러나 결국엔 자신이 철거 전문 조폭이 된다. 병두는 재개발을 성공시키면, 그야말로 일확천금을 노려볼 수 있다는 보스의 말을 맹신한다. 〈짝패〉는 말 그대로 "액션스쿨 매뉴얼"(정성일)로 가상의 도시 온성의 개발을 둘러싸고 벌이는 종횡무진 '부동산 활극'이다.

영화 〈강적〉에서 주인공 수현(천정명)은 조폭 생활을 청산하고 연인 미래(유인영)와 분식집을 한다. 버스를 개조한 일종의 모바일 스타일 분식집이다. 반면, 수현이 성장한 고아원 원장이며, 자신이 기른 고아들을 임의적으로 편리하게 조직 폭력배로 영입하는 황종채(오순택)는 빌딩을 비롯, 결코 모바일하지 않은 '부동산' 획득에 수현과 다른 고아들을 이용한다. 고아원에서 형제처럼 자란 친구 재필(최창민)의 부탁에 수현은 꺼림직한 함정으로 걸어 들어간다. 재개발과 부동산 투기에 대해서라면, 할 말이 많은 사람이 어디 조폭들뿐이겠는가? 영화를 보는 우리들도 각종 직간접 피해 사례 및 피해의식에 시달리고 있을 것이다. 현 정부 차원에서도 부동산은 부동의 문젯거리다. 철거 문제는 1970년대 고도 개발 성장 때부터 줄곧 사회적 악으로 재현되어왔지만 현재 부동산 활극의 요점은 바로 피해자가 가해자가 되고 또 지분을 요구해야 한다고 맹세하고 있다는 사실이다.

그러니 부동산 활극 영화들에는 조폭의 스케일을 넘어 사회 각층과 얼기설기 얽혀 있는 재개발과 같은 사회 문제가 노출되는 셈인데, 사회정의에 대한 감각은 찾을 길이 없다. 문제는 도출되고 노출되는데, 그것을 풀려는 의지도, 또 풀어질 것이라는 낙관도 없는 것이다. 이렇게 비관주의와 냉소주의가 팽배한 가운데, 미소년들은 몸에 커다란 용이나 호랑이를 새기고 길고 긴 다리로 막힘없는 돌려차기를 하며 등장한다. 〈강적〉과 〈비열한 거리〉 양자 모두 몸에 문신을 한 이 미소년 조폭의 출현을 영화 안에서 강조하고 부각시킨다. 〈비열한 거리〉에서 외양적으로는 로비력 있는 사업가요, 내부적으로는 조직 폭력배를 관리하는 황 회장(천호진)은 병두와 그의 보스 상철(윤제문)을 비교하면서 요즘은 병두처럼 생겨야 성공한다고 평한다. 〈강적〉에서 현상수배가 붙은 수현의 키 180센티가 주지된 가운데, 수현은 경찰을 피해 훌쩍 담을 뛰어넘는다. 단신인 강력반 형사들은 담을 넘지 못한다. 그래서 수현을 놓치고 만다. 키 큰 미남 조폭 시대다.

〈비열한 거리〉에서 위계질서는 2개 군으로 나뉜다. 병두의 입장에서 보자면 우선 그냥 형님인 직속 보스와 아래 '식구'들이 있다. 그리고 엄연히 회장이라는 사회적 호칭을 가지고 있는 황 회장과의 관계가 있다. 첫 번째 군이 주먹과 경륜으로 쉽게 판가름나는 데 비해, 두 번째 군이 만들어내는 세계는 불투명하다. 황 회장과 같은 사람이 사회의 소위 지도 계층인 검사 등과 친분을 맺고 있어 병두의 시각으로 보자면 접근 불가능한 세계를 이루고 있다. 그러나 그 검사를 살해함으로서 병두는 황 회장의 측근이 된다. 그리고 그 자리를 보전하기 위해 자신의 직속 '형님'을 죽인다. 〈비열한 거리〉에서 대립 구도를 이루는 것은 조직의 이런 2개의 질서이지 경찰이나 검찰과 조폭 사이의 대결이 아니다. 〈강적〉은 기본적으로 경찰과 조폭의 대립을 인준한다. 그러나 물론 경찰과 조폭 사이에 기묘한 동반이 이루어지면서 그 대립은 깨진다.

　두 영화에서 흥미롭게 여겨지는 것은 일인자의 부동의 지위다. 〈강적〉의 황 원장이나 〈비열한 거리〉의 황 회장이나 영화에서 어떤 이전투구나 용쟁호투가 있어도 부동의 위치다. 죽어나가는 것은 2인자나 3인자다. 〈강적〉의 황회장은 〈비열한 거리〉의 황 회장처럼 되도 않는, 늙어가니 현명해지고 어쩌고 하는 노래를 부르면서 영화를 끝내지는 못하지만 영화가 진행되는 동안에는 어떤 위협도 받지 않는다. 〈짝패〉에서도 서울의 회장은 무사하다. 〈사생결단〉에서도 죽어나가는 것은 아랫사람들이다.

　이렇게 윗사람들이 건재해 있는 채 아랫사람들끼리 죽고 죽이는 이 영화들이 보여주는 절대자에 대한 기죽음이나 그 패배감의 경로가 궁금하다. 그렇다고 내가 해피엔딩을 맹신한다거나 어떤 문제 해결에 희망이 보이지 않는데 억지춘향 희망의 길을 내라고 요구하는 것은 아니다. 그러나 최강자의 절대 군림이 사회적 변화를 포기한 절대 절망의 징조가 아니기를 다른 영화에서라도 볼 수 있기를 바랄 뿐이다.

　나는 이들 영화에서 사회적 '인정(recognition)의 구조'의 부재가 징후적이라고 생각한다. 병두는 사회, 정치로부터의 인정을 전혀 욕망하지 않는다. 수현도 마찬가지다. 이들에게 필요한 것은 자본과 폭력 조직뿐이다. 비사회적, (비)정치적 조직으로서의 조폭은 그러나 미소년의 영구 중간 집권을 그냥 두고 보지 않는다. 합법과 위법 사이를 교묘하게 줄타기해야 하는 자본과 폭력은 이들의 사회적 순진함과 상승의 욕구를 잠정적으로 이용한다.

　그런 점에서 최근의 짝패 영화들은 1970년대 호스티스 영화의 2000년대식 남성 판본이라고 생각할 수도 있다. 예컨대 장동휘나 박노식 주연의 1960, 1970년대 활극영화들의 호방과 무정부성, 그리고 비관주의적 성향을 잇고 있는 면도 있지만, 그보다는 〈별들의 고향〉이나

〈영자의 전성 시대〉의 영자나 경아가 경험했던 나락에 떨어진다. 젊고 아름다운 하위주체가 도달하게 되는 패착 지점으로 밀려간다.

병두나 수현은 아름답고 젊다. 가난하다. 그러나 무기력한 상태는 아니다. 그들은 몸을 지독하게 극대화해 그 가난을 벗어나려 한다. 성공보다는 가난을 이기려는 것이다. 경아나 영자나 병두나 수현의 패착은 몸이 그 수가 되었다는 점에서 유사하다. 패착은 바둑에서 그곳에 돌을 놓았기 때문에 결과적으로 그 판에 지게 되는 나쁜 수다. 현상적으로 이들의 패착은 몸에서 비롯된 것처럼 보인다. 그러나 이 영화들이 대중영화로서 은연중에 공감대로 깔아놓은, 아무리 '몸을 팔아도' 해결되지 않는 작금의 커져만 가는 부자와 가난한 자의 간극이다. 빈부의 심각한 차이가 진정한 나쁜 수다. 패착을 가져오는 사회적 적대 변수다. 그러나 이 간극이 계급적 적대로 바뀌는 대신, 최근 영화들은 몸을 통한 봉사와 해결을 통해 빈곤이 적극적으로 부의 측근이 되려 한다. 부자는 빈곤한 자의 스폰서로 욕망된다. 부동산 활극에서 상승의 가능성은 큰 스폰서를 잡는 일이다. 〈비열한 거리〉에서 병두는 검사를 죽이고 황 회장을 스폰서로 잡는다. 수현과 그의 친구 재필, 서 이사의 스폰서는 황종채다.

기존 형님의 상위 체계인 스폰서는 종적, 횡적으로 사회의 특권 계층과 엮여 있다. 이들은 〈비열한 거리〉의 검사의 표현처럼 반은 사회인이고 반은 조폭이다. 이 스폰서 유형은 힘만 쓰는 기존의 상철보다는 병두와 수현, 재필과 같은 몸을 잘 쓸 뿐 아니라 미남이기도 한 '호스트'들을 거느리고 또 이들을 동세대의 다른 자들이나 그 차세대로 바꾸며 위계를 유지한다. 이들 스폰서는 전 세대 아버지, 형의 권위를 누리지만, 그들의 사회적 책임감은 조금도 나누고 있지 않다.

〈강적〉에서 수현의 연인 미래는 수현이 필요한 목돈(형사 아들의 장기 이식에 필요한 돈이다)을 마련하기 위해 다시 호스티스로 복귀한다. 이들 부동산 활극의 호스트들과 호스티스는 몸만 쓰고 결코 현재 한국사회에서 부동산 재개발, 재테크가 의미하는 자본과 권력에 접근하지 못한다. 1997년 IMF 위기에 의한 이후 세계화 이후 심해졌지만 한국 영화에서는 모든 사회적 문제가 '남성' 수사법으로 고민되어 영화적 재현의 장에 '여성 문제'가 사라져가는 것은 물론이고, 여성적 차이마저 남성 캐릭터에 흡수되고 있다. 여성을 어떤 방식으로든 말할 수 있는 재현에서의 정치적 공간이 대중영화에서 희미해져가고 있는 것이다. 호스티스는 호스트가 되고 호스티스는 호스트의 비극을 더 강조하는 보조물이다.

이들 영화에서 조인성과 천정명뿐 아니라 진구, 최창민 등의 연기자는 이 부상하는 스타일리시한 부동산 액션영화의 새로운 아이콘들이다. 스폰서인 황종채를 연기하는 오순택은 짧게 나오기는 하지만 도착적 성격의 스폰서, 아버지 역을 매우 인상적으로 해낸다.

〈강적〉의 영화 스타일은 핸드헬드 카메라와 빠른 템포로 뮤직 비디오처럼 감각을 업데이트화하려고 노력하지만, 그래도 '인생에 뭔가 있다'는 가치 쪽으로 접근해간다. 그래서 나쁘지 않은 의미의 '올드 스쿨' 쪽에 가깝다. 이 영화가 총을 맞은 수현을 차에 태운 성우가, 그래 인생엔 뭔가 있을지도 몰라, 라고 되뇌면서 서울로 들어갈 때, 멀리 보이는 도시 풍경은 명백히 CG 화면, 컴퓨터가 그려낸 환상 도시다. 실재의 서울 풍경은 환상조차 품을 수 없다는 듯 말이다. 잘 처리된 결말이다.

〈강적〉과 〈비열한 거리〉는 이렇게 한 발은 낡고 친숙한 것(가족의 가치 등)에, 그러나 다른 한 발은 동시대의 남성들을 짓누르고 있다는 압박으로 추정되는, 가진 자가 될 수 없는 위협과 절망을 내비친다. 그것을 미소년들을 통해 한껏 멋을 내 다룬다. 부동산 활극, 액션영화는 재빠른 몸이라도 결코 빠져 나올 수 없는 부패의 골, 썩은 심연을 보여준다. 기어서라도 올라와! 이렇게 말하는 영화는 없을까?

액션 영웅들의 찢겨진 생살
: 〈다크 나이트〉와 〈다찌마와 리〉

상처

 〈다크 나이트〉에서 이상했던 것은 개들의 등장이다. 맹견 로트바일러들은 영화의 도입부에 등장해 배트맨(크리스찬 베일)에게 덤벼들고 다리의 살점을 뜯는다. 이후 배트맨 웨인은 자신의 펜트하우스로 돌아가 물린 자국을 보여주며 집사의 간호를 받는다. 그리고 자신의 갑옷, 배트맨 복장의 아킬레스건을 보완해달라고 부탁한다. 개들에게 물린 상처를 드러내 보이는 배트맨, 이렇게 다치고 약한 모습은 이후 영화에서 발견되지 않는다. 이후 조커와의 거리 싸움에서 쓰러지지만 이렇게 생살을 드러낸 '상처받기 쉬운' 모습은 아니다.

 고담 시 정상의 자본가이며 유능한 집사 알프레드(마이클 케인)와 고도의 기술을 갖춘 무기 발명 및 경영을 도와주는 조력자(모건 프리먼), 그리고 하이테크 갑옷과 그 유명한 배트맨 자동차 등에 둘러싸인 천하무적 웨인. 그가 상처를 받을 수도 있다는 증거처럼 개들이 그의 몸에 남긴 상처가 고스란히 재현되는 것이다. 생살이 보이고 상처엔 피가 엉겨 있다. 영화 끝 무렵 다시 셰퍼드를 주축으로 한 경비견들이 등장해 흑기사 배트맨을 쫓고 그는 어둠 속으로 쫓겨 간다. 자본과 기술의 유능한 운용자로서의 모습이 영화 전편을 채우다가 마지막 부분, 개들에게 쫓기며 어둠으로 사라지는 이 모습은 그러나 말 그대로 코믹스다.

〈다크 나이트〉를 아이맥스로 본 사람들은 홍콩의 빌딩에서 배트맨이 하강할 때의 디지털적 짜릿함을 토로하는데, 영화의 삼위일체는 그야말로 기술, 자본, 스펙터클이다. 이런 슈퍼모던의 휘황함의 한편에 영화의 배경 도시인 고담 시 자체가 발산하는 고딕, 전근대로 향해가는 어둠이 있으며, 또 다른 한편에는 배트맨의 피로 엉긴 생살의 상처가 있다. 고층 빌딩에서 급하강하고 박쥐의 날개를 펴 날고, 온갖 무기를 갖춘 하이테크 배트 카가 전소하고 배트 바이크가 굴러도 머리털 하나 다치지 않지만, 개들에게 물린다.

개들의 이빨 자국이 드러나는 배트맨의 생살, 그 상처의 등가물은 두말할 나위 없이 조커(히스 레저)의 찢긴 입이다. 그러나 조커의 경우, 그 연유에 대해 다른 사람들에게 이래저래 다르게 설명하는 바람에 우리는 그 찢긴 입의 진짜 사연을 결코 알지 못하게 되어 있다. 그리고 그의 입가 상처는 조커 특유의 입꼬리를 치켜세워 웃는 입으로 변양된다. 조커의 상처는 억지춘향의 웃음이 된다. 조커는 레이첼 도스(메기 질렌홀)에게도 나이프를 입에 들이밀고 입을 찢을 것이라고 협박한다.

배트맨이 상처 입는 과정은 명백히 재현되는 데 반해, 조커의 상처도 명백하나 그 이유는 알 수 없다. 그러나 이 과정에서 여전히 이상한 점은 맹견의 동원이다. 이전, 은행갱단을 보여주면서 훔친 돈의 지분을 더 갖기 위해 서로를 차례로 죽이는 살상전이 선보였다. 자로 잰 듯 정확한 계산 속에서 조커는 스쿨버스의 대열 속에 끼어 경찰의 눈을 속여 도망간다. 이런 영화의 도입부 이후 배트맨의 가짜 대역들이 등장하고 예의 개들이 등장하는 것이다. 조커의 치밀한 은행 털기와는 달리, 가짜 배트맨들 개들이 등장하는 장면은 어수선하기 짝이 없다.

막대한 자본과 기술을 소유한 배트맨과, 심리전에 사통팔달, 사통오달한 절대악 조커의 이런 찢겨진 생살, 혹은 생살 찢기는 블록버스터 고딕 액션영화, 그 남성 영웅들의 피 뿜는 상처에 근접한 대용물이다.

예컨대 매끈한, 글로시한 블록버스터의 논리로 영화의 세트와 소품, 미장센을 도배할 수 있지만, 자본가나 절대악에 이를 만한 초인이 아닌, 다중 계층 관객이 밑바닥으로부터의 연민과 정감을 쏟아붓게 하고 이 영웅, 반영웅들과의 어떤 동일시, 반동일시에 이르게 하는 것은 이들의 '인간'다운 상처다. 그러나 고딕적 기괴한 비극성을 배트맨 복장을 한 채 휘감고 있음에도 불구하고 웨인의 트라우마에 접속하는 것은 쉬운 일이 아니다. 그는 아버지의 대역인 2명의 완벽에 가까운 보호자이자 조력자를 두고 있어 심리적으로 방패를 두르고 있는 셈이며(이전에는 배트맨의 심각한 오이디푸스 콤플렉스가 나왔다 말았다 하지만 이번 〈다크 나이트〉에서는 그런 악몽을 갖고 있지 않다), 레이첼이 사실은 자신을 사랑하고 있다고 믿고 있으며 무엇보다도 고담 시 전체를 지배하는 완벽한 감시 장치까지 만들어낼 수 있는 재력, 기술력, 지력이 있다. 최상급 자본가인 것이다. 이런 그가 개들에게 물리고 개들에게 쫓기며 물린 상처를 전시하는 방식은 원시적이고 조야하다. 그러나 바로 이런 상처가 대중영화의 감정의 핵을 구성하는 것이다.

여하간 웨인의 상처는 이윽고 아물지만 조커의 상처는 그 상처가 표현할 수 있는, 학대와 폭력이라는 기호와 정확히 반대되는 방식으로 제시된다. 조커가 그 상처와 관련해 들려주는 2가지 버전 모두 끔찍하다. 그중 하나가 '어머니가 아버지의 학대를 견디다 못해 칼을 들었고, 그것을 본 아버지가 웃으면서 어머니를 여러 번 찔렀다. 그리고 내게 와 슬픈 표정 짓지 말고 웃으라고 하면서……'

어떤 버전이 사실인지 아닌지는 이제 크게 중요하지 않다. 조커가 칼을 상대방의 입속에 집어넣어 찢으려는 순간, 이 이야기를 들려주려 한다는 것이 중요하다. 그리고 살을 찢는 고통이 웃는 표정, 희열의 표정으로 얼굴에 영구적으로 각인된다는 것이 중요하다. 조커의 얼굴로 살아야 하는 것이다. 배트맨이 개에 쫓기고 물리고 하는 것이 비주얼한 설득력이 떨어지는 반면, 조커의 버전은 그 버전이 증식하더라도 설득력이 있다. 트라우마적 상황을 절묘하게 재구성해내고 있기 때문이다. 배트맨의 생살 상처는 억지로 영화적으로 구성되었다고 느껴지는 반면, 조커의 생살 상처는 영화적으로 극적 버전으로 제시되지만 실제적이다. 이렇게 보자면 배트맨의 생살 상처는 일종의 거짓 표식이다. 곧 아무는 잠정적 상흔인데 비해, 조커는 영구 상흔이며, 또 그것이 상흔임을 정반대로 부정하는 방식으로 제시된다.

여기서 작동하는 것은 두말할 필요 없이 두 남성 간의 계급 차이다. 조커에 대한 기록은 영화 어디에도 나와 있지 않지만, 조커가 재구성하는 이야기들은 대부분 미국 독립영화에서 주로 다루는 노동 계급 가정에서 자라난 폭력에 얼룩진 남자 아이의 성장 실패담이다.

그래서 액션 블록버스터로서의 〈배트맨〉의 관객의 조커에 대한 관객의 감정 투자는 그의 지능적인 은행 털기 및 배트맨 잡기 심리전. 그 방향으로도 움직이지만, 은연중 드러나는 그의 아메리칸 트래지디, 특히 미국 폭력 가정의 비극의 서사에 '홀린다.' 이렇게 액션보다는 감정적 리액션(reaction), 역방향으로 움직이는 것이다. 그런 의미에서 이 영화는 블록버스터로서는 드물게 액션과 일부 병행하는 혹은 그것을 거스르는 리액션 블록버스터가 된다. 허문영의 지적처럼 백기사가 오지 않는다는 슬픔과 은밀한 즐거움이 양가적으로 교차하는 '리액션 블록버스터'가 되는 것이다.

〈다찌마와 리: 악인이여 지옥행 급행열차를 타라〉

이 영화의 기자 시사회에서 감독 류승완이 흥미로운 말을 건넸다. 만일 자기(관객)가 웃고 있는데 다른 사람이 웃고 있지 않으면, 웃는 게

맞는 것이니 웃어라. 만일 자기는 웃고 있지 않는데 다른 사람이 웃으면, 웃는 게 맞으니 웃어라. 재미있게 보라는 말이다. 그래서 난 재미있게 보았다. 영화는 1940년대를 시대적 배경으로 한다기보다는 설정하고 있고, 다찌마와리를 진지하게 채택한다기보다는 역시 설정하고 있다. '다찌마와리'(たちまわり)가 액션이라는 뜻으로 충무로에서 사용되기 전 이 용어는 연쇄극에서 싸움 장면을 가리키는 말이었다. 연쇄극 연구자 우수진에 따르면 러일전쟁 당시 일본 어느 신파극단이 적의 군함에 어뢰가 명중해 침몰하는 해전 장면에서 어느 외국 해군의 훈련 장면을 담은 실사 영화 필름을 스크린에 영사해 높은 평판을 얻었고, 특히 싸움 장면에서 다찌마와리가 인기를 끌었다. 야외 촬영한 싸움 장면을 스크린으로 보여주다가 영사가 끝나면 다시 밝아진 무대 안에서 같은 배우가 연극을 계속하는 것이다(우수진, 「연쇄극의 근대연극사적 의미」, 2007).

〈다찌마와 리: 악인이여 지옥행 급행열차를 타라〉는 이런 다찌마와 리의 계보를 좇는다기보다는 주인공 임원희에게 '다찌마와 리'라는 이름을 주고, 다른 사람들에게는 지옥행 급행열차 표를 준다. 이 영화는 1976년 배우 박노식이 감독한 여러 편의 액션영화 중 〈악인이여 지옥행 급행열차를 타라〉에서 부제를 가지고 올 뿐 아니라, 1970년작 〈홍콩서 온 마담 장〉에서 정혜선이 했던 마담 장 역할을 오지혜가 하고 있다. 오지혜의 연기는 이 영화의 톤을 일러주는 데 결정적인 역할을 하며, 서두의 짧은 출연이지만 완벽한 포스를 남긴다.

이어, 1975년작 〈여형사 마리〉의 루비나가 했던 마리 역할은 박시연이, 그리고 홍콩 감독 장철의 1968년작 〈금연자〉의 정패패 역은 공효진이 금연자라는 이름으로 해내고 있다. 또한 장철의 걸작 〈독비도〉(1967)의 장면(주인공은 고난을 당한 후에 집의 가보로 남겨진 무술 책을 연마해 거듭난다)과 서극의 그에 대한 오마주 〈칼〉에 대한 이중의 오마주가 있다. 당시 스파게티 웨스턴만이 아니라 007의 영향을 받은 만주 웨스턴, 특히 〈쇠사슬을 끊어라〉의 스키 장면에 대한 인용도 보인다. 위의 〈다크 나이트〉에 대한 고찰에서 이야기했듯이 내가 관심을 갖는 것은 액션영화에서 남성 육체가 상처받기 쉬운 장면을 재현할 때의 동기화 부분이다.

사실 이 영화에서는 상처보다는 굴욕에 가까운 방식으로 재현되는데 다찌마와 리가 독비도로 거듭나는 장면이다. 일시적인 기억상실증을 겪는 그는 자신을 쫓는 왕서방(김병옥)과 국경 살쾡이패(류승범)에 의해 엄청나게 짓밟힌다. 이런 굴욕 속에서 그는 예의 독비도처럼 가보로 남겨진 무술책으로 무술을 다시 익힌다. 곧 밝혀지는바 육체적 굴욕 속에서 그는 다찌마와 리의 기억을 되살린다. 알려진 대로 〈독비도〉는 한국에서는 각종 외팔이, 외다리 시리즈 선풍을 불러일으켰던 작품이다. 이 '독비도' 시리즈는 일종의 불가능성을 전제로 하다가, 불굴의 힘을 다해 그것을 잠재태로 바꾼 후 또 그것을 최대치의 가능태로 만들어버린다. 예컨대 왕우는 한 팔을 잃지만, 그래서 액션 영웅의 기반을 잃어버린 듯 보인다. 그러나 그는 무술교본을 보고 열심히 '쿵후'(말 그대로 공부)해 팔을 잃기 전보다 더 강한 무술을 구사하게 된다. 훼손된 남성 신체가 역으로 무술 공부를 통해 더 견고해지는 것이다. 정치적으로 보자면 당시 홍콩의 식민 혹은 조차 상황에서 독비도의 왕우는 한 번 망가졌지만 더 강하게 일어설 수 있다는 알레고리적 독해를 제공하기도 한다. 전제했듯이 워낙 재미있자고 만든 영화라고는 하지만 〈다찌마와 리〉는 당대의 문제들이나 과거의 문제들과는 전혀 관계가 없어 보이는 영화 자족적 패러디와 오마주로 일관하느라 다찌마와 리의 굴욕적 상처도 그 회복도 '생살'이 이루어내는 액션의 호방함과는 거리가 멀다. 다찌마와 리, 진정 쾌남으로 돌아오길.

강동원이라는 페티시: 〈전우치〉

의로운 전우치를 이렇게 망가뜨린 우리 시대의 요구는 무엇일까? '저게 사람 얼굴이야, 뭐야?' 〈아바타〉를 보고 하는 소리가 아니다. 〈전우치〉의 강동원을 보고 나오게끔 되어 있는 탄성이다. 옥황상제로 분하고 하늘에서 내려올 때 강동원은 '강림'한다. 홍길동과 양대 산맥을 이루는 전우치라는 소설적 인물은 희박하게 배경으로 있고, 강동원의 영화적, 스타적 존재감은 크게 설정되어 있다.

〈형사 Duelist〉와 〈M〉의 강동원에 대한 카메라의 탐닉에 이어 〈전우치〉에서도 그에 대한 패션(passion)과 패션(fashion)은 계속된다. 그렇다면 영화감독의 이름이 최동훈일까 이명세일까, 잠깐 헷갈리는 사이, 전우치의 도술은 현대에 와서 강동원이 거리 패션 및 화보 패션의 주인공으로 자유자재로 변모하는 데 주요하게 쓰인다. 도술의 잡술화! 강동원이라는 페티시!

여배우들은 스크린상에서 마이너리그

영화이론에서 많이 다루는 것이 페티시다. 여성의 거세, 차이를 부인하는 대체, 치환물로서의 페티시는 영화에서 대부분 여성격이다. 예컨대 조셉 폰 스턴버그 영화는 이런 페티시적 관음증을 다루는 것으로 명성이 높다. 그는 자신의 영화를 거꾸로 영사하는 것을 환영한다고 말한다. 그렇게 해야 관객이 캐릭터와 스토리에 얽매이지 않고 스크린 이미지를 볼 수 있기 때문이다. 이런 페티시적 영화에서는 여성에 대한 남성의 통제적인 시선이 없다. 조셉 폰 스턴버그 영화 중 마를렌 디트리히가 나오는 〈모로코〉가 대표적이다.

물론 〈전우치〉와 〈모로코〉 사이에는 12세 이상 관람가와 어른을 위한 영화라는 차이 이상이 존재함을 굳이 지적할 필요는 없을 것이다. 어떤 영화들은 스포일러라는 비난을 무릅쓰고서라도 플롯을 밝히고 싶은 충동에 시달리지만 〈전우치〉는 아니다. 스포일러 주의보 해제.

〈여배우들〉이 배우로서의 여자, 여자로서의 배우에 대한 이야기를 20대에서 60대에 걸쳐 펼치는 사이에 〈전우치〉는 500년에 걸친 전우치, 강동원의 매력을 전시한다. 〈여배우들〉이 정열적으로 자신의 어떤 위치에서 자신을 드러내는 반면에 〈전우치〉는 백윤식, 김윤석, 송영창, 주진모 등의 조역 배우들이 강동원을 띄우는 역할을 하고 있다. 게다가 염정아가 영화 속 영화의 여배우로 등장해 전우치의 미움을 받고, 난데없는 태국 전통 옷과 관을 쓴 채 뛰어다닌다. 이후 임수정이 대역 배우로 등장하지만 조금 하다 만다. 영화에서 살아남는 유일한 배우는 강동원뿐이다.

이렇게 연기 경력이 있는 남자 배우들을 미남 배우를 에워싸고 내려치고 할퀴는 조연(요괴 역)으로 등장시키는 패턴은 보이그룹, 걸그룹과 달리 이즈음의 한국 영화가 다양한 남성 관객층과 여성 관객층에 접근하는 방식이기도 하다. 《씨네21》 문석 기자가 2010년 여배우들의 구직난을 예견하는 기사에서 밝힌 것처럼 2010년은 전쟁영화, 남성 액션영화가 주를 이뤄 이와 같은 패턴이 더욱 견고해질 것으로 보인다. 예컨대 원빈과 양익준이 등장하는 이정범 감독의 〈아저씨〉 등이 그 범주에 해당할 것이다. 이 지형으로 보면 여배우들은 스크린상에서는 마이너리그다.

블록버스터로서도 그리 야심적이지 않아

〈여배우들〉에서처럼 뛰어난 여배우들이 많은데 〈전우치〉의 강동원에 버금가는 다채롭고 과도하게 영화 안에서 카메라의 애정을 받은 단독 여배우의 경우는 없는 것 같다. 근접한 경우가 〈마더〉의 김혜자라고 생각하겠지만 카메라의 탐닉, 연기자의 배열로 여배우의 연기가 돋보이는 경우는 아니다. 〈잘 알지도 못하면서〉에서 고현정, 정유미, 엄지원과 같은 여배우들이 자가당착, 자기연민, 자신에 대한 성찰 등을 정밀하게 표출하지만 오히려 결과적으로는 히스테릭한 집합적 여성상에 가까워진다. 예의 여배우 구직난 기사는 2010년 여배우들은 TV, 남자 배우들은 영화라는 매체와 젠더의 이상한 분배를 예견하고 있다.

〈워낭소리〉, 〈똥파리〉 같은 독립영화를 제외하고 보면 올해 박스오피스 〈해운대〉의 특징을 이전 블록버스터인 〈실미도〉 등과는 다른 순백 오락의 표명이며 탈정치성이라고 볼 때, 이 수상한 시절, 남자 배우들만 떼지어 출몰하는 현상이 예사롭지 않다. 더구나 이렇게 다수 출연하나 사회를 위한 일이라고는 아무것도 하지 못하는 건 더 이상하다.

특히 남자 배우들이 열연을 펼치는 영화가 열혈남아이며 정의의 사도인 전우치 영화인 경우는 더욱 그렇다. 전우치는 역사적으로 실존했으나 언제, 어디서인지는 불분명한 인물로 남아 있다.

〈전우치전〉은 이본도 많지만 이 중 한문본을 토대로 형성된 일사본 계를 중심으로 소설과 나란히 줄거리를 보면 다음과 같다. 조선 시대 송경(송도) 숭인문 안에 사는 전우치는 높은 스승 밑에서 선도를 배워 오묘한 이치를 깨치고 신기한 재주를 얻었으나 숨어 지낸다. 반면 일사본에서는 여자로 변신한 여우(여인)와 구미호에게 각각 구슬과 천서를 빼앗아 도술을 획득한 것으로 되어 있다. 해적이 난무하고 흉년이 들어 백성들이 참혹한 지경에 빠졌는데도 나라에서 백성을 돌보지 않

자 격분한 전우치는 천하로 집을 삼고 백성으로 몸을 삼으리라 결단한
다. 전우치의 둔갑술과 도술은 도적의 토벌, 가난한 선비의 구제, 가난
한 백성을 원조하는 데 쓰인다. 반면 영화 〈전우치〉에서 전우치는 장난
질과 망나니 사이를 오갈 뿐이다. 둔갑술과 도술은 컴퓨터 그래픽, 와
이어 액션을 사용하기 위한 장치들이다.

홍길동만큼 알려지지는 않았지만 의로운 전우치를 이렇게 망가뜨려
야 하는 우리 시대의 요구는 무엇일까? 이런 질문 자체를 시대착오적
인 것으로 간주하게 하는 시대성은 무엇일까? 그 반시대성은 어떤 것
일까? 〈전우치전〉을 부활시키는 대신 영화 〈전우치〉를 박스오피스에
빠르게 올려놓는 욕망은 무엇일까? 반면 블록버스터로서의 〈전우치〉
는 그리 야심적이지도 않다. 최초의 한국형 히어로 액션이라고 하지만
영화의 클라이맥스가 벌어지는 곳은 청계천(그러고 보니 일년 유지비가
한국형 블록버스터 한 편과 비슷)의 협소한 공간과 세트장이다. 족자, 영
화, 광고, CG로 이어지는 시각장 체제의 계보는 흥미로웠을 수도 있고
요괴들의 CG도 나쁘지 않으나 영화에는 〈타짜〉의 능수능란함이 없다.

부적에 대한 과잉 페티시화

같은 CG 중심 영화들인 〈아바타〉가 미국의 이라크 주둔을 노골적
으로 비판하고, 〈셜록 홈즈〉 역시 근대적 산업사회로 접어든 런던에 잠
복해 있는 반동적 세력에 대해 인지하고 있다면, 〈전우치〉에서는 과거
를 현재로 불러오는 이유에 대한 자의식을 찾아보기 어렵다. 조선의 전
통을 현대적으로 자리매김했다고도 보기 어렵고, 〈아바타〉와 〈셜록 홈
즈〉가 그렇지 않은 판에 글로벌한 유행을 타고 있는 것이라고 주장하
는 것도 난감해 보인다.

전반적으로는 그리 인상적이지 않은 〈셜록 홈즈〉에 한 가지 눈길을 끄는 장면이 있다. 셜록 홈즈(로버트 다우니 주니어)가 내기 싸움을 하는 장면이다. 그 상대가 돌아선 홈스의 뒤통수에 침을 뱉자 그는 정확하게 자신이 연출한 다음 장면을 계산한다. 손수건을 던지고 턱뼈 이후 갈비뼈를 부러뜨리는 등. 영화에서 한 번의 재연이 있은 뒤 실전에서 그것은 빠른 속도로 반복된다. 추리, 논리와 액션의 정확한 싱크를 보여주려는 장면이다. 반면 〈전우치〉에서 만능 해결사는 부적이다. 부적에 대한 과잉 페티시화가 영화 내내 이루어진다. 이 부적을 누가 만들었는지, 어떻게 쓰는지는 제대로 밝혀지지 않는다. 그래도 영화에서 부적은 만능 뱀약이다. 부적이 일으키는 효과는 CG로 재현된다.

미남 남성 스타에 대한 페티시화, 그리고 부적의 과대 사용. 과잉으로 성적이며 심리적인 주술적 투자가 가리키고 있는 것, 증후화하고 있는 것은 한국사회의 비이성적 드라이브, 욕구, 욕망이다. 500년이 지나도 성장하지 못하는 피터팬 전우치와 관객의 공명이 박스오피스를 통해 일어날 때, 미래에 대한 근심은 요괴처럼 깨어나는 것일까? 아니면 부적으로 봉인되는 것일까?

계급 상승과 날것의 흥분
: 〈매치 포인트〉, 〈달콤, 살벌한 연인〉

아, 도스토예프스키

중1 때 학교 백일장에서 장려상을 받았다. 뭐, 그렇겠거니 했다. 그런데 담당 선생님이 불러서 하시는 말씀이 곧잘 썼는데 조숙한 내용인데다 (도스토예프스키) 표절 의혹이 느껴져 일단 대상에서 제외시켰다는 것이다(이후로도 대상이라고는 받은 적이 없다). 말하자면 조숙해서 장려해야 할 대상이던 나는 그 후에도 소설 습작에 몰두했다. 대부분의 사람들이 그렇듯이 도스토예프스키의 〈죄와 벌〉에 깊이 감명받아, 누구에게나 해가 되는 '하찮고 보잘것없는' 사람을 살해하는 이야기를 썼다. 그런데 하필이면 내 첫 번째 소설의 독자가 바로 어머니가 (몰래) 되는 통에, 내 윤리적 성향을 의심받아 대단히 고생했다. 나의 도스토예프스키 모작이 실패로 끝났다는 것을 유난히 강력하게 상기시켜주는 두 편의 영화가 있으니 〈달콤, 살벌한 연인〉과 〈매치 포인트〉다. 〈달콤 살벌한 연인〉에서 도스토예프스키의 〈죄와 벌〉은 교양의 척도이자 살인 지침서로 등장한다. 굳이 제목으로부터 생각하자면, 어떤 살벌함을 가리키는 인덱스다. 〈매치 포인트〉에서도 도스토예프스키는 교양의 척도이자, 소포클레스와 더불어 인생의 살벌한 비극을 가리키고 있다. 두 영화에 모두 도스토예프스키가 등장한다고 지적하고, 그래서 두 편을 함께 쓴다고 하는 것은 반쯤만 진담이지만, 둘 다 계급 상승이나 신분, 취향이라는 문제에 있어 매우 흥미로운 사례를 제공한다. 그리고 두 영화에는 대단히 통속화된 고급 예술과 아직은 약간 접근 불가능한 예술작품을 계급성의 중요한 참조물로 활용한다(〈매치 포인트〉에는 도스토예프스키만이 아니라 스트린드버그, 베르디 등이, 그리고 〈달콤, 살벌한 연인〉의 경우는 몬드리안, 고흐 등이 등장한다).

계급 상승과 날것의 흥분

〈매치 포인트〉라는 제목의 의미는 승패를 좌우하는 마지막 1점이다. 자신에게 적합한 매치 포인트를 필요로 하는 것은 주인공인 크리스(조나단 라이 메이어스)다. 그는 아일랜드 출신의 전직 프로 테니스 선수였으나, 선수 생활을 그만두고 런던으로 와 테니스 교습을 한다. 미래가 불투명한 어려운 처지다. 그러나 그는 영국 상류층의 한량인 톰 휴잇(메튜 굿)을 만나 오페라를 좋아하는 자신의 고상한 교양을 말한 덕에 톰의 가족들이 사용하는 로열 오페라 하우스의 관람석에 앉게 된다. 그러다가 톰의 여동생인 클로에(에밀리 모티머)의 눈에 든다.

한편 톰의 연인이자 크리스가 한눈에 매혹되는 노라(스칼렛 요한슨) 역시 사실 매치 포인트가 필요하다. 미국 콜로라도 볼더 출신으로 여배우가 되려 하지만 불행히도 오디션에는 실패하고 남자의 눈길을 끄는 데는 성공한다. 그녀에겐 몇 년 대학을 다녔고 고전적 아름다움을 가진 언니가 있지만 마약에 빠져 있고, 아버지는 가족을 두고 떠났으며, 직업을 전전하던 어머니가 있다.

크리스와 노라가 만난 계기는 소위 영국 상류층 올드 머니의 '미덕'을 가진 휴잇 집안의 혼기가 닥친 톰과 클로에의 각각의 파트너로서다. 크리스와 노라는 둘 다 인생의 게임에서 1점이라도 더 필요한 사람들이라 서로를 금방 알아보기는 하지만, 크리스의 기회주의적 섹스 이후 헤어진다. 톰은 노라를 떠나 자신의 집안이 승인할 수 있는 여자와 결혼한다. 반면 휴잇 집안은 크리스에게 그에 걸맞은 직책을 구해준 후 딸과 결혼시킨다. 여기까지의 스코어를 보자면 그는 계급적으로 무한 상승 이동이 가능한 점수를 얻었고, 노라는 잃었다. 그러나 문제는 크리스가 템즈 강가의 호화로운 아파트의 삶 외의 무언가 다른 것, 말하자면 애욕이라고 알려진 것을 노라에게 투사하면서 벌어진다. 더 정확하게 말하면 문제는 크리스에게 일어나는 것이 아니라 노라에게 일어난다. 노라는 그녀 자신의 말처럼 남자들이 그녀와 잠을 자면 뭔가 특별할 것이라고 생각해서 유혹하기 때문에 상대가 톰이건 크리스건 사실 크게 관계가 없다. 톰이 잘 생기고 그녀에게 선물 공세를 하기 때문에 좋아한다고 크리스에게 말했지만, 초반의 호기심 말고는 사실 노라가 왜 크리스와 관계를 하고 있는지는 역시 그녀의 말대로 모호한 일이다. 처음 만났을 때 노라는 크리스가 대단히 공격적인 사람이라고 말한 적이 있다.

영화에서 가장 격한 장면은 둘이 호텔에서 나와 다시 노라의 아파트로 가 정사를 벌이는 부분이다. 노라는 크리스의 넥타이를 풀어 그의 눈을 가리는데, 크리스는 여기서 처음으로 대단히 흥분한 모습을 보인다. 이제까지 그는 냉정하고 계산된 발언을 하는 편이었다. 이제까지는 상류층의 별장이나 런던의 팝, 음식점, 그리고 테이트 모던 등을 우아하게 보여주던 카메라가 이 부분을 정면에서 잡기 때문에 관객은 이 장면을 거의 날것처럼 불현듯 응시하게 된다. 이 장면에서 뿜어져 나오는 성적 에너지는 상당히 높다. 또 노라가 뒤에 있기 때문에 관객은 흥분하고 만족해가는 남자의 몸을 직접 마주한다. 〈매치 포인트〉는 계급 상승 욕구의 실현이라는 것 말고도 크리스의 육체적 흥분과 쾌락의 충족을 보여준다. 관객이 그의 성적 흥분을 날것처럼 느끼게 구조화되어 있는 셈이다.

이 장면은 영화의 종결부 크리스가 노라에게 가하는 모종의 끔찍한 무엇과 기묘한 대구를 이룬다(스포일러를 피하고 있음). 이 영화에서 질리는 부분은 심지어 노라의 일기장의 진술마저도 크리스의 그저 행운으로 충만한 사회적 건재를 훼손시키지 못한다는 것이다. 또한 유령의 저주도 크리스의 비윤리적 행운을 앗아가지 못한다. 굳이 그 의미를 구한다고 한다면 그것은 상층 계급, 건재의 비밀이 자본가로서의 능력이 아니라 상당 부분 운에 달려 있다고 하는 것이다. 영화는 도덕적 망설임 없이 그 부분을 끝까지 밀어붙이고 또 도스토예프스키와 소포클레스의 사유를 씌운다. 하지만 사실 영화는 크리스의 살갗 벗겨진 욕망과 상류층의 옷으로 덧씌운 욕구의 변주에 다름 아니다. 또 그것은 노라의 삶의 포인트를 제거함으로써 가능해진다.

이 영화가 유사한 이야기를 다룬 드라이저의 소설 『아메리카의 비극』이나 영화 버전인 〈젊은이의 양지〉(1951)와 다른 점은 주인공 남자가 사형과 같은 처벌을 받지 않는다는 점이다. 또 다른 차이점은 위 작품들에선 먼저 가난한 여자와의 관계 중에 부자인 여자를 만나는 설정이지만, 〈매치 포인트〉는 계급 상승을 가능하게 해줄 대상과 성적 욕망을 일으키는 대상을 거의 동시에 등장시킨다. 바로 그런 동시성 때문에 상승하려는 욕구와 성적 충동에 대한 욕망은 서로 경합하면서 영화에 응축된 긴장과 에너지를 부가한다.

우디 앨런은 예술 혹은 상류 계층의 문화와 날것 그대로의 욕망을 정교하게 혼합해 살인에 대한 대가를 받지 않는 텍스트의 내재적 논리를 만들어내고, 그리고 영국 사회의 세습적 부의 완고함과 자비로움을 우아하게 보여준다. 그래서 이 영화에 도덕적 판단을 내리는 것을 『아메리카의 비극』의 1920년대 미국이나 〈젊은이의 양지〉의 1950년대와는 달리 어느 정도 시대착오적인 것일 수 있다는 생각을 하게 만든다.

그리고 바로 이 지점이 〈매치 포인트〉가 위의 작품들과 결정적으로 갈라서는 부분이기도 하다. 나는 텍스트가 관객에게 주입하려는 이런 충동, 유혹과는 달리 이 영화의 여성과 일하는 계층, 그리고 노인에 대한 혐오는 도가 지나치다고 생각한다. 아이러니의 흔적이 있다고는 하지만 제스처이지 텍스트를 가볍게 태울 정도조차 아니다.

〈달콤, 살벌한 연인〉

이 영화의 두 장면에서 나는 사실 포복절도했다. 그 하나가 영화의 마지막 즈음, 헤어진 사랑에 대한 그리움을 다른 사람들은 연인이 좋아하던 음악을 들으며 느낀다거나 하는데, 황대우(박용우)는 암매장된 시체가 발견되면 하게 된다는 이야기. 나는 사실 토요일 저녁, 달콤한 무드를 가장하고 있는 연인들 틈에 껴 멀티플렉스 복도 끝자리에 앉아 영화를 보고 있었다(처음에 들어섰을 때 둘씩 앉은 연인들이 매우 동정어린 눈길을 던졌다. 시사회에서 볼 걸……). 그래서 원한 것만큼의 박장대소를 연출하지는 못했으나 모처럼 만에 보는 엉뚱하고 정말 웃기는 코미디다.

이 영화는 거의 낫 놓고 기억 자도 모르는 것에 버금가는, 몬드리안 그림을 놓고도 누군지 모르고 도스토예프스키도 생판 초면인 한 여자 미나(최강희)가 대학교 영문학과 강사인 남자를 만나 취향 갖추기를 해가는 과정을 그리고 있다. 그러나 또 다른 한편에서 시체를 묻을 구덩이를 파고 있는 것이 문제다.

이 영화는 취향을 통한 계층 간, 성별 간의 구별 짓기의 풍속도이면서 또한 그런 고급 취향의 통속화 과정이다. 대학 영문과 강사와 혈액형으로 상대를 파악하는 '유치'한 여자 간의 취향의 조정 과정 말이다.

동시에 소위 순애보적 사랑이나 그 사랑의 대상으로서의 청순 명랑 타입의 여성에 대한 가벼운 해체적 시각이 있다. 이웃집 청순 명랑 처녀가 블랙위도우로 밝혀지는 과정이 흥미롭다. 두 번째로 매우 웃긴 장면은 미나/미자의 도스토예프스키 인용과 해석이다. 예의 그 하찮고 보잘것없는 사람을 죽인다는 구절 말이다. 〈매치 포인트〉의 도스토예프스키 인용보다 통속적이고 웃기는 코드로 사용되었지만 오히려 이런 참조가 덜 느끼하다. 이렇게 가볍게 날이 선 영화, 또 농담이 상당히 마이너한 감성인 영화를 저예산으로 만들어 주류 영화의 배급망 속으로 올려놓은 것은 앞으로도 흥미로운 벤치마킹 사례가 될 것 같다.

여자들 빠진 공공의 세계: 〈공공의 적 2〉

몇백만이 넘는 관객 동원을 위해서는 두말할 나위 없이 여러 가지 영화적, 비영화적 장치가 동원된다. 〈투캅스〉 시리즈와 마찬가지로 이제 연작물의 행보를 내딛은 〈공공의 적〉만큼 그 동원 기제를 잘 이해하고 있는 영화도 흔치 않을 것이다. 우선 사회적 공분을 살 만한 대상을 설정한다. 그 공공의 적에 대한 집단적 분노를 매표로 연결한다. 그리곤 영화 안에서는 그 힘 있고 못된 자에 대한 수사와 액션이 취해지고, 분풀이가 이루어지는 구조다.

전편 〈공공의 적〉의 공적은 펀드 매니저였다. 그 설정은 매우 절묘했다. 컴퓨터 자판 숫자 몇 개로 돈을 이리저리 움직여 기하급수적으로 팽창시키는 금융 자본의 마술사가 실은 피도 눈물도 없는 살인자, 공공의 적이라는 플롯은 소위 글로벌 금융자본의 위협을 받고 있는 IMF 위기 이후의 사회 분위기에 기막히게 맞아 떨어지는 것이었다.

2편의 공적은 사학 재단의 젊은 이사장 한상우(정준호)다. 그는 사학 재단의 '사'를 매우 사적으로 해석해, 학교, 체육관, 부속 병원 등 모든 것을 팔아 사유화한다. 또 그것을 미국으로 반출하고자 한다. 그 과정에서 자신의 아버지와 형을 죽인다. 법적으로, 윤리적으로 처벌받을 이유는 충분하다 못해 흘러넘친다. 그러나 한상우는 빠져나갈 구멍이 많다. 아버지는 갑작스런 심장 발작으로 죽음을 맞은 것이며, 형은 난데없는 교통사고를 당한 것이다. 게다가 핑크빛 보따리에 싸 정치계에 바친 돈은, 미국으로 유출될 매각 자금을 세계화를 위한 자본으로 둔

갑한다. 한상우는 젊고 유능한 글로벌 시대의 사업가로 미디어에 비쳐진다.

　전편의 경찰 강철중은 여기서 서울지검의 검사 강철중(설경구)이 되어 돌아온다. 집요하면서도 피로에 지친 듯한 강력부 검사 역을 맡은 설경구의 연기는 이 영화에서 가장 설득력 있는 부분이다. 강철중과 한상우에게는 꼭 공적인 것만은 아닌 사감이 있으니 그것은 둘이 같은 고등학교를 다닌 데서 유래한다. 당시 강철중은 태생이 귀한 한상우가 집단 처벌에서 빠져나가는 것을 목격하면서, 말하자면 '계급 적대'를 배웠던 것이다. 이렇게 해서 〈공공의 적 2〉는 공적 한상우와 그를 비호하는 세력, 그리고 '우리' 진영으로 적군과 아군을 배치한다. 그러나 이 두 번째로 짠 공공의 적 진영은 전편만큼 짜릿한 복수의 쾌감을 불러일으키지 못한다. 무엇보다도 사학재단의 비리가 당대의 가장 큰 골칫덩어리는 아니지 않는가. 영화에서 거듭 강조되는 청렴하고 정의에 불타는 검사들에 대한 묘사는 '흠…… 이거 내 돈 내고 검찰 홍보 영화를 보는 것 아냐?' 하는 의심마저 불러일으킬 수 있다. 게다가 여자들은 이 영화의 공공 영역이나 사적 영역에서 이런저런 핑계로 죄다 빠져 있다. 부장 검사의 아내는 남편의 '박봉'과 격무를 견디지 못해 시골에 내려가 있기 때문에 전혀 영화에 등장하지 않고, 그런 생활을 지켜본 강철중은 아예 결혼도 연애도 하지 않는다. 한상우의 아내는 미국 교포이기 때문에 나오지 않는다. 이 남자들만이 서로 치고받아 적이 되고 친구가 되는 '공공의 세계.' 여자들이 왜 보나?

강렬한 애매함으로서의 유혹: 〈달콤한 인생〉

모호함

〈달콤한 인생〉을 비판하는 것은 그리 어려운 일이 아닐지도 모른다. 〈올드보이〉 방식을 따라 '폼생폼사'라는 사자성어가 쓰인 종이를 누구에겐가 쳐들어 보이고 싶을 수도 있다. 하지만 일단 그 길로는 가지 않기로 하자. 차라리 이 영화에 담긴 어떤 유혹에 대해 말해볼까 한다. 그것을 말로 해야 하는 이유는, 영화 전체를 추동하는 애매함, 모호성 때문이다. 우선 영화의 한국어 제목은 달콤한 인생이고, 극장판에 뜨는 영어 제목은 '달콤 씁쓸한(Bittersweet) 인생'이며, 영화의 상징적 무대인 호텔의 스카이라운지는 '라 돌체 비타'(달콤한 인생)다. 이 영화엔 인생의 달콤한 장면이 거의 전무하니 제목은 분명 역설, 그러나 동시에 그 역설이 성립하기 위해서는 그 달콤함을 극적으로 반전시키는 씁쓸한 인생의 장들이 스크린에 펼쳐져야 한다. 그러나 이 영화를 두 번 보아도 인생의 어떤 부분이 그토록 달콤해 그의 상실이 또 그토록 쓰라린 것인지 그 아이러니와 역설이 이해되지 않는다. '몰락' 이전부터 선우(이병헌)는 영화 마지막의 대사를 미리 끌어와 말하자면 보스를 위해 '개'처럼 살고 있었다. 그래도 종내 달콤한 부분을 유추하자면 사람을 죽인 후 설탕이 든 에스프레소를 마시고, 보스의 젊은 연인의 배신 가능성을 경청하며 그와 전복을 나눠 먹고, 좋은 양복을 입고 해결사 노릇을 하는 것 등등일 것이다. 한 인간의 몰락을 끔찍하게 느끼게 하는 권력의 단맛, 매혹이라고 보기에는 애매한 구석이 있다.

보다 핵심에 근접한 '모호성'으로 다가가자. 선우는 수십 명을 죽이고 또 자신도 죽어간다. 그러나 끝내 사태가 왜 이렇게 되었는지를 알지 못한다는 점이 영화의 구조적 모호함의 핵이다. 선우(이병헌)는 보스(김영철)에게 마지막으로 묻는다. "저한테 왜 그랬어요?" 보스는 모욕감을 느꼈다는 등의 이유를 대지만 선우가 말한다. '진짜 이유가 뭐예요?" 그러나 보스는 선우가 쏜 총에 심장을 맞고 죽기 때문에, 대답은 끝내 주어지지 않는다. 보스를 찾기 전 선우는 백 사장(황정민)에게 또 이유를 묻는다. 백 사장은 인생은 고통이라는 등 이발소에 걸려 있던 푸쉬킨의 시 같은 말을 지어내면서, 선우를 짧게 여러 번 찌른다. 그리고 이유를 알고 싶다면 자신을 찾아와서는 안 되지, 라고 충고한다. 백 사장 역시 선우 총에 금방 죽어버리기 때문에 선우는 적들로부터 종내 답을 구하지 못한다.

여하간, 〈달콤한 인생〉에서 선우는 '왜'라는 질문을 가지게 된 사람이다. 말하자면 중세 기사의 퀘스트(quest)에 해당하는 것인데, 물론 이 영화는 중세 기사담이 아니며, 그러니 그 기사담의 종교적 구조를 따라가지 않는다. 또한 선우는 자신의 아버지격인 보스(그는 조직과 가족을 동일선 상에 놓고 말한다)의 여자를 욕망하고, 또 그 아버지를 살해하면서 오이디푸스의 여정을 따라간다. 하지만 오이디푸스에겐 있으나 그에게는 끝내 주어지지는 않는 것이 상황의 역전에 따른 지식과 깨달음이다. 오이디푸스의 무지, 또 깨달음이 동정과 공포를 일으킴에 비해, 이 영화는 의식적이든 무의식적이든 주인공 선우에 대한 동정의 기반을 만들지 않는다. 자신의 감금의 이유를 알지 못한 채 '왜'라는 의문을 가지고 올드 동창생 보이들을 찾아다니는 올드보이처럼, 〈달콤한 인생〉의 선우도 조직의 올드보이들을 찾고 오달수처럼 자신이 인간 하위의 '개'로 살았다고 말한다. 그러나 오달수가 도달하게 되는 '근친상간'과 같은 공포에 찬 진실은 애시당초 없다. 바로 이것이 역설적이게도 영화 〈달콤한 인생〉이 가진 모호한 유혹이다. 예컨대 전광석화와 같은 깨달음, 그 고통스런 순간은 부재하고, 관객들은 이런 인식의 모호함, 혹은 부재 속에서 전적으로 영화의 무드, 스타일, 톤과 같은 분위기에 매달리게 된다. 영화적 유혹에 의존하게 된다.

일단 선우의 이런 행로를 영화가 스스로의 형식으로 선언하는 필름누아르 속에서 생각해보자. 팀 덕스는 다음과 같이 제안한다.

> 필름누아르는 장르가 아니라 차라리 무드이며, 스타일이고 시점 혹은 영화의 톤이다.

이때 무드는 멜랑콜리와 소외감, 황량함, 환멸, 모호함, 그리고 도덕적 타락 등을 포함한다. 또 필름누아르는 불안과 회의, 그리고 의혹이라는 전후의 분위기를 담고 있다는 말도 참조하기로 하자. 대부분의 영화적 공간에서 인물들이 스탠드나 몇 개의 부분 조명에 의지해 강한 빛의 콘트라스트나 어둠 속에 잠겨 있고 모호함이 영화를 이끌어간다는 점에서, 이 영화의 형식적 무드는 분명 필름누아르를 향하고 있다.

영화가 시작된 후 백 사장파와 싸움이 벌어지고 상대를 제압한 후 선우가 다시 문을 열고 호텔 복도로 나올 때의 차가운 백색이나 스카이 라운지의 청녹색 부조는 이 영화에 테크 누아르(Tech Noir)라고 알려진 일종의 Science-Fiction에 가까운 시각적 긴장을 부여한다. 호텔 크라운의 이런 테크 누아르적 냉담함은 나중에 선우가 처벌을 받게 되는 현장의 도살장 분위기(인간 도륙을 위해 칼을 갈고, 뛰는 피를 막으려 앞치마를 입고, 현재는 매달려 있으나 곧 시체가 될 선우의 피를 받기 위해 함지박을 댄다)와 극명한 대조를 이룬다. 선우는 매끈한 외장의 테크 누아르 장르의 주인공에서 액션 장르의 주연으로 '몰락'한 것이다. 그러나 또 이렇게 테크 누아르와 액션이 긴급히 만나게 됨으로써, 사실은 크라운 호텔과 인간 도살장이 쌍둥이 공간이며 양자가 서로를 필요로 한다는 것을 분명하게 전한다. 호텔을 중심으로 정치적 모략과, 러시아와 동남아시아계 이주인들의 성매매, 인신매매가 이뤄지고, 그 유지를 위해 외부에서는 인간 도륙이 일어난다. 영화의 후반부에서 이 두 축은 라 돌체 비타에서 전격적으로 만난다.

테크 누아르 풍 이후엔 무덤 파기(《조용한 가족》보다는 덜 분주한), 불 막대기 휘두르기, 총싸움 등 영화는 그야말로 유사 슬래셔를 거쳐 액션 장르로 달려간다. 이 질주를 방해하는 것은 아무것도 없다. 팜므 파탈 역이라고는 믿을 수 없게도 줄무늬 박스 팬티를 입고 연인과의 정사를 준비하던 희수(신민아)는 어떤 이중 플롯도 꾸며내지 않으며, 보스나 적 진영의 배신의 플롯도 없다. 반전이 없는 것이다. 영화는 그런 상황의 역전에 따르는 인식 혹은 깨달음 없이 고통스런 마지막 장면을 준비한다. 마지막 장면은 허문영 평론가가 〈주먹이 운다〉에서 지적하는 피투성이 피학성의 세계에 다름 아니다. 암울한 시대의 지배를 받는 주체의 분열를 다루곤 하는 누아르적 무드가 피바다 액션으로 변할 때, 그리고 선우의 질문, "저한테 왜 그랬어요?"를 듣게 될 때, 우리는 사실은 "아버지, 저한테 왜 그랬어요?"라고 말하는 아직 성년의 문턱을 넘지 못한 미성년 누아르/액션의 주인공을 발견한다. 선우는 반항하지만 그것은 이유를 모른 채 죽고 죽이는 것이며, 그래서 실질적 나이와 관계없이 '이유 없는 반항'을 하는 10대의 역할을 하고 있는 것이다. 그는 사랑도 섹스도 해보지 않은 미성년처럼 그려진다. 또한 그가 상상하는 아버지 역시 그 이유를 가르쳐줄 수 없는, 젊은 여자와의 관계에 실패한 나이만 먹은 남자인 것이다. 그래서 서로에게 총질해 몸 여기저기에 깊은 구멍이 생기지만, 두 사람 누구도 삶의 깊은 이해를 구하지는 못한다. 그럼에도 나는 이 영화에 여전히 어떤 모호한 유혹적 시선이 있을 수 있다고 말하는데, 그것은 이 영화가 신비한 소녀에게 쿨하게 보이고 싶은 미소년의 욕망이 상대를 찾지 못한 채 나르시시즘으로 귀환하는 것을 보여주는 이야기이기 때문이다. 선우는 죽음의 순간, 주마등 같은 이미지를 보게 되는데, 거기서 희수는 그를 응시한다. 희수의 선우에 대한 응시의 내용은 물론 모호하다. 그 모호함이 불러일으키는 떨림과 호기심, 유혹을 다시 한 번 영화의 핵으로 불러오며 〈달콤한 인생〉은 그 모호한 생을 마감한다. 유혹은 사실 강렬한 애매함인 것이다.

미국 정치의 아포리아: 〈디파티드〉

영화 안에서는 중요하게 취급받지 못하고 소소한 상황 속에 처해 있다 사라지나 극장을 떠나는 마음을 붙잡는 상황이나 인물이 가끔 있다. 나에겐 〈디파티드〉의 매들린이 그랬다. 매들린을 연기한 베라 파미가는 미국 뉴저지에서 우크라이나 이민자의 딸로 태어나 2005년 〈절망의 끝〉(Down to the Bone)으로 로스앤젤레스 비평가 상을 수상했다. 덴젤 워싱턴, 메릴 스트립과 함께 출연한 〈맨츄리안 캔디데이트〉도 있다. 거식증 의심이 들 만큼 말랐고 눈은 우울한 옅은 푸른색이고 가끔 붉은 머리로 출연하기도 한다. 그녀는 이 영화에 팜므 파탈도 아니고 순수 소녀도 아닌 프로페셔널로 등장한다. 〈디파티드〉에서 맡은 역은 경찰을 상대하는 심리전담 의사다. 명명백백하게 거친 남성들이 들끓는 이 영화에서 그녀는 그 남자들 중 코스티건(레오나르도 디 카프리오)의 심리 치료를 하고, 설리반(맷 데이먼)과 코스티건 두 남자와 섹스를 하고 설리반의 아이를 임신한다. 허문영은 코스텔로(잭 니콜슨)를 유사 아버지로 읽으면서 매들린에게 어머니 역할을 부여했지만, 그녀의 위치는 모성적이라기보다는 잔소리는 하지 않으나 투시력이 있는 연인에 가깝고 모호하고 다중적이다.

내가 그녀에게 관심이 가는 이유는 매들린은 이 영화에서 유일하게 공공성, '퍼블릭 서비스'를 믿는 사람이기 때문이다. 설리반은 함께 살기 위해 자신의 집으로 이사 온 매들린에게 왜 좋은 대학(하바드 대 티셔츠를 입고 있다)을 나오고도 돈을 많이 버는 직업을 택하지 않느냐고 묻는다. 그녀는 공적 영역에서 서비스를 제공하는 것이 좋지 않느냐고 소박하게 되묻는다.

경찰 퀸넌(마틴 쉰)도 공공성을 담보할 수 있는 기미는 있으나. 코스티건을 갱들의 사지로 밀어 넣은 사람이 퀸넌이기 때문에 온전한 공공성을 대변한다고 보기는 어렵다. 실낱같으나마 이 영화에서 공공성이 중요한 이유는, 아마도 프레드릭 제임슨이 『미국: 포스트 정치 사회』라는 제목의 책을 쓰고 싶을 만큼(영화 〈차이나타운〉 등을 보고 글을 쓴 적이 있다), 〈디파티드〉는 미국사회의 정치적 아포리아, 정치적 해결 전망 없음을 징후적으로 드러내는 기상도 같이 보이기 때문이다. 사실 이 영화만큼 온갖 욕설을 동원해가며 미국사회의 갖가지 적대(계급, 인종, 젠더)를 드러내는 영화도 없다. 그러나 그뿐이다. 이탈리아계 마피아와 아일랜드계 갱의 대립은 기존의 인종적 갈등을 재확인해줄 뿐이며, 빈민층에게 계급 이동의 기회는 없다. 여성을 모욕하는 욕설은 액면 그대로 증오의 언어, 더러운 말로 남아돌 뿐이다. 이 모든 적대는 두 명의 첩자(쥐새끼)로 치환된다. 실제 쥐새끼가 영화 마지막 보스턴 의회가 바라보이는 설리반의 아파트 창가를 기어갈 때 영화의 유치한 정치적 알레고리의 무능함은 극에 달한다. 갖가지 모순이 재현되지만, 정치적 비전은 파국에 가까운 영화가 거리 정치의 재현에 민감했던 마틴 스콜세즈에 의해 둔감하게 다루어지는 것은 그야말로 연민을 갖기 어려운 '미국의 비극'이다.

이 점을 〈무간도〉와 비교하면, 홍콩 반환 이후 홍콩 영화계의 주목받는 감독으로 떠오른 감독 유위강은 〈무간도〉 1편의 마지막에 섬광 같은 정치적 자각을 불어넣었다. 유건명(유덕화)이 선인으로 태어나기를 결심하고 신원 회복을 시도하는 진영인(양조위)의 부름에 응할 때다. 구름이 뒤에 깔린 그 유명한 옥상 장면 말이다. 진영인이 유덕화가 새롭게 변하고 싶다는 말을 믿지 않자, 그는 전에는 선택의 여지가 없었지만 지금은 다르다고 항변한다. 유건명의 부인할 수 없는 도플갱어인 진영인은 이 진술의 의미를 즉각적으로 이해한다. 그러나 지하 세계에 신물 난 그는 판사 앞에 가서 진술하라고 제시한다. 유건명의 '선택'은 이루어지지 않고 진영인이 살해된 후 그는 무간지옥, 유예의 상태에서 살아가야 한다. 하지만 전엔 선택할 수 없었지만(홍콩 반환 이전), 이젠 선택할 수는 있는 정치적 상황에 대한 암시는 영화가 무간지옥에 대한 설명으로 끝나기는 하지만 〈디파티드〉처럼 완벽한 정치적 파국 상황은 아니라는 점을 예시한다. 무간지옥은 유예이나 '디파티드'는 죽음이다.

〈디파티드〉로 돌아오자면, 경찰사관학교에서 바로 갱들의 세계로 투입된 코스티건은 공포에 질린 상태로 살아간다. 경찰의 신분을 유예당한 그에게 허용된 공적 사회와의 접촉은 바로 매들린과의 만남과 퀸넌과의 전화 통화 및 접촉이다.

코스티건과 매들린은 처음엔 불화한다. 코스티건이 신경안정제를 처방해달라는 자신을 이해하지 못한다며 소리소리 지르고 나서야 매들린은 그를 심각하게 받아들인다. 그런 매들린에게 코스티건은 혹시 부모가 알콜 중독이 아니었느냐고 질문한다. 매들린은 놀란 표정을 짓고, 이를 부정하지 않는다. 코스티건은 연인 설리반보다 매들린의 심리적 향방을 잘 읽어낸다. 그러나 매들린이 심각하게 사랑에 빠진 상대는 설리반이다. 설리반은 그녀와 함께 살게 된 이후에도 경찰이면서 갱의 쥐(스파이)인 자신의 정체를 털어놓지 않는다. 또 그는 매들린의 어릴 때 사진을 보이지 않는 곳에 치우라고 하면서 그녀의 유년 시절을 부정하는 듯이 보인다. 사실 매들린과 설리반이 왜 사랑에 빠지는가는 이 영화의 미스터리 중 하나다.

정치도 공공 영역도 그에 대한 재현도 아포리아에 빠진 이 영화에서 매들린은, 사실 〈무간도〉에서 세 명의 여자가 했던 역할을 모두 하고 있다. 〈무간도〉에서 진영인과의 사이에서 낳은 딸을 기르는 여자, 유건명의 여자 친구인 메리(정수문) 그리고 경찰/범죄자 심리상담가인 이심아(진혜림), 이 세 명의 여자가 매들린 한 사람에 매달려 있는 것이다. 〈디파티드〉는 여자가 여럿 나오는 것을 못 견디겠다는 듯이, 매들린에게 세 명의 여자를 몰아넣고 영화 내내 부재하는 공공의 가치를 그녀에게 잠깐 부여하나 그녀를 특별히 글래머로 묘사하지는 않는다. 오히려 그녀는 창백하고 부서질 듯하다. 심리상담을 하면서도 설리반과 코스티건의 심리를 읽으려 하지 않는다. 그래서 영화가 진행되면서 그녀도 정치적 아포리아의 대열에 합류하는데, 영화에서의 놀라운 생략은 그녀의 임신 사실이 초음파로 밝혀진 이후, 코스티건이 죽자 그 장례식에 참석한 매들린은 설리반과 결합할 뜻이 없음을 표현하는데, 이후 그녀의 선택에 대해 어떤 암시도 없다. 말하자면 이 영화에는 〈무간도〉와 달리 선택이 없고, 또 선택은 앎의 대상이 아니다. 매들린도 설리반도 코스티건도 영화에서 그 자리에 놓여질 뿐, 선택하지도 선택을 원하지도 않는다. 〈무간도〉가 살아남은 자의 지옥으로 1편을 종결하고 있다면 〈디파티드〉에서 설리반이나 코스티건과 같은 인물들과 얽혀 있는 사람 중 유일하게 살아남은 자는 매들린인데, 그녀가 영화의 마지막에 등장하지 않음으로써 이 영화는 그 누구의 무간도도 아닌 것이 되고 만다. 모두가 떠났다고("디파티드") 말하나, 난 사실 이 영화가 매들린에 대해 끝부분에서 말하는 점이 있어야 한다고 생각한다. 남자들만의 영화에서 꼭 그런 것을 요구해야 하냐는 질문이 제기될 수 있겠으나, 위에서 분석했다시피 매들린에게 지워진 재현의 무게는 양으로만 보아도 〈무간도〉의 세 배다.

여하간에 이렇게 됨으로써 계급, 인종은 말할 것도 없이 젠더에 대한 정치적 문제 제기에 완벽한 폐색이 영화 안에 만들어지고, 그러고 보니 여기에 그려진 미국은 무간지옥이 아닌 생지옥이다. 디파티드, 즉 타계, 죽음, 지나간 것이다.

신자유주의 팜므 파탈과 노스탤지어
: 〈무인 곽원갑〉, 〈원초적 본능 2〉

〈무인 곽원갑〉의 이연걸과 〈원초적 본능 2〉의 샤론 스톤을 비교해 생각해보려 한다.

둘 다 영화에서 몸을 많이 써야 하는 사람들인데, 통상적인 의미로 젊은 몸을 가진 사람들은 아니다. 나이 들어가는 무술의 고수와 더 이상 젊지 않은 원초적 본능의 상징, 이 두 사람은 대규모 제작비가 든 블록버스터에서 가장 스펙터클한 신체로 영화의 중앙에 놓인다. 무엇이 이들을 그 중앙 무대에 서게 하며, 또 무엇이 우리로 하여금 이들을 보게 만드는가?

이연걸의 몸: 과거에 대한 강력한 향수

우선 이연걸. 〈무인 곽원갑〉에서 중국 무도 정무문을 창시한 훠위안자라는 인물로 등장한다. 20세기 초, 당시 반식민지였던 상하이에서의 일이다. 영화는 곽원갑의 어린 시절, 19세기 후반 톈진에서 시작한다. 알려졌다시피 톈진은 북부 최대의 항구 도시로, 중국 근대사에서 강제 개방의 가지고 있는 역사를 가진 곳이다. 현재도 만국 건축물의 박람회장이라 불린다.

영화가 시작되면 영국인들이 거느리고 온 인도계 군사들을 포함 각국 군사들이 시내를 행진하고 있다. 서구는 중국을 '아시아의 병자'로 부르며 조롱한다. 곽원갑의 아버지는 무술의 고수이나, 아들이 무술을 배우는 것을 원하지 않는다. 그래서 곽원갑은 책을 보며 스스로 깨쳐 아버지가 근심한 바대로 호전적 무예가로 자란다. 중국을 노리는 외국 상인들과 군인들, 선교사들이 들끓는 와중에 곽원갑은 높은 무대에 올라 무예를 겨뤄 톈진의 영웅이 된다. 그러나 비극적 우여곡절 끝에 그는 저장성의 소수 민족 마을에 가 무예를 버리고 농사를 짓게 된다. 그러다가 다시 속세로 나와 세계 각국의 무예의 고수들과 무예를 겨뤄 '아시아의 병자'인 중국인들의 자긍심을 세워준다. 그리고 상하이에 정무체조학교를 세운다. 중국의 영웅이 되는 것이다. 곽원갑이 국민 영웅으로 등극하는 과정은 물론 비국민적인 적들과 겨뤄 승리하는 것이며, 그리고 저장성의 소수 민족과 어울리는 예에서 보이는 것처럼 중국 내부의 소수 민족을 껴안는 것이다. 그러나 흥미롭게도 이 영화는 국민 영웅의 최후의 한판 승부, 승리의 이야기가 아니다. 곽원갑은 피를 토하며 죽는다. 그리고 영화가 가르치는 중요한 것 중의 하나는 사실 '무' (武)라는 글자가 싸움을 멈춘다는 뜻이라는 점이다. 복수를 위해 싸우지 않음을 말하는 것이며, 이것은 곽원갑 아버지의 가르침이기도 했다. 말하자면 곽원갑은 아버지의 가르침을 체화하고 그것을 정무문으로 조직해 반식민 시대, 중국의 무술로 키워낸 것이다. 그러나 이야기는 좀 더 뒤얽혀 있다. 아버지는 사실 그를 가르치길 거부했으며, 곽원갑이 정의로운 승부를 가릴 수 있는 상하이의 '세계 무대'는 서양과 일본의 스포츠와 엔터테인먼트 투기 자본이 득실대는 곳이며, 그 자본이 결국 그를 독살하게 된다. 곽원갑은 개인적 복수를 위해 싸움을 하는 것은 멈추었으나, 결국 그를 멈추게 하는 것은 외국 자본이다. 그리고 여기서 잠깐 이소룡 주연의 〈정무문〉에 대한 분석 글을 소개해 이 영화가 빚어내는 결정적 오해가 무엇인지 지적하려고 한다.

영화 〈정무문〉(1972)은 이소룡의 영화 중 소위 가장 민족주의적 색채를 가지는 영화다. 이 영화는 1908년 반식민 상태의 상하이를 배경으로 '정무문'이라는 도장의 사부가 죽은 실제 사건에 기초하고 있으며 이소룡은 경쟁 상대인 일본의 가라테 고수가 사부를 죽였다는 것을 알게 되고 복수를 위해 무예를 사용하지 말하는 도장의 규율을 깨뜨린다. 일본인은 중국을 '동아병부(동아시아의 병들고 약한 나라)'라고 조롱하지만 이소룡은 이 액자와 '개나 중국인 금지'가 걸린 공원의 안내문을 부숴버린다. 영화는 이소룡과 일본인에 의해 고용된 러시아인의 대결 장면에서 절정에 이르고, 모든 복수를 마친 뒤 경찰이 체포하려고 할 때 이소룡은 그들을 카메라를 향해 덤벼든다. 이소룡의 기합 소리와 경찰의 총소리가 들리고 영화는 반쯤 뛰어오른 이소룡의 프리즈 프레임을 잡으며 끝난다.(크리스 베리, 「스타의 횡단: 초국적 프레임에서 본 리샤오룽의 몸 혹은 중화주의적 남성성」, 『트랜스: 아시아 영상문화』, 현실문화연구, 2006)

예컨대 〈정무문〉은 〈무인 곽원갑〉이 끝나는 지점에서 시작하는 셈이다. 영화 〈정무문〉과 〈무인 곽원갑〉의 차이는 〈정무문〉의 이소룡이 적으로 지목한 일본 가라테 고수 안노 타나카(나카우라 시도우)가 〈무인 곽원갑〉에서는 적이지만 서로를 이해하는 공정한 경쟁 상대로 변화한 데 있다. 즉, 곽원갑을 독살하는 일본 자본가는 악당이지만 그와 공정하게 무예를 겨루는 안노 타나카는 일본 혼을 지닌 진정한 일본 무인으로 그려진다. 이연걸도 프로듀서로 참여했다고 하지만 〈무인 곽원갑〉의 프로듀서는 빌콩으로, 그는 〈와호장룡〉, 〈영웅〉 등의 초국적, 트랜스 아시아적 영화를 제작해내는 것으로 유명하다.

위의 글에서 크리스 베리는 위와 같은 이소룡의 몸에서 중화주의적 남성성을 표현하는 신무(新武)와 함께 글로벌화된 미국적 남성성(근육질인 몸의 전시가 평가되는 미국식 남성성)의 혼합을 읽었는데, 영화 〈무인 곽원갑〉은 마지막 대결에서 서구 각지에서 온 백인 근육질 육체들과 단신으로 경합한다. 그들을 모두 물리치고 곽원갑은 안노 타나카와 싸우는데, 독약을 먹인 것을 눈치 챈 안노 타나카는 곽원갑의 손을 들어 그가 승리했음을 선언한다. 2000년대 트랜스 아시아적 관객과 캐스팅, 자본의 동원에 의해 바뀐 것으로 보이는 이런 결론은 한편으로는 1980년대 이후 경제적 의미에서의 '아시아의 부상' 이후 최근에 와 범아시아 공동 제작이 유행을 이루면서 1970년대 〈정무문〉에서 볼 수 있던 이소룡의 신무적 중화주의 플러스 미국식 남성성이던 육체의 이미지(중국 무사들은 이소룡의 벗은 근육질 에로틱 몸매와는 달리 물결치는 듯한 옷으로 몸을 감싼다)에서 미국식 남성성이 삭제된 것이다. 즉 할리우드에 가서 이연걸이 망했다는 일부 네티즌들의 진단과는 달리 〈무사 곽원갑〉에서 이연걸은 '중화주의적 트랜스 아시아'의 육체로 돌아온 것이다. 영화를 본 여성 네티즌들이 이연걸뿐만 아니라 안노 타나카에 환호하는 이유도 영화의 이런 '트랜스 아시아'적 횡단 때문이다. 그러나 이런 방향이 역사적으로 올바른 것은 아니다. 이소룡의 신체가 보여주는 글로벌화된 미국에서 일본, 아시아로의 이런 매끄러운 전환, 연대는 과거사로 따져보나 현재로 살펴보나, 약삭빠른 데가 있다. 아시아 연대라기보다는 트랜스 아시아 자본이 말하는 방식이라고 보는 편이 맞을 것 같다. 하지만 이연걸의 스타 이미지로 보자면 〈황비홍〉에서보다는 현실적이다. 〈무인 곽원갑〉과 비슷한 1875년도가 시대적 배경인 〈황비홍〉에서 청년단의 무술 사범이었던 그는 중국 수호는 물론 서양까지 접수하겠다는 야심에 불탔었기 때문이다. 여기서는 패배하는 승리자, 혹은 승리하는 패배자의 양가성을 가진 존재로 등장하며 서양을 다스리기보다는 중국 소수족을 감싸안는 데 주력하고 있다.

이 영화가 이연걸의 은퇴작이 될 것이라는 점이 이 영화의 홍보 주 안점 중의 하나였듯이, 공격적인 중국의 세계화, 현대화 시기 실제 고 수인 전통 무인, 이연걸의 스타성은 그 효력을 다했는지도 모르겠다. 나는 왕우, 이소룡, 성룡, 이연걸의 뒤를 잇는 무협 스타가 궁금하다.

'무'의 진정한 의미가 싸움을 멈춘다는 것이라면, 홍콩과 중국은 이 제 전통적 싸움을 멈추고, 일본을 포함하는 아시아와 중국 내 마이너 리티를 끌어안고 세계화의 도정에 올라와 있는 것인가? 이연걸의 노 쇠해가는 몸은 그래서 전 시대에 대한 강력한 향수이며 자기연민이다. '전통적' 싸움이 '무'한 시대, 세계화와의 싸움이라는 멈출 수 없는 길 에 있는 중국의 입장에서 보자면 말이다.

샤론 스톤: 신자유주의 팜므 파탈

"누가 〈원초적 본능 2〉를 보고 싶어 하랴?" 〈원초적 본능 2〉에 대한 넘쳐나는 악평 중 하나다. 그러고 보니 맞는 이야기다. 〈스타워즈〉 시리 즈처럼 아버지와 아들이 얽혀드는 이야기도 아니고, 반지를 내다버리 러 그리도 멀리 가야 하는 대 모험극도 아니며, 심지어 매 속편마다 성 큼성큼 자라나고 있는 마술 소년, 소녀도 없다. 2편을 가장 원했던 사 람은 샤론 스톤 그녀 자신처럼 보이는데, 2006년 현재 49세인 그녀는 1992년 〈원초적 본능〉이 나온 이후 10여 년이 흘렀건만 얼굴이건 몸이 건 간에 주름 하나 없다. 〈원초적 본능〉 속편을 찍기 위해 중년을 헌신 한 사람처럼 보인다. 보톡스의 세상이니 뭐, 이건 놀라운 일이 아니지 만, 그녀의 존재감은 사실 보톡스를 훨씬 넘어선다. 그래서 마이클 더 글러스가 있던 자리에 엇비슷하게 놓여진 마이클 글래스(데이빗 모리 시)는 긴장감 넘치는 잠재적 섹스 파트너라기보다는, 고양이 앞의 쥐,

호랑이 앞의 토끼로 보인다. 불쌍한 쥐와 토끼의 입장은 잠시 보류하고, 결론부터 말하자면 나는 49세의 샤론 스톤이 고양이와 호랑이로 등장하는 것이 좋다. 여자의 젊음과 성적 매력의 등가를 깨어버리는 것이 탈신화적 몸짓으로 보인다. 이 영화가 샤론 스톤에 부여한 명백한 코드는 마돈나와 프로이트의 그 유명한 여성 환자 '도라'다. 마돈나로부터는 성적 매력을 팔아 남(대부분 남자들) 좋은 일 시키는 것이 아니라 자신의 육체 이미지로 얻어지는 부가 수입을 가져가는 자기 경영자적 전략을 가져온다. 캐서린 트라멜(샤론 스톤)은 모든 '원초적 본능'에서 발생하는 것들을 계획하고 추수해 자신의 소설로 탄생시킨다. 도라로부터는 정신분석 치료를 자원했다가 돌연 그만둬 정신분석의를 결정적으로 혼란에 빠뜨리는 시나리오를 가져온다. 하드 트레이닝으로 잘 만들어진 몸과 얼굴과는 달리 그녀의 동선은 중년 여자의 움직임을 갖고 있어 의도하지 않은 이화 효과가 매번 나타난다. 얼굴과 정적인 몸의 기호적 방출과 동적인 몸의 움직임, 그 기호성이 완전히 어긋나는 것이다. 여배우 연기 기호학의 흥미로운 사례다.

여하간, 마돈나와 도라의 전략을 가져오고, 모든 권위 있는 남자들을 함정에 빠뜨리건만, 캐서린 트라멜은 그러나 능동적 여성 주체라기보다는 영국에 가 미국식 연쇄살인 사건을 전파하는 미국산 신자유적 여성으로 보인다. 샤론 스톤의 실제 나이 때문에 성적 매력이 젊은 여성의 소유물이 아니라는 무언의 선언은 있지만, 영화 안에서 그녀는 품위 있게 나이 들어가는 정신분석의인 밀레나 가도쉬(샬롯 램플링)의 직업 윤리적 판단을 마비시키고, 마이클 글래스의 전처를 죽게 만들고, 모든 것을 자신의 베스트셀러 인세로 수렴시킨다. 그녀의 육체는 성형과 헬스클럽과 자신의 '웰빙'을 위해 타자의 윤리를 짓밟는 신자유주의적 소비의 장에 다름 아닌 것으로 밝혀진다. 그래서 이 영화에서 유일한 원초적 본능이 환기되는 순간은 나이를 극복한 여성의 몸이 가질 수 있는 성적 역동성이 아니라, 베스트셀러 재료를 모으고 또 구성하고자 하는 캐서린 트라멜의 악착같은 플로팅(plotting)에서 온다. 안타까운 일이다. 나이 들었는데도 섹스 심벌로 나온다고 샤론 스톤을 험담하는 일부 남성 팬들로부터 이 영화를 옹호할 수 없어서. 그녀가 다음에는 좀 더 나은 영화를 고르길 바랄 수밖에……. 뭐, 〈퀵 앤드 데드〉 같은 영화는 괜찮았는데.

마녀가 쏟아내는 더러운 피: 〈바람난 가족〉

가족의 육체

믿거나 말거나! 〈바람난 가족〉은 가족 영화다. 그렇다고 패밀리 레스토랑을 선호하는 패밀리들이 함께 볼 수 있는 영화는 아니다. 하지만 혈연과 결혼 관계 등으로 한 집안을 이룬 사람들의 집단이 가족이라면 이 영화는 분명 그 집단을 무대 중앙에 세운다. 그리하여 혈연은 피범벅 관계임이 밝혀지고 결혼은 이혼으로 끝난다. 하지만 이건 이제 주변에서 금방, 쉽게 찾을 수 있는 이야기 아닌가? 사실 그렇다. 하지만 〈바람난 가족〉은 '작금'의 현실을 반영한 가족 해체를 다루는 진부한 드라마는 아니다. 오히려 이 영화의 욕망은 해체된 가족들이 '쿨'하게 살아가는 순간들을 포착하는 데 있다. 말하자면 바람난 아내나 남편의 이야기는 이제 더 이상 쿨하지 않은 반면 가족이 집단적으로 바람이 날 때 그것은 영화가 된다. 60세의 여성이 할머니, 어머니이기를 부인하고 생전 처음 오르가즘을 느꼈다고 말하는 순간 말이다. 이때의 쿨은 섹스를 위한 코드다. 성행위에 집착하는 이 영화에서 동작과 동선, 유동성은 매우 중요하다. 섹스 장면의 한결같은 매너리즘을 피하는 것도 요구된다.

장선우의 〈거짓말〉과 정지우의 〈해피엔드〉를 찍은 김우형의 촬영은 몸의 움직임과 피사체의 운동을 신선하게 포착하면서 그 각각에 분명하고 강도 높은 색채를 입힌다. 특히 푸른색 톤으로 처리한 첫 시퀀스,

교각을 달려오는 주인공 영작(황정민)의 차 장면은 일찌감치 한국 풍경을 마치 동유럽의 풍경처럼 낯설게 보이게 한다. 호정(문소리)이 지운(봉태규)의 뒤를 따라 평창동 언덕길을 자전거로 질주하는 장면도 유쾌하다. 담장에는 할렐루야라는 글씨가 농담처럼 스쳐가고 서울 주택가의 내리막길은 호정에게 빠른 속도감을 제공한다. 영화의 후반부 호정이 아들 수인을 사고로 잃고 산을 내려가며 미안하다고 말하는 장면의 짙은 녹색 처리는 과잉 표현이지만 효과가 있다.

달리는 호정은 사실 몸의 움직임에 익숙한 여자다. 결혼 전 직업 무용수였고 현재도 동네 무용 스튜디오에 나가 춤을 춘다. 춤추지 않을 때 그녀는 야간 등산을 하거나 자전거를 탄다. 그러나 집에서 그녀는 심심하다. 물구나무 서는 것이 일이다. 또 남편과의 섹스는 자위로 이어진다. 그리고 고등학교 2학년인 이웃집 소년의 노골적인 엿보기에 호기심을 느낀다. 아들 수인과의 관계는 만족할 만한 것이지만, 수인은 자신이 입양된 아이라는 것을 알고 혼란을 겪고 있다.

반면 남편 영작은 움직임과 열림에 익숙하지 않다. 혹은 그가 움직일 때면 장애와 사고가 발생한다. 흐름이 끊어진다. 예의 첫 시퀀스, 푸른 새벽을 달리던 그의 차는 개의 시체와 마주친다. 이후 한국전쟁 때의 시신이 묻혀 있는 현장에 변호사로 참관했다가 구덩이에 자신이 빠진다. 사진작가인 애인 연과의 정사에서 그 장면의 연출자는 번번이 연('년'이 아니길 바란다)이다. 또 연과 함께 차를 달리다가 술 취한 지루를 차로 받고, 그것이 결정적인 삶의 함정으로 변한다.

아직 화해되지 않은 역사적 트라우마에 연루된 사람도 영작이다. 변호사로서의 영작은 50년의 매몰 끝에 발견된 한국전쟁의 시신들과 관계된 가족들의 보상 문제를 처리해야 한다. 영화에서 이 부분은 명확히 설명되고 있지는 않다. 그러나 영작의 가족사 또한 유사한 역사적 맥락 속에 놓여 있음은 분명하다. 예컨대 간암으로 사경을 헤매는 영작의 아버지는 어머니와 여자 형제 여섯을 두고 아버지와 단둘이 월남한 사람이다. 한국전쟁과 분단에 관계된 이런 문제는 영작과 연의 섹스씬에서, 연이 황석영의 소설의 한 장면(한국전쟁 때 사람들 코에 철사를 끼우고 끌고 다녔다는)을 상기시킬 때, 영화 텍스트라는 육체 속으로 기묘하게 파고든다. 그래서 이후 영작과 연의 가벼운 새도매저키즘적 성행위를 전쟁 시 육체의 이런 오용과 완전히 분리해 생각하긴 어렵다.

그리고 아버지(김인문)가 간암 때문에 '더러운 피'(간이 해독작용을 하지 못한)를 토해 가족들의 몸을 붉은 피로 적실 때 다시 한 번 환기된다. 〈바람난 가족〉에서 육체는 한편으로는 성적인 쾌락에, 또 다른 한편으로는 이렇게 전쟁과 적대감, 그리고 질병에 속박되어 있다. 몸이 만들어내는 액체들은 섹스할 때 쾌락을 위해 사용되지만(연은 영작에게 얼굴에 침을 뱉을 것을 요구한다), 그것이 통제 불가능하게 유출될 때 몸을 죽인다. 분단의 외상을 안고, 질병으로 부어오르고 파열되어 나머지 가족들을 더러운 피로 물들이는 아버지의 몸은 이 영화에서 유일하게 섹스에 관계하지 않는 성인의 몸이다. 아들과 아버지, 할아버지의 역사는 〈바람난 가족〉의 정치적 외상이다. 반면 여자들, 아내와 어머니는 그 외상으로부터 비껴나 있다. 남자들의 몸은 역사적 무게에 짓눌려 있는 반면 여자들의 몸은 그 동반 압사로부터 벗어나려 하고 있다. 어머니(윤여정)는 탱고를 잘 추는 초등학교 동창과의 재혼을 생각하고 아내는 고딩과의 연애를 거쳐 아이를 잉태한 후 집을 나간다.

더 도식적으로 말하자면 이 영화에서 역사는 좋든 싫든 남자들의 것이다. 그러면 역사의 비주체로서의 여성? 그러나 이 도식적 성정치학은 조금 더 꼼꼼한 관찰을 필요로 한다. 가족과 민족의 혈연, 피로 얽힌 관계는 사실은 현재로서는 가족주의와 민족주의라는 경계경보를 발생시킨다. 예컨대 이민과 이산과 혼혈이 세계화된 시대, 순수 혈연과 민족은 더 이상 좋은 대상만은 아니다. 예컨대 영작과 호정이 사랑하는 아들 수인은 입양아다. 그 수인은 다른 사람들이 자신의 입양 사실을 놀릴 때 남들은 엄마가 배가 아파 나왔지만 자신은 엄마가 마음을 앓아 태어난 아이라고 응수한다. 혈연으로부터도 벗어나 있고, 어린이이며 돌연 비극적 죽음을 맞는 수인은 이 영화에서 가장 소수자이며, 문제가 많은 재현을 포함한다. 영화 초반부부터 자신의 의견을 정확한 언어로 전달하는 어린이 수인은 통상적으로라면 미래를 알리는 목소리다. 그러나 그 수인이 자신을 납치한 지루(아버지 영작에게 원한을 품은)에게 명석한 어투로 "던지지 않을 거지요?"라고 묻는 순간, 지루는 그를 밑으로 던져버린다. 떨어진 아이의 머리 주변에 고인 선명한 피는 이전 영작의 아버지가 뿜어내는 '더러운 피'와 더불어 이 텍스트가 가족 구성과 관계해 제시하는 두 개의 담론, 즉 부계적 혈연과 입양의 자기소멸을 암시한다. 부계적 혈연과 입양이 실패한 상태에서 영화의 새로운 가족의 탄생은 전적으로 호정의 혼외임신에 달려 있다. 〈바람난 가족〉에서 여자와 남자라는 성을 중심으로 냉전의 유물인 아버지를 축으로 한 무거운 과거와 다소의 낙관적 미래를 포함하는 현재로 나뉘는 것이다. 그러나 죄의식 없이 가볍게 아이를 임신해 다시 행복해진 호정이 물론 여성주의적 꿈을 실현시키는 것은 아니다. 세대가 다른 여자들의 성을 처벌하지 않고 다루고 있고, 그들이 어딘가로 향해 가는 것을 보여주고 있지만, 〈바람난 가족〉은 이상한 방식으로 이성애와 가족 혹은 유사가족의 규범을 확인하게 해주는 영화다. 즉, 여자들은 남자들과의 관계 속에서 아이를 낳거나 다른 애인을 얻거나 하는 등의 대안을 찾는다. 그래서 그 대안은 규범 속에 존재하는 잉여다. 이런 문제는 텍스트의 플롯이 전개되는 방식과도 일치하는데, 모자이크식 방사형으로 이야기를 짜나가는 영화는 성과 세대가 다른 사람들을 다층적으로 보여주면서도 사실은 결국 중심으로 환원되는 구조를 갖고 있다. 영작의 아버지가 아들에게 피를 토해내는 장면을 전후해 영작은 아들 수인의 타살로 이어지는 자동차 사고를 낸다. 또 아들 수인이 죽은 후 호정을 구타하고 욕을 해 그녀가 집을 나가는 데 결정적 원인을 제공한다.

그래서 텍스트의 무거운 중심은 여전히 할아버지와 아버지, 아들로 이어지는 부계의 죄의식, '더러운 피'의 문제다. 북에 남은 할머니와 여자 형제 여섯은 다 죽었고, 할아버지는 젊은 여자와 살고 있고 아버지는 아내를 잃을 참이고 아들 영작 역시 아내와 아들 수빈을 잃을 것이다. 호정의 상대인 지운이 『카라마조프의 형제들』을 읊조릴 때 관객은 문득 카라마조프의 남자들에게 어린 나쁜 운명 같은 기운을 영작네에게 느낀다.

아버지와 아들을 무의식적 중심으로 설정해 드라마를 정점으로 끌어올리며 파국을 보여주는 이 영화가 섹슈얼리티를 바라보는 방식 역시 이성애/성기 중심이다. 페니스가 아니라 클리토리스로 대체된 것이다. 그리고 남성 상위 체위에서 여성 상위의 그것으로 바뀐 것이다. 거기에 삽입을 통한 오르가즘이라는 클라이맥스는 과대평가된다. 15년만에 섹스를 하고 오르가즘을 느끼는 순간 60세의 여성은 상대와 사랑에 빠지고, 호정은 임신한다. 남자가 여자에게 오르가즘을 줄 수 있는가 없는가와 같은 남성중심적 성 시혜주의, 그리고 남성이 여성을 성 도구화하는 방식이 역으로 적용된, 여성이 남성을 도구화하는 방식은 이 영화가 문제화하는 결혼과 가족으로 유지되는 이성애 제도와 또 그에 수반되는 섹슈얼리티에 대한 근본적 비판과 해체를 어렵게 만든다. 호정과 미성년 남성과의 '원조 교제'는 평등한 관계라고 보기 힘들다. 즉 기혼녀가 바람난 것이 스캔들이라기보다는 그 미성년인 상대와 맺고 있는 관계 자체가 더 윤리적 문제로 보인다.

성적 도착성이 전복적일 경우는 그것이 옛 섹슈얼리티 체제에 대한 통렬한 뒤집기를 감행할 때다. 그러나 〈바람난 가족〉이 섹슈얼리티를 만들어내는 방식은 도착적이거나 전복적이라기보다는 정상성을 참조하는 거울 이미지와 같은 두 쌍을 만드는 것이다. 말하자면 남자와 여자의 성행위 중의 역할을 바꾸어 놓고 거기에 약간의 새도매저키즘을 덧붙인 것이지 근본적 변태(보통과는 아주 다른 형태로 변하는 일)는 아닌 것이다. 영화의 도착성은 성행위의 재현적 측면보다는 오히려 언어적 수행성을 통해 더 강하게 드러난다. 일종의 발화 효과 행위인 셈이다. 영작이 아들 수인을 잃은 아내 호정이 옆에 있는 데도 연에게 강렬한 섹스를 요구하는(실제로는 좌절될) 언어를 구사한다던가, 호정이 지운(봉태규)에게 클리토리스를 보았느냐고 묻는 등이 그렇다. 또 위에서 잠깐 이야기한 황석영 소설 에피소드와 섹스 장면의 결합은 이탈리아 감독 마르코 벨로키오 식의 섹스와 레닌을 결합시키는, 혹은 섹스와 정치를 결합시키는 빌헬름 라이히의 방식이다. 그러나 남편이 아내를 구타하며 '쌍X' 욕을 퍼붓는 장면은 벨로키오도 라이히도 아닌 영락없는 〈바람난 가족〉에서부터 존재해온, 그리고 김기덕의 영화에서 발견되는 나쁜 남자들이다.

마녀 날아가다

〈바람난 가족〉은 한국전쟁과 분단, 역사, 그리고 성을 영화의 바탕에 놓으면서 〈처녀들의 저녁식사〉보다 훨씬 더 두터운 정치적 무의식을 텍스트의 육체에 통합시켰지만, 여성의 성을 이성애 관계 속에서만 파악한다는 의미에서 성 정치 측면에서는 후퇴다. 저녁 식사를 나누며 작은 공동체로 함께 살면서 마스터베이션을 영화 초반부터 이야기하던 〈처녀들의 저녁식사〉의 처녀들의 모습은 여기에 없다.

그러나 영화의 마지막, 호정은 임신했으나 가벼운 몸짓으로 넓은 댄스 스튜디오를 청소하고 있다. 그런 호정에게 집으로 돌아올 것을 부탁하던 영작은 거절당하자 마치 무용수처럼 가볍게 뛰어오르는 몸짓을 코믹하게 남긴 채 사라진다. 원했던 대답을 들었다는 듯. 그리고 마침내 가족으로부터 자유로워진 양. 그 뒤를 이어 호정이 마치 마녀처럼 대걸레를 들고 스튜디오를 날아다니듯 청소한다. 앞에서 지적했던 죄의식과 무거움이 날아가는 순간이다. 곧 어어부 밴드의 스타일로 〈즐거운 곳에서는 날 오라 하여도〉의 역설적인 음악이 흐를 장면이다. 또 영화에 흐르던 '더러운 피'를 마녀가 씻어내는 순간이다. 임상수 감독은 인터뷰에서 이 영화를 섹스 3부작의 마지막이라고 했다. 다음 3부작은 마녀 혹은 뱀파이어 시리즈? 나쁠 것 같지 않다.

운명이라고 알려진 삶의 은근하고
노골적인 폭력성: 〈외출〉

이미지의 역병

상당히 심각한 교통 사고 현장에서 발견된 몇 개의 물건들이 있다. 그 물건들을 찾으러 두 남녀가 경찰서를 찾는다. 서영(손예진)과 인수(배용준)다. 이 물건은 그들의 소유가 아니다. 교통사고를 당해 의식을 잃고 병원에 누워 있는 배우자들에게 속한 물건들이다. 플라스틱 바구니에서 투명 비닐 봉투로 핸드폰과 립스틱, 자잘한 소지품 등이 옮겨진다. 서영과 인수는 카메라 앞에서 좀 망설인다. 누구의 것일까? 서영이 카메라를 자신의 비닐 봉투 안으로 옮긴다. 사고의 흔적을 담은 애처로운 물건들 속에 낯설게 자리한 콘돔은 서영과 인수를 당황케 한다. 콘돔만이 아니다. 핸드폰엔 메시지가 있을 것이다. 서영과 인수는 각기 배우자들의 핸드폰을 교환하고 메시지를 확인한다. 발신함과 수신함에는 사고를 당하기 전 이들의 배우자들끼리 나눈 사랑의 이야기와 약속이 담겨 있다. 이 장면의 배경이 좋다. 1970, 1980년대를 뒤돌아보게 하는 삼척의 어느 카페 안에 서영과 인수가 마주보며 앉아 있고 벽면은 사람들이 남긴 메모와 편지로 뒤덮여 있다. 겹겹이 쌓인 그 흰 종이들은 제시간에 만나지 못한 연인들과 친구들이 놓쳐버린 시간에 대한 회한과 가까운 미래의 약속들을 담고 있을 것이다. 그러나 보다 결정적인 것은 카메라에 담긴 이미지와 소리다. 우리는 처음엔 서영의 눈과 귀를 통해 카메라에 담긴 그녀의 남편과 인수의 아내의 정사 장면을 흘깃 보게 된다. 서영이 그 카메라가 남편 것이 아니라는 것을 알아채고, 인수에게 주고 난 후 보다 많은 이미지들이 보여진다. 인수는 아내가 다른 남자와 맺고 있는 친밀한 성관계를 아내의 카메라에 찍힌 동영상을 통해 본다. 차마 볼 수 없는, 마치 이미지의 역병, 돌림병, 페스트를 보아버린 것이다. 이 외상을 더욱 깊숙이 파고드는 것은 이 동영상에 담겨 있는 두 남녀가 현재 혼수상태이며 보살핌을 필요로 하는 상태라는 점이다. 다른 영화라면 이 외상 자체의 기원과 전개와 증후가 거대한 파도처럼 텍스트를 출렁이게 했을 것이나, 〈외출〉은 이미지의 역병을 보아버린 여자와 남자의 심상을 그야말로 겨울 속의 봄, 봄 속의 겨울처럼 따라간다. 역병처럼 출현한 동영상 이미지가 자연 풍경의 막막한 서정과 평행선을 그리는 것이다. 영화는 이 두 남녀의 마음의 절기를 4월의 눈, 봄의 겨울로 헤아리고 있으나, 〈외출〉 속에서 펼쳐지는 것은 사실은 겨울 속의 봄과 같은 유사 치유 효과를 갖는 기후, 그 기상 상태다.

현재 꼼짝없이 병상에 누워 주사 바늘에 몸을 의지하는 두 남녀가 가까운 과거에 촬영된 동영상 속에서 몸을 그대로 드러낸 채 서로를 친밀하게 원하고 있다면, 서영과 인수는 바로 그 두 남녀 때문에 삼척의 병원과 모텔에 몸이 매어 있다. 때는 겨울이라 사방이 눈 천지고, 외투는 두껍기만 하고 풍경은 황막하며, 남편과 아내는 언제 깨어날는지, 깨어나기나 하려는지 알 수가 없다.

자, 이제 무엇을 해야 하며 무엇을 할 수 있을까? 도대체 무엇을 원한다는 것을 생각할 수 있는 것인가? 〈화양연화〉에서도 비슷한 설정을 만난 일이 있기는 하다. 핸드백과 넥타이 선물을 실마리 삼아 자신의 배우자들끼리 사랑에 빠진 것을 안 장만위와 량차오웨이는 점차로 서로에게 매혹되지만 자신의 배우자들이 했던 일, 즉 육체적 관계의 반복을 필사적으로 피하려고 한다. 그들 배우자들의 행위를 모방하지 않는 절제만이 이들에겐 구원이 된다. 물론 이것은 억압이 따르는 일이다. 금욕과 욕망을 동시에 나타내는 장만위의 화려하게 채색된 드레스와 목을 죄는 높은 스탠드칼라는 가슴 아프게 절묘한 설정이다.

〈외출〉은 비교적 일찍 〈화양연화〉로부터 떨어져 나온다. 인수는 오지 않을 위안을 찾아 모텔 복도 건너편의 서영을 술에 취해 방문했다가 깊이 사과를 하고, 인수와 술을 마시던 서영은 "우리 사귈까요? 일어나서 기절하게"라고 농담을 건넨다. 이후 둘은 사귄다기보다는 함께 자게 된다. 또 영화는 이들의 마음과 몸의 행로나 동선을 따라간다기보다 심리나 육체의 윤곽을 어슴푸레하게 조망하면서 배우자들의 '불륜' 행동을 반복하고 모방하는 이들을 보여준다. 물론 안타까운 것은 이 두 번째의 불륜에는 대학교 동아리(사진반) 시절부터 오랜 관계를 맺어왔던 그들 배우자들 사이의 관계가 보여주는 스스럼 없음과 장난기, '케 쎄라 쎄라'가 없다는 것이다. 이들은 조심스럽고, 항상 병원 간병인들의 호출에 응할 준비가 되어 있어야 한다. 하지만 이들은 자신의 욕망의 실현에 대해 육체적으로 그리고 감정적으로 용감하다. 특히 나는 이렇게 말하는 서영에게 측은한 마음이 간다. "아빠가 빨리 결혼하라고 해 맞선 보고 결혼하고, 처음에는 좋았는데……." 그녀는 가정주부다. 자신의 남편이 사랑한 여자가 직업을 갖고 있는 사람임을 알고 "일하는 여자를 좋아하나 봐요?" 하고 인수에게 안타까운 무심함을 담아 묻는다.

〈화양연화〉가 선택했던 뼈아픈 금욕보다는 자신의 배우자들끼리의 불륜의 장면을 재연하게 되는 반복이란 통속에 빠진다면 빠지는 것인데……. 그러나 이 통속성을 구구절절 설명하고, 통속하면서 울부짖고, 떠난다며 가다가 다시 뒤돌아 뛰어와 매달리고, 우울과 울음의 클로즈업이 영화적 테크닉의 태반이고 하는 통속의 관행으로 가는 대신

〈외출〉은 대담한 생략을 선택함으로써 오히려 통속성을 추상화시켜 상위의 윤리적 세계를 일별케 한다. 이들의 관계는 불륜이라기보다는 친윤리적이다. 배신과 절망이라는 절통한 상황에서 자신의 상황을 가장 잘 이해할 수 있는 상대를 원하게 되고 교감하게 되는 것 말이다. 혹, 지적받을 수 있는 〈외출〉이 주는 여러 가지의 불편함―1. 아니 아무리 그래도 배우자가 혼수상태로 누워 있는데…… 2. 영화 편집이 너무 끊어지는 것 아냐? 3. 미장센의 세부 묘사가 좀 떨어지지 않는지? 4. 배용준의 연기가 과연 멜로드라마에 어울리는 것인가? 5. 서영과 인수가 사랑하기나 한 걸까? 6. 복수 아닐까? 등―의 의문과 지적에 대해 나는 이런 조금씩의 불편함이 통속성 100%와 개연성 제로의 상황 설정으로부터 이 영화가 스스로를 구원했다고 생각한다.

감독 허진호는 〈8월의 크리스마스〉와 〈봄날은 간다〉에서 장면과 장면의 틈새가 벌어지지 않는 연출력을 보여왔다. 그의 천천히 흐르면서도 작은 매듭들을 만드는 영화적 리듬감은 때로 감탄할 만하다. 고 유영길 촬영감독의 손길이 어린 〈8월의 크리스마스〉의 색채와 빛은 부드럽고 반짝이다가 곧 스러지는 사진사 정원(한석규)와 주차 단속원 다림(심은하, 보고 싶어라!)의 관계에 꼭 들어맞는다. 〈봄날은 간다〉에서도 영화적 시간은 얼마나 유려하게 흐르는가? 전작의 배우들인 심은하, 한석규, 이영애, 유지태 등은 또 얼마나 큰 기여를 했던가. 그런 전작들을 참조해 볼 때, 영화 〈외출〉의 어딘가에 거친 날이 선 과묵함, 이 장면에서 저 장면으로 갈 때의 선뜻한 편집(황막하나 아름다운 설원의 풍경에서 지극히 소소한 병실이나 모텔의 복도), 심지어 조명을 다루는 사람이 주인공인 영화인데도 장면 속에 빛을 일상적으로 배치한 것 등에 눈길이 간다. 매끄럽게 연출해오던 사람임에도 이번 영화는 중간중간 그것을 슬쩍 피해갔다. 난 그 점이 오히려 운명이라고 알려진 삶의 은근하고 노골적인 폭력성을 이해하는 감독의 성숙을 보여주는 지점이라고 생각한다. 크게 보자면 서영과 인수는 주어진 운명과 자기 의지라는 로베르 브레송의 주제를 변주하는 셈이다.

조명 박스

〈8월의 크리스마스〉의 사진사가 그렇고, 〈봄날은 간다〉의 음향 녹음 기사와 방송국 피디도 그렇고, 이번 〈외출〉의 조명 기사도 그렇고, 허진호 감독은 사실 영화를 하는 사람이라면 좀 쉽게 그 생활과 내막을 알아낼 수 있는 직업을 가진 사람들을 택한다. 어떻게 보면 위의 세 작품들은 사진과 음향, 그리고 조명에서 출발하거나 그를 빗댄 3부작이다.

〈외출〉의 첫 장면은 좀 의외다. 거친 조명을 받고 있는 인수의 클로즈업으로 시작하기 때문이다. 의외인 것은 그것이 허진호 감독의 스타일과도 다르고 배용준의 스타 이미지와도 어긋나기 때문이다. 곧 밝혀지기를 인수는 공연을 위한 조명 리허설을 하고 있는데, 아내가 교통사고를 당했다는 전화를 급작스레 받은 것이다. 이후 중환자 수술실, 유리가 산산이 부서진 차, 병원 주변의 메마른 거리와 모텔 실내에 불빛은 없고 어둡기만 하다. 불시에 위기에 처한 일상의 어둠이다. 위에서 '사진, 음향, 조명'의 3부작이라고 말하긴 했지만 이 영화는 사실 이상하리만큼 조명감독인 주인공의 직업을 영화 안으로 깊이 끌어들이지 않는다. 무대의 빛을 다루는 사람이 운명의 어둠을 만났을 때 드러날 수 있는 극단적 명암 대비를 통한 키아로스큐로 조명법이라든지 하는 예상할 수 있는 조명 기법들을 영화 텍스트 안에 초대하지 않는다. 영화의 첫 숏이 거친 조명을 받고 있는 배용준의 얼굴 클로즈업이라 기대가 일어났고, 더구나 인수의 조수는 등쪽에 'light box'라고 커다랗게 쓰인 티셔츠를 입고 등장해 영화 속 빛의 마술에 대한 기대를 불러 일으켰다. 아쉬운 일이다.

다만 이 영화에서 빛의 존재감이 느껴지는 장면은 서영이 남편의 병실을 청소할 때 하얀 색 커튼 위로 쏟아지는 햇살을 볼 때다. 찬 바람이 열린 창으로 들어와 커튼을 날리고 겨울 햇살은 허옇다. 병실로 쏟아지는 칼날 같은 겨울바람과 햇살, 인수와 서영이 〈외출〉을 해야 하는 이유이며 우리가 〈외출〉을 보는 이유이기도 하다.

허진호 감독을 영화평론가 김소영이 만나다

허진호 감독의 두 번째 영화 〈봄날은 간다〉는 환기와 환기가 불러오는 아련한 슬픔과 사라지는 것들에 대한 허망함으로 가득 차 있다. 남자와 여자가 만나고 사랑하고 헤어진다. 그렇게 봄날은 가고 여름이 오고 가을을 지나 겨울이 가고 또 다른 봄이 찾아온다. 〈봄날은 간다〉를 대립의 쌍들, 또는 균질한 것의 표면 너머에 존재하는 비균질적인 것들의 약동으로 독해하는 김소영 교수가 허진호 감독에게 던지는 질문들.

부재의 욕망, 대합실의 영화

음향효과 일을 하고 있는 상우는 할머니와 오래 전 상처한 아버지, 그리고 고모와 함께 살아간다. 치매에 걸린 할머니에게는 단 한 가지 기억만이 남아 있다. 죽은 할아버지를 처음으로 만났던 그때, 할머니는 틈만 나면 집을 나가 역에서 하염없이 시간을 보내고, 상우는 그럴 때마다 할머니를 찾아나선다. 그러던 어느 날 강릉 라디오 방송국에서 새 일거리가 들어오고, 상우는 PDJ 은수와 함께 녹음 여행을 떠난다. 그리고 파스스 바람이 불어가는 대나무 숲에서, 소록소록 눈 내리는 산사에서, 돌돌돌 흐르는 냇가의 소리를 주어담으며 사랑이 싹튼다. 남자의 예민한 귀는 여자를 향해 그렇게 열려갔다. 그러나 한 번 이혼한 적이 있는 여자는 남자보다 나이가 많고, 사랑이 변하는 감정이라는 것을 이미 알고 있다. 겨울에 시작된 사랑은 봄이 가고, 여름을 지나며 끝나간다. "어떻게 사랑이 변하니?" 남자는 이별을 선언하는 여자 앞에서 허탈하게 중얼거린다. 그도 이미 되돌릴 수 없다는 것을 안다. 남자를 힘들게 만드는 건 바로 그 사랑의 가변성 때문이다.

허진호 감독의 〈봄날은 간다〉는 변해가는 감정에 관해 이야기한다. 남자와 여자가 만나고 사랑하고 헤어지는 이 쓸쓸한 연애담은 그곳에 추억의 속도처럼 느리게느리게 기억을 불러오고, 그 속에 차곡차곡 어떤 적층되는 감정들을 쌓아나간다. 영화는 분명 〈8월의 크리스마스〉의 연장선상에 있다. 여전히 주인공은 어머니가 없고 죽음을 앞둔 자가 기억되기 위해, 사라지는 것을 붙잡기 위해 카메라의 셔터를 누르던 것처럼 남자는 떠나가는 사랑의 순간을 녹음한다. 그러나 허진호 감독의 이 두 번째 영화는 또한 그로부터 조금 더 멀리 나아간다. 먼저 이것은 소리를 불러오고, 그럼으로써 이야기를 조금 더 복잡하게 만들며 부재하는 어머니의 그림자를 드리운다. 그 안에서 기억과 가변성이 교차한다. 우리는 여기에서 김소영 교수에게 새로운 방식으로 허진호 감독의 영화를 질문해줄 것을 부탁했다. 지속되는 망설임의 과정 속에서 건져 올려지는 대립쌍들, 혹은 그 잔잔한 표면 바로 이편에 존재하는 그 들끓는 힘들에 관하여. 균질성 내부의 비균질성 또는 부재에 대한 두려움으로.

이 인터뷰는 마치 허진호 감독의 영화와 같은 분위기로 진행되었다. 새롭게 알게 된 사실은 허진호 감독과 김소영 교수가 어린 시절 같은 동네에서 살았다는 것이다. 오래 전의 북가좌동, 기억 속에 남은 동네 어귀어귀의 모습을 더듬으며, 이야기는 그렇게 시작되었다.

김소영(이하 '김'): 먼저 제가 영화를 본 전제에 대해 말하기 위해서 이야기가 약간 길어질지도 모르겠습니다. 저는 이 영화에 대해서 세 가지 접근 내지 해석이 가능하다고 생각했어요. 하나는 두 사람의 연애 이야기로 보는 것, 두 번째는 할머니를 통해 보는 것, 세 번째는 상우에게 어머니가 없는 것. 제가 제일 관심있는 건 세 번째 해석인데요, 그것은 이 영화에 구조화된 부재에 대한 관심입니다. 영화 속에 돌아가신 어머니에 대한 언급이 한 번 나오죠. 그리고 바로 뒤이어서 김치가 나오고 아버지가 만나는 여자 있으면 데려오라고 해요. 저는 이 영화에서 가장 깊은 무의식적 부재는 돌아가신 어머니라고 생각합니다. 〈8월의 크리스마스〉에서도 역시 죽음과 어머니의 부재가 있어요. 멜로드라마가 사라진 대상, 부재하는 대상, 없어진 대상에 대한 집착이고 그리움이 남기는 애도라면 〈봄날은 간다〉 또는 〈8월의 크리스마스〉에 중심핵으로 자리잡고 있는 것은 바로 그것이지요. 저는 여기에서 은수와 상우의 연애에서 상우는 이 연애를 매개로, 그 사랑의 과정에서 오히려 어머니에 대한 애도를 집행하는 것은 아닌가라고 질문했습니다. 〈8월의 크리스마스〉가 죽음에 대한 자기초상의 완성이었지요. 저는 그 영화가 매우 성숙한 영화라고 생각합니다. 그런데 여기에서는 사진이 아닌 소리가 등장해요. 소위 정신분석학에서 소음은 어머니와 많이 연관됩니다. 어머니의 몸속에서 듣던 소리, 언어를 익히기 전에 듣던 소리. 그렇게 본다면 〈봄날은 간다〉는 〈8월의 크리스마스〉보다 조금 더 유년기 쪽으로 다가가 있는 영화라고 생각했어요.

허진호(이하 '허'): 크게 〈8월의 크리스마스〉와 어머니의 주제를 반복해야겠다는 설정을 가지고 만든 건 아니었는데요. 〈8월의 크리스마스〉에서 죽음을 맞이하는 남자가 어렸을 때 맞은 죽음의 경험이 어머니의 죽음이었다는 설정에서 어머니의 부재를 시사했었는데, 〈봄날은 간다〉는 이야기를 만들어놓고 보니까 계속 같은 이야기를 하는 것 같다는 생각은 들었어요. 정확히 맞는 건지는 모르겠지만, 영화를 찍으면서 상우가 어머니의 부재를 항상 인식하고 있고 만나는 여자를 통해 모성을 느끼려고 한다, 그런 느낌을 줄 수 있다고 설명하곤 했어요. 굳이 어머니에 대한 어떤 이야기를 만들려고 한 건 아닌데, 지금 말씀하신 걸 들으니 그런 부분들이 안에서는 있을 수 있겠다 싶네요.

김: 영화를 보고 나서 누군가 그 둘이 왜 헤어지느냐고 묻더군요. 먼저 이 영화의 표면은 연애담이지요. 그걸 축으로 이야기하자면 그 질문에 대해서 확실히 설명해주고 있다고 생각해요. 상우에게 필요한 것은 자기의 가족에게 들어올 수 있는 사람인 거죠. 그런 의미에서 상우는 유연하고 부드러운 사람이지만 가족이라는 틀을 가진 사람이에요. 그 사랑에 좌절한 후에도 자기 집에 가서 자기 방의 창으로 바깥을 내다보는. 저는 이 영화가 일종의 점묘법의 영화라고 생각하는데, 허진호 감독의 영화는 그런 점에서 심리적인 요인을 드러내지 않는 영화들, 브레송으로부터 시작하는 반심리적인 영화의 축에 서 있는 것 같습니다. 거기에서 이야기를 진행시켜 보자면, 은수가 초반에 이런 대사를 하죠. "재미있는 얘기 해봐요." 은수는 상우와 반대되는 캐릭터에요. 바로 이런 방식으로 과다하게 노출시키지 않으면서 점묘 방식으로 점을 찍어가며 캐릭터를 완성해 나가는 것이 이 영화가 사람들에게 감성을 불러일으키는 부분이라고 생각했어요. 두 번째, 이 영화를 할머니의 이야기로 본다면 그 할머니는 망집이고, 떨쳐내지 못하는 시간에 묶여 있는 존재입니다. 그러면 이제 세 번째로 들어가보죠. 〈봄날은 간다〉에서 저에게 가장 흥미로웠던 점은 그것이 프레이밍하는 방식이었습니다. 많은 프레임이 사선을 선호하며, 좌측이나 우측에서 기울여 찍는데 그걸 다 집어넣지 않고 한 쪽을 끊어버리는 방식이 눈에 띄었습니다. 저는 그 프레이밍의 방식이 많은 것을 이야기해주고 있다고 생각했어요. 상우는 아주 나이스한 청년이지요. 그런데

당신은 이 친구가 사는 집, 아주 단출하고 단아해 보이는 집을 보여줄 때 1/3을 뚝 잘라낸 것처럼 보여줍니다. 마찬가지로 그가 세상과 소통하는 도구인 나그라를 들고 있을 때도 그렇습니다. 그것은 이 나이스한 청년이 세상에 대해 느끼는 불안이나 불화를 드러내놓고 폭발시키지는 않지만 이런 식으로 그리고 있는 것은 아닌가라는 생각을 던져주었는데요.

허: 〈8월의 크리스마스〉를 찍을 때 그런 생각을 많이 했어요. 〈8월의 크리스마스〉는 아주 잘 잡혀 있는 구도하에서 찍혀졌는데요, 그렇게 잘 잡혀져 있는 것보다는 약간의 호흡이 있었으면 좋겠다는 생각을 했어요. 시간도 좀 길게 찍으니까 보고 있을 때 답답함을 느끼기보다는 그 안에서 숨을 쉬고 싶다, 그런 것들이 의식하지는 않았지만 조금씩 적층되지 않았나 싶습니다.

김: 거기에서 저는 이런 생각을 했습니다. 이 텍스트에 어떤 갈등이 있는 것은 아닌가? 그 프레이밍의 방식과 마찬가지로 캐릭터와 사운드에서도 비균질적인 어떤 것들이 있었습니다. 여기에서 상우는 욕 한 번 제대로 못하는 사람이에요. 기껏 한다는 이야기가 너는 내가 라면으로 보여, 정도밖에 말할 수 없는. 그런데 상우와 은수, 이 두 캐릭터에 암묵적으로 설정된 것 중의 하나는 계층적 차이입니다. 지방의 PD라면 사실 유지죠. 그런데 상우는 친구라고는 택시기사뿐입니다. 그렇다면 상우가 세상에서 대해서 그렇게 평화롭기만 할까? 이 둘의 관계가 깨졌을 때, 상우는 분명 그런 계층의 차이를 생각하지 않을 수 없었을 겁니다. 두 번째, 사운드입니다. 저는 사실 여기에서 음향의 사용이 조금 더 복잡할 줄 알았는데요, 대나무 숲에서 들려오는 바람 소리 한편에는 전형적으로 멜로화된 피아노음이 들려와요. 어떤 이들은 허진호 감독이 상업 영화권에서 멜로드라마를 시험한다는 이야기를 하는데, 음악의 사용에서는 그런 것들이 보였습니다. 그래서 사실 음악은 기대하는 복합성에 충분히 답해

주지 않았다는 생각이 드는데요. 그 세 개의 겹침, 프레임과 사운드와 캐릭터에 공존하는 두 가지의 대립을 보면서 저는 앞으로 허진호 감독이 어디로 갈까 궁금해졌어요. 어떤 감독은 자신의 영화에 굉장히 파열적인 한 부분을 집어넣음으로써 어떤 전조를 보여주곤 하죠. 예를 들어 장윤현 감독이 〈접속〉에서 일련의 과정으로부터 갑자기 건너뛰는 차 사고 장면을 집어넣음으로써 〈텔 미 썸딩〉을 예고하는 것처럼요. 그런데 허진호 감독의 영화에서는 그 두 개의 힘이 꼭 갈등하며 존재하는 것이 아니라 바로 이면에 함께 있다는 느낌을 더 많이 받아요. 그리고 그것이 〈8월의 크리스마스〉보다 〈봄날은 간다〉에서 좀 더 두드러진다는 느낌이에요. 다시 말해 소음의 세계로 갈 것인가, 피아노의 세계로 갈 것인가? 아니면 단아한 화면으로 갈 것인가, 과격한 디프레임의 세계로 갈 것인가? 캐릭터에 있어서 그 부재하는 어떤 것이 어느 날 표면으로 솟아오르는 순간이 올 것인가?

허: 찍으면서 이런 생각을 했어요. 지금 나와 있는 어떤 상황들보다 조금 더 가보고 싶다, 더 해보고 싶다는 욕망이 있었거든요. 특히 상우의 캐릭터는 큰 흐름하에 놓여 있는데 은수 부분에 있어서는 좀 더 다른 걸 집어넣고 싶다거나 하는. 은수가 바람을 핀다면 바람을 피우는 정확한 상황을 집어넣는다거나. 이야기들도 조금 더 심하게 할 수 있고. 그런 게 더 사실적일 수 있다는 생각을 했어요. 예를 들어 마지막에 상우가 차 긁고 도망가는 장면을 찍기 전에 유지태하고 이영애 씨하고 셋이서 이야기를 나누었는데, 차를 긁으면 화도 내고 싸우고 경찰 불러 소리치는 그런 지경까지 가야 되는 건 아니냐는 이야기를 했어요. 이영애 씨도 원래 헤어질 때는 그 정도까지 가야 되는 거 아닌가, 어떻게도 갈 수 있을 것 같다는 이야기를 하더라구요. 불쑥불쑥 그렇게 좀 더 파행적인 감정을 담고 싶은 욕망이 나오곤 했어요. 은수가 청혼을 받고 나서 백종학 씨가 등장하잖아요. 저는 그

장면이 꼭 심각할 필요가 있을까 생각했어요. 청혼을 받고나서도 은수라는 인물은 바로 농담할 수 있는 그런 캐릭터거든요. "소화기 사용법 알아요?"라고 꼬시듯 말하고. 그런 부분들이 찍으면서 재미있다고 생각한 부분들이에요. 제가 일상에서 보여주고자 하는 것들, 어차피 영화가 전체를 보여줄 수는 없는 것이고 분명히 제가 선택한 어떤 부분들을 보여주는 건데, 그러면 어떤 순간의 따뜻함이라든지 그런 것들에 대한 관심이 많다고 느꼈어요. 지금까지 작은 어떤 것들을 봤을 때 재미있다 싶었는데, 이번에는 찍으면서 그런 것들이 어떻게 보면 따뜻하지만 어떻게 보면 좀 가식적일 수도 있다는 생각이 들었어요. 〈봄날은 간다〉는 또 둘이 헤어지는 이야기잖아요. 그 불편한 순간에 나오는 어떤 것들이 더 있었으면 좋겠다는 생각을 했어요. 그래서 찍으면서 조금씩은 집어넣어봤는데 아직도 내가 다음 영화를 만들 때 어떤 식으로 가져가야 할지는 잘 모르겠어요. 내가 가지고 있는 어떤 시선이 사라질지, 좀 더 다른 식으로 바뀔지.

김: 은수 캐릭터를 이야기했는데요. 저는 은수가 기본적으로 피상적으로 설정된 캐릭터라고 봤습니다. 이영애 씨의 얼굴도 배시시 웃거나 프로페셔널한 여자가 가지고 있는 냉정함 두 개로 나눠지구요. 〈8월의 크리스마스〉에서 심은하 씨가 맡았던 다림과 비교하자면 거기에서는 다림이 유리창을 깨고 〈봄날은 간다〉에서는 상우가 차를 긁는다는 것, 그러니까 자기의 마음을 긁은 일종의 작은 훼손을 집행하는 사람이 상우라는 것은 바로 이 영화가 은수가 아닌 상우에게 초점이 가 있음을 의미하는 것이라고 봐요. 그러면서 이것이 상우라는 인물과 그의 가족, 어머니, 할머니의 이야기로 읽혀지고 여기에 들어오는 여성 인물은 할머니이거나 보이지 않는 어머니가 되었죠. 그렇게 세 번째 해석을 시작하면서 제가 조마조마했던 건, 그러나 끝까지 일어나지 않아서 참 좋았던 점은 이렇게 어

머니의 부재를 안은 남자가 어떤 관계에 있어서 굉장히 폭력적으로 재현되곤 함에도 불구하고 여기에서는 끝까지 폭력이 없다는 점이었어요. 저는 그게 이 영화의 유연함이라고 봤는데요, 은수 캐릭터에 대해서는 어떻게 생각하나요?

허: 은수 캐릭터는 차후 설정이 참 어려웠어요. 이런 사람은 이러이러 해야 하지 않을까 규정되는 것도 없고. 저는 캐릭터를 정하기보다는 될 수 있으면 안 정하고 가는 편인데, 영화의 처음 설정은 상우로부터 시작되었어요. 그 정도의 나이에 한 번 연애를 했을 때 나올 수 있는 어떠어떠한 이야기들. 우리들이 가끔 말도 안 되는 질문을 해요. 가령 "어떻게 사랑이 변하니"라는 말 같은. A는 A다와 A는 A가 아니다가 같이 있을 때, 그렇게 모순될 때 사람들이 참 힘들어하는 것 같아요. 대개 멍청한 질문이면서 어떻게 보면 어려운 질문이기도 한 질문을 던지는 상우는 그런 인물이에요. 그리고 상우라는 인물에게는 가족이 있죠. 상우에게는 가족 간의 정이 중요해요. 죽은 어머니와 아버지, 할머니의 정. 그런 정을 받고 자란 아이, 가족이 있어서 위안을 받을 수 있는 아이. 저도 마찬가지지만 사실 가족이 꼭 편하지만은 않아요. 임상수 감독은 fucking family business라는 이야기까지 하는데, (웃음) 가족에게는 그런 불편한 관계도 있는 것 같아요. 그렇지만 실제로 삶이 어려워지거나 힘든 순간이 있을 때 위안을 줄 수 있는 건 또 가족밖에 없지 않나, 한편으로는 그런 생각을 하죠. 반면 은수란 인물들, 상우와 같은 경험, 그런 가족애를 겪었을 수도 있는 여자였다고 설정했어요. 그런데 실패했어요. 남자가 바람을 피워서 그랬는지 어땠는지는 모르지만 이혼을 한 여자니까. 그리고 은수라는 여자는 연애를 많이 해봤을 것 같은 느낌이 들었어요. 많이 헤어져보고, 그런 경험들을 하면서 반복되는 힘듦을 견뎌나가는. 그 여자는 사귀다가 언젠가는 헤어지겠지라는 생각을 항상 하는 여자에요. 그

래서 헤어짐을 별로 두려워하지 않아요. 물론 은수에게도 가족은 있지만, 가족과 떨어져 살죠. 그렇지만 가족에 대한 어떤 그리움 같은 건 또 있어요. 할머니와 같이 살면 좋겠다라고 말하는 것처럼. 하지만 그 인물은 한 가족 내에 들어가 구성원으로 사는 건 원하지 않아요. 마음으로는 그런 것이 행복일 수도 있다고 생각하지만 자기와는 너무 다른 것이기 때문에 자신은 할 수 없다고 생각해요.

김: 맛있는 김치를 먹는 건 좋아하지만 자기가 담글 수는 없는 인물이죠. (웃음)

허: 주변에 보면 그런 인물들이 사실은 많아요. 한 가족 내에 들어가 그 가족의 구성원으로 산다는 게 또 참 어려운 일이구요. 집에서 제사를 지낼 때 보면, 제가 아직 결혼을 안 해서 결혼한 사촌동생의 와이프가 와서 일을 하곤 하는데요. 표현은 안 하지만 참 힘들어하는 것 같다 싶어요. 물론 그중 어떤 것이 사람이 살아가면서 더 행복하게 만드는 건지는 모르겠지만 상우는 가족과 안정 속에서 행복을 찾는 사람이라면 은수는 좀 더 자유롭고 자기 삶에서 행복을 찾으려고 해요. 그래도 결국 제 생각에는 안정에서 오는 행복이 있지 않을까 싶어요. 상우는 결국 해피한 것 같고, 은수는 좀 칙칙한 느낌이 있고. 그럴 것 같다는 이야기를 배우들과 하면서, 지금 말한 이 정도의 설정만을 갖고 들어갔어요. 그런데 워낙 은수가 가지고 있는 성격들이 단선적이지 않고, 순간순간 변하니까 그게 힘들었어요. 헤어지려면 헤어지는데 보니까 안됐기도 하고, 괜찮기도 하고. 사람 마음이라는 게 정확하지 않고 순간순간 부딪치고 변해가곤 하잖아요. 그럴 수 있겠다 싶었어요. 내가 이 남자를 좋아하는가, 안 좋아하는가. 보고 싶기도 하고 귀찮기도 하고. 전화를 걸려다가도 전화가 오면 신경질을 부리고. 은수 같은 인물이 실제로는 많이 접하는 성격인데 영화에서

는 별로 보지 못한 캐릭터라서 잡기가 참 어려웠어요. 제가 테이크를 많이 가요. 근데 테이크마다 은수는 다 달라져요. 예를 들자면 우리 한 달간 만나지 말아볼까 하다가 또 다른 테이크에서는 다른 남자랑 하면 어떨까, 이런 말을 한다든지. 은수의 상황을 가져가는 데 시간을 많이 뒀던 것 같아요. 상우라는 인물이 일관되다면, 변해가는 사람의 입장은 어떨까, 이것을 어떻게 표현해줄까. 친구를 만나서 자기 속내를 이야기하게 해보면 어떨까, 하다못해 나는 왜 이렇게 바람기가 많냐라든지. (웃음) 이런 이야기를 해주면 이해가 쉬울까, 여러 생각을 했어요.

김: 폭력적이지 않음을 이야기했는데, 저는 일단 자기 연민이 아닌 진심에서 우러나오는 눈물을 흘리는 남자를 보는 게 좋았어요. (웃음) 그건 또 한편으로 유지태라는 배우, 그 사람의 연령이 가지고 있는 아직 성인이 되지 않은 듯한 느낌과 그의 독특한 스타 이미지 때문이 아닌가 싶은데요. 가령 〈8월의 크리스마스〉에서 한석규는 웃지만 그러면서도 신경질을 내는 장면이 있는데, 그런 것들이 유지태라는 매체를 통해서는 잘 나오지 않죠. 여성 관객의 입장에서 보면 그건 매우 즐거운 경험이었습니다.

허: 지태는 영화 찍으면서 계속 "상우는 바보예요" "멋도 없어요" "저도 좀 멋있었으면 좋겠어요"라고 불만이었어요. (웃음)

김: 반면 저는 은수에게는 그리 많이 동화할 수 없었는데요.

허: 저는 그게, 상우도 찍으면서 느꼈을 텐데 감독의 시선은 은수에게 많이 가 있었어요. 처음 만났을 때도 그렇고 두 명이 나왔을 때 제가 둔 대부분의 포커스는 은수에게 가 있었거든요.

김: 그건 매체의 차이 때문이 아닐까 싶습니다. 이 영화에서 유지태와 이

영애라는 두 배우는 이 영화에서 일종의 매체로서의 역할을 하고 있으니까요.

허: 그게 사람들마다 달라요. 은수의 시점을 좇아간 사람은 은수에게 동화되고 상우의 시점을 좇아가는 사람은 상우에게 동화되는 것 같아요. 연애 경험이 많은 사람은 은수에 대해 이해를 잘하고, 연애 경험이 적은 사람은 상우를 이해하더라구요. (웃음)

김: 어떤 방식으로 연애를 했느냐에 따라 다르겠죠.

허: 하하하. 저는 개인적으로 이영애 씨와 찍으면서 재미있는 게 많았는데요, 연기를 하면서 안에서 뭔가 나올 때가 있어요. 제가 컷을 안 부르거든요. 그때 뭔가를 해야 하는데 그녀는 꼭 어떤 행동을 해요. 가령 자고 갈래요, 하고 묻는 데서 끝나야 하는데 컷을 안 불렀어요. 카메라는 돌고 있고 감독은 컷을 부르지 않고 굉장히 긴장된 순간인데, 그랬을 때 이영애 씨는 라면을 먹는다든지 뭔가를 하죠. 상우가 깨우는데 은수가 신경질 내는 장면 있잖아요. 제 나름대로는 감정 표현이 참 잘됐다고 생각하는 장면인데, 그런 경험이 있는 사람들은 저마다 한마디씩 하더라구요. 그때도 신경질을 내라는 상황만 주었는데, 이영애 씨는 한 번 상우의 팔을 만지는 행동을 덧붙여요. 저는 그게 참 은수 같았어요. 신경질을 내고도 그걸로 끝내는 게 아니라 팔을 잡는 거, 그래서 신경질 내면서도 나 보고 싶었어, 라고 투정을 부리는 여자. 심은하 씨도 그런 게 있었어요. 〈8월의 크리스마스〉 찍을 때 한석규한테 빵을 주는 장면에서 자기가 앉은 채로 이렇게 다가가죠. 이영애 씨 같은 경우는 그런 것들이 좀 더 많았던 것 같아요. 그렇게 의외의 것들이 나오니까 연기를 시키는 게 재미있었어요. 그런 것들이 잡힌 테이크가 많았는데, 많이 빠졌어요. 은수라는 인물이 너무나 이해하기 어렵지 않냐는 이유 때문에. 찾아와서, 찾아오는

것만도 그런데 또 같이 자고, 오랜 만에 하니까 참 좋다고 말하고. 그런 것들이 은수를 이해하는 데서 더 멀어지지 않을까 싶어서 순화해야 했어요.

김: 상우가 은수의 결혼식 사진을 발견하는데 그게 대기실 사진이더군요. 저는 그것이 바로 정확하게 은수의 삶의 정황을 보여주는 건 아닐까 생각했습니다. 그녀는 결혼에 실패하면서 그 대기실에 있던 장면이 깨졌지요. 그리고 그다음부터 계속 대기실에 있는 존재로서의 은수를 보여주고 있다고 생각했어요. 어쩌면 대기실에 있기 때문에 당신의 표현처럼 그 캐릭터는 고정되기 힘들었겠지요. 그런데 상우 또한 대기실에 있는 존재지요. 다만 상우는 사랑에 대한 역할 모델이 있습니다. 그러니까 치매에 걸린 할머니가 거기 있는 거죠. 그러면서 상우는 두 가지의 사랑을 봅니다. 하나는 변하지 않아서 오히려 병이 되어버린 할머니의 사랑을 보고, 또 하나는 은수의 사랑의 방식을 보지요. 그 순간 영화의 마지막은 이렇게 이해됩니다. 은수는 계속 대기실에 놓여져 그것이 자신의 삶의 방식이 되고, 상우는 열린 공간으로 나가게 되는. 보리밭에서 나그라를 들고 있는 상우의 마지막 모습은 마치 성인식을 끝내고 비로소 소리에 직면할 수 있는 것처럼 보였습니다. 마침 영화의 첫 장면 또한 대합실이더군요. 그러니까 대합실에서 시작된 이 영화가 열린 공간에서 끝남으로써 상우의 성인식이 마무리된다는 느낌. 그런데 여기서 계속 드는 의문은, 먼저 전제를 말하자면 연애 이야기는 저에게는 표면으로 보이는데요. 그 내부의 너머너머들을 보는 데 있어, 당신은 그것을 굉장히 응축시켜 놓았거나, 혹은 그것을 보는 두려움을 가지고 있다는 생각을 했습니다. 더 내려가면 더 난폭한 감정이 나올 것 같은 불안감……

허: 더 보고 싶은 생각도 있었는데……. (웃음). 상우에게 조금 더 난폭한 부분이 있을 수도 있으리라는 생각을 했어요. 그런데 유지태가

연기하는 상우라는 인물은 그런 것들을 쉽게 표현하지 못해요. 브레이크가 있는데, 유지태라는 사람 자체가 그런 것 같아요. 저는 연기자들한테 많이 맡기는 편인데요. 그래서 상황을 주고 연기를 시킬 때, 연기자를 통해 많이 바뀌곤 해요. 어떤 경우에는 대사도 안 주고, 상황만 설정해놓기도 하죠. 그런 생각이 들어요. 길게 테이크 갈 때는 2분에서 2분 30초까지를 끄는데, 가령 10초 정도의 테이크일 때는 전체가 디렉팅으로 가능하지만 2분 정도가 되면 디렉팅이라는 건 이건 아닌 것 같다고 걸러내는 정도에 불과하거든요. 물 한 잔 마시는 건 간단하죠. 그런데 2분 되는 테이크일 때는 한계가 있어요. 유지태라는 인물 자신이 영화에 굉장히 깊이 들어와 있었고, 찍으면서 상우가 갖는 아픔 때문에 굉장히 많이 힘들어했어요. 그래서 그렇게 된 건 아닌가 싶어요.

김: 둘의 관계를 보여주는 장면에서 제가 흥미롭게 생각하는 시퀀스 중의 하나가 상우가 김치 이야기를 하다가 엄마 이야기를 하다 아버지가 집에 데려오래, 라고 말하는 장면인데요, 그 대사를 처리하는 방식이 온전히 자기 방식인 것 같더군요. 하나도 끊지 않고 붙여서 말하잖아요. 그 시퀀스는 저에게 매우 양가적으로 보여졌습니다. 굉장히 효과적이면서도, 깊은 불안을 끌고 오기에는 단어를 뱉는 속도가 너무 빨랐다는 생각도 들고요. 하여튼 저는 그 대사를 뱉는 방식이 아주 기가 막혔어요.

허: 영화를 찍으면서 연기자들과 남의 작품 이야기하듯 많이 하는데, 청혼을 라면 먹으면서 해가지고 되겠니 하면서 깔깔 웃곤 했어요. (웃음) 상우는 그 상황에서 이 여자가 결혼을 원하지도 않는다는 걸 알고 있는 거죠. 사실 청혼을 할 수도 없는 그런 상황인데, 그런데도 라면 먹으면서 한번 해보는 거예요. 청혼이 안 될 걸 알고도 하는 거니까, 그럼 붙여서 해보면 어떨까 했어요.

김: 그런데 허진호 감독의 영화에는 항상 썰렁한 유머가 있어요. (웃음) 〈8월의 크리스마스〉에서 방귀 뀌는 귀신이라든가, 여기는 아예 내놓고 내가 좀 썰렁해 하고 말하는 인물이 등장해요. 그걸 보면서 사람들 머리에서 허진호 감독과 홍상수 감독이 비교가 될 것 같다는 생각이 들었습니다. 사실 이런 질문은 실례일 텐데요, 〈8월의 크리스마스〉 때부터 동시대의 감독 중에서 사람들이 알게 모르게 거울을 들이대는 감독이 있다면 홍상수 감독입니다. 그런 비교에 대해서는 어떻게 생각하는지?

허: 홍상수 감독의 영화를 좋아해요. 〈강원도의 힘〉이 제일 좋았던 것 같은데, 저도 영화를 보면 비슷하다는 느낌이 들어요. 홍상수 감독은 어떻게 생각할지 모르겠지만. (웃음) 홍 감독이 〈8월의 크리스마스〉를 보면서 그런 말을 하더라구요. 너무 한쪽 면만 보여준 것 아니냐. 저도 그런 생각을 해요. 제 영화가 어떻게 보면 포장된 것 같고, 좋은 감정만 확장해서 보여주려고 하는 것 같다는. 그런 데서의 차이점은 있을 수 있겠다는 생각이 들어요. 저는 건조한 것보다는 감성이 들어가는 것을 선호하는 데 비해 홍상수 감독의 영화를 보면, 어떻게 저렇게 영화의 흠이 없이, 감정을 거짓 없이 그려나갈 수 있는가 하고 놀래기도 해요.

김: 허진호 감독이 한쪽 면을 그리고 있다면 홍상수 감독도 마찬가지로 한 면만을 그리고 있는 거죠.

허: 요즘에는 어떻게 보면 그것이 더 현실적이지 않은가라는 생각이 들어요. 그 전에는 안 그랬던 것 같은데 점점 나이가 들어가면서 마치 은수처럼 건조해지는 느낌이 있어요. 연애 감정이라는 것도 처음 연애했을 때의 감정과는 아주 많이 달라진 것 같고. 그랬을 때 건조해지지 않기 위한 노력을 해야 하는 건가, 아니면 이제 건조한 느낌으로 영화를 만들어야 되는가 잘 모르겠어요.

김: 저는 좀 다른 맥락에서 이야기하고 싶은데요. 허진호 감독의 영화에서 제가 주목하는 건 그 안에 놓인 바람이나 햇살 같은 거예요. 〈8월의 크리스마스〉에서는 햇살이 주로 느껴졌다면, 여기에는 바람이 등장하지요. 그런데 그것이 완전히 육체화되지는 못했다는 느낌이 들어요. 그래서 오히려 어떤 감독처럼 건조해지기를 소망한다기보다는 그 어떤 바람이나 햇살 같은 것, 삶이 주는 선물이자 조금 문이 열리는 그 순간들이 텍스트 자체에 육체화되기를 바라게 돼요. 저도 참 표현하기 힘든데, 예를 들어 이런 겁니다. 키아로스타미의 영화 중 제가 유일하게 좋아하는 영화가 〈내 친구의 집은 어디인가〉인데요. 그 영화의 나머지는 모두 아주 일상적인 것들 안에 있는데 마지막에 아이가 집에 와서 어머니가 빨래를 너는 것을 보죠. 그 순간이 저에게는 텍스트에 육체화된 바람과 햇빛이 느껴지는 순간이었습니다. 삶의 무언가와 마주치는 어떤 깨달음의 순간 같은. 제가 원하는 건 건조한 것도, 더 따뜻해지는 것도 아닌 그 모든 것이 텍스트에 합일되는 그런 거예요. 당신의 말을 제가 번역하자면 그런 것에 대한 어떤 욕구로 받아들여도 될까요?

허: 저도 말하기 힘든데요. 영화를 찍어나가면서 게으름에서 나오는 걸 수도 있지만, 현장에서 순간순간을 가져가야겠다는 생각을 많이 했어요. 영화를 찍으면서 계속 느낀 건데, 현장에서 가져가는 것들이 굉장히 즉흥적이었던 것 같아요. 전체를 감독이 조율하는 것보다 항시 그 순간들만을 가져가자, 그런 생각을 했어요.

김: 영화의 마지막에 망설임의 한 순간이 있어요. 돌아온 은수 앞에서 상우가 다시 만날까 말까 하다가 돌아서요. 저는 그다음에 어떤 장면이 나올지 굉장히 궁금했습니다. 그런데 다음 장면에서 상우는 열린 공간으로 나가더군요. 저는 그 장면에서 이 영화 안에 텍스트의 무늬식으로 계속해서 어떤 망설임이 있는데 그걸 너무 열어버린 건 아닌가 싶었습니다.

저는 사람들이 흔히 오해하는 것처럼 이 영화가 완전히 화해로운 세계만을 보여주는 영화가 아니라고 봐요. 그런데 그런 오해를 결정적으로 도장 찍어주는 것이 음악과 더불어 그렇게 열린 공간으로 나가버리는 것은 아닌가. 그래서 이 영화가 가지고 있던 그런 접힌 세계의 구조들을 열어주는 듯하면서 도로 닫아버린 게 아닌가 싶었어요.

허: 영화 편집을 하다가 가끔 엉뚱한 생각을 많이 해요. 그래서 편집을 이리저리 바꿔보곤 하는데, 벚꽃 길에서 만나는 장면이 없으면 어떨까, 문득 그런 생각을 했어요. 그것이 빠질 거라고는 아무도 생각하지 않았죠. 그래서 한번 빼봤어요. 그리고 나서 각자의 기억 속에서만 가지고 가는 느낌으로 갔을 때, 보리밭 신이 지금 같은 느낌은 아니었어요. 그때 느낌에서는 지금이 주는 것보다는 더 많은 것들을 줄 수 있었던 것 같아요. 영화적으로 봤을 때 깔끔해지고, 마지막 보리밭 장면이 주는 느낌이 더 적합해진다는 생각이 들었어요. 그러다가 또 아무래도 둘이 만나야 되는 거 아냐, 자꾸 그런 생각이 들더라구요. (웃음) 영화를 시작할 때 이런 생각을 많이 했거든요. 그렇게 헤어지고 아파하고 나름대로 정리가 된 상황에서 다시 만나면 어떨까? 그래서 다시 집어넣자 했어요. 집어넣고 나서 생각했을 때 보리밭 장면이 어떻게 보면 둘의 연애를 정리해주는 느낌도 있지만 또 어떻게 보면 미련 같은 걸 남기는 걸 수도 있다는 생각이 들더라구요. 한쪽에서 은수는 은수 나름의 생각을 하고, 한쪽에서 상우는·은수의 목소리를 듣고. 그게 더 낫지 않았을까 하는 생각도 하는데 선택을 했어요.

김: 예전에 홍상수 감독과 이런 이야기를 한 적이 있는데요. 〈돼지가 우물에 빠진 날〉에서 둘이 여관에 들어갔을 때 창문으로 바람이 불어오잖아요. 그런 거나 인사동 장면에서의 느낌이 조금 의미심장하게 다뤄졌으

면 좋겠다 하는. 저는 당신이 여기에서 디프레임시키는 방식이 아까 말한 일상의 판타스틱한 문을 열어주는 것과 연결될 수 있으리라고 봤어요.

허: 말씀을 듣고 곰곰 생각해보았는데, 그걸 잠깐 시도하려고 하기는 한 것 같아요. 인서트에 그런 느낌을 담아볼 수 있지 않을까 시도는 했는데, 너무 생각 없이 많이 찍어놔서 거의 대부분 빼버리게 됐어요. 은수와 상우가 만나고 헤어지는 길의 느낌 같은 것들. 인서트라는 게 어떤 리듬이 있어야 하는데, 쓰기가 참 어렵더라구요. 저는 컷을 잘 못 나눠요. 만드는 방법도 항상 긴데, 컷을 나누면 시간성이 깨지는 것 같아요. 제 영화에서는 컷을 나누는 데서 얻는 것보다는 잃는 게 많다는 생각을 해요. 어떤 경우에는 인물들의 감정이 중요해서, 그 표정을 유지하기 위해 계속 가기도 하거든요. 그 표정들 위에서 인물들의 지속하는 감정을 깨고 들어가기가 어려워요. 인서트를 쓰기가 그래서 어려웠어요. 문득 하늘을 바라봤을 때 하늘을 보는 느낌이 있을 테고 그걸 보여주려면 하늘에 대한 생각이 있어야 하는데, 말씀 하신 게 그런 점에서 부족한 게 아니었나 싶어요.

김: 부족하다고 말씀드린 건 절대 아니에요. (웃음) 거꾸로 그런 요소가 너무나 많은데 그것을 평정시키려는 갈등에 대해 이야기한 거죠. 〈봄날은 간다〉는 전작이 나온 지 3년 만에 완성되었는데요, 영화를 찍는 데 오래 걸리는 편이잖아요. 평소에는 뭐 하세요?

허: 아직은……. 두 번째 만들었을 때 오래 걸렸지 다음에 빨리 할 수 있을 거예요. 세 번째까지 오래 걸리면 저 스스로도 그게 스타일이구나 하겠죠. (웃음) 본격적인 작업에 들어가기 전에 뭐 했는지 잘 모르겠어요. 3년 동안 특별히 한 게 없는 것 같아요. 저는 생활에서 즐거움을 못 찾는 것 같아요. 나이가 조금씩 들어가면서 이제는 생활에서 뭔가 발견해야 하지 않을까 하는 생각이 들어요. 홍상수 감

독이 그런 의미에서 〈생활의 발견〉이라는 영화를 찍는 건 아닐까. (웃음) 영화 생각을 많이 해요. 무슨 영화를 만들까, 시나리오도 써야 되는데, 이야기를 만들어야 하는데 왜 놀고 있지 이런 강박관념이 많은 것 같아요. 그래서 그것 때문에 더 잘 못 놀고. 영화와 생활을 분리할 필요가 있다는 생각이 들어요. 김지운 감독은 DVD에 대한 취미가 있는데, 저 같은 경우는 이제까지 DVD를 한 번도 못 봤고, (웃음) 그런 생활에서 찾을 수 있는 즐거움이 분명 있는 것 같아요.

(정리:《키노》이영재 기자)

판타지엔 출구가 있는 걸까?: 〈세 번째 시선〉

　〈세번째 시선〉은 옴니버스 드라마이며 12세 관람가이고 기획/제작은 국가인권위원회다. 사실 내가 가장 기피하는 조건들을 두루 갖춘 영화다. 옴니버스는 뭐 취향이라고 하더라도 연령대도 그렇고. 제작사도 뭐 딱히……. 그러나 이 영화를 이 시점에서 보고 쓰고 싶었다. 온 나라가 부동산으로 뒤집혀, 택시를 타도 기사가 길가의 아파트 가격을 줄줄이 꿰고 있고, 인터넷 창은 명품 아파트 광고로 창대하고, "원고 쓸 시간에 차라리 재테크를 했으면 그렇게 먼 데서 출퇴근할 필요 없지!"(난 서울에서 떨어진 아파트 아닌 곳에서 산다)라며 날 가엾게 여겨 충고하는 친구도 있었다(물론, 이제 더 이상 친구가 아니다).

　이렇게 부동산을 가장 요동치는 동산으로 만들어버리는 지겨운 재테크 세력들과는 다른 시선으로 세상을 보고 나누는 것이 절실히 필요할 때다. 부동산 미래 시세 예측과는 다른 미래를 생각하고 완료하기 위해서라도 말이다. 특정한 종류의 영화들은 여기에 적합한 매체로 보인다. 1990년대 후반 여성영화제, 퀴어영화제, 인권·노동영화제들이 영화라는 재현의 장 속에서 인정 투쟁, 권리 투쟁을 꾸준히 시도해왔기 때문이다. 1980년대 거리 시위의 에너지가 스크린으로 전이된 부분이 있는 것이다. 그러므로 온 나라가 집단적 광기와 투자에 매달려 있을 때, 그래서 소외층은 더욱더 두터워질 때 삶의 다른 비전을 영화를 통해 보고 확인하자는 것이다.

　〈세 번째 시선〉에선 7명의 감독이 6편의 영화를 만들었는데, 〈반변증법〉(2002), 〈자본당 선언: 만국의 노동자여, 축적하라!〉(2004), 김곡, 김선 감독 2인이 다섯 번째 이야기 〈Bomb! Bomb! Bomb!〉을 공동 연출했다. 현재 한국사회의 인권의 전위는 서구적 자유주의 인권론이 옹호해온 시민, 국민의 정치적 권리가 배제한, 그리고 그 외부에 있는 장애인, 어린이, 동물, 청소녀/청소년, 이주노동자, 여성, 성소수자, 비정규직 노동자(무순임)라고 볼 수 있다. 이중 동물에 대해 조금 언급하자면 11월 3일자 '한겨레 교육' 섹션에서 백화현 선생이 소개한 책『개를 위한 변명』(유미디어 펴냄)에서는 시민 민주주의의 권리의 개념을 동물에까지 확대시키고 있다. 예컨대 '사람들을 성이나 국적, 출신으로 차별하지 말아야 하는 것처럼 동물이라는 이유로 잔인한 도살과 사육을 받지 않아야 한다며 윤리적 채식주의를 주장했던 피터 싱어와, 생명이 있는 삶의 주체로서 동물들의 권리를 주장한 톰 리건'과 같은 분석철학자들의 주장을 빌어서 말이다.

이 옴니버스에 서운하게도 동물의 권리는 빠져 있지만, 이주노동자, 비정규직 노동자, 여성, 청소녀, 성소수자, 그리고 인종 문제가 다양하게 다루어지고 있다. 이 중 정윤철 감독의 〈잠수왕 무하마드〉와 김곡, 김선 감독의 〈Bomb! Bomb! Bomb!〉이 먼저 시선을 끈다.

보도자료에 따르면 정윤철 감독이 〈말아톤〉 시나리오 작업을 하던 곳이 안산의 시화단지였는데 그곳에서 수많은 외국인 노동자들을 보았고, 그를 통해 한국의 노동 환경과 사회 구조 자체가 바뀌고 있음을 깨달았다고 한다. 고향 집에 전화를 하며 습기에 젖은 공중전화 박스 유리에 손가락으로 글을 쓰는 무하마드를 밖에서 잡은 숏으로 시작하는 이 단편은 외국인 노동자의 인물 설정을 매우 독특하게 해내고 있다. 한국의 유독성 가스 공장에서 일하면서도 마스크 착용을 하지 않는데, 사실 그는 고향에서 이름난 잠수부였다. 영화 속 마을 사람들이 전하는 바는 다음과 같다. 아침에 바다에 들어가 나오질 않아서 사람들이 죽었는가 짐작하고 있을 저녁 때 물에서 불쑥 나와 놀라 물어보면, 그는 물속에서 좀 생각할 것이 있어서라고 대답했다고 한다. 한국의 한 오락 프로그램이 무하마드의 마을에서의 명성을 듣고 취재 차찾아간 적이 있었고, 위의 내용은 바로 그 프로그램에서 다루어진 것이다. 그런 무하마드가 환기 장치도 제대로 없는 유독 가스가 분출되는 공장에서 일하다가 거리로 나와 수족관을 볼 때, 그리고 단속을 피하느라 공중목욕탕에 몸을 담글 때, 그 이미지는 고향의 바다로 이어진다. 물론 이렇게 현실과 환상을 직조해 일상에서 여러 가지 인종차별적 발언과 폭력에 노출된 무하마드의 다른 이면을 드러내고, 그것을 통해 관객들에게 이주노동자에 대한 감성적 이해를 하도록 만드는 것은 좋다. 그러나 무하마드의 고향을 바다, 순수한 자연으로 그려 무하마드의 작업장과 대비시킴으로써 이 단편은 빠져나올 수 없는 이분법을 내장하게 된다. 자연을 떠나온 무하마드에겐 작업장의 현실과 고향에 대한 비현실적 기억만이 진동하고 있을 뿐이다.

계몽적이고 교조적일 필요는 없으나 인권 억압 사례를 영화화할 때, 그 억압을 진단한 후 해결까지는 아니더라도 좀 더 나은 환경을 만들수 있는 변화의 실마리를 영화라는 재현, 현실의 재구성 과정 속에서 드러내놓는 것이 좋을 듯하다. 이 영화에서 관객의 위치는 무하마드의 바다에 대한 동경에 마음을 주고, 작업장의 현실에 분개하는 것 외에는 별 역동성이나 유동성이 없다.

반면 〈Bomb! Bomb! Bomb!〉은 음악을 가장 역동적으로 사용하고 있는 단편이다. 마선은 동성애자라는 이유로 학교 친구들에게 엄청난 수모를 당한다. 마선은 별다른 행동도 말도 하지 않는 내성적인 학생인데 주변 아이들은 동성애 행위에 대해 정말 잘도 알아(그 지식은 다 어디서 생겼을까?) 그에게 온갖 상세한 증오의 언어를 퍼붓는다. 주인공 마선이 아무런 대꾸도 하지 못하고, 쥐 죽은 듯 앉아 있어 답답하기 짝이 없을 때, 마선의 드럼 연주가 나온다. 밴드부 오디션, 〈미스 레볼루션〉인가를 드럼으로 치는 마선은 경이롭다. 여기에 역시 오디션을 보러 온 마택의 베이스가 더해지면서 영화는 두 청소년의 나름대로의 절창을 전한다. 마선의 동성애 행위를 언급하면서 그를 동물원으로 보내야 한다는 학생들은 집단 광기에 사로잡혀 있다. 그들의 비/논리는 동성애와 여성성을 동일시하고 또 그것을 동물과 유사한 것으로 본다. 이들에게 유일한 규범은 '브라자를 차지 않는' 아버지의 남성다움이다. 이렇게 만연한 비/논리적 폭력 속에서 마선과 마택은 드럼의 리듬과 베이스의 선율에 따라 가까워지는데, 음악 세계의 화음과 달리 학교의 일상에서 그들의 불협은, 학생들의 집단 언어폭력에 몰린 마택이 마선에게 혐오 발언(hate speech)을 하게 됨으로써 정점에 달한다. 그러다 마택이 교실 안에 감금된 채 언어 린치를 당하고 있는 마선에게 다가감으로써, 마선은 마택이라는 친구를 맞게 된다. "동물원, 동물원, 동물원!"을 외치는 집단 언어 폭행 쇼가 교실을 일그러트릴 때, 마선과 마택은 웃통을 벗은 채 연주를 하는 판타지로 이에 맞선다.

〈잠수왕 무하마드〉가 출구 없는 판타지를 보여주었다면 〈Bomb! Bomb! Bomb!〉은 부분적 저항으로서의 판타지를 보여주는 셈이다.

소녀 가장의 이야기를 다루었다는 〈소녀가 사라졌다〉의 주인공은 가장(집안의 어른)이라기보다는 부모를 잃고 혼자 사는 청소년인데, 사회적 보호 대상으로 접근하는 시각을 어느 정도 비껴간 것은 정치적으로 새로운 올바름으로 보이지만, 마지막의 곰 설정 장면은 어리둥절하다. 아피찻퐁 위라세타쿤의 〈열대병〉의 호랑이를 연상할 수도 있으나, 그리 적절한 것 같지는 않다. 이미연 감독의 〈당신과 나 사이, Gap〉의 문제 제기는 충분히 공감이 가나 계몽적인 방식으로 비계몽적인 면이 더 많은 아내와 남편의 구조화된 일상의 갈등을 다뤄 다소 평이한 TV 드라마같이 읽힌다. 홍기선 감독의 〈나 어떡해〉는 비정규직 근로자의 애환을 절절하게 그린다. 정진영의 정성스런 연기가 영화를 살린다. 그러나 역시 닫힌 결말이며, 비정규직 노동자의 감정적 윤리성이 성경책으로 표현되는 것은 다소 논쟁의 여지가 있어 보인다. 〈험난한 인생〉에서 제기된 10세 아이들의 유색인종에 대한 차별은 벌써 지독하다. 어법이 얼마나 미국의 것과 닮았는지……. 이와 같은 인종 갈등 재현은 앞으로가 험난해 보이긴 하지만 인생의 이야기는 아직 다루지 못한다. 역시 마지막 주제가처럼 쓰인 노래 〈색깔이 없었으면 좋겠네〉 등은 차별 철폐가 인종, 계급, 젠더 차이의 소멸, 차이의 정치학의 무의미를 뜻하지는 않는다는 점에서 좀 문제적이다. 즉 기존의 인간다움을 구성해온 '백인, 남성, 시민, 국민'을 철저하게 해체한 후 인권의 의미를 재구성해야 하는 차이의 정치학에 입각한 '포스트-자유주의 인권 영화'로서는 생각이 좀 못 미친다. 소재는 인종 문제를 다루었지만 그것을 다루어내는 시각은 자유주의 인간론에 가깝다.

그러나 이 모든 좋고 싫은 점에도 불구하고, 〈세 번째 시선〉을 꼭 보라고 권하고 싶다. 위에서 나의 시선을 더해 이렇고 저렇고 평을 한 부분은 당연히 참고로만 삼아주실 것이며, 내가 더 알고 싶은 것은 영화에서 제기된 다양한 문제들에 대한 당신의 네 번째 시선이다.

포섭되지 않는 타자: 〈아카시아〉

〈아카시아〉에서 처음 공포의 주술을 걸어오는 것은 여섯 살 진성이다. 엄마를 잃고 고아원에서 지내던 진성은 세상과 사물의 경계가 모호한, 절규하는 인물 그림을 그린다. 비유하건대 그는 여섯 살박이 뭉크다. 그가 필사적으로 그리려는 것은 죽어 나무가 되었다는 엄마의 형상이다. 죽은 엄마는 그림 속에서 흐릿하게나마 환생해 아이에게 돌아온다.

이 주술을 제일 먼저 알아챈 사람이 미숙(심혜진)이다. 직물공예를 하는 미숙에게는 결혼한 지 10년이 지나도록 아이가 없다. 그래서 그녀의 가족은 진성을 입양한다. 이것은 공포영화이므로 이 작은 타자가 집안에 들어온 후 물론 모든 것이 달라진다. 미숙이 진성의 그림에서 부지불식간에 엿본 그 무엇이 집을 기습하기 때문이다. 미숙이 진성의 그림에서 알아챈 것은 놀라운 재능과 절대적 그리움이다. 그 두 가지가 엄마의 죽음이라는 트라우마 속에서 그림으로 옮겨지는 것이다. 그에 비해 미숙의 삶은 단조롭고 반복적이다. 산부인과 의사인 남편 도일과 화가인 시아버지와 전원주택에서 부유한 생활을 꾸려가고 있다.

입양 후 첫 번째 장면에서 진성과 미숙은 방 안에 있다. 진성은 그림을 그리고 미숙은 직물을 짠다. 미숙은 진성의 분신 격인 벌레를 눌러 죽인다. 또 이름을 이진성에서 김진성으로 바꾸라고 말한다. 미숙의 이런 태도에 진성은 그녀의 직물을 풀어버림으로써 대응한다. 다소 심심한 무늬의 직물 작업을 하던 미숙이 진정한 예술적 태피스트리를 짜고 연출하는 순간은, 진성이 죽고 난 후다. 아니 그를 죽이고 난 후다.

여성주의 예술가인 루이스 부르주아의 작품을 연상시키는, 교외에 위치한 부유한 집 실내를 거미줄처럼 덮은 미숙의 붉은 태피스트리 작품은 진성이 살아 있을 때 꾼 악몽의 재현이다. 그 꿈 속에서 미숙의 붉은 실은 살아 움직이며, 소년을 노린 적이 있었다. 소년의 악몽은 이제 온전히 미숙의 작품으로 옮겨진다. 이 모든 사태에 경악한 남편에게 미숙은 진성이 죽이라고 했다며 가위를 빼어 든다. 죽은 엄마가 진성의 그림으로 환생했다면, 진성은 이제 미숙으로 환생한 셈이다. 그러나 차이는 미숙이 진성의 죽음에 책임이 있다는 것이다.

요점은 알려진 것과는 달리 〈아카시아〉는 입양된 타자의 존재를 빌어 가족과 그 해체를 이야기하는 영화가 아니라는 것이다. 이 영화의 진정한 핵심은 재능 있는 진성과 그를 알아보는 미숙이라는 짝패다. 직물 짜는 신화 속의 여자 페넬로페로서의 주부 미숙의 삶은 진성을 받아들이는 순간, 20세기 루이스 부르주아의 자이언트 거미의 세계, 모성의 세계로 옮겨간다. 그곳은 사랑과 증오, 삶과 죽음이 동시적으로 작동하는 세계다. 아니, 옮겨가고자 한다. 하지만 그녀가 죽기 직전 재현하는 붉은 장면(포스터에 사용)은 결국 진성의 비전이다. 그 타는 듯한 붉은 색의 강도가 관객의 내장까지 파고들지 못하는 이유는 진성의 것으로 보기에 그것은 지나치게 어른의 세계이며 그렇다고 미숙의 것도 아니기 때문이다. 결국 질문은 이 영화는 누구의 공포를 누구에게 말하고 있는가 하는 점이다.

그러나 영화는 그 질문을 끌어안는 대신 부주의하게 이리저리 미끄러짐으로써 가짜 혹은 유사-트라우마에 기반을 둔 것으로 오해받을 여지를 준다. 〈아카시아〉가 발생시키는 공포 역시 역사나 사회에서 기원한 것으로 보이지 않는다. 오히려 다른 공포영화들을 참조하는 안전판을 끼운 장르적, 미학적 공포로 수위 조정된다. 아이든 여자든 상처 때문에 결코 포섭되지 않는 타자를 그리는 일은 얼마나 어려운가?

자비의 시간을 구하지 말라: 〈실미도〉

역사는 잠들지 않는 소란한 유령이기도 하고 복수를 꿈꾸며 떠도는 귀신이기도 하다.

'정의가 세상을 지배하도록!' 명령하는 영웅과는 달리, 유령과 귀신이 요구하는 정의는 때로 산 자들에게 불가해하다. 현재의 시간과 불화하기로 작정한 그의 언어는 강박적이고 냉혹하다. 귀환한 역사는 까다로운 시간의 손님이다. '자비의 시간을 구하지 말라!' 역사는 죽은 자의 무덤까지 파헤쳐 망령을 살려낸다. 그리하여 현재는 삽시간에 전쟁터로 변한다. 산 자와 죽은 자, 아직 죽지 못한 자들의 소요가 역사의 현장이다. 〈실미도〉의 마지막, 중앙정보부의 캐비닛에 '실미도 사건 진상 보고서'가 검토되지도 않은 채 다른 서류들과 함께 보관되고, 그 캐비닛이 녹슬어가는 것으로 끝난다. 영화는 그 캐비닛의 문을 열고 서류를 꺼낸다.

〈실미도〉는 알려진 것처럼 1968년에서 1971년이라는 역사의 시간을 잘라낸다. 그리고 사면을 조건으로 공군의 지휘 아래 30여 명의 범법자들을 인천 근처의 섬, 실미도에서 북한 침투와 김일성 살해를 위한 살인기계로 훈련시켰던 실제 일어난 일을 다루었다. 그러나 동시에 필연적으로 영화적 '추정'인 〈실미도〉에 실제란 없다. 현실 효과가 있는 것이다. 그 효과 창출에 영화는 80억을 사용하는 소란을 피웠다. 그러나 막상 역사가 소환될 때 야기되는 예의 소요와 복합성은, 단순한 드라마로 바꾼다. 영화에서 '공공의 적'은 무소불위의 중앙정보부이며,

나머지는 모두 피해자다. 이 나머지에는 공군, 살인기계, 버스에서 볼모로 잡혔던 시민들, 탈영한 군인들에게 성폭행당하는 여교사 등이 다 포함되어 있다. 아군일 수도 있었던 684부대의 훈련병들과 교관들은 적인 중앙정보부의 번복 결정 때문에 죽고 죽여야 하는 적으로 바뀐다. 이렇게 쉽게 손으로 가리킬 수 있는 적과 아군이라는 단순한 구도의 대결 안에 몇 개의 논리적이고 역사적인 오류가 발생한다.

우선 이 영화에서 제시하는 중앙정보부로 대변되는 '국가'는 당시 군사독재였기 때문에 이 영화에서 은연중 피해자로 분류되는 군부와 분리될 수 없다. 국가라는 장치를 조폭 조직처럼 부장과 행동대장('오'라고 자신을 소개하는)으로 단순하게 환원시켜 재현하는 이 영화는 조직 폭력배처럼 작동하는 사회 조직에 대한 의도되지 않은 비판일 수는 있지만, 항간에 알려진 것과는 달리 국가주의에 대한 비판은 될 수 없다. 두 번째는 조폭적 상상력에 기대다 보니 관객은 영화를 따라가다 보면 의리에 감화된다. 그 결과, 남북적십자회담이나 7·4 남북공동성명 같은 당시 국내 민주화 투쟁에 대한 박정권의 돌파구이긴 했으나 냉전 체제 속에서도 미국 의존적 북한 정책에서 한걸음 벗어난 사건을 684부대의 임무 완수를 방해하는 일로 인지하게 된다. 세 번째는 역사 기술의 남성중심적 성격이다. 앞서 언급한 실제란 없고 영화적 추정이며 효과라는 말은 이 영화가 실미도의 684부대라는 남성 집단을 다루고 있지만, 그것을 영화적으로 다시 구성하는 것이기 때문에 그 방식은 얼마든지 달라질 수 있다. 함께 영화를 보았던 고정갑희 선생님의 지적처럼 〈실미도〉의 남성 캐릭터들이 클로즈업과 풀 숏으로 전면적으로 등장하는 데 비해, 여성들은 성폭행당하면서 구석을 차지하고 있거나, 낡은 사진의 어머니로 재현된다. 영화에서 사소한 부분을 왜 문제 삼는가? 하는 통 큰 남자들의 지적이 돌아오겠지만, 바로 그 시대를 함께 살았던 여성들의 문제를 제기하는 것 자체를 사소한 것으로 치부하게끔 하는 영화적 역사 기술은 〈실미도〉뿐 아니라 〈살인의 추억〉, 〈박하사탕〉 등 과거를 다루는 당대 영화들의 치명적 역사 인식이다. 예컨대 영화 초반부 김신조와 인찬(설경구)의 교차 편집이 684대원들로 이어지는 대신, 연좌제의 희생자인 어머니나 군사독재가 낳은 성폭행 희생자인 여교사의 시각이 앞으로 나올 수 있었다면 예의 역사적 유령들의 소란은 훨씬 더 다층적 의미를 가질 수 있을 것이다. 캐비닛은 와당탕 열었지만 역사의 녹, 그 산화물은 충분히 녹여내지 못한 셈이다.

'세계'의 육체성과 일본의 조선 거류민: 〈역도산〉

세계인 설정에 너무 집착, 인생의 진한 맛 안 우러난다

레슬링으로 말하자면 난 김일 세대다. 초등학교 시절, TV에서 본 김일 선수의 박치기는 늘 우리들의 화제였다. 바로 그 무렵 김일의 대 스승이 역도산이라는 풍문을 들었다. 이런 전설 속의 역도산이, 그를 연기하기 위해 몸무게를 30kg이나 불린 배우 설경구를 통해 돌아왔다. 역도산은 패전 후 미군 점령기 일본에서 천황 다음의 인기를 차지했다는 프로 레슬러다. 1924년 일제강점하의 조선에서 태어나 씨름 선수를 하다가 일본에 건너가 스모를 배운다. 스모의 최고 자리를 꿈꾸었으나 조선인이라는 이유로 좌절하자 미국에 건너가 레슬링을 익힌다. 그리고 다시 일본으로 돌아가 패전 이후 정치적, 군사적으로 미국에 복속되어버린 일본인들의 민족 정서를 동원할 수 있는 스포츠 쇼를 연출한다. 역도산의 '가라테 춉'에 거구의 미국 백인 레슬러들이 나가떨어지는 장면은 패전한 일본에 제공된 전대미문의 신파 활극이었다. 물론 여기서의 최대 아이러니는 가라테를 구사하는 역도산이 조선인이라는 데 있다. 전 식민지의 남성이 새 주인 미국에 짓눌린 전 주인의 마음을 달래주며 국민 영웅이 된 셈이다. 씨름과 스모로 연마한 몸, 가라테와 레슬링을 뒤섞은 활극 쇼로 말이다.

이렇게 상당히 꼬인 사건과 인물을 다루고 있으나 영화 〈역도산〉은 그것을 신중하게 재구성한다. 감독 송해성은 관객들이 혹시 이 신파

활극에 빠져들까 봐 근심마저 하는 눈치다. 피와 땀이 튀는 격투를 가까이서 보여주기보다는 링 위의 삶을 롱 숏으로 지켜보게 만든다. 그래서 이 영화는 소위 1000만 관객몰이 영화 〈태극기 휘날리며〉와 같은 남성 최루 액션의 장르적 습속과는 거리가 멀다. 민족주의와 국가주의를 동원하지도 않는다. 일본인도 조선인도 아닌 세계인 역도산이 영화를 버티게 하는 이념적 정체성이다. 이런 방향 설정은 세계화라는 당대의 화두에도 걸맞는다.

문제는 지금부터다. 이상하게도 이런 납득할 만한 장점들에도 불구하고 이 영화에서는 진한 냄새나 맛이 느껴지지 않는다. 계급적으로 인종적으로 천대받으며 가혹한 체벌이 동반된 육체 훈련 과정을 통과하며 일본의 국민 영웅이 된 역도산의 삶에 흥건히 고여 있을 법한 피 냄새와 살 냄새가 그리 나지 않는다. 분명 영웅주의에서 풍기는 악취는 없지만, 신산한 하류 인생의 맵고 쓴 맛도 보기 어렵다. 그런 면에서 예의 그 장점, 즉 민족이라는 범주를 피해 세계인으로 역도산을 설정했던 것이, 오히려 관객들이 역도산이라는 식민화한 남성 주체의 내장을 가르는 듯한 고통스런 경험에 참여할 수 있는 기회를 앗아간 것 같다. 스모 선수 시절 극심한 차별과 학대를 받았으나 역도산은 그것을 자신의 입신출세에 대한 욕망으로 바꿀 뿐, 뼈아픈 자기 성찰의 순간이 없다. 실제에선 달랐겠으나 적어도 이 영화에선 그렇다는 말이다. 그런 면에서 이 영화는 너무 빨리 역도산을 세계인으로 만든 셈이다. 역도산의 몸의 언어는 씨름과 스모, 그리고 가라테와 레슬링이 혼합된 것이다. 바로 그런 혼성적 '세계'의 육체성과 일본의 조선 거류민이라는 정체성 사이의 긴장이 영화 〈역도산〉이 닿을 수 있는 고산준봉이 아니었을까?

조각난 신체: 〈혈의 누〉

〈혈의 누〉에 관한 모든 궁금증을 풀어주마, 라는 《씨네21》의 기사가 있은 후 다시 그 영화에 관한 리뷰가 등장하는 것에 대해 의아해하는 독자가 있을 수 있다. 그러나 좀 새롭게 보태야 할 것이 몇 가지 있는 것 같다. 특히 〈혈의 누〉가 '염치'에 관한 것이라는 감독의 말은 영화를 이해하는 데 도움이 되긴 하지만, 결정적이지는 않다. 염치는 임권택 감독의 윤리 언어이기도 한데, 〈혈의 누〉가 가리키는 방향이 이런 유교적 덕목을 불러내는 방향으로 순항하는 듯 보이지는 않는다. 그래서 먼저 서둘러 말하자면 좋다는 이야기다.

이 영화에서 가장 흥미롭게 생각하는 점은 두 가지다. 그 한 가지는 사지절단에 대한 시각적 강박이다. 거열이라고 이름 붙여진 처형 말이다. 다른 하나는 낭만적 사랑이다. 〈혈의 누〉에서 제지 공장의 도르래, 수사에 따르는 합리적 이성 등 이 모든 것과 더불어 근대적 감성 체계라 할 낭만적 사랑은 사대부의 자제인 김인권(박용우)과 중하류 계층인 강객주 딸 소연(윤세아)의 관계에서 형성된다.

우선 사지절단. 이 영화의 5가지 스펙터클은 물론 조선 시대 대역죄인을 다스리던 5가지 형벌이다. 참수한 목을 매다는 효시, 가마솥에 삶아 죽이는 육형, 돌담에 부딪혀 죽게 하는 석형, 말라가는 종이에 질식해서 죽게 하는 도모지, 그리고 가장 잔혹한 거열. 이 거열은 죄인의 팔과 다리를 네 방향으로 우마에 묶고 동시에 우마를 몰아 사지가 찢겨 죽게 하는 형벌이다. 이 영화에서는 강객주(천호진)가 거형에 처해지는데, CG와 분장 등을 통해 이 장면은 정성을 다해 재현된다. 천호진 씨는 3시간 걸리는 피범벅 분장을 하고 4일간을 끈적끈적한 액체로 만든 피를 바르고 폭염 속에서 땅바닥에 죽은 듯 누워 있었어야 한다고 기사는 전한다. 거형이 무협지 지면에서가 아닌 조선 1808년에 실제로 집행되었는지는 알 수 없으나, 오히려 이 글에서의 핵심은 〈혈의 누〉가 보여주는 거형 집행 과정과 결과로 남겨진 몸 그 처형 효과에 대한 강박이다. 즉, 1808년 조선 시대를 사지가 찢기는 사지절단, 거형 장면으로 재구성하도록 추동하는 것은 무엇일까? 〈살인의 추억〉이 음습한 배수로에 성기가 훼손당한 채 버려진 여자들의 시체로 1980년대를 회고한다면 1808년 객주라는 신흥 상공계급의 남자의 조각난 몸이 왜 동시대에 시각적 광기, 과잉으로 출현하는 것일까?

'조각난 몸'(Bodies in Pieces)이라는 동일한 제목의 영문 책이 두 권 있다. 하나는 미술사가 린다 노클린의 책으로 '근대의 은유로서의 파편'이라는 부제가 붙어 있고, 다른 한 권은 데보라 하터의 것으로 '판타스틱 서사와 파편의 시학'이라는 부제가 붙어 있다. 노클린의 저서 『조각난 몸』(The Body in Pieces: The Fragment as a Metaphor of Modernity)은 18세기 말 유럽의 작가와 예술가들이 느낀 불안과 위기감이 과거의 영웅적 성취에 짓눌린 데서 발생했다고 본다. 〈악몽〉을 그렸던 푸슬리의 그림에서 나타나는 부분적이고 잘려진 이미지, 파편들, 그리고 절단은 사라진 총체성, 유토피아적 합일성에 대한 상실감과 향수를 대신하고 있으며 그런 감정은 짐짓 파괴로 표현된다. 그런 고의적 파괴가 새로운 보기의 방식이 되었으며 근대적 개념이 되었다는 것이다. 반면 데보라 하터의 책 『조각난 몸』(Bodies in Pieces: Fantastic Narrative and the Poetics of the Fragment)은 판타스틱 서사에서 조각난 신체에 대한 매혹은 바로 파편적이고 불안전한 것에 대한 판타스틱 양식 자체의 매혹을 보여준다고 지적한다.

우선 판타스틱 서사로 말하자면, 〈혈의 누〉에는 분명 미완, 미제(풀리지 않은 것), 파편들에 대한 양식적 매혹이 있다. 〈혈의 누〉에서 아버지의 질서를 믿는 원규(차승원)는 망원경과 합리적 사고를 지닌 채 무당과 사대부, 객주가 공존하는 동화도에 들어와 이성적으로 사건을 풀어낸다. 그러나 사건의 형사적 해결 자체를 무의미하게 만드는 교착 상황에 부딪히고, 이성으로 해명하지 못하는 몇 가지 것들(소연을 바닷가 동굴에 옮겨놓은 이 누구인가? 거기서 새는 왜 우나? 무엇보다 하늘에서 내리는 비에 갑자기 피는 왜 섞이나)이 그것을 더 어둑어둑하고 회의적으로 보이게 만든다는 점에서 영화는 "문지방의 주저함"(토도로프)을 가지고 있으며 "근대적" 판타스틱 양식에 해당한다(이전 소위 1960, 1970년대 귀신 영화에서 이성과 초자연성 사이의 주저는 없다. 그냥 귀신의 존재를 인정한다).

더욱 중요한 사지절단에 대한 강박으로 되돌아가자면, 〈혈의 누〉는 반복 충동에 의해 움직인다. 영화가 연쇄살인 스릴러 장르의 관행을 빌어 관객에게 약속하는 것은 효시, 도모지, 육형, 석형, 거형이 반복될 것이라는 것이다. 그리고 이것을 반복하는 자를 잡는 것이 원규의 일이며 관객이 관심을 가져야 할 일로 설정된다. 4개의 것이 정확히 반복된다. 거형만 변형, 반복되려는 순간을 맞는데, 결과적으로는 실패한다. 또 이 순간이 영화의 주요 비밀이 밝혀지는 계기가 된다. 바로 이 변형, 실패가 이 영화의 핵심 가운데 하나다. 말과 소를 이용한 거형 집행 방식을 제지소의 도르래로 반복하려는 시도가 원규의 등장으로 실패하는 것이다. 이 말과 소에서 근대적 기계장치로의 변화에 개입된 여러 요소들(강 객주라는 신흥 상인 계급의 등장, 서학의 도입, 체계적 수사, 남녀 개인들 간의 낭만적 사랑)과 잔존하는 전근대(양반, 무속, 조공, 유교)가 〈혈의 누〉에서는 다른 질서, 다른 배열로 전환되지 않고 피와 눈물과 비가 뒤섞인, 착종된 미결의 상태 혹은 시대로 남는다. 이인직의 『혈의 누』가 발표된 것이 1907년. 영화 〈혈의 누〉가 설정하고 있는 시간은 1808년. 영화는 소설 『혈의 누』에서 1세기를 거슬러 올라간 셈이다. 근대의 기원이라는 진단을 받고 있는 개화기, 19세기 말이 아닌 19세기 초(1808), 거중기(도르래)를 이용한 정약용의 수원성 축조 등 소위 향후 자생적 근대로 나갈 수도 있었던 대안적 지점을 찾아 근대의 기원 서사를 다시 쓰고 있는 것이다. 찢겨진 강객주의 몸에 대한 시각적 강박이 유럽의 18세기 말 고전 시대, 온전한 것에 대한 노스탤지어와 동일한 효과를 갖고 있지 않은 것은 분명하다. 그것은 오히려 근대의 첫 장면에서 사지절단된 반상 질서 하위의 신체가 환상사지(전쟁 때 팔과 다리와 같은 신체의 일부를 잃은 사람들이 그 상실을 부인하고 그것이 남아 있다고 느끼는 것)로 배회하며 탈근대를 욕망하는 우리들 앞에 접골과 절합, 혹은 복수를 요구하며 출현한 것이다. 그러나 〈혈의 누〉는 영화의 말미에 갑자기 낭만적 사랑으로 도주하면서 이 근대의 궤적에서 출현한 환상사지의 공포를 오히려 탈정치화한다. 이 영화에서 결코 해석되지 않는 연서 '직금도'처럼, 이 영화가 우리에게 다섯 가지 처형 방식을 자세히 보여주며 엄청 무섭게 몰아붙인 후 동시대 정치의 어떤 부분을 정확히 비판하고 있는 것인지 알 수 없게 만든다. 양반, 민중, 중간 계급, 문관, 무관에 대해 골고루 칼을 들이대기는 하지만 그 어떤 것도 동시대 정치적 상처와 딱히 공명을 일으키진 않는다. 그럴듯하지만 그렇다!는 아니다.

마지막으로 이 영화가 완전히 다른 방향으로 갈 수 있었던 또 하나의 길은 영화 첫 장의 약속을 이행하는 것이다. 즉 소연이 총에 맞아 바다에 빠져 죽은 후, 스스로 원한을 갚는 길 말이다. 이것은 여귀가 등장하는 공포영화 쪽으로 가는 것인데, 이 역시도 난데없는 낭만적 사랑으로 좌절된다. 즉 강소연이 김인권에게 말하듯이 그에 대한 사랑이 없었다면 소연은 가족을 억울하게 멸한 자들을 모두 죽였을 것이다. 단순하게 말하자면 이 영화는 여귀가 감행해야 할 복수극을 김인권이 대신 해주다 마지막에 실패하는 이야기다. 땡볕 오뉴월(음력)에 서리를 내리게 하는 것은 여자의 한인 것이다. 여자의 한과 강객주의 피눈물. 우리네 삶, 서러움도 많구나.

비상과 환상
세계의 경계에 선 영화

ⓒ 김소영 2014
첫 번째 찍은 날 2014년 10월 6일

지은이   김소영

펴낸이   김수기
펴낸곳   현실문화연구
편집   허원, 김수현, 문용우, 이용석
디자인   박미정
마케팅   임호
제작   이명혜

등록번호   제2013-000301호
등록일자   1999년 4월 23일
주소   서울시 마포구 포은로 56, 2층(합정동)
전화   02-393-1125
팩스   02-393-1128
전자우편   hyunsilbook@daum.net

ISBN 978-89-6564-103-2 (03680)
가격은 뒤표지에 있습니다.

이 도서의 국립중앙도서관 출판시도서목록(CIP)은 서지정보유통지원시스템 홈페이지(http://seoji.
nl.go.kr)와 국가자료공동목록시스템(http://www.nl.go.kr/kolisnet)에서 이용하실 수 있습니다.(CIP제
어번호: 2014027430)